Föderale Verhandlungen

Europäische Hochschulschriften
Publications Universitaires Européennes
European University Studies

Reihe XXXI
Politikwissenschaft

Série XXXI Series XXXI
Sciences politiques
Political Science

Bd./Vol. 469

PETER LANG
Frankfurt am Main · Berlin · Bern · Bruxelles · New York · Oxford · Wien

Sven Leunig

Föderale Verhandlungen

Bundesrat, Bundestag und Bundesregierung im Gesetzgebungsprozess

PETER LANG
Europäischer Verlag der Wissenschaften

Bibliografische Information Der Deutschen Bibliothek
Die Deutsche Bibliothek verzeichnet diese Publikation in der Deutschen Nationalbibliografie; detaillierte bibliografische Daten sind im Internet über <http://dnb.ddb.de> abrufbar.

Zugl.: Jena, Univ., Diss., 2002

27
ISSN 0721-3654
ISBN 3-631-51223-6

www.peterlang.de

Vorwort

Diese Arbeit wurde im Frühjahr 2002 der Fakultät für Sozial- und Verhaltenswissenschaften der Friedrich-Schiller-Universität Jena zur Annahme als Dissertation vorgelegt und im Herbst 2002 angenommen. Für die Betreuung meiner Dissertation danke ich Herrn Prof. Dr. Karl Schmitt, ebenso Frau Prof. Dr. Suzanne S. Schüttemeyer für die umgehende Erstellung des Zweitgutachtens.

An dieser Stelle möchte ich auch allen Mitgliedern und ehemaligen Mitgliedern des Bundestages und des Bundesrates, der Länderregierungen sowie deren Mitarbeitern meinen Dank aussprechen, die sich mir für Interviews im Rahmen dieser Arbeit zur Verfügung gestellt haben. Insbesondere danke ich der Verwaltung des Bundesrates für deren Bereitschaft, mir die notwendigen Arbeitsmittel und Räumlichkeiten für meine Untersuchung im Hause des Bundesrates zu gewähren.

Hervorheben möchte ich die intensive Unterstützung seitens meiner Frau, Dipl.-Rechtspflegerin Anett Leunig, die mir während der ganzen Zeit der Erstellung dieser Arbeit hilfreich zur Seite gestanden hat. Ihrer Bereitschaft und Fähigkeit, zu den ihr vorgetragenen Problemen stets die richtigen Fragen zu stellen, haben die Erarbeitung dieser Schrift wesentlich gefördert. Ihr gebührt mein besonderer Dank.

Die Arbeit ist meinen Eltern, Ursula und Fred Heller gewidmet. Sie haben die Anfertigung dieser Dissertation aus der Ferne, doch stets mit ihrer wohlwollenden Aufmerksamkeit unterstützt, wofür ich mich auf diesem Wege sehr herzlich bedanken möchte.

Magdeburg, im April 2003

Sven Leunig

Inhaltsverzeichnis

Verzeichnis der Abkürzungen

AWG	Außenwirtschaftsgesetz
BMI	Bundesministerium des Inneren
BMJ	Bundesministerium der Justiz
BMWi	Bundesministerium der Wirtschaft
BR-Drs.	Bundesrats-Drucksache
BR-PlProt.	Bundesrats-Plenarprotokoll
BR-RA(UA)Prot.	Protokoll des Bundesrats-Rechtsausschusses (Unterausschusses)
BR-WAProt.	Protokoll des Bundesrats-Wirtschaftsausschusses
BT-Drs.	Bundestags-Drucksache
BTIA-Prot.	Protokoll des Bundestags-Innenausschusses
BT-PlProt.	Bundestags-Plenarprotokoll
BT-WAProt.	Protokoll des Bundestags-Wirtschaftsausschusses
BVerfGE	Entscheidungen des Bundesverfassungsgerichts
GG	Grundgesetz
GGO	Gemeinsame Geschäftsordnung der Bundesministerien
GKV	Gesetzliche Krankenversicherung
GOBRat	Geschäftsordnung des Bundesrates
GOBT	Geschäftsordnung des Bundestages
GOVA	Geschäftsordnung des Vermittlungsausschusses
GRG	Gesundheits-Reformgesetz
GSG	Gesundheits-Strukturgesetz
GVFG	Gemeindeverkehrsfinanzierungsgesetz
KAG	Koalitionsarbeitsgruppe
SGB-V	Sozialgesetzbuch, Fünfter Abschnitt
VA	Vermittlungsausschuss
VA-Prot.	Protokoll des Vermittlungsausschusses

Verzeichnis der Darstellungen

Tabellen

Abbildungen

Einführung

„Parteienwettbewerb im Bundesstaat“ – spätestens seit der gleichnamigen Monographie von Gerhard *Lehmbruch* 1976 befindet sich die Frage nach der Vereinbarkeit von Parteienkonkurrenz und föderalem Aushandlungssystem im Fokus der deutschen Föderalismusforschung. Noch heute, mehr als ein Vierteljahrhundert nach dessen Thesen von der Inkongruenz der Handlungslogiken von Parteienwettbewerb und föderalem Prinzip ist die Kritik am spezifisch deutschen Bundesratsmodell keineswegs verstummt.[1] Dabei wird insbesondere befürchtet, dass die „Entscheidungsfindung im Bundesstaat durch die Logik des bundespolitischen Parteienwettbewerbs“[2] überlagert wird.

Dies habe, so die Kritiker, verschiedene Auswirkungen: zum einen trete damit eine originäre Aufgabe des Bundesrates, die ihm vorgelegten Gesetzentwürfe aus der Perspektive ihrer Auswirkungen auf die einzelnen Länder zu bewerten, in den Hintergrund.[3]

Zum anderen würden aufgrund dieser Überlagerung bei ungleichen parteipolitischen Mehrheiten in Bundestag und Bundesrat „Blockaden“ drohen, die gegebenenfalls die Problemlösungsfähigkeit des politischen Systems ernsthaft gefährden könnten.[4] Diese Gefahr sei besonders dann groß, wenn Bundestagswahlen nahe bevorstehen. Gescheiterte Reformvorhaben der beiden vergangenen Legislaturperioden – die Steuerreform 1998/99 und das Zuwanderungsgesetz 2002 – scheinen diese These zu bestätigen.

Angesichts dessen, dass die weit überwiegende Zahl aller Gesetzesinitiativen – und dies gilt auch für wichtige Reformvorhaben – bislang nicht am Veto des Bundesrates gescheitert sind, fehlt es allerdings in neuerer Zeit auch nicht an Hinweisen, die „Verfahrenssteuerung durch Parteien“ habe „die staatliche Ent-

---

[1] So zuletzt *Sturm,* Vorbilder für eine Bundesstaatsreform? Lehren aus den Erfahrungen der Verfassungspraxis Zweiter Kammern, in: ZParl 1/2002, S.166 – 179.

[2] *Münch,* Der Bundesrat im Kontext neuer Regierungsprogramme, in: *Derlien/Murswiek (Hrsg.),* Regieren nach Wahlen, Opladen 2001, S.133 – 166 (im weiteren: *Münch,* Kontext), hier: S.155.

[3] So *Dolzer,* der weiter ausführt, in der Willensbildung des Bundesrates stehe „nicht mehr das einzelne Land, sondern die bundespolitisch orientierte Mehrheitsbildung und der Bezug zur politischen Gesamtleitung im Vordergrund, vgl. *Ders.,* Das parlamentarische Regierungssystem und der Bundesrat – Entwicklungsstand und Reformbedarf, in: VVDStRL, Bd. 58/1999, Berlin/New York, S.7 – 35, hier: S.13. In der Zielrichtung ähnlich die Kritik von *Abromeit,* vgl. unter anderem *Dies.,* Interessenvermittlung zwischen Konkurrenz und Konkordanz, Opladen 1993 und *Dies.,* Mehrheitsprinzip und Föderalismus, in: *Guggenberger/Offe (Hrsg.),* An den Grenzen der Mehrheitsdemokratie, Opladen 1984, S.132 – 147.

[4] Vgl. *Lehmbruch,* Parteienwettbewerb im Bundesstaat, Stuttgart 1976, S.11, der davon ausgeht, dass die „bundesstaatliche Konstruktion (...) das Steuerungspotential des Parteienwettbewerbs“ erheblich begrenze.

scheidungsfähigkeit nicht nur nicht behindert, sondern – im Gegenteil – zur Problemverarbeitungsfähigkeit der Bundesrepublik beigetragen".[5]
Sowohl Kritiker als auch Befürworter der Rolle der Parteien im Bundesstaat richten ihr Augenmerk besonders auf die Zeiträume des *divided government* bundesdeutscher Prägung, auf die Zeiten also, in denen ungleiche parteipolitische Mehrheiten in Bundestag und Bundesrat herrschen. Daher wurde die Frage des Einflusses der *parteipolitischen Mehrheitsverhältnisse* auf den föderalen Entscheidungsprozess im Gesetzgebungsverfahren in den Mittelpunkt dieser Untersuchung gestellt. Angesichts dessen, dass diese Entscheidungsverfahren zumindest bei unterschiedlichen Interessenlagen der Akteure wesentlich durch *Verhandlungen* geprägt werden, geht es speziell darum, ob und wenn ja in welcher Weise die *Struktur* der *Verhandlungen* zwischen *Bundesregierung, Bundesrat und Bundestag* von diesen Mehrheitsverhältnissen beeinflusst wird. Diese Frage wird anhand von Fallstudien zu sechs bzw. acht[6] abgeschlossenen Gesetzgebungsprojekten der Jahre 1987 bis 1994 untersucht.
Meine These lautet dabei, dass nicht nur der „staatlich-politische Willensbildungs- und Entscheidungsprozeß des Bundes" im allgemeinen „wesentlich von den Mehrheitsverhältnissen im Bundesrat"[7] abhängt, sondern ebenso die *Verhandlungsstrukturen.*
Unter *Verhandlungsstrukturen* werden

- die den Verhandlungsprozess dominierenden *Interessenkonflikte,*
- die an den Verhandlungen beteiligten *Akteure* und ihre *Repräsentanten,*
- die *Gremien,* in denen die Verhandlungsgespräche stattfanden,
- der *Verhandlungsverlauf* und
- die zur Lösung des Interessenkonflikts von den Akteuren angewandten *Verhandlungs-* und *Kompromisstechniken*

---

[5] So *Renzsch,* in: *Ders.,* Bundesstaat oder Parteienstaat: Überlegungen zu Entscheidungsprozessen im Spannungsfeld von föderaler Konsensbildung und parlamentarischem Wettbewerb in Deutschland, in: *Holtmann/Voelzkow,* Zwischen Wettbewerbs- und Verhandlungsdemokratie. Analysen zum Regierungssystem der Bundesrepublik Deutschland, Wiesbaden 2000, S.53-78 (im weiteren: *Renzsch,* Bundesstaat), hier: S.54; vgl. dazu auch *Ders.,* Parteien im Bundesstaat: Sand oder Öl im Getriebe?, in: *Männle (Hrsg.),* Föderalismus zwischen Konsens und Konkurrenz. Tagungs- und Materialienband zur Fortentwicklung des deutschen Föderalismus, Baden-Baden, 1998, S.93–101 (im weiteren: *Renzsch,* Parteien).

[6] Die Fallstudien zur Steuerreform 1990 und zum Steueränderungsgesetz 1992 bestehen genaugenommen aus zwei Teilen, die sich mit jeweils unterschiedlichen, aber untrennbar miteinander verbundenen Gesetzgebungsprozessen beschäftigen. Zum einen handelt es sich – bei der Steuerreform 1990 – um die sogenannte „*Albrecht*-Initiative", zum anderen – beim Steueränderungsgesetz 1992 – um das „Gesetz zur Aufhebung des Strukturhilfegesetzes und zur Aufstockung des Fonds Deutsche Einheit".

[7] *Ismayr,* Der Deutsche Bundestag, Funktionen – Willensbildung – Reformansätze, Opladen 1992, S.17 (im weiteren: *Ismayr,* Bundestag).

verstanden. Dabei dient die Analyse dieser Strukturen primär dem Erkenntnisgewinn darüber, inwieweit und in welcher Weise der föderale Entscheidungsprozess von parteipolitischen Interessenkonflikten beeinflusst wird. Damit zusammenhängend soll die Frage geklärt werden, welche Funktion die Parteien und ihre Strukturen im föderalen Gesetzgebungsprozess einnehmen. Schließlich kann die Bestimmung der Verhandlungsstrukturen – in Verbindung mit weiteren Fallstudien – als Basis einer zu formulierenden Typologie föderaler Verhandlungen in Gesetzgebungsprozessen dienen, die sich in die zunehmend an Bedeutung gewinnende Verhandlungsforschung einordnen lassen würde.

Verhandlungen sind generell immer dann notwendig, wenn die am Entscheidungsprozess beteiligten Akteure über ein Veto verfügen. Das heißt für den Gesetzgebungsprozess, dass vor allem in den Fällen Verhandlungen zwischen der Bundesratsmehrheit einerseits und der Bundesregierung sowie den sie tragenden Bundestagsfraktionen zu erwarten sind, wenn die Zustimmung des Bundesrates zu einer Gesetzesinitiative notwendig ist, sie also über ein Veto verfügt. Daher wurden für die Fallstudien ausschließlich *Zustimmungsgesetze* ausgewählt. Um den Einfluss unterschiedlicher Mehrheitsverhältnisse auf diese Verhandlungen zu prüfen, wurden jeweils drei dieser Fallstudien Zeiträumen *divergierender* bzw. *gleichgerichteter* Mehrheiten entnommen.
Zunächst werden in Abschnitt I der Arbeit Annahmen über die zu erwartenden Verhandlungsstrukturen formuliert. Dazu werden sowohl die Ergebnisse der Föderalismus-, als auch die der Verhandlungs- bzw. Verhandlungssystemforschung (*Scharpf, Benz,* u.a.) herangezogen. Nach einer knappen Darstellung der (verfassungs-)rechtlichen Grundlagen des Gesetzgebungsprozesses werden die theoretischen Annahmen über die in den Fallstudien zu erwartenden Verhandlungsstrukturen herausgearbeitet und am Ende dieses Abschnitts thesenartig zusammengefasst.
Zur Überprüfung der oben genannten These werden in Abschnitt II der Arbeit die Fallstudien daraufhin untersucht, ob und inwieweit sich die sie prägenden Verhandlungsstrukturen in Abhängigkeit von den jeweils herrschenden Mehrheitsverhältnissen unterscheiden. Die Fallstudien wurden der 11. (gleichgerichtet) bzw. der 12. Wahlperiode (divergierend) entnommen. Es handelt sich um die *Gesundheitsreform 1988,* die *Steuerreform 1990* sowie die *Kronzeugenregelung 1989* (11. WP) bzw. das *Gesundheits-Strukturgesetz 1993*, das *Steueränderungsgesetz 1992* und das *Rüstungsexportgesetz 1992* (12. WP).
Zunächst werden die einzelnen Fallstudien auf die gefundenen Verhandlungsstrukturen (Verlauf, Techniken, Akteure, Gremien) hin analysiert. Die daraus gewonnenen Erkenntnisse werden wiederum unter dem Aspekt der Mehrheitsverhältnisse untersucht und die Ergebnisse am Ende des Teils II zusammengefasst dargestellt. In der Schlussbetrachtung (Abschnitt III) werden diese Ergeb-

nisse den eingangs genannten Thesen zum Verhältnis von Bundesstaat und Parteiensystem gegenübergestellt.
Mit dieser Arbeit soll also zum einen ein Beitrag zur Diskussion über den „Parteienbundesstaat" geleistet werden. Darüber hinaus erscheint es mir aber auch wichtig, die bisher stark normativ geprägten Fragestellungen der Verhandlungsforschung um eine empirische Vergleichsstudie zu erweitern. Angesichts dessen, dass Verhandlungen in Gesetzgebungsprozessen – vor allem in bikameralen Systemen – eine entscheidende Rolle spielen, scheint das Beispiel des föderalen Gesetzgebungsprozesses der Bundesrepublik für ein solches Projekt geeignet zu sein. Dies um so mehr, als die hier untersuchten Verhandlungen in der Forschung bislang eher „stiefmütterlich" behandelt, wurden, obgleich sie unbestritten ein zentraler Aspekt des Gesetzgebungsprozesses sind.[8] Zwar gibt es durchaus eine Reihe von Fallstudien, die sich mit einzelnen Gesetzgebungsprozessen befassen. In diesen wurde die Beteiligung des Bundesrates am jeweiligen Entscheidungsfindungsprozess jedoch nur im Rahmen des Gesamtprozesses gesehen und eher knapp dargestellt.[9] So hoffe ich, auch diesbezüglich eine Lücke in der Forschung auffüllen helfen zu können.

---

[8] Es hat zwar – vor allem unter der Perspektive der „Blockade" durch die Opposition – zu parteipolitischen Konflikten im Gesetzgebungsverfahren bei *divergierenden* Mehrheiten verschiedene Studien gegeben: hier seien nur die „klassische" Studie von *Fromme*, Gesetzgebung im Widerstreit?, Stuttgart 1976 und jüngst die Arbeit von *Böhne*, Die blockierte Republik, Hamburg 1998, genannt. Dagegen blieben die Verhandlungen bei *gleichgerichteten* Mehrheiten aufgrund ihrer „Geräuschlosigkeit... wissenschaftlich wenig beachtet", wie *Renzsch* betont, vgl. *Ders.*, Parteien, S.96.

[9] Vgl. neben der in dieser Arbeit verwandten Schrift zu den Gesundheits-Reformgesetzen 1988 und 1992 von *Perschke-Hartmann*, Die doppelte Reform. Gesundheitspolitik von Blüm zu Seehofer, Opladen 1994, z.B. *Bocker*, Der Kronzeuge. Genesis und Funktion der Kronzeugenregelung in der politischen Auseinandersetzung mit dem Terrorismus in der Bundesrepublik Deutschland, Pfaffenweiler 1991; *Jäger*, Gemeinwohl, Gruppen- und Eigeninteresse: Die gradualistische Ordnungspolitik in der deutschen Telekommunikation, Köln, DisS.1993 (zum Poststrukturgesetz 1993); *Kast*, Das neue Demonstrationsrecht. Das Gesetz zur Änderung des Strafgesetzbuches und des Versammlungsgesetzes vom 18. Juli 1985 und seine Vorgeschichte, Köln 1987 oder *Damaschke*, Der Einfluss der Verbände auf die Gesetzgebung. Am Beispiel des Gesetzes zum Schutz vor gefährlichen Stoffen (Chemikaliengesetz), München 1986.

I. Föderale Verhandlungsprozesse im bundesdeutschen Gesetzgebungsverfahren

Ziel dieses I. Abschnitts ist es, Hypothesen darüber aufzustellen, *wie* Verhandlungen zwischen Bundestag, Bundesrat und Bundesregierung im Rahmen des bundesdeutschen Gesetzgebungsverfahrens durch unterschiedliche Mehrheitsverhältnisse in Bundesrat und Bundestag beeinflusst werden.
Dazu werden im folgenden Kapitel 1 zunächst die verfassungsrechtlichen Bestimmungen über das Gesetzgebungsverfahren mit Blick auf die Beteiligung des Bundesrates dargestellt.
In den Kapiteln 2 bis 4 werden sodann – basierend auf den Forschungsergebnissen zu Verhandlungstheorie und Föderalismus – Annahmen über die in den Verhandlungen zu erwartenden Strukturen formuliert: über die *Voraussetzungen,* unter denen es zu Verhandlungen kommt (Kapitel 2), über die *Verhandlungsakteure* und die *Gremien,* in denen verhandelt wird (Kapitel 3) und die *Verhandlungs-* bzw. *Kompromisstechniken* (Kapitel 4). Im fünften Kapitel wird schließlich der Einfluss der *Mehrheitsverhältnisse* auf die herausgearbeiteten Strukturen prognostiziert. Die erarbeiteten Hypothesen werden im abschließenden sechsten Kapitel zusammenfassend dargestellt.

1. (Verfassungs-)rechtliche Grundlagen und Rahmenbedingungen der Beteiligung des Bundesrates im Gesetzgebungsverfahren

„Durch den Bundesrat wirken die Länder bei der Gesetzgebung (...) des Bundes mit", lautet Artikel 50 des Grundgesetzes, auf dem die Beteiligung der Länder an der Bundesgesetzgebung basiert. Ergänzt und konkretisiert wird diese Norm durch eine Vielzahl weiterer Bestimmungen, die über das Grundgesetz verstreut sind.

Der formale Ablauf des Gesetzgebungsprozesses wird in den Artikeln 75ff. GG geregelt. Laut Art. 76 I GG ist der Bundesrat berechtigt, dem Bundestag Gesetzesinitiativen vorzulegen. Er teilt sich dieses Recht mit der Bundesregierung und der „Mitte des Bundestages", womit eine qualifizierte Zahl von Abgeordneten gemeint ist.

Der Bundesrat beschließt über seine Initiativen mit Mehrheit, Art. 52 III GG. Unter „Mehrheit" ist grundsätzlich die absolute Mehrheit der den Ländern zustehenden Stimmen gemeint, das heißt bis 1990 23, seither 35 Stimmen. Diese Zahl ergibt sich daraus, dass die Länder insgesamt 69 (bis 1990: 45, von 1990 bis Januar 1996: 68) Stimmen haben, die ihnen nach einem entsprechend ihrer Bevölkerungszahlen immer wieder aktualisierten Schlüssel zugeordnet werden (Art. 51 II GG; § 28 GOBRat).

Hat eine Initiative eine solche Mehrheit der Länderstimmen im Bundesrat gefunden, wird sie der Bundesregierung zugeleitet, die diese dann – in der Regel mit einer Kommentierung versehen – innerhalb von höchstens drei Monaten an den Bundestag weiterleitet (Art. 76 III GG).

Bei Initiativen der Bundesregierung verläuft der Prozess annähernd spiegelverkehrt: Der Kabinettsbeschluss muss dem Bundesrat zugeleitet werden, der allerdings nur sechs Wochen Zeit hat, Stellung zu nehmen.[10] Nur die Behandlung von Bundestagsinitiativen fällt insofern „aus dem Rahmen": diese werden unmittelbar vom Bundestag in 1. Lesung beraten.

In der nächsten Phase des Gesetzgebungsprozesses, den Beratungen im Bundestagsplenum, hat der Bundesrat keine formellen Mitwirkungspflichten. Gleichwohl können Mitglieder der Landesregierungen, üblicherweise die Ministerpräsidenten, die Gelegenheit wahrnehmen, bereits im Bundestag Kritik am Gesetzesentwurf zu üben oder auf diese zu antworten.

Auch zu den Beratungen der Bundestagsausschüsse zwischen der ersten und zweiten Lesung haben die Mitglieder des Bundesrates sowie ihre Beauftragten –

---

[10] In den Fällen, in denen die Bundesregierung die Vorlage als „eilbedürftig" bezeichnet hat, hat der Bundesrat allerdings nur drei Wochen Zeit, Stellung zu nehmen, bzw. seine Stellungnahme gegebenenfalls nachzureichen (Art. 76 II GG).

ebenso wie die der Bundesregierung – Zutritts-, Anhörungs- und Rederecht (Art. 43 II GG). So können sie an dieser Stelle noch einmal ihren Änderungsvorschlägen Nachdruck verleihen.
Fasst der Bundestag nach der abschließenden 2. und 3. Lesung einen positiven Beschluss, so wird dieser dem Bundesrat zugeleitet, der seinerseits in seinen Ausschüssen über den Gesetzesbeschluss debattiert.
Empfehlen die zuständigen Ausschüsse dem Plenum des Bundesrates, dem Gesetz zuzustimmen bzw. keinen Einspruch einzulegen, und stimmt das Plenum dieser Empfehlung mehrheitlich zu, kommt das Gesetz zu Stande, das Gesetzgebungsverfahren ist abgeschlossen.
Auf der anderen Seite können die Ausschüsse dem Bundesratsplenum aber auch empfehlen, dem Gesetz nicht zuzustimmen bzw. Einspruch einzulegen. Letzteres, die Einlegung des Einspruchs, ist allerdings, anders als die Verweigerung der Zustimmung, erst nach Abschluss des *Vermittlungsverfahrens* möglich.[11]
Gleichwohl wird die Anrufung des sogenannten Vermittlungsausschusses (VA)[12] auch bei einer beabsichtigten Verweigerung der Zustimmung empfohlen, da nur über diesen die Realisierung konkreter Änderungswünsche des Bundesrates wahrscheinlich wird. Ziel des Anrufungsbegehrens kann somit sowohl die Änderung einzelner Artikel oder die Ergänzung von Gesetzen als auch die Aufhebung des Gesetzesbeschlusses sein.[13] Bei Zustimmungsgesetzen können auch Bundesregierung und Bundestag den VA anrufen. Im Gegensatz zu Bundestag und Bundesregierung ist der Bundesrat nach Art. 77 II 1 GG in Verbindung mit § 31 GOBRat allerdings an eine dreiwöchige Frist zur Anrufung des VA und an eine Begründung seines Anrufungsbegehrens gebunden. Der VA darf von jedem Organ in einer Sache nur einmal angerufen werden.
Aufgabe des Vermittlungsausschusses ist es, einen Einigungsvorschlag zu erarbeiten. Das weitere Verfahren hat dann verschiedene Varianten, die mit dem Charakter des Gesetzes als *Zustimmungs-* oder *Einspruchsgesetz* zu tun haben: bei Einspruchsgesetzen hat der Bundesrat ein nur suspensives, bei Zustimmungsgesetzen ein absolutes Veto.

a) Der Vermittlungsausschuss kommt zu einer Einigung. Dann wird der Vorschlag dem Bundestag erneut zur Beschlussfassung vorgelegt.

---

[11] Das ergibt sich aus Art. 77 III 1 GG i.V.m. Art. 77 II 1. Damit wird im Falle einer beabsichtigten Einlegung des Einspruchs die bloße *Option* des Bundesrates, den Vermittlungsausschuss anzurufen, zu einem faktischen *Zwang*.

[12] Im Grundgesetz ist nur von einem „aus Mitgliedern des Bundestages und Bundesrates für die gemeinsame Beratung von Vorlagen" gebildeten Ausschuss die Rede, der sich in seiner Geschäftsordnung aber selbst als „Vermittlungsausschuss" bezeichnet, vgl. Art. 77 II 1 und GOVA. Weiteres zum VA siehe Kapitel „Gremien".

[13] *Ziller/Oschatz*, Der Bundesrat, Düsseldorf 1998, S.32 (im weiteren: *Ziller/Oschatz*, Der Bundesrat).

aa) Der Bundestag stimmt zu. Der Bundesrat muss seinerseits über den Vermittlungsvorschlag des Ausschusses abschließend beraten.

aaa) Der Bundesrat stimmt dem Vorschlag zu, das Gesetz tritt in der geänderten Form in Kraft.

aab) Der Bundesrat stimmt nicht zu. Dann muss er erneut über den ursprünglichen Gesetzesbeschluss entscheiden (s.u. aba/abb).

ab) Der Bundestag stimmt nicht zu, der Bundesrat muss über den ursprünglichen Gesetzesbeschluss entscheiden.

aba) Bei Einspruchsgesetzen: Der Bundesrat kann binnen zwei Wochen mit Mehrheit Einspruch einlegen. Der Bundestag muss erneut beraten. Wurde der Beschluss mit absoluter Mehrheit des Bundesrates beschlossen, kann der Bundestag diesen nur mit der gleichen Mehrheit zurückweisen. Wurde der Bundesratsbeschluss mit 2/3-Mehrheit gefasst, muss sich auch im Bundestag eine solche Mehrheit finden, die mindestens der Mehrheit der Mitglieder des Bundestags entsprechen muss. Findet sich in beiden Fällen die entsprechende Mehrheit im Bundestag, kommt das Gesetz zu Stande.

abb) Bei Zustimmungsgesetzen: Der Bundesrat verweigert seine Zustimmung. Damit ist das Gesetz gescheitert.

b) der Vermittlungsausschuss kommt zu keinem gemeinsamen Vorschlag. Dann kann der Bundesrat im Fall eines Einspruchsgesetzes wie unter aba) Einspruch einlegen, es gilt das oben beschriebene Verfahren. Ebenso kann er bei Zustimmungsgesetzen diese verweigern, das Gesetz ist gescheitert.

Es zeigt sich, dass der Bundesrat in mannigfacher Weise in das Gesetzgebungsverfahren integriert ist. Dass er hier die Funktion einer echten „zweiten Kammer" wahrnimmt, wird daran deutlich, dass er mit seinem *Initiativrecht* schon am Beginn des Prozesses mitwirken, ja, ihn initiieren kann. Auch seine *beratende Funktion* bei Gesetzesinitiativen der Bundesregierung macht ihn zu einem wichtigen Element des Verfahrens. Entscheidende Bedeutung erlangt er aber erst dadurch, dass er gegen ein vom Bundestag beschlossenes Gesetz *Einspruch einlegen* oder seine *Zustimmung verweigern* kann. Warum insbesondere letzteres das entscheidende Motiv für föderale Verhandlungen ist, wird im folgenden Kapitel zu zeigen sein.

2. Bedingungen für die Aufnahme von Verhandlungen

Nachdem im vorangegangenen Kapitel die verfassungsrechtlichen Grundlagen der Beteiligung des Bundesrates am Gesetzgebungsprozess dargestellt wurden, soll im folgenden untersucht werden, warum und unter welchen Umständen es im Gesetzgebungsverfahren zu Verhandlungen unter Beteiligung des Bundesrates kommt. Um zu bestimmen, welche spezifischen Faktoren die Aufnahme von Verhandlungen im Gesetzgebungsprozess begünstigen oder gar erzwingen, ist es nötig, sich kurz über den Charakter von Verhandlungen im allgemeinen klar zu werden.

2.1 Ergebnisse der Verhandlungsforschung

Verhandlungen als Konfliktlösungsform sind so alt wie Politik selbst. „Soweit Politik die Herstellung verbindlicher Kollektiventscheidungen durch Konfliktregelung ohne offene Gewaltanwendung meint“, stellt Manfred *Czada* fest, „bleibt sie an diskursive und verhandlungsförmige Auseinandersetzungen gebunden”.[14] Verhandlungen sind also ein Mittel zur Regelung von Konflikten, die bei der Herstellung verbindlicher Kollektiventscheidungen auftreten. Sie können damit als eine Form der Entscheidungsfindung betrachtet werden. Dabei können sie entweder nur der Vorbereitung einer Entscheidung dienen oder selbst eine „Entscheidungsfindungsprozedur“ sein, die den formellen Beschluss über die Entscheidung mit einschließt.
Ihrer Bedeutung entsprechend, existiert eine reichhaltige Literatur über Prozesse, in denen Verhandlungen eine Rolle spielen.[15] Dennoch bestehen, bestimmt auch

---

[14] *Czada*, Vertretung und Verhandlung, Aspekte politischer Konfliktregelung in Mehrebenensystemen, in: *Benz/Seibl (Hrsg.)*, Theorieentwicklung in der Politikwissenschaft - eine Zwischenbilanz, Baden-Baden, 1997, (im weiteren: *Czada*, Vertretung), S.237 – 260, hier: S.238.

[15] Verwiesen sei hier auf die Literatur zu „Verhandlungssystemen“, dazu grundlegend *Scharpf*, Zur Theorie von Verhandlungssystemen, in: *Benz/Scharpf/Zintl*, Horizontale Politikverflechtung, Zur Theorie der Verhandlungssysteme, Frankfurt/M.-New York 1992, S.11-27 (im weiteren zitiert als: *Scharpf*, Theorie); *Ders.*, Koordination durch Verhandlungssysteme. Analytische Konzepte und institutionelle Lösungen, in: *Benz/Scharpf/Zintl*, a.a.O., S.52-96 (im weiteren: *Scharpf*, Koordination); *Ders.*, Positive und negative Koordination in Verhandlungssystemen, in: *Heritier (Hrsg.)*, Policy-Analyse, PVS-Sonderheft 24/1993; S.57–83; (im weiteren: *Scharpf;* Positive); *Mayntz/Scharpf*, Policy making in the german federal bureaucracy, Amsterdam 1975; vgl. *Scharpf*, Legitimationsprobleme der Globalisierung – Regieren in Verhandlungssystemen, in: *Böhret/Wewer*, Regieren im 21.Jahrhundert – zwischen Globalisierung und Regionalisierung, Opladen 1993, (im weiteren: *Scharpf*, Legitimationsprobleme); sodann auf den Bereich der Internationalen Politik, z.B. *Iklé*, How nations negotiate, New York 1964; *Kremenyuk (ed.)*, International negotiation, San Francisco, 1991; *Gehring/Oberthür*, Internationale Umweltregime. Umweltschutz durch Verhandlungen und Verträge, Opladen 1997 (im weiteren: *Gehring/Oberthür*, Umweltregime). Ebenso spielen Ver-

durch das jeweilige Forschungsinteresse, durchaus unterschiedliche Auffassungen darüber, was unter Verhandlungen und Verhandeln im einzelnen zu verstehen ist.[16] Auf den kleinsten gemeinsamen Nenner gebracht lässt sich sagen, dass

---

handlungen bei der Analyse von Konsensdemokratien eine zentrale Rolle, vgl. *Lehmbruch*, Proporzdemokratie. Politisches System und politische Kultur in der Schweiz und Österreich, Tübingen 1967 (im weiteren: Lehmbruch, Proporzdemokratie); *Czada/Schmidt (Hrsg.)*, Verhandlungsdemokratie, Interessenvermittlung, Regierbarkeit. Festschrift für Gerhard Lehmbruch, Opladen 1993, (im weiteren: *Czada/Schmidt*, Verhandlungsdemokratie), und in jüngerer Zeit auch bei der Untersuchung des Verhältnisses von staatlicher Verwaltung und deren Adressaten, vgl. dazu *Benz*, Kooperative Verwaltung, Baden-Baden 1994. Eine auch terminologisch orientierte Diskussion gibt *von Prittwitz* in seinem Reader „Verhandeln und Argumentieren. Dialog, Interessen und Macht in der Umweltpolitik," Opladen 1996, wieder. Dagegen finden sich zur Frage von Koalitionsverhandlungen im wesentlichen Einzelfallstudien, vgl. *Alt*, Der Prozeß der ersten Regierungsbildung unter Konrad Adenauer, Bonn 1970, *Dexheimer*, Koalitionsvereinbarungen in Bonn, 1970, oder relativ knappe, eher historisch-deskriptive Abschnitte in Arbeiten über Koalitionen, vgl. *Völk*, Regierungskoalitionen auf Bundesebene. Dokumentation und Analyse des Koalitionswesens von 1949 bis 1987, Regensburg 1989; *Jun*, Koalitionsbildung in den deutschen Bundesländern, Opladen 1994 (im weiteren: *Jun*, Koalitionsbildung).

[16] So definiert *Berridge* Verhandlungen im Bereich der Internationalen Politik beispielsweise als „Technik der regulierten Auseinandersetzung", *Ders.*, Diplomacy. Theory and Practice, London (u.a.) 1995 (im weiteren: *Berridge*, Diplomacy), S.119. *Saretzki* versteht aus kommunikationswissenschaftlicher Perspektive unter Bezug auf Jon *Elster* Verhandeln und Argumentieren als "zwei verschiedene Modi sprachlich vermittelter Kommunikation", bzw. als "Sprachspiele", wobei "Verhandeln" die Sprache von "Tausch und Macht" sei, *Ders.*, Wie unterscheiden sich Argumentieren und Verhandeln? Definitionsprobleme, funktionale Bezüge und strukturelle Differenzen von zwei verschiedenen Kommunikationsmodi, in: *v.Prittwitz (Hrsg.)* Verhandeln und Argumentieren, a.a.O., S.20 (im weiteren: *Saretzki*, Argumentieren). Deutlich wird allerdings bei den meisten Autoren die Bedeutung des Begriffspaars Konflikt und Konsens: So spricht *Scharpf* beim „Aushandeln" von „Prozesse(n) des Konfliktaustrags und (der) Konsensbildung innerhalb des politischen Systems", *Ders.*, Verhandlungssysteme, Verteilungskonflikte und Pathologien der politischen Steuerung, in: *Schmidt*, Staatstätigkeit, PVS 19/1988, S.60-83, hier S.69 (im weiteren zitiert als: *Scharpf*, Verhandlungssysteme); *Schmidt* definiert Verhandlungssysteme als „Systeme der Konfliktregelung", *Ders.*, Wörterbuch zur Politik", 1995, S.1003, *Grande* spricht im Rahmen der Korporatismusforschung von einem „Modus der Konfliktlösung", *Ders.*, Regieren in verflochtenen Verhandlungssystemen, in: *Mayntz/Scharpf (Hrsg.)*, Gesellschaftliche Selbstregelung und politische Steuerung, Frankfurt/M., New York 1995, S.327 - 350, hier: S.335. Ähnlich auch *Czada/Schmidt*, die von „Konfliktregulierung und Problemlösung" sprechen, *Dies.(Hrsg.)*, Verhandlungsdemokratie, Interessvermittlung, Regierbarkeit. Festschrift für Gerhard Lehmbruch, Opladen 1993, S.7 (im weiteren: *Czada/Schmidt*, Verhandlungsdemokratie). Für *Lehmbruch* ist es das Ziel des „Aushandelns", das er als einen „Konfliktregelungsmechanismus" begreift, eine „konsensuale Regelung" zu erreichen, vgl. *Lehmbruch*, Parteienwettbewerb im Bundesstaat, Tübingen 1998, S.12. (im weiteren: *Lehmbruch*, Parteienwettbewerb). In seinen Arbeiten zum „kooperativen Staat" stellt *Benz* Verhandlungen anderen „Modi der Interessenvermittlung und Konfliktregelung" gegenüber, *Ders.*, Umverteilung durch Verhandlungen?, in: Staatswissenschaft

es das Ziel von Verhandlungen ist, Interessenkonflikte[17] zwischen politischen Akteuren konsensual zu lösen. Dieser Konsens kann auf einem schlichten Kompromiss[18] beruhen, bei dem die Beteiligten einander Zugeständnisse machen. Das Verständnis von Verhandlungen als Form verbaler Kommunikation impliziert aber, dass in einer Verhandlungssituation ein über den reinen „Tauschvorgang" hinausgehendes Moment der Verständigung liegt. Anders als in der als *tacit* oder *implicit bargaining* bezeichneten Form des bloßen „Agierens" und „Reagierens" auf die Handlungen anderer, können im Kommunikationsprozess immer auch Argumente, das heißt der Versuch, seine(n) Gegenüber zu überzeugen, zu Hilfe genommen werden.[19]

Damit ein Interessenkonflikt auf dem Verhandlungsweg erfolgreich gelöst werden kann, müssen neben konfligierenden Interessen auch bestimmte gemeinsame Interessen vorhanden sein, auf die die Verhandlungspartner zurückgreifen können – und sei es auch nur das eine, zu einer gemeinsamen Lösung zu kommen. Wie aber entsteht ein solches Interesse an einer konsensualen Lösung? Wann sind politische Akteure bereit, Verhandlungslösungen den Vorrang vor einseitiger Interessendurchsetzung zu geben?

---

und Staatspraxis 1991/2, 46-75, hier: S.50, vgl. auch *Ders.*, Verhandlungssysteme und Mehrebenenverflechtung im kooperativen Staat, in: *Seibl/Benz (Hrsg.)*, Regierungssystem und Verwaltungspolitik, 1995, S.83-102 (im weiteren: *Benz*, Verhandlungssysteme), hier: S. 86.

[17] Ein Interessenkonflikt hat nach allgemeinem Verständnis das Vorliegen *gegensätzlicher, konfligierender* Interessen zur Voraussetzung, so *Bachmann*, Verhandlungen mit der Bauverwaltung. Aushandlungsprozesse im Grenzbereich von Planungs- und Ordnungsrecht, Opladen 1993, S.13; ähnlich auch *Grande*, Regieren, S.335. Mit dem Begriff „Konflikt" wird, so *Luthardt*, ohnehin ein „Gegensatz bezeichnet, der im Rahmen eines durch unterschiedliche Interessen bestimmten Politikprozesses verhandelt und entschieden wird", *Ders.*, Abschied vom deutschen Konsensmodell? Zur Reform des Föderalismus, in: APuZ 13/99, S.12-23 (im weiteren: *Luthardt*, Konsensmodell), hier: S.16. Dagegen spricht *v. Prittwitz* nur von „unterschiedlichen, zum gewissen Grad konfligierenden" Interessen, *Ders.*, Verhandeln im Beziehungsspektrum von Kommunikation, in: *Ders.(Hrsg.)*, Verhandeln und Argumentieren. Dialog, Interessen und Macht in der Umweltpolitik, Opladen 1996 (im weiteren: *v. Prittwitz*, Verhandeln), S.51. *Jun* betrachtet als Ziel von Koalitionsverhandlungen den Ausgleich „differierender Interessen", *Ders.*, Koalitionsbildung, S.25.

[18] So *Luhmann*, der Verhandlungen als „tauschförmige, kompromisshafte, auf Verständigung mit maßgebenden Kreisen basierende Umweltbeziehungen" bezeichnet, *Luhmann*, Politikbegriffe und die "Politisierung" der Verwaltung, Schriftreihe der Hochschule Speyer, Bd. 50, Demokratie und Verwaltung, Berlin 1972, (im weiteren: *Luhmann*, Politikbegriffe), S.227.

[19] So *Benz*, der feststellt, dass der Aspekt der Kommunikation in der jüngeren Literatur einen zunehmend bedeutenderen Stellenwert einnimmt. Heute sei die Grundregel allgemein anerkannt, dass in Verhandlungen ein Argument mit einem Gegenargument beantwortet werden muss. Die Akteure im Verhandlungsprozess versuchen sich durch „wechselseitige Übermittlung von Information, Behauptungen und Vorschlägen zu Konzessionen zu bewegen oder zu überzeugen" und streben „nach einer von allen akzeptierten Lösung", vgl. *Ders.*, Umverteilung, S.50, vgl. auch *Ders.* Verhandlungssysteme, S.86.

Eine Antwort liegt auf der Hand: wenn ein anderer Weg, eigene Interessen zumindest teilweise durchzusetzen, nicht vorhanden ist, etwa, weil eine einseitige Interessendurchsetzung mittels hierarchischer Entscheidung oder Mehrheitsbeschluss (verfassungs-)rechtlich ausgeschlossen ist. Oder aber, wenn „für alle Beteiligten kein anderer Modus verfügbar ist, bei dem individuelle Interessen *mit geringerem Aufwand* und höherem Erfolgsniveau durchgeführt werden können." (Hervorhebung vom Verfasser, S.L.).[20] Solche Verhandlungen, bei denen ein Akteur bei Nichteinigung auch nicht entscheiden könnte, oder bei denen "jede Partei, für alle Projekte, die reale Auswirkungen auf die Interessen der anderen Seite hat, deren Zustimmung braucht",[21] bezeichnet *Scharpf* als *Zwangsverhandlungen*. Allerdings ist dieser Begriff etwas missverständlich, weil er auf den ersten Blick so verstanden werden könnte, als gäbe es einen Zwang, die Verhandlungen auch zu einem erfolgreichen Ende zu führen. Dies bedeutet er freilich nicht: allen Akteuren steht ein Abbruch der Verhandlungen – also die Nutzung der *exit*-option – jederzeit offen. Allerdings müssen die Beteiligten dann eine Nicht-Realisierung des gewünschten Projektes bzw. eine Nicht-Entscheidung in Kauf nehmen.[22] Da die Akteure nicht zwangsläufig ein gleich hohes Interesse an einem erfolgreichen Verhandlungsende haben, beeinflusst dies ihre Verhandlungsmacht: der an einem solchen Ergebnis interessierte Akteur wird potentiell weniger Verhandlungsmacht besitzen, als ein Akteur, der daran weniger interessiert ist. Diese Schwäche kann sich freilich dann relativieren, wenn der weniger interessierte Akteur ein von der Durchführung des Projektes unabhängiges Interesse an Verhandlungen hat, beispielsweise, weil ihm an einer dauerhaften Kooperation liegt. Oder, weil er die Chance sieht, in den Verhandlungen andere eigene Projekte durchsetzen (siehe dazu auch unten Kapitel 4.1.2).
Scharpf unterscheidet Zwangsverhandlungen von *freiwilligen Verhandlungen*. Letztere treten dann auf, wenn eine Projektverwirklichung bzw. Entscheidungsfindung auch *ohne* Zustimmung anderer Akteure möglich ist, so dass, anders als bei Zwangsverhandlungen, eine stärkere Wahlfreiheit zwischen Verhandeln und anderen Formen der Interessenverwirklichung besteht. In diesem Fall müssen die Akteure einschätzen, ob die Entscheidungsfindung mittels Verhandlungen oder mittels einseitiger Maßnahmen für sie einen größeren Nutzen[23] darstellt. Damit

---

[20] *Benz*, Umverteilung, S.57,58.
[21] *Scharpf*, Koordination, S.64.
[22] *Benz*, Umverteilung, S.60.
[23] Die Vertreter der ökonomisch-mathematischen Verhandlungsforschung, allen voran *John F. Nash*, haben sich darum bemüht, möglichst allgemeine Bedingungen für das Zustandekommen von Verhandlungen zu definieren. "Eine Zwei-Personen *bargaining*-Situation" so stellte *Nash* 1950 fest, sei schlicht dadurch gekennzeichnet, dass "zwei Individuen die Möglichkeit haben, auf mehr als eine Weise *zum gegenseitigen Nutzen* miteinander zusammenzuarbeiten (Hervorhebung durch den Verfasser, S.L.)", *Nash*, The *bargaining* problem, in: Econometrica 1950, S.155-162, hier: S.155. Diese Annahme wurde von der Verhandlungssystem-

Verhandlungen trotz der Möglichkeit einseitiger Interessendurchsetzung aufgenommen werden können, müssen diese für sich genommen bereits einen größeren Nutzen als die einseitige Interessendurchsetzung besitzen. Der Kooperationsgewinn kann dabei zum Beispiel in einer Verbesserung des Vorhabens bestehen. Er kann aber auch in der Verbreiterung der Legitimationsbasis für eine bestimmte Entscheidung liegen.[24] Oder aber er kann über das konkrete Projekt hinausgehen, indem für die - freiwillig eingeholte - Zustimmung anderer Akteure von diesen in anderen Fällen ebenfalls das Bemühen um eine konsensuale Lösung erwartet werden kann.

Verhandlungen, so lässt sich zusammenfassen, sind also eine Form der *politischen Konfliktlösung*, die der Herbeiführung einer *konsensualen Entscheidung* dient. Damit Verhandlungen stattfinden können, müssen neben den *gegensätzlichen Interessen* der am Konflikt beteiligten Akteure auch *gemeinsame Interessen* zwischen den Beteiligten vorliegen. Gemeinsame Interessen können aus der zwingenden Notwendigkeit heraus entstehen, eine Entscheidung oder ein gewünschtes Projekt unter Beteiligung bestimmter Akteure zu treffen (*Zwangsverhandlungen*). Sie können aber auch dann zu Stande kommen, wenn sich Akteure aus übergeordneten Gründen zu einer gemeinsamen Entscheidungsfindung bzw. Projektrealisierung entschließen (*freiwillige Verhandlungen*).

Was ergibt sich daraus für Verhandlungen zwischen Vertretern von Bund und Ländern im Gesetzgebungsverfahren?

---

theorie übernommen und konkretisiert. *Bargaining* setze voraus, daß sich alle Beteiligten *egoistisch-rational* verhalten, und "daß Einigung (...) nur möglich ist, wenn für jeden [Beteiligten] der davon zu erwartende Nutzen mindestens ebenso groß ist, wie der bei Nicht-Einigung erwartete", *Scharpf,* Die Politikverflechtungs-Falle. Europäische Integration und deutscher Föderalismus im Vergleich, in: PVS 26/1985, S.323-356 (im weiteren: *Scharpf,* Politikverflechtung), hier: S.340, ähnlich auch in *Ders.,* Theorie, S.16, 20; und *Ders.,* Versuch über Demokratie im verhandelnden Staat, in: *Czada/Schmidt,* Verhandlungsdemokratie, Interessenvermittlung, Regierbarkeit. Festschrift für Gerhard Lehmbruch, Opladen 1993, S.25-96 (im weiteren: *Scharpf,* Demokratie), hier: S.30; *Brand/Barthe,* Reflexive Verhandlungssysteme. Diskutiert am Beispiel der Energiekonsens-Gespräche, in: *v. Prittwitz (Hrsg.),* Verhandeln und Argumentieren, Opladen 1996, S.71-109, hier: S.74., *Gehring,* Regieren im internationalen System. Verhandlungen, Normen und internationale Regime, in: PVS 36/1995, S.197-217, (im weiteren: *Gehring,* Regieren), hier: S.207.

[24] Vgl. in diesem Sinne *Benz,* Umverteilung, S.59ff, der darauf hinweist, daß Kooperation die Legitimation von Verteilungsentscheidungen sichert, da diese dann in Konsensbildungsprozessen zustande gekommen sind und durch generalisierbare Verteilungsnormen gestützt werden.

2.2 Verhandlungen im Gesetzgebungsprozess

Unstrittig dürfte sein, dass diese Verhandlungen Teil eines *Entscheidungsprozesses* sind. Ihr Ziel ist es, Konflikte zwischen den politischen Akteuren über Gesetzesinitiativen bzw. -beschlüsse so weit einer konsensualen Lösung zuzuführen, dass allen Beteiligten eine Zustimmung ermöglicht wird. Dabei kann offen bleiben, ob man ihr Ergebnis bereits als Entscheidung betrachten will, oder ob man den Verhandlungen nur eine *entscheidungsvorbereitende* Funktion zubilligt. Im formellen Sinn bleibt die Entscheidung über die Zustimmung zu einem Gesetz jedenfalls den zuständigen Verfassungsorganen (Bundestag, Bundesrat) überlassen (siehe Kapitel 1). So ist beispielsweise auch der Vermittlungsausschuss, ungeachtet seiner wichtigen Funktion, nur ein Beratungs- und Vorschlagsgremium.

Die *Interessenkonflikte*, um die es in den Verhandlungen im Gesetzgebungsverfahren geht, sind vielfältiger Art und im Einzelfall höchst unterschiedlich. Sie lassen sich sowohl nach den Auswirkungen des in Frage stehenden Gesetzes auf die Länder als auch nach den beteiligten Akteuren unterteilen, in:

- *föderale Konflikte:* Dies sind Konflikte, bei denen die in Frage stehende Gesetzesinitiative Interessen der Länder unabhängig von der parteipolitischen Ausrichtung ihrer Regierungen berührt. Das können zum Beispiel Auseinandersetzungen über die Kompetenzverteilung zwischen Bund und Ländern, aber auch Konflikte aufgrund finanzieller Belastungen sein, die den Ländern aufgrund der Implementation des strittigen Gesetzes entstehen würden. Hier können sich einerseits Bund und Länder als geschlossene Akteursgruppen gegenüberstehen. Dazu zählen andererseits auch die Fälle, in denen der Bundesregierung nur einzelne, von dem Vorhaben in ihren landesspezifischen Interessen betroffene Länder oder Ländergruppen gegenüberstehen.[25]
- *Sachpolitische Konflikte:* Hier handelt es sich um Konflikte, die nicht aus den Interessenlagen der Länder in ihrer Eigenschaft als föderale Glieder resultieren. Vielmehr sollen darunter die Konflikte verstanden werden, bei denen einzelne Landesregierungen oder Ländergruppen mit der Bundesregierung aus Gründen nicht übereinstimmen, die aus dem jeweiligen Politikfeld des Gesetzes resultieren.

Bei diesem Konflikttyp wird weiter zwischen verschiedene Akteurskonstellationen unterschieden:

- *parteipolitische* Konflikte: Unter diesem Begriff sollen ausschließlich Oppositions-Regierungs-Konflikte verstanden werden, bei denen sich also die Bundesregierung, die Koalitionsfraktionen bzw. -parteien und von diesen bzw. einem Teil dieser Parteien gebildete Landesregierungen einer-

[25] Vgl. in diesem Sinne *Münch*, Kontext, S.140.

seits und die Bundestagsopposition sowie die von ihren Parteien bzw. einem Teil dieser Parteien gebildeten Landesregierungen andererseits gegenüberstehen.

- *koalitionsinterne* Konflikte: Aufgrund des Fokus dieser Arbeit auf die Konflikte *zwischen Bund und Ländern* werden darunter abweichend vom herkömmlichen Sprachgebrauch *nicht nur* Konflikte *innerhalb* einer Koalition auf Bundes- bzw. Landesebene verstanden. Vielmehr werden unter diesen Begriff solche Konflikte gefasst, bei denen eine der Koalitionsparteien auf Bundes- oder Landesebene dem anderen „Koalitionspartner" *auf der jeweils anderen Ebene* gegenüber *divergierende* Interessen vertritt. Zu diesen zählen auch solche Konflikte, bei denen sich Länderregierungen mit der der Bundesregierung entsprechender parteipolitischer Zusammensetzung und die Bundesregierung selbst gegenüberstehen.[26]
- *parteiinterne* Konflikte: Darunter werden schließlich die Fälle eingeordnet, in denen eine der Koalitionsparteien auf Bundes- oder Landesebene der eigenen Partei auf der jeweils anderen Ebene gegenüber abweichende Interessen vertritt.[27]

Sachpolitische Konflikte sind in der Realität häufig mit *föderalen Konflikten* verbunden. Auslöser dafür kann zum Beispiel die Verteilung finanzieller Lasten oder Vorteile für die Länder sein.[28]

Ausschlaggebend für die Einordnung eines Verhandlungsprozesses in eine der Konfliktkategorien ist die Frage, inwieweit der Prozess von der Konfliktart *geprägt* wird. So gibt es durchaus auch bei einem *koalitions-* oder *parteiinternen Sachkonflikt* und *gleichgerichteten* Mehrheiten sachpolitische Interessen „oppositioneller" Länder, die sich im Widerspruch zum vorgelegten Gesetzentwurf befinden. Diese könnten sich aber, fiele der koalitionsinterne Streit weg, mangels eigener Mehrheit im Bundesrat nicht durchsetzen. Dementsprechend müsste die Bundesregierung, selbst wenn sie sich mit den „oppositionellen" Länder einigen würde, sich immer noch mit den „koalitionskonformen" Ländern einigen,

---

[26] Ein solcher „koalitionsinterner" Konflikt wäre nach dieser Definition also auch dann gegeben, wenn beispielsweise die niedersächsische FDP – im Falle einer dortigen CDU/FDP-Regierung – der Bundes-CDU gegenüber gegenläufige Interessen vertritt.

[27] *Jun* unterscheidet zwischen parteipolitischen, „aus dem bundesstaatlichen System" resultierenden Interessengegensätzen und „Fach- und Ressortinteressen", vgl. *Ders.*, § 14 Bundesrat, in: *Graf von Westphalen (Hrsg.),* Das parlamentarische Regierungssystem der Bundesrepublik Deutschland, München 2001, S.339-361 (im weiteren: *Jun,* Bundesrat), hier: S.352; ähnlich bereits *Klatt*, Parlamentarisches System, S.6, wobei nicht ganz klar ist, worunter diese Autoren die hier als koalitions- bzw. parteiinterne Sachkonflikte bezeichneten Differenzen einordnen; *Münch* differenziert nach „Institutionelle(n) Konflikte(n) zwischen den staatlichen Ebenen im Bundesstaat" und „vom Parteienwettbewerb bestimmte Konflikte(n)", vgl. *Dies.,* Kontext, S.139.

[28] Vgl. dazu in den Fallstudien das Steueränderungsgesetz 1992.

um ihre Mehrheit im Bundesrat zu sichern. Ebenso müssen Konflikte zwischen der Bundesregierung und parteipolitisch konformen Landesregierungen bei *divergierenden* Mehrheiten nicht zwangsläufig gelöst werden, sofern sich die Bundesregierung mit den „oppositionellen" Ländern einigt. Gleichwohl lässt sich annehmen, dass die Bundesregierung auch bei *divergierenden* Mehrheiten zunächst versuchen wird, mit den „eigenen" Ländern zu einer Übereinkunft zu kommen und dann mit den „oppositionellen" Ländern (oder einem Teil von ihnen) eine Lösung sucht. Insofern wäre der Verhandlungsprozess sowohl von einem *parteipolitischen* als auch einem *koalitions- oder parteiinternen Sachkonflikt* geprägt.

Wie in Kapitel 2.1 ausgeführt, müssen neben den konfligierenden auch *gemeinsame Interessen* für die Aufnahme von aussichtsreichen Verhandlungen vorhanden sein. Zumindest muss bei allen Beteiligten das Interesse vorhanden sein, Verhandlungslösungen den Vorrang vor einseitiger Interessendurchsetzung zu geben.
Ein solches grundsätzliches Interesse an Verhandlungen ist anzunehmen, wenn es sich bei dem jeweiligen Gesetz um ein Zustimmungsgesetz handelt. Zumindest besteht dann ein Verhandlungsinteresse beim Gesetzesinitiator, zumeist der Bundesregierung. Sie verfügt in diesen Fällen über keine alternativen Handlungsmöglichkeiten, da aus Artikel 78 GG nach herrschender Meinung gefolgert wird, dass bei Zustimmungsgesetzen die Zustimmung des Bundestages „zum Zustandekommen des Gesetzes unerläßlich" ist.[29] Damit ist der Gesetzesinitiator auf die Zustimmung der Mehrheit des Bundesrates angewiesen, es besteht ein Verhandlungs- und Konsenszwang, soll das Gesetz nicht scheitern.[30] Obwohl die Bundesratsmehrheit nicht automatisch ebenfalls ein Interesse an einer (Neu-)Regelung der in Frage stehenden Gesetzesmaterie haben muss, wird die

---

[29] So statt vieler: *Herzog*, Art. 78, Rdnr. 1, in: *Maunz/Dürig/Herzog*, Grundgesetz-Kommentar, München, Stand: Februar 1999; *Schmidt-Bleibtreu/Klein*, Kommentar zum Grundgesetz, Neuwied 1999[9], Art. 78, Rdnr. 6 mit Verweis auf BVerfGE 55, 274ff, wonach das Gesetz nur zustande kommt, wenn der Bundesrat (aktiv) zustimmt. Art. 78 GG lautet schlicht: „Ein vom Bundestag beschlossenes Gesetz kommt zustande, wenn der Bundesrat zustimmt, den Antrag gemäß Art. 77 AbS.2 nicht stellt, innerhalb der Frist des Artikels 77 AbS.3 keinen Einspruch einlegt oder ihn zurücknimmt oder wenn der Einspruch vom Bundestag überstimmt wird".

[30] *Jun* spricht in diesem Zusammenhang von einem „Einigungszwang", der mehr auf dem Bundestag als auf dem Bundesrat laste, wobei er in Bundestagsmehrheit und Bundesregierung eine Aktionseinheit sieht, vgl. *Ders.*, Bundesrat, S.349. Nach *Abromeit* ergibt sich durch die Existenz der „Fast-Zweiten Kammer" Bundesrat in vielen Fällen ein „Zwang zur Einstimmigkeit", *Dies.*, Mehrheitsdemokratische und konkordanzdemokratische Elemente im politischen System der Bundesrepublik Deutschland, in: Österreichische Zeitschrift für Politikwissenschaft, 1989/2,S.165-180 (im weiteren: *Abromeit:* Mehrheitsdemokratische Elemente), hier: S.170f.

Notwendigkeit dazu von ihr üblicherweise doch anerkannt. Überdies würde sie sich bei einer reinen Verweigerungshaltung dem Vorwurf aussetzen, sie blockiere die Gesetzestätigkeit des Bundes ohne den Willen zu konstruktiver Mitarbeit.[31] Schließlich kann die Bundesratsmehrheit von ihr gewünschte partielle Veränderungen der Gesetzesinitiative bzw. des Gesetzesbeschlusses ebenfalls nur über Verhandlungen erreichen.[32]
Sowohl in den Fällen *föderaler* Konflikte als auch – und um so mehr – *parteipolitischer Sachkonflikte* dürfte die einem Gesetzesbeschluss ablehnend gegenüberstehende Bundesratsmehrheit aber auch deshalb ein Interesse an Verhandlungen haben, um ihre ablehnende Position bzw. ihre Änderungsvorschläge gegenüber der Öffentlichkeit darzustellen. Dies ist vor allem in den Fällen anzunehmen, in denen die Bundesratsmehrheit dezidiert eigene Positionen in der zur Beratung anstehenden Materie entwickelt hat. Bei *föderale* Konflikten können die Länder dadurch die *Legitimität* ihrer Positionen deutlich machen, bei parteipolitischen Sachkonflikten kann die Opposition gegenüber ihrer potentiellen Wählerschaft ihre *Problemlösungskompetenz* verdeutlichen.
Auch wenn ein beiderseitiges Interesse an erfolgreichen Verhandlungen existiert, können Situationen auftreten, in denen eine der beiden Seiten eher die negativen Folgen eines Verhandlungsabbruchs in Kauf zu nehmen bereit ist, als der Gegenseite zu weitgehende Zugeständnisse zu machen. Dies ist vor allem bei *parteipolitischen Sachkonflikten* der Fall, wie die gescheiterten Verhandlungen über die Steuerreform 1997/98 gezeigt haben.[33]
Hingegen wird die Bundesregierung bei *koalitionsinternen* Sachkonflikten geneigt sein, mit „ihren" Länderregierungen eher einen Kompromiss zu suchen, als das Gesetz scheitern zu lassen. Dies gilt nicht nur bei Zustimmungs-, sondern ebenso für den Fall von Einspruchsgesetzen, wenn die Bundesregierung eine mehrheitliche Ablehnung ihres Gesetzes befürchten müsste, die dann wiederum mit ihrer Kanzlermehrheit im Bundestag zu überstimmen wäre. So kann die par-

---

[31] So *Renzsch*, Bundesstaat, S.56.

[32] Formal könnte auch die Möglichkeit der Einschaltung des Vermittlungsausschusses seitens des Bundestages bzw. der Bundesregierung im Falle von Zustimmungsgesetzen einen gewissen Druck auf die Bundesratsmehrheit ausüben, sich zumindest gegenüber der Öffentlichkeit verhandlungsbereit zu zeigen. Insofern ist anzunehmen, dass der Bundesrat einem Anrufungsbegehren seitens der Bundesregierung bzw. der Bundestagsmehrheit durch eine Einschaltung des Vermittlungsausschusses seinerseits zuvorkommen und sich einem Verhandlungswunsch seitens der Bundesregierung nicht entziehen wird.

[33] So *Zohlnhöfer*, Die große Steuerreform 1998/99: Ein Lehrstück für Politikentwicklung bei Parteienwettbewerb im Bundesstaat, in: ZParl 30/1999, S. 326-345. *Renzsch* vertritt allerdings die – durchaus überzeugende – These, dass es sich in diesem Fall faktisch um eine Mischung aus *parteipolitischem* und *koalitionsinternem Sachkonflikt* gehandelt habe, bei dem nicht der parteipolitische, sondern der koalitionsinterne Konflikt auf Bundesebene letztendlich das Zustandekommen der Reform verhindert habe, vgl. dazu näher *Ders.*, Bundesstaat, S.69-73.

teipolitische Übereinstimmung zwischen Bundesregierung und Ländermehrheit ein weiteres Motiv für die Suche nach einem Kompromiss sein, um nicht den Eindruck koalitionsinterner bzw. innerparteilicher Zerstrittenheit zu erwecken.
In Ausnahmefällen kommt es auch bei Einspruchsgesetzen und *parteipolitischen Konflikten* zu Verhandlungen, etwa, wenn es sich um Fragen handelt, bei denen Bundesregierung und Bundestagsmehrheit aus der Sache heraus an einer möglichst breiten Zustimmung interessiert sind.[34] Insgesamt gesehen ist allerdings davon auszugehen, dass Verhandlungen bei Einspruchsgesetzen deutlich seltener auftreten.[35]
Bei Verhandlungen im Falle von Einspruchsgesetzen handelt es sich immer um *freiwillige Verhandlungen*, da die Bundesregierung das Gesetz mit ihrer Mehrheit im Bundestag auch nach einem Einspruch durch den Bundesrat durchsetzen könnte, es also an dem Zwang zur Einigung fehlt. Eine Ausnahme stellen die Fälle dar, bei denen der Bundesregierung eine 2/3-Mehrheit im Bundesrat gegenübersteht.
So stellt die Zustimmungspflichtigkeit vieler Gesetze den entscheidenden Faktor bei der Entstehung von Verhandlungssituationen im Gesetzgebungsverfahren dar.[36] Die zunehmende Zahl von Zustimmungsgesetzen, liegt in einem Trend begründet, der bereits unmittelbar nach Gründung der Bundesrepublik einsetzte und der heute über die Hälfte aller Initiativen zu Zustimmungsgesetzen macht. Seine Ursache liegt darin, dass – im Gegensatz zur ursprünglichen Absicht des Grundgesetzes in Art. 84 I – die Einrichtung der Behörden, durch die die Länder die Bundesgesetze auszuführen haben, ebenfalls vom Bund geregelt wird. Diese Regelung bedarf der Zustimmung des Bundesrates. Da ein Gesetz aber immer nur als Ganzes zustimmungspflichtig bzw. einspruchsfähig ist, hatte das die Zustimmungspflichtigkeit des jeweiligen Gesetzes auch in den Bereichen zur Folge, die nicht den Behördenaufbau bzw. das Verfahren betreffen, sondern materielle Regelungen enthalten. Wenn auch nur „eine ganz geringfügige verfahrensrechtliche Bestimmung die Zustimmungsbedürftigkeit bedingt", so *Lerche*, „erstreckt sich doch das Zustimmungserfordernis auf das ganze Gesetz".[37] Derartige Gesetze können demnach auch abgelehnt werden, wenn der Bundesrat nur den

---

[34] Als Beispiel dafür kann die Rentenpolitik gelten, deren wesentliche Weichenstellungen in der Regel mit Zustimmung der Opposition und der von ihr regierten Länder bestimmt werden.

[35] Die Kombination *föderaler* Konflikte/Einspruchsgesetze dürfte hingegen nahezu auszuschließen sein, da ein Gesetz bei Betroffenheit der Länder in aller Regel zustimmungspflichtig sein wird.

[36] Diese Einschätzung teilten auch die ehemalige Staatsekretärin Sabine *Bergmann-Pohl* und Ministerpräsident a.D. Ernst *Albrecht* im Gespräch mit dem Verfasser, vgl. Interview *Albrecht, Bergmann-Pohl.*

[37] *Lerche,* Zustimmungsgesetze, in: *Bundesrat (Hrsg.),* Vierzig Jahre Bundesrat, S.183-202, hier: S.198.

materiellen Regelungen nicht zustimmt.[38]
Damit liegt auf der Hand, dass die Frage der „Definitionshoheit" über die Zustimmungsbedürftigkeit eines Gesetzes angesichts ihrer Auswirkungen auf die gemeinsamen Interessen von großer Bedeutung ist. Insbesondere in Zeiten unterschiedlicher Mehrheitsverhältnisse führt die Frage nach der Zustimmungsbedürftigkeit zu „häufigen Meinungsverschiedenheiten"[39] zwischen Bundestag und Bundesrat, die letztlich ein „Machtkampf"[40] sind.
Nun sind die Arten von Gesetzen, zu denen die Zustimmung des Bundesrates notwendig ist, zwar im Grundgesetz enumerativ aufgeführt. Es ist aber keineswegs so, dass der Wortlaut bzw. der Regelungsumfang einer Gesetzesinitiative immer eindeutig auf die Zustimmungsbedürftigkeit der Initiative schließen lässt. In aller Regel wird auf beiden Seiten zunächst stillschweigend von dem Zustimmungs- bzw. Einspruchscharakter des Beschlusses ausgegangen.[41] Das hatte zur Folge, dass der Bundesrat häufig „vorsorglich" gegen ein Gesetz Einspruch erhoben hat, auch wenn er der Ansicht war, dieses sei zustimmungspflichtig. Um nicht den Anschein zu erwecken, der Bundesrat habe selbst Zweifel an der Zustimmungsbedürftigkeit, wird sei Mitte der 70er Jahre weitgehend darauf verzichtet.[42] Auch der Vermittlungsausschuss äußert sich nach langjähriger Praxis nicht zu dieser Frage[43]. Im weiteren Verfahren hängt es davon ab, wie sich die Bundesregierung und der Bundespräsident verhalten. Entscheidend ist hier, dass der Bundespräsident ein selbständiges Prüfungsrecht hat. Er kann die Ausfertigung und Verkündung eines Gesetzes unter anderem dann ablehnen, wenn er im Gegensatz zur Bundesregierung das Gesetz für zustimmungspflichtig hält, der Bundesrat diese Zustimmung aber nicht erteilt hat. Tut er das anderseits bei einem Gesetz, das der Bundesrat für zustimmungspflichtig hält, nicht, bliebe dem Bundesrat nur noch der „Gang nach Karlsruhe", also die Anrufung des Bundesverfassungsgerichts.
Zusammenfassend lässt sich also festhalten, dass die Verhandlungen zwischen Bundestag, Bundesrat und Bundesregierung im Gesetzgebungsverfahren Teil eines Entscheidungsprozesses sind, der auf eine konsensuale Übereinkunft hin zielt. Notwendig werden die Verhandlungen aufgrund verschiedener, für das

---

[38] vgl. dazu auch *Ismayr*, Bundestag, S.319f.

[39] *Bauer*, Der Vermittlungsausschuß. Politik zwischen Konkurrenz und Konsens, Dissertation Bremen, S.54 (im weiteren: *Bauer*, Vermittlungsausschuß).

[40] *von Beyme*, Der Gesetzgeber. Der Bundestag als Entscheidungszentrum, Opladen 1997 (im weiteren: *Beyme*, Gesetzgeber), S. 296.

[41] Vgl. zum folgenden *Ziller*, Zum Spannungsverhältnis von Bundestag und Bundesrat im Gesetzgebungsverfahren, in: *Busch (Hrsg.)*, Parlamentarische Demokratie. Bewährung und Verteidigung. Festschrift für Helmut Schellknecht, Heidelberg 1984, S.135-152 (im weiteren: *Ziller*, Spannungsverhältnis), hier: S.145ff.

[42] *Ebd.*, S.148.

[43] *Ebd.* S.147.

Verhältnis der Akteure typischer *Interessenkonflikte:* dem *föderalen* und dem *sachpolitischen,* der sich wiederum entsprechend seiner Akteurskonstellation in *parteipolitische* und *koalitionsinterne* Konflikte differenzieren lässt. Diese Konflikttypen können sich gegenseitig überlagern. Dennoch wird nicht jeder Konflikt über Verhandlungen gelöst: entscheidend ist dafür das *gemeinsame Interesse,* dass hier vor allem durch die Notwendigkeit einer konsensualen Entscheidung bei *Zustimmungsgesetzen* erzeugt wird.

3. Verhandlungsakteure und Verhandlungsgremien

In den bisherigen Ausführungen ist bereits von den Akteuren des Verhandlungsprozesses die Rede gewesen. Darunter wurden zunächst sehr allgemein der Bundestag, die Bundesregierung und der Bundesrat aufgeführt. Ob dies die einzigen Akteure sind bzw. ob sie sich überhaupt sinnvollerweise als Kollektivakteure verstehen lassen, soll im folgenden Kapitel geklärt werden. In Kapitel 3.2 geht es dann um die Gremien, in denen die Verhandlungen zwischen Bund- und Ländervertretern stattfinden.

3.1 Verhandlungsakteure

Unter dem Begriff *Verhandlungsakteure* können, entsprechend dem Verständnis politischer Akteure als „Individuen, Gruppen und Organisationen, die am politischen Prozess teilnehmen"[44] sowohl einzelne Personen als auch Personengruppen bzw. Organisationen verstanden werden. Es lassen sich allerdings nur wenige politische Verhandlungssituationen ausmachen, in denen einzelne Individuen aus sich selbst heraus über Vetopositionen oder *bargaining power* verfügen, so dass es sich in der Regel um *kollektive* bzw. *korporative Akteure* handeln wird. Das Interesse dieser Kollektivakteure an Verhandlungen entsteht häufig aus einer *funktionalen Interdependenz*. Zumindest muss es eine Abhängigkeit der Akteure voneinander in Teilbereichen geben.[45]
Aus dieser Abhängigkeit bzw. aus einem rechtlichen Zustimmungserfordernis erwächst den Akteuren eine *Vetomacht*.[46] Diese kann einem Akteur von dem oder den anderen Akteuren allerdings auch zugestanden werden, wenn diese sich freiwillig um seine Zustimmung bemühen. Insofern besitzen grundsätzlich so-

---

[44] *v. Prittwitz*, Politikanalyse, Opladen 1994, S.14.

[45] So führt *Grande* im Zusammenhang mit seinen Aussagen zum Regieren in verflochtenen Verhandlungssystemen aus, dass staatliche Politik häufig in Verhandlungen zwischen formal independenten und funktional interdependenten Akteuren bzw. Institutionen implementiert werden muss, vgl. *Grande*, Regieren, S.327. *Czada/Schmidt* stellen fest, dass „Verhandlungszwänge" unter anderem in Fällen von Konfliktregulierung und Problemlösung „bei gegenseitiger Abhängigkeit" auftreten, *Czada/Schmidt*, Verhandlungsdemokratie, S.7. Wechselseitige Abhängigkeit, so *Scharpf*, garantiere zwar kein Gleichgewicht der Parteien, begünstige aber Absprachen, vgl. *Scharpf*, Verhandlungssysteme, S.70.

[46] *Scharpf* spricht im Zusammenhang mit supra- und transnationaler Politik von "Autonomie und Vetomacht", bzw. von "Verhandlungen zwischen den Exekutivorganen faktisch unabhängiger Einheiten", *Ders.*, Legitimationsprobleme, S.166f., vgl. auch *Abromeit*, die für *Konkordanzsysteme* festhält, dass in den Verhandlungsgremien keine der „relevanten Interessen" überstimmt werden kann, „jede der beteiligten (Minderheits-)Gruppen also ein grundsätzliches Vetorecht hat", *Abromeit*, Korrektive parlamentarischer Mehrheitsherrschaft: ein Überblick, in ZParl 18/1987, S.420-435 (im weiteren: *Abromeit*, Korrektive), hier: S.428.

wohl die Teilnehmer an Zwangsverhandlungen als auch die Partner in freiwilligen Verhandlungen Vetomacht.

Im Fall des bundesdeutschen Gesetzgebungsprozesses liegt bei den Zustimmungsgesetzen ein rechtliches Zustimmungserfordernis vor, das dem Bundesrat ein Vetorecht gegenüber vom Bundestag gefassten Gesetzesbeschlüssen zugesteht. Zwischen beiden entsteht also eine Interdependenz: einerseits kann der Bundestag seinen Beschluss nicht gegen den Willen der Bundesratsmehrheit durchsetzen. Andererseits benötigt der Bundesrat für von ihm gewünschte Änderungen – sofern er das Gesetz nicht in Gänze ablehnen will – die Zustimmung der Bundestagsmehrheit.

Die Frage stellt sich allerdings, ob Bundestag und Bundesrat in der *Verfassungswirklichkeit* als kollektive bzw. korporative Akteure betrachtet werden können. Für ihre Definition als korporative Akteure spricht, dass sie zweifellos „Organisationen mit innerer Willensrepräsentation"[47] sind. Andererseits sind ihnen „übereinstimmende Präferenzen bezüglich eines Problems",[48] wie dies kollektiven Akteuren entspricht, in den meisten Entscheidungssituationen *nicht* zuzuordnen. Daher sind Bundestag und Bundesrat nicht als politische Akteursformen zu betrachten, sondern als Teil der politischen *Arena*, in der um die Durchsetzung von Interessen gerungen wird.

Nimmt man übereinstimmende Präferenzen oder Interessen als entscheidendes Merkmal kollektiver Akteure an, so finden sich in den Arenen Bundestag und Bundesrat vielmehr *eine Reihe* von Akteuren, die – je nach Konfliktlage – unter Umständen weiter differenziert werden müssen, die sich aber auch in *Interessenkoalitionen* verbinden können.

Als korporative Akteure sind im Bundestag die Fraktionen, im Bundesrat die Länder(-regierungen) auszumachen. Mit diesen sind aber noch nicht alle potentiellen Verhandlungsakteure genannt. Ein weiterer wesentlicher Akteur ergibt sich schon aus dem im Grundgesetz beschriebenen Verfahren: so kann nach Art. 77 II 4 GG nicht nur der beschlussfassende Bundestag, sondern auch die Bundesregierung eine Einberufung des Vermittlungsausschusses verlangen. Entscheidender aber ist, dass die weit überwiegende Zahl aller vom Bundestag verabschiedeten Gesetzesbeschlüsse von der Bundesregierung initiiert wird.

Wollte man die Bestimmung der potentiellen Verhandlungsakteure allein auf eine verfassungsrechtliche Grundlage stellen, lägen mit den Fraktionen des Bundestags, den Länderregierungen und der Bundesregierung bereits die drei maßgeblichen Akteursgruppen vor.

Man würde aber eine wesentliche Akteursgruppe außer Acht lassen, wenn man sich nur auf die sich aus dem Grundgesetz ergebenden Akteure beschränkt: die Parteien. Die Begründung, warum sie als wesentliche Akteure mit in die Be-

[47] v. *Prittwitz*, Politikanalyse, S.14.
[48] Ebd.

trachtung einbezogen werden müssen, zeigt gleichzeitig ihre besondere Problematik auf. Dazu ist es notwendig, sich ein Merkmal von korporativen Akteuren zu vergegenwärtigen:

Da korporative Akteure nicht in ihrer Gesamtheit agieren können, werden sie in der Realität von *Repräsentanten*[49] vertreten. Dabei kann es sich um ernannte oder gewählte Stellvertreter handeln. Wer bei Verhandlungen im Gesetzgebungsprozess die einzelnen Akteursgruppen vertritt, ist von der Bedeutung des Konfliktes, dem Politikfeld und den gewählten Verhandlungsgremien abhängig.[50] So werden die Akteure bei *politisch bedeutsamen* Gesetzen von in der politischen Hierarchie hochrangigen Repräsentanten vertreten sein. Konflikte *föderaler* oder sachpolitischer Art, bei denen

- durch die in Frage stehende Initiative grundsätzliche Interessen der Länder oder eines Landes nicht berührt sind,
- das Gesetzesvorhaben keine bedeutsamen Interessen der Koalitions- oder Oppositionsparteien im fraglichen Politikfeld berührt,

werden dagegen auf der Ebene der fachlich zuständigen Ministerien in Bund und Ländern entschieden.[51] Die Verhandlungen werden dann ausschließlich von Repräsentanten der mittleren politischen Führungsebenen (Staatsekretäre bzw. Ministerialbeamte) geführt. Die von diesen gefundenen Konfliktlösungen bzw. Verhandlungsergebnisse werden von der politischen Führung dann bestenfalls formal bestätigt. Sie nimmt aber nicht aktiv an den Verhandlungen teil.[52] Häufig liegen hier auch allein fachspezifische Interessenlagen vor, denen sich bestimmte Gruppen innerhalb der Fraktionen verpflichtet fühlen (beispielsweise als Vertreter organisierter Interessen).

Schließlich hängt die Stellung des jeweiligen Repräsentanten innerhalb der politischen Hierarchie auch vom jeweiligen Stand der Verhandlungen ab: während in einem frühen Abschnitt der Verhandlungen, in der es um die Positionierung der Akteure geht, (auch) Vertreter untergeordneter Regierungs-, Fraktions- oder Parteiebenen agieren, werden vor allem die Verhandlungs*gespräche* (vgl. zur Unterteilung Kapitel 4.2) maßgeblich von den führenden Politikern in Bund und Ländern geführt werden.

Nun lassen sich die Repräsentanten der Akteure Fraktionen, Bundesregierung

---

[49] So *Benz*, Umverteilung, S.63, *Scharpf*, Demokratie, S.36, *Czada/Schmidt*, Verhandlungsdemokratie, S.7, *v. Prittwitz*, Verhandeln im Beziehungsspektrum eindimensionaler und mehrdimensionaler Kommunikation, in: *Ders.(Hrsg.),* Verhandeln und Argumentieren. Dialog, Interessen und Macht in der Umweltpolitik, Opladen 1996, S.41-68, hier: S.50.

[50] Siehe dazu auch den folgenden Abschnitt „Verhandlungsgremien“.

[51] Vgl. in diesem Sinne auch *Renzsch*, der diese als „institutionell-administrativ“ gesteuerte Verfahren bezeichnet und sie von Entscheidungsverfahren im „parteipolitisch koordinierten Prozeß“ unterscheidet, *Ders.*, Bundesstaat, S.56f.

[52] So auch der Bund-Länder-Beauftragte in der Staatskanzlei des Landes Brandenburg, *von Puttkammer*, im Rahmen der Beteiligtenbefragung.

oder Landesregierungen zwar gut voneinander unterscheiden, da sie - seien es nun die Fraktionschefs, Bundesminister oder Ministerpräsidenten – in der Regel nur einem dieser Akteure angehören. Zugleich sind sie aber – abgesehen von parteilosen Ministern – immer auch Mitglieder einer Partei. Dass die Parteien als gewichtige Akteure im Verhandlungsfeld zu betrachten sind, liegt damit auf der Hand: nicht nur die Repräsentanten, nahezu alle Mitglieder der Akteursgruppen Fraktion, Bundesregierung und Landesregierung werden in der Regel erst als Kandidaten einer Partei Mitglieder des jeweiligen Kollektivakteurs. Sie müssen sich also nicht allein ihrem – direkten oder indirekten – Wähler, sondern ebenso der Partei, die sie nominiert hat, verpflichtet fühlen. Mehr noch: die Programmatik und die Beschlüsse ihrer Parteien bilden letztlich die Grundlage der jeweiligen Regierungs- bzw. Oppositionspolitik. Insofern ist es vielleicht überspitzt, aber im wesentlichen zutreffend, wenn *Abromeit* feststellt, dass der Vermittlungsausschuss weniger „zwischen den Verfassungsorganen als zwischen Parteien“[53] vermittle und *Patzelt* meint, dass „the central actors in the Bundesrat are political parties“.[54]

Problematisch wird die Bestimmung der eigenständigen Rolle und Position der Parteien im Verhandlungsfeld allerdings dadurch, dass die Repräsentanten der anderen Akteursgruppen nicht nur Mitglieder der Parteien sind, sondern in diesen in der Regel zugleich führenden Positionen einnehmen. Zum großen Teil sind die Fraktions- oder Regierungschefs in Personalunion Parteivorsitzende – und damit, abhängig von der jeweiligen Konfliktsituation, oft zugleich die Repräsentanten der Parteien im Verhandlungsprozess. Da beispielsweise ein Bundeskanzler, der zugleich Parteivorsitzender ist, innerhalb des Verhandlungsprozesses nicht immer deutlich machen wird, ob er in einer bestimmten Situation als Repräsentant der Regierung oder seiner Partei auftritt, dürfte die analytische Trennung zwischen beiden Funktionen schwierig sein.

Hinzu kommt, dass diese „Doppelrepräsentanten“ in Interessenkonflikte zwi-

---

[53] *Abromeit*, Die Funktion des Bundesrates und der Streit um seine Politisierung, in: ZParl 19/1982, S.462-472 (im weiteren: *Abromeit*, Funktion), S.469; in diesem Sinne auch *Laufer/Münch*, die feststellen, dass „bei den Verhandlungen im Vermittlungsausschuß normalerweise die parteipolitisch geprägte Sicht im Vordergrund“ stehe, *Dies.*, Das föderale System der Bundesrepublik Deutschland, Opladen 1998 (im weiteren: *Laufer/Münch*, Föderales System), S.178. Dagegen meint *Oschatz*, es wäre falsch anzunehmen, es „würden im Vermittlungsausschuß vor allem parteipolitische Meinungsverschiedenheiten über den Inhalt von Gesetzen ausgetragen“, *Ders.*, Der Bundesrat im Verfassungsgefüge der Bundesrepublik Deutschland, in: *Bundestag (Hrsg.)*, Bundestag, Bundesrat, Landesparlamente, Darmstadt 1989, S. 72-95 (im weiteren: *Oschatz*, Bundesrat), hier: S.82. Auch die Mehrzahl der befragten VA-Mitglieder hob darauf ab, dass die These *Abromeits* nur bei parteipolitisch umstrittenen Gesetzen gilt.

[54] *Patzelt*, The Very Federal House: The German Bundesrat, in: *Patterson/Mughan (Hrsg.)*, Senats, Bicameralism in the Contemporary World, Columbus 1999, S.59-92, hier: S.60

schen ihren Funktionen geraten können. Beispielsweise dann, wenn der Ministerpräsident eines Landes in einem *sachpolitischen* Konflikt, der mit einem *föderale* Grundsatzkonflikt verbunden ist, als Ministerpräsident des Landes andere Interessen vertreten muss, als er dies in seiner Funktion als Parteimitglied tun muss. Andererseits, so *Renzsch*, kann diese Präsenz der Parteien auf beiden föderalen Ebenen gerade die Problemlösungsfähigkeit des Systems befördern.[55]
Welche Akteure in den jeweiligen Gesetzgebungsprozessen an den Verhandlungen beteiligt sind, ist von der Art des Interessenkonflikts und den Mehrheitsverhältnissen abhängig. Dennoch lassen sich generelle Vermutungen anstellen:

- bei *föderalen* Konflikten werden die Landesregierungen und die Bundesregierung eine zentrale Rolle spielen. Die Wahrscheinlichkeit der Beteiligung der Bundestagsfraktionen und der Bundesparteien als eigenständige Akteure ist demgegenüber vergleichsweise geringer.
- Hingegen dürfte eine maßgebliche Rolle der Bundestagsfraktionen sowie der Bundesparteien bei *Sachkonflikten* gegeben sein. In diesem Fall werden sich die (Bundes-)Parteizentralen stärker in die Verhandlungen einbringen, ja, sie unter Umständen sogar leitend führen.
- Die kleineren Oppositionsparteien (bis 1998 Bündnis 90/Die Grünen, seit 1990 auch die PDS bzw. seit 1998 die FDP) haben bei beiden Konfliktarten nur dann eine Möglichkeit, an Verhandlungen beteiligte zu werden, wenn ihre Interessen mit denen der größeren Oppositionspartei (SPD bzw. CDU) übereinstimmen, da sie über keine nur von ihnen regierten Landesregierungen „verfügen“. Liegt nur zwischen ihnen und der Regierung ein Interessenkonflikt vor, werden sie in der Regel nicht in der Lage sein, ihren jeweiligen Landeskoalitionspartner zu einem konfrontativen Verhalten im Bundesrat bewegen zu können.

Die Akteurskonstellation bei *freiwilligen* Verhandlungen – also im Fall von Einspruchsgesetzen – unterscheidet sich insofern nicht von der bei Zustimmungsgesetzen. Hier ist es allerdings so, dass der Bundestag – aufgrund seiner Möglichkeit, den Einspruch des Bundesrates mit seiner absoluten Mehrheit zu überstimmen – dem Bundesrat ein Veto *zugesteht*, wenn er mit dessen Mehrheitsvertretern in Verhandlungen eintritt. Dabei ist zwischen dem formellen Beginn eines Vermittlungsverfahrens und der tatsächlichen Aufnahme ernsthafter, auf einen Kompromiss gerichteter Verhandlungen zu unterscheiden. Auch wenn ein formelles Vermittlungsverfahren begonnen hat, kann sich die Regierungsmehrheit auf hinhaltende „Scheinverhandlungen“ konzentrieren, in der Gewissheit, einen möglicherweise eingelegten Einspruch seitens des Bundesrates nach Scheitern des Vermittlungsverfahrens mit ihrer „Kanzlermehrheit“ abweisen zu können. So ist die Analyse *Fröchlings*, der Vermittlungsausschuss fungiere als Instrument des Bundesrates, weil „das im Hintergrund drohende Veto die Bundes-

[55] Vgl. dazu jüngst: *Ders.*, Bundesstaat, S.53-78

tagsmitglieder des Ausschusses eine Lösung suchen lässt, die das Gesetz auch für den Bundesrat annehmbar macht"[56], natürlich nur für den Fall der Zustimmungsgesetze zutreffend.

Dass sich in der Regel nicht Bundestag, Bundesrat – und, bei koalitionsinternen Konflikte auch die Bundesregierung – als Kollektivakteure gegenüberstehen, hat Auswirkungen auf die durch das Zustimmungserfordernis ausgelöste Vetoposition. Es stellt sich die Frage, welche Vetomöglichkeiten die *einzelnen Akteure* besitzen.

Da für ein zustimmungspflichtiges Gesetz eine absolute Mehrheit der Stimmen im Bundesrat notwendig ist, ist andererseits für die Wahrnehmung des daraus resultierenden Vetos das gemeinsame Vorgehen einer Ländergruppe mit entsprechender Stimmenzahl notwendig. Es handelt sich also im Grundsatz um ein *kollektives Veto*. Die faktische Vetoposition *einzelner* Länder kann nur dann entstehen, wenn die Stimmen genau eines Landes zur Gewinnung bzw. Verhinderung einer Mehrheit notwendig sind und klar ist, dass die übrigen Länder bei ihrer ablehnenden bzw. zustimmenden Position bleiben.

Aber auch andere Akteure im Verhandlungsprozess verfügen über vergleichbare Vetomöglichkeiten. Um ihre abweichenden Positionen durchsetzen zu können, bedarf die Bundesratsmehrheit ihrerseits der Zustimmung der *Bundestagsmehrheit*. So verfügen faktisch auch die Koalitionsfraktionen über ein Veto. Die *Bundesregierung* wiederum kann sich in aller Regel auf diese Fraktionen stützen.[57] Mit der Drohung, die Koalitionsfraktionen würden dem Verhandlungsergebnis nicht zustimmen, verfügt sie ihrerseits über ein indirektes Veto. Andererseits können auch die Oppositionsfraktionen dann zu Veto-Spielern werden, wenn sie mit einer Mehrheit im Bundesrat drohen können. Das gilt, in vergleichbarer Weise, auch für die Bundesparteien, sofern sie im Verhandlungsfeld dezidiert eigene Positionen vertreten.

Von Bedeutung für den Verhandlungsverlauf kann auch die *Zahl* der Akteure sein. So ist davon auszugehen, dass eine Verhandlungslösung um so schwieriger wird, je mehr Akteure und damit auch unterschiedliche Interessen berücksichtigt werden müssen. So stellt *Renzsch* für die Zeit nach 1991 fest, dass „die Verhandlungssituation (...) auch infolge der deutschen Einheit – mehr Länder, größere Interessenunterschiede – (...) erheblich schwieriger geworden ist".[58]

---

[56] *Fröchling*, Der Bundesrat in der Koordinierungspraxis von Bund und Ländern, Freiburg 1972, S.49, zitiert nach: *Abromeit*, Funktion, S.468

[57] So führte auch der FDP-Bundestagsabgeordnete *van Essen* im Rahmen der Beteiligtenbefragung aus, die Koalitionsmehrheiten folgten „jeweils sehr stark den Vorgaben der Bundesregierung".

[58] *Renzsch*, Parteien, S.98.

3.2 Verhandlungsgremien

Welche Repräsentanten die Akteure in den Verhandlungen vertreten, hängt nicht zuletzt davon ab, in welchen *Gremien*[59] die Verhandlungsgespräche stattfinden. Verhandlungsgremien lassen sich in *formelle* und *informelle* Gremien unterteilen. Formelle Gremien sind solche, deren Strukturen formal (in Gesetzen, Geschäftsordnungen oder Statuten) geregelt sind. Informelle Gremien entstehen und existieren demgegenüber allein aufgrund formloser, oft mündlicher Übereinkünfte der sie bildenden Akteure bzw. von deren Repräsentanten. Dabei können sie sowohl ad-hoc gebildet und relativ kurzfristig wieder beendet werden als auch über einen längerfristigen Zeitraum existent sein. Ebenso können an ihnen sowohl ständig gleiche als auch wechselnde Akteure und Repräsentanten beteiligt sein. Dabei spricht für die Entsendung derselben Repräsentanten über einen längeren Zeitraum, dass sich dadurch leichter persönliche Kontakte und Vertrauensbeziehungen bilden lassen.

Gleichbleibendes Merkmal formeller wie informeller Verhandlungsgremien ist hingegen

- die vergleichsweise kleine Zahl von Mitgliedern,[60]
- der Ausschluss der Öffentlichkeit,
- ein schwach ausgeprägtes Regelwerk.

Entsprechend der Fragestellung werden im folgenden nur jene Gremien als *Verhandlungs*gremien betrachtet, in denen sowohl Vertreter des Bundes als auch der Länder Verhandlungsgespräche führen.[61] Damit sind jene Gremien ausgeschlossen, in denen im Verlauf des Verhandlungsprozesses ausschließlich Positionen verkündet werden, ohne dass es zu direkten Gesprächen zwischen den Verhandlungsakteuren kommt (z.B. die Plenen des Bundesrates bzw. Bundestages).

Als formelles Verhandlungsgremien im Gesetzgebungsprozess ist zunächst der Vermittlungsausschuss (VA) zu nennen. Das Ziel dieses „wichtigen Instruments der politischen Kompromissfindung im Gesetzgebungsverfahren“[62] ist es, „durch

---

[59] Vgl. zur hier verwandten Definition *Pfetsch*, Politische Theorie der Entscheidung in Gremien, in: Journal für Sozialforschung 1987/3-4, S.253-275 (im weiteren: *Pfetsch*, Gremien), hier: S.254.

[60] Hier erscheint mir die Definition *Sartoris*, als Gremien nur „kleine Gruppen, mit etwa 3 bis 30 Mitgliedern“ zu betrachten, für den von mir gewählten Untersuchungszusammenhang sinnvoller als die Definition von *Pfetsch*, der keine Beschränkung der Mitgliederzahl vornimmt, vgl. zu beidem *Pfetsch*, Gremien, S.253f. Gleichwohl betrachtet auch *Pfetsch* eine Zahl von 15 Mitgliedern als „Schwellenwert für optimale Gremienarbeit“, a.a.O., S.256.

[61] Das bedeutet, Verhandlungen innerhalb der Arenen Bundestag und Bundesrat werden zwar, entsprechend ihrer Bedeutung für den gesamten föderalen Verhandlungskomplex in die Untersuchung mit einbezogen, sie gelten aber in diesem Zusammenhang nicht als Verhandlungsgremien.

[62] *Dästner*, Die Geschäftsordnung des Vermittlungsausschusses, Berlin, 1995 (im weiteren:

rationale Debatte im Wege des politischen Kompromisses eine durchsetzbare Einigung und das Inkrafttreten des Gesetzes zu erreichen".[63]
Der VA besteht aus je 16 (bis 1990: je 11) Mitgliedern des Bundestages und des Bundesrates, wobei jedes Land jeweils einen Vertreter entsendet. Letztere werden von den Landesregierungen aus den von ihr benannten Mitgliedern des Bundesrates ausgewählt. Da sich die Benennung der Mitglieder aus dem Bundestag wiederum nach dem Proporz der Fraktionen richtet, sind zumindest die Akteure Fraktionen und Länderregierungen im VA vertreten. Eine Vertretung des Akteurs Parteien aufgrund der Parteimitgliedschaft der meisten Abgeordneten und Bundesratsmitglieder könnte zwar ebenfalls als gegeben betrachtet werden. Es dürfte aber eher selten der Fall sein, dass die Mitglieder des VA auch seitens ihrer Parteien über die Kompetenz verfügen, in deren Namen einem Kompromiss zuzustimmen oder ihn abzulehnen. Dies wäre nur dann gegeben, wenn der im jeweiligen Konfliktfall sachlich zuständige Landesfachminister oder Staatssekretär, der zugleich von seiner Partei ausdrücklich oder stillschweigend als „Verhandlungsführer" betrachtet wird, Mitglied des Vermittlungsausschusses ist. Gleiches gilt für die Fraktionsvertreter im VA. In jedem Fall ist der Akteur Bundesregierung im Vermittlungsausschuss nicht formell vertreten, wenngleich auch die Bundesregierung jederzeit das Recht bzw. die Pflicht hat, an den Sitzungen beratend teilzunehmen.[64]
So nimmt der VA eine Art „Mittelstellung" zwischen den in den Verhandlungen zu beteiligenden Fachleuten und den „Generalisten" aus den Parteipräsidien, Fraktionsspitzen und Regierungszentralen ein. Einerseits kann – und soll! – er nicht in jedem Fall mit Spezialisten des strittigen Politikfeldes besetzt sein, um eine vom Detailstreit abgehobene Lösung des Konflikts zu finden. In vielen Fällen von Konflikten untergeordneter Bedeutung reichen die Verhandlungen im VA auch aus, eine Lösung zu finden, die gegebenenfalls nur noch von den Entscheidungsträgern in Partei, Fraktion und Regierung(en) „abgesegnet" werden muss. Gleichwohl ist davon auszugehen, dass gerade bei parteipolitisch umstrittenen Gesetzen weitere Verhandlungsebenen mit den Spitzenpolitikern aus Parteien, Bundes- wie Landesregierung(en) und Fraktionen eingeschaltet werden müssen, um einen Konsens zu finden. Diese können dann in informellen Gremien tagen. Aber auch die Mitglieder des VA selbst treffen sich, wie *Dästner* feststellt, parallel zu den Beratungen im VA bzw. in deren Vorfeld häufig in informellen Gremien wie „Kommissionen", „Gesprächsrunden" oder „unverbind-

---

Dästner, Geschäftsordnung), S.22.

[63] *Laufer*, Das föderative System der Bundesrepublik Deutschland, Bonn 1992 (im weiteren: *Laufer*, Föderatives System), S.124, so auch *Ziller/Oschatz*, Der Bundesrat, S.32.

[64] § 5 der „Gemeinsamen Geschäftsordnung des Bundestages und des Bundesrates für den Ausschuss nach Artikel 77 des Grundgesetzes".

lichen Vorbesprechungen".[65] Auch die – nach der Wiedervereinigung noch gestiegene – vergleichsweise hohe Zahl der VA-Mitglieder hat dazu geführt, die Zahl der informellen Gremien spürbar zunehmen zu lassen.[66]
Gleichwohl scheint es durchaus Unterschiede zwischen der Nutzung informeller Gremien in den 70er und 90er Jahren zu geben. Dies macht eine Bemerkung des hessischen Innenministers Herbert *Günther (SPD)* während des Vermittlungsverfahrens zum Steueränderungsgesetz 1992 deutlich: er beklagte sich darüber, dass „mittlerweile" die eigentlichen Verhandlungen „außerhalb" des VA stattfänden.[67] Es sei während der sozial-liberalen Koalition nicht üblich gewesen, dass „für fünf oder sechs Stunden unterbrochen wurde und dass ständig eine Rückkopplung mit Regierungsvertretern erfolgte. Es wurde vielmehr nach längeren Verhandlungen nur kurzfristig unterbrochen."[68] Andererseits machte der SPD-Obmann, Peter *Struck*, deutlich, wie wichtig die Anwesenheit des zuständigen Ministers in einem solchen Verfahren ist, in dem er sein Befremden darüber äußerte, dass Finanzminister *Waigel* nicht im VA erschienen sei. Die Anwesenheit des zuständigen Staatsekretärs war dazu offensichtlich nicht ausreichend. Außerdem wies er darauf hin, dass man im VA ja nicht „über jede Einzelheit" diskutieren könne.[69]
Welche Kriterien bei der Entscheidung über die VA-Mitglieder von Bedeutung sind, zeigt folgende Feststellung: Sie müssen vor allem „hinreichend Beweglichkeit und Bereitschaft zum Kompromiß besitzen"[70]. Auch die Vorteile eines ständigen Ausschusses mit gleichbleibenden Mitgliedern werden beim VA deutlich: Bei seinen Mitgliedern wachse im Verlauf der Arbeit dadurch die „Fähigkeit zur

[65] *Dästner*, Vermittlungsausschuß, S.155. In diesen können, wie *Laufer/Münch* ausführen, gleichwohl auch die „jeweiligen Fachleute der Parteien und die Experten aus den Ministerien" zusammentreffen, *Dies*, Föderales System, S.178f. Dies bestätigte auch *Dästner* im Gespräch mit dem Verfasser. Er führte aus, dass in die Arbeitsgruppen häufig auch Nicht-Mitglieder des VA einbezogen werden. Gerade auf der Länderseite seien sehr häufig Fachminister benannt worden, die nicht dem VA angehörten. Es habe sogar Fälle gegeben, in denen Staatssekretäre oder sogar Ministerialbeamte ausdrücklich zu Mitgliedern der Arbeitsgruppen berufen worden seien, um auch das fachliche Element wieder stärker berücksichtigen zu können, Interview *Dästner*.

[66] *Dästner*, Vermittlungsausschuß, S.156, vgl. dazu allgemein auch *Pfetsch*, Gremien, S.255, der feststellt, dass „je größer das Gremium [ist], um so eher kommt es zu organisatorischen Differenzierungen (Ausschüssen, Unterausschüssen)".

[67] Auch *Dästner* bestätigte diese Entwicklung im Gespräch mit dem Verfasser. Er führte aus, in den Arbeitsgruppen "wurde oft tagelang verhandelt und in den VA kam man erst wieder mit dem Ergebnis", Interview *Dästner*.

[68] VA-Prot. 12/7, S.48.

[69] Ebd.

[70] *Bardenhewer*, 1984: Die Entstehung und Auflösung von Meinungsverschiedenheiten zwischen den Gesetzgebungsorganen, Pfaffenweiler 1984 (im weiteren: *Bardenhewer*, Meinungsverschiedenheiten), S.216.

Verständigung und konstruktiven Gemeinsamkeit", dass sich „ein gegenseitiges menschliches Vertrauen" einstelle.[71] Für die dafür notwendige Begrenzung des Mitgliederkreises sorgen der Ausschluss von Beamten, Sachverständigen und Referenten vom VA ebenso wie die eingeschränkten Möglichkeiten zur Stellvertretung und des Wechsels seiner Mitglieder.[72] Eine Analyse der Mitgliedsdauer bestätigt den Erfolg dieser Maßnahmen: „Fast die Hälfte aller Mitglieder gehörte dem Gremium zwei und mehr Wahlperioden an, rund 20 Prozent aller Delegierten nahm drei und mehr Wahlperioden an den Beratungen teil".[73]
Die Verhandlungen auf „höherer Ebene" können einerseits in formellen Gremien verlaufen, in denen sowohl Vertreter der Bundesregierung als auch von Ländermehrheit und –minderheit vertreten sind. Hier sind an erster Stelle die regelmäßigen Beratungsrunden des Bundeskanzlers mit den Länderregierungschefs und die Länderministerkonferenzen zu nennen, an denen üblicherweise auch die Ressortchefs der Bundesministerien teilnehmen.[74] In der Regel wird es sich aber um ad hoc gebildete Gremien handeln, an denen nur die im jeweiligen Fall als Entscheidungsträger geltenden Akteursvertreter beteiligt sind. Welche informellen und formellen Gremien dort „spontan" herangezogen werden können, zeigte der Berliner „Tagesspiegel" anlässlich der Verhandlungen über das Steueränderungsgesetz 1992 auf: vom „Ständigen Beirat" der Bundesbevollmächtigten der Länder über das vor Plenarsitzungen übliche „Bundesratsfrühstück" in einer Ländervertretung bis zur Föderalismuskommission oder sogar der – allerdings nur nach der Vereinigung aktuellen – Verfassungskommission war dort die Rede.[75]

---

[71] Ebd.

[72] So *Bauer*, Vermittlungsausschuß, S.91ff. Für jedes Ausschussmitglied muss ein persönlicher, ständiger Vertreter benannt werden, der nur bei Verhinderung des ordentlichen Mitglieds an den Sitzungen des VA teilnehmen darf (§ 3 GO VA). Ein gewähltes Mitglied des VA darf nur vier Mal innerhalb einer Legislaturperiode abberufen werden (§ 4 GO VA). Allerdings wird bei Bundesratsvertretern beim Wechsel einer Landesregierung von diesem strikten Prinzip abgewichen, um dieser eine Benennung eines Mitgliedes ihrer Wahl zu ermöglichen, auch wenn das „Konto" dieses Landes bereits überschritten war, so *Dästner*, Vermittlungsausschuß, S. 82.

[73] *Bauer*, Vermittlungsausschuß, S.98.

[74] Nach Einschätzung von *Diepgen* hat in diesem Zusammenhang in den letzten Jahren auch die Ministerpräsidentenkonferenz eine steigende Bedeutung erfahren. An dieser nähmen, so *Diepgen*, immer auch Minister aus dem Kanzleramt teil, um „Abklärungen" vorzunehmen. „In den letzten Jahren", so führte er weiter aus, „konnte ich beobachten, dass es zunehmend zu Vermischungen gekommen ist, das heißt, dass bei Ministerpräsidentenkonferenzen immer auch über Bundesratsfragen gesprochen wurde. Das war in den 80er Jahren weniger der Fall", Interview *Diepgen*, vgl. in diesem Sinne auch *Münch*, Kontext, S.138.

[75] Der Tagesspiegel vom 13. Februar 1992. *Von Puttkammer* äußerte im Gespräch mit dem Verfasser, dies könne auch in „ad-hoc Einladungen zum Abendessen geschehen – dann werden ein paar Leute, von denen es abhängt, mal eben ins Kanzleramt geladen". Der Bund-

Als Verhandlungsgremien bei *koalitions-* vor allem aber bei *parteiinternen* Sachkonflikten wie auch *föderalen* Konflikten bieten sich in Zeiten gleichgerichteter Mehrheiten zudem die formellen Parteigremien wie z.B. das Parteipräsidium an, in denen in der Regel alle Länderministerpräsidenten vertreten sind.[76] Allerdings ist dabei zu bedenken, dass die meisten Landesregierungen Koalitionsregierungen sind, und Absprachen innerhalb einer Partei im Vor- oder Nachhinein immer mit dem anderen Koalitionspartner abgestimmt werden müssen.[77] Üblich sind auch informelle Treffen der in der strittigen Frage beteiligten Minister auf Bundes- und Landesebene, eventuell unter Beteiligung von Fraktionsvertretern.

Diese informelle Ebene kommt dann besonders stark zum Tragen, wenn auf die Einschaltung des Vermittlungsausschusses verzichtet wird, was insbesondere in Zeiten gleichgerichteter Mehrheiten in Bundestag und Bundesrat der Fall war (s.u. Kapitel 5.1.2) Generell ist festzustellen, dass der Vermittlungsausschuss weit überwiegend bei zustimmungspflichtigen Gesetzen angerufen wird.[78]

Die Bedeutung der Vertraulichkeit von Verhandlungsgremien wird deutlich, wenn man sich vor Augen führt, dass es oft nur in diesen möglich ist, „weitgehend ohne Gesichtsverlust von den Positionen der eigenen Partei abzugehen, um einen tragbaren Gesamtkompromiß herbeizuführen.“, wie *Hasselsweiler* für die informellen Beratungen am Rande der VA-Sitzungen ausführt.[79]

Soweit es die Vertraulichkeit ihrer Beratungen betrifft, ist diese bei formellen Gremien in deren Geschäftsordnung festgeschrieben. Zwar findet sich in der Geschäftsordnung des Vermittlungsausschusses keine direkte Aussage zu einem

---

Länder-Koordinator der SPD-Bundstagsfraktion, *Kräusel*, meinte: „Das einzige informelle Gremium, in dem sich Bund und Ländervertreter ständig treffen, ist bei ‚Ossi' – das ist die Kneipe am Reichstag. Da treffen sich A und B, da gibt es keine Parteigrenzen mehr und da kommt es schon mal zu informellen Gesprächen“, Interviews im Rahmen der Beteiligtenbefragung.

[76] So *Haungs*, Peter, Parteipräsidien als Entscheidungszentren der Regierungspolitik - das Beispiel der CDU, in: *Hartwich*, Hans-Hermann/*Wewer*, Göttrik (Hrsg.), Regieren in der Bundesrepublik II. Formale und informale Komponenten des Regierens in den Bereichen Führung, Entscheidung, Personal und Organisation, Opladen 1991, S.113 - 124, hier: S. 118f., ähnlich auch *Jun*, der für die Zeit von 1949 bis 1969 ausführt, in dieser Zeit seien politische Konflikte innerhalb der CDU oder der jeweiligen Regierungskoalition ausgetragen worden, *Ders.*, Bundesrat, S.353, und *Lehmbruch*, Parteienwettbewerb, 1998, S.163. Dies gilt im übrigen gleichermaßen für die SPD, wie der Bund-Länder-Koordinator der SPD-Bundestagsfraktion, *Kräusel*, gegenüber dem Verfasser bemerkte. Da die SPD-Ministerpräsidenten dem Parteipräsidium allerdings – anders als bei der CDU – nicht von Amts wegen angehören, müssen sie gegebenenfalls vor einer solchen Sitzung gesondert eingeladen werden.

[77] So der Hinweis von *Jagoda* gegenüber dem Verfasser, Interview *Jagoda*.

[78] *Ismayr*, Bundestag, S.288.

[79] *Hasselsweiler*, Der Vermittlungsausschuß. Verfassungsgrundlagen und Staatspraxis, Berlin 1981, (im weiteren: *Hasselsweiler*, Vermittlungsausschuß), S.208.

„Ausschluss der Öffentlichkeit". Dieser kann aber im Umkehrschluss aus § 6 GOVA gefolgert werden, nach dem „anderen Personen" als den Mitgliedern des VA die Teilnahme nur „durch Beschluss des Vermittlungsausschusses" gestattet werden kann.[80] Diese Regelung wird nach Aussage des langjährigen VA-Geschäftsführers *Dästner*, „äußerst restriktiv" angewandt.[81]
Auch andere Hinweise deuten darauf hin, dass der Vermittlungsausschuss von den Verfassungsvätern bewusst als *Verhandlungsgremium* bestimmt wurde. So ist sein normativ-rechtlicher Rahmen sehr knapp gehalten. Das Grundgesetz regelt das Vermittlungsverfahren in dem nur fünf Sätze umfassenden Artikel 77 II GG und verweist ansonsten auf die Geschäftsordnung des VA, die ihrerseits nur aus 13 Paragrafen besteht. Dieses knappe Regelwerk gewährleistet eine für Verhandlungsgremien notwendige Flexibilität.[82]
Damit sind nun die wesentlichen *Verhandlungsakteure* genannt: die im Bundestag und in den Länderregierungen vertretenen *Parteien* und die von ihnen gebildeten *Fraktionen*, die *Landesregierungen* sowie die *Bundesregierung* selbst. Die Beteiligung der einzelnen Akteure an den Verhandlungen ist im wesentlichen von der Konfliktlage und den Mehrheitsverhältnissen abhängig. Durch welche Repräsentanten diese Akteure in den Verhandlungen vertreten werden, hängt von den gewählten Gremien ab. Generell können *Ministerpräsidenten* bzw. der *Bundeskanzler*, die *Bundes-* und *Landesminister/Senatoren*, deren *Staatssekretäre*, die *Fraktionsvorsitzenden* in Bundestag und Länderparlamenten sowie *Bundestags-* und *Landtagsabgeordnete* die Repräsentationsfunktion wahrnehmen. Hinzu kommen die *Parteivorsitzenden,* sofern sie nicht ohnehin in Personalunion eines der vorgenannten Ämter wahrnehmen, und „Fachleute" der Parteien. Verhandelt wird einerseits in *formellen Gremien* wie dem *Vermittlungsausschuss, Bund-Länder-Konferenzen* oder den *Parteipräsidien,* andererseits in *informellen Gremien* wie *„Gesprächsrunden"* oder *„unverbindlichen Vorbesprechungen"*.

---

[80] Die nichtöffentliche Beratung entspricht im übrigen aber auch den Regelungen bei allen anderen Bundestags- und Bundesratsausschüssen., vgl. § 37 II GO BRat und § 69 I 1 GO BTag.

[81] *Dästner*, Vermittlungsausschuß, 1995, S.85. Gleichwohl gibt es auch hier Situationen, in den die Vertraulichkeit gebrochen wird. So beklagte sich der hessische Innenminister Herbert *Günther (SPD)* während des Verfahrens zum Steueränderungsgesetz 1992, das jetzige Verfahren widerspräche dem Auftrag des VA, wenn die Hälfte seiner Mitglieder nicht mitentscheiden könne, und dann „aus dem Fernsehen erfahren, dass sie morgens gar nicht mehr zu kommen brauchen", weil die Entscheidungen von einer kleinen Gruppe getroffen worden seien. Damit werde des Prinzip der Vertraulichkeit massiv verletzt, vgl. VA-Prot. 12/7, S.48.

[82] *Dästner,* Vermittlungsausschuß, S.23.

4. Verhandlungsverlauf und Verhandlungs- bzw. Kompromisstechniken

Wie bereits bei der Frage, wie Verhandlungen zustande kommen, erscheint es auch hinsichtlich der zu erwartenden *Verhandlungs-* und *Kompromisstechniken* sinnvoll, die Ergebnisse der Verhandlungsforschung für die Hypothesenbildung hinzuzuziehen. Diese werden dann in einem zweiten Schritt auf die Verhandlungen im Gesetzgebungsverfahren übertragen.

4.1 Ergebnisse der Verhandlungsforschung

Verhandlungen werden nicht nur von den vorherrschenden *Verhandlungstechniken* geprägt. Mindestens ebenso entscheidend ist das Verhältnis der *Verhandlungsmacht* der Akteure und ihre *Interaktionsorientierung*.

4.1.1 Verhandlungstechniken

Unabhängig davon, ob Interessenkonflikte oder nur -unterschiede vorliegen, müssen diese mit Hilfe der gemeinsamen Interessen gelöst bzw. miteinander in Einklang gebracht werden. Alle Akteure gehen mit zum Teil konstanten, zum Teil variablen Interessen in die Verhandlungen, aus denen heraus bestimmte Positionen formuliert werden. Das Ziel der Verhandlungen ist es, möglichst viele dieser Positionen durchzusetzen, ohne einen gemeinsamen Beschluss zu gefährden. Oder anders ausgedrückt: „Mittels Verhandlungen sollen einerseits die jeweiligen unterschiedlichen Interessen positioniert, andererseits zugleich so moderiert werden, dass beide Seiten Vorteile davon haben".[83] „In Verhandlungen", so *Scharpf* in diesem Sinne, „geht es (...) um das Kaldor-Optimum – um die Suche also nach Lösungen, welche die erreichbaren Koordinations- oder Kooperationsgewinne maximieren."[84] Dazu bedarf es des vertrauensvollen Informationsaustausches und der Teamarbeit. Zugleich führt die Orientierung an einer möglichst weitgehenden Durchsetzung der eigenen Ziele zu egoistisch-rationalen Verhaltensweisen wie Drohungen, Bluffs und Informationszurückhaltung.[85] Das Ziel erfolgreichen Verhandelns ist somit der optimale Ausgleich zwischen beiden Verhandlungsstrategien.
Welche Verhandlungstechniken werden dabei angewandt?
Am Beispiel der Thüringer Verfassungsverhandlungen hat der Verfasser gezeigt, wie die von den Akteuren vertretenen Positionen einander angenähert werden

[83] *Luthardt*, Konsensmodell, S.21.
[84] *Scharpf*, Theorie, S.21.
[85] Ebd.

können.[86] Im Grundsatz muss sich jede Seite darüber im klaren sein, nie die Gesamtheit ihrer Positionen im gemeinsamen Beschluss durchsetzen zu können. Teile der eigenen Interessen müssen zurückgestellt, aus ihnen resultierende inhaltliche Positionen „erweitert, teilweise aufgegeben oder variiert werden",[87] um das gemeinsame Ergebnis zu erzielen. Erfolgreich zu verhandeln, so *Berridge* für Internationale Verhandlungen, bedeute definitionsgemäß, „that each side will have to settle for less than its ideal requirements", dass also Konzessionen gemacht werden müssen,[88] um einen allseits akzeptierten Kompromiss zu erzielen.

Die Akteure müssen demnach über Handlungsspielräume verfügen. „Wer nur auf seiner Ausgangsposition beharrt, und (...) keine Alternativvorschläge präsentieren kann, ist nicht verhandlungsfähig", stellt *Benz* fest.[89] Das Ergebnis, der Kompromiss, ist damit gleichsam sowohl Mittel zum Zweck als auch das Ziel selbst.

Erleichtert wird die Kompromissfindung durch eine unterschiedliche Gewichtung der Verhandlungspositionen. So werden meist bereits im Vorfeld, zum Teil aber auch erst im Verlaufe der Verhandlungen Hauptverhandlungspositionen, die sogenannten *essentials,* von weniger bedeutsamen Positionen getrennt. Je nach Verhandlungsstrategie wird diese Unterscheidung dem bzw. den Verhandlungspartner(n) gegenüber mehr oder weniger deutlich gemacht.

Der in der Literatur am häufigsten genannte Verhandlungsmechanismus zur Lösung eines Interessenkonfliktes ist der des *Tausches*[90]. „Getauscht" oder „ausgetauscht" werden im Verhandlungsprozess Positionen der Akteure im wesentlichen nach zwei Prinzipien:

a) Ego[91] verzichtet auf die Durchsetzung einer Position im Bereich X, dafür

---

[86] *Leunig,* Verfassungsverhandlungen in Thüringen 1991 bis 1993. Ein Entscheidungsprozeß im Schatten des Mehrheitsbeschlusses, Frankfurt/M. (u.a.) 1996 (im weiteren: *Leunig,* Verfassungsverhandlungen).

[87] *Benz,* Verhandlungssysteme, S.86, in diesem Sinne auch *Grande,* Regieren, S.340.

[88] *Berridge,* Diplomacy, S.4, S.144, ähnlich *Iklé,* Nations, S.1; ebenso allgemein *Scharpf,* Demokratie, S.41.

[89] *Benz,* Verhandlungssysteme, S.86.

[90] Bei *Luhmann,* Politikbegriffe, ist von "tauschförmigen Umweltbeziehungen" die Rede, S.227, *Bachmann,* Verhandlungen, nennt den "Tauschcharakter von Verhandlungen", S.13, *Abromeit,* Korrektive, S.428, und *Saretzki,* Argumentieren, S.25 sprechen von "Tauschgeschäften"; *Glagow/Schimank,* Gesellschaftssteuerung durch korporatistische Verhandlungssysteme, in: *Falter/Fenner/Greven:* Politische Willensbildung und Interessenvermittlung, Opladen 1984, S.539-546 (im weiteren: *Glagow/Schimank,* Gesellschaftssteuerung), im Zusammenhang mit korporatistischen Verhandlungen von einem "Austauschsystem" bzw. einer dort vorherrschenden "Austauschlogik", S.544; ähnlich *Iklé,* Nations, S.3f., *Saretzki,* ebd., S.20 bezeichnet schließlich "Verhandeln als Sprache von Tausch und Macht".

[91] Im Sinne einer besseren Darstellbarkeit wird hier von Zwei-Personen-Verhandlungen ausgegangen. Die genannten Prinzipien gelten natürlich ebenso für Mehr-Personen-Verhandlungen.

gesteht ihm Alter die Durchsetzung seiner Position im Bereich Y zu, entsprechend verzichtet Alter in Bereich Y auf eigene Vorstellungen und erreicht dadurch die Durchsetzung in Bereich X (*Koppelgeschäft, Kompensationsgeschäft*).[92] Koppelgeschäfte finden beispielsweise in Koalitionsverhandlungen statt, bei der beide Seiten nur dann dazu bereit sind, manche „Kröte zu schlucken", wenn sichergestellt ist, dass die andere Seite gleichwertige Opfer bringen muss.[93] Werden bei solchen Koppelgeschäften „mehrere Verhandlungsgegenstände mit jeweils asymmetrischer, aber unterschiedlicher Nutzenverteilung zu einem insgesamt ausgewogenen Verhandlungspaket verschnürt"[94] spricht man von *Paketlösung* oder *package-deal.*[95] Typisch für Paketlösungen ist die Verbindung von *inhaltlich verschiedenen* Fragen (*issue-linkage*).[96] Bekannt sind Paketlösungen zum Beispiel in Internationalen Rüstungskontroll- oder Seerechts-Verhandlungen, aber auch im Rahmen der EU oder im US-Kongreß (dort als *log-rolling* bezeichnet).[97] „Je mehr sich Koppelgeschäfte über verschiedene Politikbereiche erstrecken", so hält *Heritier* für den Europäischen Entscheidungsprozeß fest, „um so höher (bis zum Europäischen Rat) muß deren Verhandlung angesiedelt werden".[98]

b) Die Positionen von Ego und Alter in einen strittigen Bereich werden schrittweise einander angenähert,[99] so dass es am Ende zu einer gemeinsamen Formulierung kommt, der beide Seiten zustimmen können. Der politische Kompromiss kommt zustande, in dem eine mittlere Linie zwischen den Maximalforderungen der beteiligten Parteien gesucht wird. Ein solcher Kompromiss unterscheidet sich von einem Tauschgeschäft dadurch, dass er ein schrittweises, beiderseitiges Zurücknehmen von Ausgangsforderungen in einem Konfliktfeld voraussetzt, während ein Tausch durch das jeweils einseitige Anbieten von Leistungen in einem anderen Konfliktfeld zustande kommt.[100]

In der Verhandlungspraxis treten reine Paketlösungen - also mit völliger Beibe-

---

[92] *Heritier,* Die Koordination von Interessenvielfalt im Europäischen Entscheidungsprozeß, *in: Benz/Seibl.* Theorieentwicklung in der Politikwissenschaft – eine Zwischenbilanz, Baden-Baden 1997, S.260-275 (im weiteren: *Heritier,* Koordination), S.269; *Scharpf:* Demokratie, S.30; *Scharpf,* Koordination, S.71; *Scharpf,* Theorie, S.24; *Benz,* Verhandlungssysteme, S.86.

[93] *Scharpf,* Koordination, S.71.

[94] *Scharpf,* Demokratie, S.30.

[95] Vgl. auch *Grande,* Regieren, S.244; *Scharpf,* Koordination, S.71; *Heritier,* Koordination, S.262; *Lehmbruch,* Proporzdemokratie, S.43.

[96] *Grande,* Regieren, S.339; *Benz,* Umverteilung, S.66. *Berridge* spricht bei internationalen Verhandlungen von "Koppelung" verschiedener Konfliktfelder als Verhandlungslösung, *Ders.*, Diplomacy, S.143.

[97] Beispiele mit Nachweisen finden sich bei *Scharpf,* Koordination, S.71.

[98] *Heritier,* Koordination, S.269.

[99] Ein Beispiel dafür findet sich in *Leunig,* Verfassungsverhandlungen, Anhang A 3.

[100] *Benz,* Verhandlungssysteme, S.86.

haltung der jeweiligen Verhandlungsposition - selten auf. In der Regel werden Pakete in der Art geschnürt, dass Bereiche, in denen jeweils einer der Verhandlungspartner stärker nachgegeben hat, miteinander verbunden werden.
In bestimmten Verhandlungssituationen, wie zum Beispiel bei Koalitionsverhandlungen, ist auch das *Ausklammern* bzw. *Verschieben* von bestimmten Themen möglich, über die sich in den aktuellen Verhandlungen keine Übereinstimmung finden lässt. Dies kann beispielsweise durch die Ausarbeitung von *Formelkompromissen* geschehen, die die konträren Positionen in einer mehr oder minder gehaltlosen Formel zusammenführen oder die eigentliche Entscheidung durch allgemeine Formulierungen auf einen späteren Zeitpunkt vertagen, ohne den Konflikt zu lösen. In diese Kategorie des Ausklammerns bzw. Vertagens lässt sich auch die beabsichtigte Benennung einer „Expertenkommission“ zu dem jeweils umstrittenen Thema zählen.[101]
Sind - aus welchen Gründen auch immer - in einer Verhandlungssituation Paketlösungen nicht möglich, können auch monetäre Ausgleichs- oder Kompensationszahlungen[102] in Betracht gezogen werden. Derartige Zahlungen seien, so *Scharpf* „auch im Verhältnis von Gebietskörperschaften nicht selten”.[103]
Ungeachtet ihrer weiten Verbreitung sind die Mechanismen der Koppelgeschäfte und Ausgleichszahlungen jedoch nicht unproblematisch. So stellt zum einen die vergleichende Bewertung von Leistungen und Lasten ein Problem dar.[104] Der Stellenwert, den die Durchsetzung einer gewünschten Position für den einen Verhandlungspartner hat, muss nicht mit der Wahrnehmung ihrer Bedeutung durch den oder die anderen Partner übereinstimmen. So kann ein Akteur den Eindruck haben, dem anderen mit dem Verzicht auf eine Position schon sehr weit entgegengekommen zu sein, und deshalb einen entsprechenden Ausgleich an anderer Stelle fordern, den ihm sein Partner nicht in der gewünschten „Höhe” zu geben bereit ist. Dieses Beispiel macht deutlich, wie schwer es grundsätzlich ist, die „Wertigkeit” der Durchsetzung von bzw. des Verzichts auf Verhandlungspositionen zu bestimmen. In der politischen Praxis werden solche Fragen gemeinhin pragmatisch gelöst. So kann bei Koppelgeschäften sowohl die Durchführung zweier Projekte, die für jeweils einen Partner vorteilhaft sind, als auch der Verzicht auf beide Projekte das Ergebnis der Verhandlungen sein, je nach-

---

[101] So entschieden die Verhandlungspartner CDU/CSU und FDP bei den Koalitionsverhandlungen 1990 bereits im Vorfeld, die Frage einer Neuregelung des Art. 16 GG nicht zu diskutieren, um bis Ende 1992 eine europäische Lösung anzustreben. Vier Jahre später wurde die Frage der Einführung des „Großen Lauschangriffs“ erst ausgeklammert, als deutlich wurde, daß diese Frage die Verhandlungen zu blockieren drohte. Hier wurde entschieden, diesen Sachbereich erst zwei Jahre später zu behandeln.
[102] Siehe z.B. *Grande*, Regieren, S.344, *Scharpf*, Koordination, S.68f.; *Ders*, Theorie, S.21; *Heritier*, Koordination, S.269, *Benz*, Verhandlungssysteme, S.86.
[103] *Scharpf*, Koordination, S.69.
[104] *Scharpf*, Theorie, S.21, *Benz*, Verhandlungssysteme, S.86.

dem, ob ihr jeweiliger Nutzen größer oder kleiner ist, als ihre jeweiligen Kosten.[105]
Zum anderen, und darauf weist *Scharpf* besonders hin, sind Ausgleichszahlungen dann nicht möglich, wenn es bei den Verhandlungslösungen nicht um Koordinations- sondern um Verteilungs- oder Richtungskonflikte geht. Gerade in letzterem Fall ließen sich politische Zielsetzungen nur schwer „abkaufen". Zumindest werde dies normativ oft nicht akzeptiert. So werden Verhandlungslösungen dann besonders schwierig, wenn eine Umverteilung zu Lasten der Statusquo-Position eines Beteiligten verlangt werde. Weil sie als „ungerecht" empfunden werden, werden auch Lösungsvorschläge wie Ausgleichszahlungen dann nicht akzeptiert, wenn sie zur Verhinderung von Projekten mit negativem Nutzensaldo dienen sollen.[106]
Eine Schwierigkeit für Paketlösungen, die nur bei der in Frage stehenden Realisierung oder Nicht-Realisierung von Projekten auftritt, ist der Umstand, dass oft nicht zwei miteinander zu verbindende Projekte gleichzeitig „entscheidungsreif" sind. Die Seite, die zunächst Konzessionen eingeht, muss dann darauf vertrauen können, dass ihr „Saldo" zu einem späteren Zeitpunkt wieder ausgeglichen wird.[107] Eine solche „institutionalisierte Dauerbeziehung", so *Scharpf*, sei beispielsweise bei benachbarten Bundesländern gegeben. Die Funktionsfähigkeit eines Verhandlungssystems hänge dann davon ab, „daß eine rechtliche Struktur geschaffen werden kann, durch die zumindest das 'institutionelle Gedächtnis' für erbrachte Vorleistungen und die Bereitschaft zu künftigen Verhandlungen auch über allfällige Regierungs- und Personenwechsel hinweg gesichert" werde.[108] Auf der Grundlage solcher „Verhandlungsregimes"[109] zum Beispiel auf der Internationalen Ebene bildet sich ein Konsens über "faire" Verhandlungsregeln, über die Relevanz und Irrelevanz von sachlichen Gesichtspunkten und über das anzuwendende Verfahren heraus. *Scharpf* hebt aber in diesem Zusammenhang gleichzeitig hervor, dass solche Verhandlungsregime meist nur in „unpolitischen" oder technischen Handlungsfeldern möglich sind, da sie z.B. Vorleistungen erforderten, die schwer in den innenpolitischen Raum vermittelbar sind.
Die Möglichkeit, technische Fragen „im Vorfeld" der „eigentlichen" Verhandlungen von Experten klären zu lassen, führt auch *Gehring* an. Diese „Vorverhandlungen" würden dann im *arguing*-Modus geführt. Allerdings unterscheidet er an dieser Stelle sehr wohl noch zwischen den Expertendiskursen und den „politischen Verhandlungen". Er integriert damit *arguing* und *bargaining* zunächst noch nicht in den Verhandlungsbegriff, sondern differenziert zwischen zwei

---

[105] *Scharpf*, Koordination, S.72f.
[106] *A.a.O.*, S.69f.
[107] *Scharpf*, Koordination, S.84f, *Benz*, Umverteilung, S.66
[108] *Scharpf*, Koordination, S.85.
[109] *Scharpf*, Demokratie, S.30.

Phasen des *Entscheidungsprozesses.*[110] Im weiteren führt er für Internationale Verhandlungen allerdings an, dass aufgrund des Konsenszwanges auch im Verlaufe der Politischen Verhandlungen noch *arguing*-Prozesse ablaufen, was ihn zu der Schlussfolgerung führt: „Verhandlungen sind (...) durch eine Kombination von arguing und bargaining geprägt".[111] Argumentatives Überzeugen sei insbesondere dann erfolgreich, wenn die Präferenzen der Akteure noch nicht genau festgelegt seien. Gerade die Rolle von einzelnen Vermittlern oder die „bisweilen erhebliche" Funktion schwacher Verhandlungsteilnehmer (etwa kleiner Staaten) unterstreiche „die große Bedeutung der Überzeugung durch begründete Vorschläge auch in der letzten Phase internationaler Verhandlungen".
Auch in der Untersuchung des Thüringer Verfassungsgebungsprozesses wurde deutlich, dass in Verhandlungen beide Kommunikationsmodi vorliegen können. Es entspricht dem Kommunikationscharakter des Verhandelns, dass der Verhandlungsprozess ständig von Versuchen „argumentativer Überzeugungsarbeit" überlagert wird. Letztendlich, so war allerdings festzustellen, wird die „Kraft der Argumente" im Falle des Aufeinandertreffens mit feststehenden Interessen der Akteure in aller Regel vom Tauschprozess des *bargaining* verdrängt. Im Falle dieser parlamentarischen Entscheidung zeigte sich zudem, dass hier die nicht für die Entscheidung benötigten Parteien auch nur geringen Einfluss auf die Beschlussfassung ausüben konnten.
Folge des Konsensprinzips von Verhandlungen ist, dass die Entscheidungen einvernehmlich[112] getroffen werden, sie müssen also die Zustimmung aller Beteiligten bekommen. Diese Konsens-Regel kann dabei auch durchaus im Gegensatz zu „formal geltenden Entscheidungsregeln"[113] obligatorisch sein, wie *Grande* für die Beschlussfassung auf der Ebene der Europäischen Gemeinschaften feststellt. Obgleich dort spätestens seit der Einheitlichen Europäischen Akte 1987 die Mehrheitsregel in vielen Politikfeldern eingeführt wurde, gilt doch, wie *Grande* betont, in allen wichtigen Fragen das Konsensprinzip. Im Gegensatz zu Mehrheitsentscheidungen, die eine Einigung zwischen den Akteuren nicht zur Vor-

---

[110] *Gehring*, Regieren, S.209. In ähnlicher Weise ließ sich der Verfassungsgebungsprozess in Thüringen in eine „Konsensphase", in der alle wenig strittigen Fragen weitgehend diskursiv gelöst wurden, und eine „Verhandlungsphase", in der der Tauschcharakter des *bargaining* überwog, unterteilen, vgl. *Leunig*, Verfassungsverhandlungen.

[111] *Ebd.* Ebenso *Benz*, der festhält: „Verhandlungen verlaufen immer in einer Mischung aus ‚bargaining', d.h. strategischem Einsatz von Drohungen und Taktiken mit dem Ziel eines möglichst hohen Gewinns (positionsorientiertes Verhandeln) und ‚arguing', d.h. dem Austausch allgemein akzeptierbarer Argumente (verständigungsorientiertes Verhandeln)", *Ders.*, Kooperativer Staat?, in: *Schmalz-Bruns/Klein (Hrsg.),* Politische Beteiligung und Bürgerengagement in Deutschland, Baden-Baden 1997, S.88-113, hier: S.94.

[112] „Konsens bedeutet Einstimmigkeit", *Luthardt*, Konsensmodell, S.16, vgl. auch *Scharpf*, Verhandlungssysteme, S.70, *Grande*, Regieren, S.335.

[113] *Grande*, Regieren, S.335.

aussetzung hat, lässt sich ein Konsens in der Regel nur durch Verhandlungen erzielen.[114]

4.1.2 Verhandlungsmacht

Inwieweit ein Akteur mit Hilfe dieser Verhandlungstechniken in der Lage ist, seine Positionen durchzusetzen, hängt im wesentlichen von seiner Verhandlungsmacht ab.
Alle Teilnehmer von Verhandlungen erkennen sich prinzipiell als *gleichberechtigt* an[115], ohne dass sie dabei auch in ihrer *Verhandlungsmacht* äquivalent sind. Entscheidend für das Ausmaß an Verhandlungsmacht ist die relative Attraktivität eines Verhandlungsabbruchs für den jeweiligen Akteur - also die Möglichkeit der Nutzung der sogenannten *Exit-Option.* Derjenige Akteur hat die höchste Verhandlungsmacht, der nach einem Verhandlungsabbruch die besten Möglichkeiten zur individuellen Interessendurchsetzung hat. Kann der Akteur sein Vorhaben auch ohne Zustimmung anderer durchsetzen - wie im Fall von freiwilligen Verhandlungen - hat er per se die höchste Verhandlungsmacht. Dies ist beispielsweise bei Verhandlungen „im Schatten von Hierarchie oder Mehrheit" so, wenn einer der Akteure die Möglichkeit hat, eine Entscheidung oder ein Projekt notfalls auch hierarchisch oder per Mehrheitsbeschluss durchzusetzen.[116] Bei Zwangsverhandlungen, bei denen ein Akteur ein geringeres Interesse an erfolgreichen Verhandlungen hat als sein Gegenüber, ist dagegen eine Machtasymmetrie zuungunsten des interessierten Akteurs anzunehmen. Haben alle Akteure ein gleich großes Interesse, lässt sich die *bargaining power* auch nach der Möglichkeit aller Beteiligten bestimmen, Machtpotentiale außerhalb von Verhandlungen zu aktivieren. Dies kann zum Beispiel in Form von organisierten Interessen oder der Medienöffentlichkeit geschehen. Letzteres kann besonders dann gut instrumentalisiert werden, wenn ein Verhandlungspartner seinerseits wiederum von der Zustimmung anderer Gruppen abhängig ist.

---

[114] Natürlich sind theoretisch auch diskursive Konsensfindungen möglich. Sie scheitern in der Praxis – wie von *Gehring* (s.o) gezeigt – zumeist an Verteilungskonflikten.

[115] Vgl. *Benz,* Umverteilung, S.50; *Glagow/Schimank,* Gesellschaftssteuerung, S.544; *Scharpf;* Legitimationsprobleme, S.166.

[116] *Gehring,* Regieren, S.207, unter Verweis auf *Hirschman.* Bei ihm ist die *exit-option* allerdings im Zusammenhang mit der Auswahlmöglichkeit eines Akteurs unter verschiedenen Verhandlungspartnern zu sehen. Die *exit-option* unter den geschilderten Bedingungen wird von ihm nicht betrachtete, vgl. *Hirschman*, Exit, Voice and Loyality. Responses to Decline in Firms, Organisations and States, Cambridge/MasS.1970.

4.1.3 Interaktionsorientierungen

Verhandlungen werden schließlich nicht zuletzt von den subjektiven Interaktionsorientierungen der Akteure beeinflusst. Diese beziehen sich „auf die Einstellung der Beteiligten zueinander – genauer gesagt, auf ihre jeweilige Bewertung der ego und alter anfallenden relativen Vor- und Nachteile".[117]
Scharpf differenziert hier zwischen individualistischen oder egozentrierten, kompetitiven und kooperativen Orientierungen:[118]
Ein individualistisch orientierter Akteur kümmert sich ausschließlich um den eigenen Vor- bzw. Nachteil. Wie groß der Vorteil einer bestimmten Koordinationslösung für sein(e) Gegenüber ist, spielt für ihn keine Rolle. Nutzen ist in dieser Orientierung also das größtmögliche Ausmaß eigener Vorteile unabhängig vom Ausmaß der Vor- und Nachteile des Koordinationspartners.
Dagegen bewertet der kompetitiv orientierte Akteur sein Verhandlungsergebnis im Verhältnis zu dem seines/seiner Gegenüber: Sein Nutzen nimmt er als um so größer war, je größer der Nachteil einer Lösung für seinen Verhandlungspartner ist. Für die kooperative Orientierung schließlich ist die Summe der gemeinsamen Vorteile entscheidend, sie orientiert sich am gemeinsamen Nutzen.[119] Dabei schließt die Orientierung am gemeinsamen Nutzen die Mehrung des eigenen, individuellen Nutzens nicht aus. Beides kann man am Beispiel von Koalitionsverhandlungen deutlich machen: Zwar begreifen die Partner auch die unter Abstrichen an den eigenen Positionen ausgehandelten Punkte des Koalitionsvertrages - also den gemeinsamen Nutzen - als eigenen Erfolg. Das hält sie aber nicht davon ab, gleichzeitig das Ausmaß des eigenen Nutzens in Relation zu dem ihres Koalitionspartners zu bewerten. Der Zusammenhang mit dem oben geschilderten Orientierungsdualismus am eigenen Verteilungs- und am gemeinsamen Verhandlungserfolg liegt auf der Hand.

4.2 Verhandlungen im Gesetzgebungsprozess

Im wesentlichen sind die dargestellten Verhandlungstechniken und Einflussfaktoren auch bei den Verhandlungen zwischen den föderalen Akteuren im Gesetzgebungsverfahren zu erwarten.
Der *Verhandlungsverlauf* selbst lässt sich analytisch in zwei Phasen unterteilen.

---

[117] Vgl. zum folgenden *Scharpf*, Koordination, S.53 f.
[118] Vgl. *Scharpf*, Koordination, S.53 f.
[119] *Scharpf* bringt dazu das Beispiel des Verhältnisses von Koalitionspartnern zueinander. Während deren Verhältnis zu Beginn einer Regierungskoalition eher kooperativ geprägt ist - beide sind vorwiegend am gemeinsamen Erfolg orientiert -, wandelt es sich zum Ende bzw. in einer Wahlkampfphase zur Konfrontation, da beide auf Kosten des anderen Wählerstimmen zu bekommen suchen, vgl. *ebd.*

Die erste, vergleichsweise kurze Phase wird wesentlich dadurch geprägt, dass die Verhandlungspartner aus ihren unterschiedlichen Interessenlagen heraus Positionen definieren und teils öffentlich (im Bundesrat, Bundestag oder über die Medien), teils nicht öffentlich (in Ausschusssitzungen der Bundesorgane oder am Rande nicht-öffentlicher Gespräche) bekannt geben. Erst in der zweiten Phase finden die eigentlichen *Verhandlungsgespräche* statt, in denen die Verhandlungspositionen mittels Argumenten und Tauschvorgängen verändert werden und der Kompromiss gefunden wird.
Wie noch zu zeigen sein wird, unterscheiden sich Beginn und Ende beider Phasen in Abhängigkeit von den Mehrheitsverhältnissen (siehe unten Kapitel 5.2). Zur Positionierungsphase gehören aber in jedem Fall die Vorlage des Gesetzentwurfs beim Bundesrat (sofern es sich um eine Regierungsvorlage handelt) sowie die Beratungen in den Ausschüssen und den Plenen von Bundesrat und Bundestag. Wird der Vermittlungsausschuss angerufen, so lässt sich der Beginn der Verhandlungsgespräche nach dem entsprechenden Anrufungsbeschluss von Bundesrat (bei Einspruchs- und Zustimmungsgesetzen), Bundestag oder Bundesregierung (bei Zustimmungsgesetzen) festlegen. Wird der VA *nicht* angerufen, lässt sich der Gesprächsbeginn mit dem Zeitpunkt der ersten Beratungen über das Gesetzesprojekt in den formellen (z.B. Parteipräsidium) oder informellen Gremien ansetzen.
Beide Phasen sind in der Praxis allerdings nicht scharf voneinander zu trennen: zum einen kann es auch in der Positionierungsphase schon zu Verhandlungen kommen, während natürlich auch innerhalb der Verhandlungsgespräche Veränderungen der Positionen vorgenommen werden.

4.2.1 Die Positionierungsphase

Wann die Positionierungsphase bei einem Verhandlungsprozess begonnen hat, ist letztlich nur aus der Retrospektive erkennbar, wenn bereits klar ist, *wer* die Verhandlungspartner sind. Das Wissen um den gesamten Verhandlungsprozess ist notwendig, um eine Auswahl zwischen den verschiedenen Gegenpositionen zum Gesetzesentwurf treffen zu können. Gegenpositionen von am späteren Verhandlungsprozess nicht Beteiligten können dann von denen der tatsächlichen Verhandlungspartner unterschieden werden. So äußert die Opposition häufig Gegenvorstellungen zu Gesetzesentwürfen der Bundesregierung, ohne aber an den späteren Verhandlungen beteiligt zu sein: Bei Einspruchsgesetzen ist die Notwendigkeit von Verhandlungen mit der Opposition ohnehin nicht gegeben und auch bei Zustimmungsgesetzen und *gleichgerichteten* Mehrheiten muss sie nicht zwingend beteiligt werden.
Generell lässt sich der Beginn der Positionierungsphase mit dem Zeitpunkt ansetzen, an dem erstmals dezidierte Gegenpositionen zum Gesetzentwurf von den

späteren Verhandlungspartnern formuliert werden, der für Verhandlungen notwendige Interessenkonflikt also erstmals für alle Akteure erkennbar wird.
Dies ist in der Regel spätestens nach der Veröffentlichung des Referentenentwurfs der Fall. Allerdings werden Teile der Akteure bereits bei der Entwicklung der Initiative in den Entscheidungsprozess mit einbezogen. Üblicherweise werden Regierungsvorlagen, parallel zu den Vorarbeiten im sachlich zuständigen Ministerium, von den Fachleuten der Regierungsfraktion(en) und ggf. den Koalitionsparteien beraten. Je nach politischer Bedeutung des Entwurfs werden gegen Ende dieser Phase die Fraktions- und Parteiführungen in die Beratungen mit einbezogen. So kann es noch vor der Formulierung eines Referenten- oder gar Gesetzentwurfs dazu kommen, dass die der Bundesregierung nahestehenden Landesregierungschefs über ihre Mitgliedschaft in Führungsgremien der Partei Einfluss auf die Formulierung des Entwurfs nehmen können. Zumindest sind sie in der Lage, bereits frühzeitig auf ihre möglicherweise abweichenden Interessen hinzuweisen. Gleichzeitig werden häufig spätestens mit dem Referentenentwurf die für den jeweiligen Gesetzgebungsbereich zuständigen Landesministerien an der Formulierung beteiligt. Dies dient vor allem der Vermeidung von „Reibungsverlusten" fachlicher Art beim späteren Durchgang im Bundesrat.[120] So bekommt auch die Opposition über die ihr nahestehenden Länder meist frühzeitig Gelegenheit, ihre Interessenlage zu bestimmen.
In dieser Phase kristallisiert sich heraus, inwieweit die Bundesregierung mit gegenläufigen Interessen der für den Gesetzesbeschluss notwendigen Landesregierungen zu rechnen hat. Ist dies der Fall, wird bereits in dieser Phase versucht, über verschiedene Maßnahmen (siehe unten) einen Interessenausgleich zu finden. Gelingt dies nicht, liegt ein Interessenkonflikt vor, der über Verhandlungen gelöst werden muss. Dies ist bei Zustimmungsgesetzen zwingend der Fall. Aber auch bei Einspruchsgesetzen wird die Regierungskoalition ein Interesse daran haben, zumindest mit den ihr parteipolitisch nahestehenden Ländern zu einer einvernehmlichen Übereinkunft zu kommen, um nicht nach außen den Eindruck innerparteilicher Konflikte bzw. koalitionsinterner Auseinandersetzungen zu erwecken.
Die Vorlage wird im Bundesrat zunächst in den Fachausschüssen beraten. Die Formulierung offizieller Positionen im jeweiligen Einzelfall beginnt dementsprechend während und nach der Ausschussberatung. Die Ländergruppen (SPD- und CDU/CSU geführte Regierungen) setzen sich seit 1969 regelmäßig in getrennten Beratungen zusammen, um über ihre Zustimmung oder Ablehnung der Ausschussempfehlung zu beraten. „Die jeweils konkrete Gestaltung" dieses Verfahrens, hält *Stegmann* fest, „kann (...) von der Nähe der Ländergruppe zur Bundesregierung abhängig sein. Landesregierungen, die von denselben Parteien wie

[120] *Ismayr*, Bundestag, S.286, dies ist nach §§ 26, 27 GGO II zum Teil sogar vorgeschrieben, wenn durch den Entwurf Belange der Länder berührt sind.

die Bundesregierung gestellt werden, sind weit vor dem Bundesratsverfahren in politische Abstimmungsprozesse mit der Bundesregierung und den entsprechenden Bundestagsfraktionen einbezogen."[121] Entsprechend ziehen die „oppositionellen" Länder auch Vertreter der Bundestagsopposition zu ihren Beratungen hinzu.[122]

Trotz dieser Aufteilung in A- und B-Länder sind die Beratungen im Bundesrat weit weniger vom Konkurrenzverhältnis zwischen den Parteiblöcken geprägt, als im Bundestag. Eine solche Konstellation stellt sich im Bundesrat üblicherweise nur bei parteipolitisch umstrittenen Gesetzen ein. Auch in diesen Fällen werden aber immer die Interessen einzelner Länder mit in die Überlegungen einbezogen, so dass es bei einem Interessenkonflikt zwischen Landes- und Parteiinteresse durchaus zu einem Überwiegen des ersteren kommen kann (siehe dazu das Beispiel „Jahressteuergesetz 1992" in den Fallstudien).

Eine formelle Möglichkeit für die Vertreter von Bund und Ländern, ihre gegenseitigen Standpunkte auszutauschen, ist der Ständige Beirat des Bundesrates. In ihm treffen sich wöchentlich die 16 Bevollmächtigten der Länder mit dem Staatsminister im Kanzleramt, der innerhalb der Bundesregierung für die Kontakte zum Bundesrat und zu den Landesregierungen zuständig ist. In diesen Sitzungen informieren die Bevollmächtigten unter anderem „über die Haltungen der Landesregierungen zu strittigen Fragen, Standpunkte werden geklärt und in manchen Fällen Absprachen getroffen".[123] Dabei erläutert der „Vertreter der Bundesregierung (...) Absichten, Auffassungen und Ziele der Bundesregierung" und „wirbt um Zustimmung für deren Positionen".[124]

Ein weiterer, zentraler Punkt des formellen Positionierungsprozesses ist die Stellungnahme des Bundesrates.

Der Bundesrat nimmt sein Prüfungsrecht gewöhnlich sehr ernst und erarbeitet häufig konkrete Änderungsvorschläge. Inwieweit dies der Fall ist, hängt sowohl von der Art des Gesetzes – Betroffenheit der Länder als solche, fachliche Umstrittenheit – als auch von der parteipolitischen Konstellation ab (siehe Kapitel 5.2). Allerdings hat die Mehrzahl der eingebrachten Gesetze einen relativ geringen „politischen Streitwert".[125] Hier ist vielmehr der vor allem verwaltungstech-

---

[121] *Stegman*, Das Gesetzgebungsverfahren im Bundesrat. Akteure und ihre Einflussnahme, in: *Postlep*, Aktuelle Fragen zum Föderalismus, Marburg 1996, S.149 (im weiteren: *Stegman*, Gesetzgebungsverfahren).

[122] *Ismayr*, Bundestag, S.299.

[123] *Jun*, Bundesrat, S.344. Gleichwohl betonte *Albrecht*, dass der Ständige Beirat als Verhandlungsgremium eigentlich keine große Rolle spielt. *Krajewski* meinte, dies hänge sehr stark von der Person des Beiratsvorsitzenden ab. Es habe Zeiten gegeben, da habe der Beirat eine große Rolle gespielt. Dies habe sie in ihrer Zeit als Ministerin bzw. Senatorin aber selten so erlebt, Interview *Krajewski*.

[124] *Jun*, Bundesrat, S.344.

[125] Dazu *Ismayr:* „...nicht nur ein großer Teil der Regierungsvorlagen, sondern auch *viele*

nische Sachverstand der Länder gefragt, den diese auch in großem Maße einbringen.[126] Gleichzeitig berühren viele Vorlagen originäre Interessen der Länder als solche (z.B. in ihren finanziellen Auswirkungen!).[127] Auch hierzu nehmen die Länder regelmäßig Stellung. Die Stellungnahme informiert also „die Regierung und das Parlament von der Auffassung des Bundesrates über die zu regelnde Gesetzesmaterie und vermittelt frühzeitig einen Eindruck von der zu erwartenden Entscheidung des Bundesrates".[128]

Hat der Bundesrat aufgrund der Empfehlungen seiner Ausschüsse seine Stellungnahme abgegeben, ist die Bundesregierung wieder am Zuge, auf die Positionierung des Bundesrates zu reagieren. Sie tut dies mit einer Gegenäußerung zu den Änderungswünschen des Bundesrates. Hier hat sie bereits Gelegenheit, eigene Positionen aus der ursprünglichen Vorlage zurückzunehmen, oder aber ihre alten Positionen noch einmal zu bekräftigen.

Während der Beratungen im Bundestag, sei es in den Lesungen des Gesetzes, sei es in den Ausschussberatungen, haben nun die Fraktionen als weitere wesentliche Akteure Gelegenheit, ihrerseits Stellung zu beziehen. In der ersten Lesung des Gesetzentwurfs treffen die Positionen der Fraktionen zum Gesetzesentwurf zum ersten Mal öffentlich aufeinander. Da in der Regel nur bei politisch wichtigen Gesetzen eine Aussprache stattfindet, „wenn Regierung und Fraktionen der Öffentlichkeit ihre grundsätzlichen Auffassungen zu dem Vorhaben darlegen wollen",[129] sind diese zumeist weniger von speziellen Fachargumenten, als vielmehr von generalisierenden Positionsbeschreibungen geprägt. In dieser 1. Lesung besteht zum ersten Mal im Verfahren für die Bundestagsfraktionen Gelegenheit, ihre – in manchen Fällen auch bei den Mehrheitsfraktionen durchaus von den Vorstellungen der Bundesregierung abweichenden – Positionen darzustellen. Aber auch die Fachminister und Staatssekretäre der Bundesministerien, ggf. sogar der Bundeskanzler sowie die Landesminister bzw. Ministerpräsidenten der Länder[130] nutzen diesen Anlass, Kritik am Gesetzesentwurf zu üben oder

---

*Gesetzentwürfe der Oppositionsparteien [*sind*] mit Spezialproblemen* befaßt (...), die vornehmlich für interessierte Fachkreise relevant sind, von einer breiteren Öffentlichkeit aber kaum wahrgenommen und nur schwer in einen konzeptionell verstehbaren Kontext eingeordnet werden können.", *Ders.*, Bundestag, S.279, Hervorhebung im Text.

[126] Vgl. *Ziller/Oschatz*, Der Bundesrat, S.30f.

[127] *Ismayr*, Bundestag, S.299.

[128] *Laufer/Münch*, Föderales System, S.168.

[129] *Pötzsch*, Die deutsche Demokratie, Bonn 1997, S.75. Die Beratung von Gesetzen in drei Lesungen ist zwar in § 78 GOBT vorgesehen. Gleichzeitig erlaubt § 79 GOBT von einer expliziten *Aussprache* insofern abzusehen, als eine solche nur stattfindet, „wenn es vom Ältestenrat empfohlen, (...)" von einer Fraktion oder mindestens 5 % der anwesenden Bundestagsmitglieder gefordert wird oder im Verfahren der Abtrennung zusammengefasster Überweisungsempfehlungen gemäß § 80 IV GOBT mehrheitlich beschlossen wird.

[130] Dies wird nach Ansicht von *Albrecht* und *Krajewski* aber eher selten genutzt. *Krajewski*

auf diese zu antworten.
Dieser Teil der Positionierungsphase ist von entscheidender Bedeutung: zu diesem Zeitpunkt treffen nicht nur die Argumente – nahezu – aller späteren Verhandlungspartner erstmals aufeinander. Sie werden auch öffentlich gemacht. Das führt einerseits zu einer gewissen Verfestigung der Positionen, von denen abzurücken im späteren Verlauf des Prozesses nicht mehr so leicht fällt. Zum anderen kann – aufgrund der entsprechenden Medienberichterstattung – diese 1. Lesung auch zur Vorbereitung einer späteren Mobilisierung der Öffentlichkeit genutzt werden (siehe unten Kapitel 4.2.2.2).
Auch in den Ausschussberatungen werden die bereits bekannten Positionen der Akteure in der Regel nur noch einmal bekräftigt, diesmal aber unter Ausschluss der Öffentlichkeit. Die Regierungsfraktionen sind zu Änderungen an dem Entwurf und zur Aufnahme von Kritik aus den Oppositionsreihen bereit, sofern der ursprüngliche Regierungsentwurf nicht völlig „verwässert" wird. Überdies können Änderungen an Gesetzesentwürfen, wie *Ismayr* ausführt, auch nur durch „zwischenzeitlich notwendig gewordene Anpassungen an die Rechtslage sowie an technische und ökonomische Entwicklungen, die Korrektur gesetzestechnischer Mängel und die (nachträgliche) Berücksichtigung verwaltungspraktischer Erfahrungen mit geltenden Regelungen" erforderlich geworden sein.[131] Hingegen verhindert die Ausschussmehrheit eine Annahme meist bei „gewichtigen, gar politisch richtungsändernden"[132] Einwänden des Bundesrates.
Die sich an die Ausschussberatungen anschließende 2. und 3. Lesung der Vorlage spiegelt zumeist nur das Ergebnis des Beratungsverlaufs im Ausschuss wieder: die Opposition versucht hier, die von ihr im Ausschuss nicht durchgesetzten Änderungen noch einmal einzubringen.[133] Gleichwohl sind diese Bemühungen in der Regel vergeblich, zumal bei politisch umstrittenen Gesetzesinitiativen. Die Bemühungen der Opposition dienen dann – wie deren Argumentation in der 1. Lesung – eher der Darstellung nach außen bzw. der möglichen Mobilisierung von Unterstützung für spätere Verhandlungen.
Der Gesetzesbeschluss des Bundestages wird nun an den Bundesrat weitergeleitet, der erneut in seinen Ausschüssen über den Gesetzesbeschluss berät. Die Ausschüsse prüfen vor allem, ob Bundesregierung und/oder Bundestag die Änderungs- bzw. Ergänzungswünsche des Bundesrates beachtet haben. Ergeben sich bei dieser Prüfung Bedenken, so schlagen die Ausschüsse dem Plenum des Bundesrates - bei Einspruchsgesetzen zwingend, bei Zustimmungsgesetzen übli-

---

ging davon aus, dass die Minister bzw. Ministerpräsidenten der Länder eigentlich nur im Vorfeld von Landtagswahlen das Podium des Bundestages nutzen, um eigene Positionen deutlich zu machen, Interview *Krajewski*.

131 *Ismayr*, Bundestag, S.310.

132 *Ebd.* Diese Einschätzung wurde auch von *Krajewski* bestätigt, Interview *Krajewski*.

133 A.a.O., S.317.

cherweise – die Anrufung des Vermittlungsausschusses vor.[134] Zugleich müssen die Ausschüsse ihr konkretes Änderungsbegehren benennen. Handelt es sich, wie dies in der Regel der Fall ist, nicht um eine Ablehnung des gesamten Gesetzes, sondern um die Änderung bzw. die Ergänzung einzelner Bestimmungen, so stellt auch dieses einen weiteren Schritt der Positionierung dar.

In der Bundesratssitzung, in der über den Bundestagsbeschluss und die Empfehlung der Ausschüsse beraten wird, nutzen Vertreter der Bundesregierung in der Regel die Gelegenheit, die Gründe für ihre Gesetzesvorlage darzustellen.[135] Da die Entscheidung über das Stimmverhalten der Bundesratsmitglieder aber in aller Regel bereits feststeht, sind die hier von allen Seiten vorgetragenen Argumente letztlich eher für die Öffentlichkeit gedacht.

Zu Verhandlungen kommt es dann, wenn der Bundesrat bei seinen bereits in seiner 1. Stellungnahme geäußerten Änderungswünschen bleibt bzw. erstmals Änderungswünsche äußert.

Bevor auf den Verhandlungsprozess im engeren eingegangen wird, soll nicht unerwähnt bleiben, dass die Bundesregierung durchaus Strategien entwickelt hat, die bei Zustimmungsgesetzen notwendigen Verhandlungen zu vermeiden bzw. stark abzukürzen.

Eine dieser Vorfeldstrategien ist es, der starken Stellung des Bundesrates seitens der Bundesregierung schon bei der Formulierung von Gesetzen antizipierend Rechnung zu tragen.[136] Eine andere Möglichkeit besteht darin, Positionen der Bundesratsmehrheit, die der initiierenden Bundesregierung über die Ausschussberatungen, über Stellungnahmen des Bundesrates oder auch öffentliche Äußerungen bekannt geworden sind, in die Gesetzesinitiative aufzunehmen, noch bevor es zu den eigentlichen Verhandlungen kommt.[137] So halten *Kilper/Lhotta* fest, dass die Ministerialbürokratien des Bundes und der Länder über ihre Stellungnahmen zu den Gesetzesvorlagen der Bundesregierung in einem frühen Stadium interagieren. Dies bleibe „nicht ohne Einfluss auf den Beratungsprozess

---

[134] Interessant ist in diesem Zusammenhang die vom Bundesratsplenum abweichende Zuordnung der Länderstimmen in den Ausschüssen. Anders als im Plenum haben die Länder in den Ausschüssen jeweils eine Stimme. So kann es dazu kommen, dass ein Bundesratsausschuss bei einem parteipolitisch umstrittenen Gesetz trotz gleichgerichteter Mehrheiten die Verweigerung der Zustimmung empfiehlt. Dies hat allerdings in der Regel keine Auswirkungen auf die letztendliche Beschlussfassung des Bundesrates.

[135] *Oschatz*, Bundesrat, S.89.

[136] *Abromeit*, Funktion, S.468. Dies wurde auch von *Bergmann-Pohl, Albrecht, Krajewski* und *Jagoda* bestätigt.

[137] So auch *Ismayr*, Bundestag, S.299, der für den Zeitraum der sozialliberalen Koalition darauf hinweist, dass die „teils über interne Informationskanäle vermittelten, teils bereits öffentlich artikulierten Einwände der unionsregierten Länder“ bereits bei der Vorbereitung der Kabinettsentwürfe Berücksichtigung fanden, *Ders.*, Bundestag, S.299, 316, 322.

der im Bundestag vertretenden politischen Parteien".[138] In diesem Sinne betonen *Posser/Vogel*, dass „in Gesetzesentwürfen von vornherein ‚Handelsspannen' mit einkalkuliert wurden, um jedenfalls noch etwas an Substanz der eigenen Politik über den Vermittlungsausschuss hinwegretten zu können".[139] Die Bereitschaft, Positionen des Bundesrates positiv aufzunehmen, hängt damit wiederum von der Frage der Zustimmungspflichtigkeit des zu beratenden Gesetzesentwurfs ab: bedarf der Entwurf dieser Zustimmung nicht, so *Ziller/Oschatz*, vermag der Bundesrat „die politische Konzeption der Bundesregierung und der sie tragenden Bundestagsmehrheit nur selten zu ändern".[140]
Eine andere, schon frühzeitig praktizierte Taktik liegt darin, den zustimmungspflichtigen Teil – meist die Ausführung der Gesetze betreffend – von seinem zustimmungsfreien Teil zu trennen, das Gesetz also in zwei Gesetzesvorlagen aufzuteilen. Diese Handhabung, die vom Bundesverfassungsgericht in einer Entscheidung vom 25. Juni 1974 für unbedenklich gehalten wurde, hat „in der Verfassungspraxis (...) allerdings keine entscheidende Rolle gespielt".[141]

4.2.2 Die Gesprächsphase

Wie bereits angedeutet, lässt sich der Beginn der Gesprächsphase nicht exakt von der Positionierungsphase trennen. Während informelle Gespräche auch schon während der Positionierungsphase beginnen können, lässt sich der formelle Gesprächsbeginn nur durch das Zusammentreten des Vermittlungsausschusses erkennen, sofern dieser von einem der Akteure angerufen wurde.

4.2.2.1 Verhandlungs- und Kompromisstechniken

Wie in Verhandlungsprozessen allgemein, so geht es auch in den Verhandlungen im Gesetzgebungsverfahren darum, auf der Basis zum Teil unterschiedlicher, zum Teil identischer Interessen eine von allen Beteiligten akzeptierte Entscheidung zu fällen. Hier geht es konkret darum, eine Formulierung des umstrittenen

---

[138] *Kilper/Lhotta*, Föderalismus, S.126.

[139] *Posser/Vogel*, Der Vermittlungsausschuss, in: *Bundesrat (Hrsg.)*, Vierzig Jahre Bundesrat. Tagungsband zum wissenschaftlichen Symposion in der Evangelischen Akademie Tutzing vom 11. bis 14. April 1989, Baden-Baden 1989, S.203-233, hier: S.218. Als Beispiel geben sie das 2. Haushalts-Strukturgesetz 1981 an.

[140] *Ziller/Oschatz*, Bundesrat, S.30.

[141] *Bauer*, Der Vermittlungsausschuß, S.84. Für die jüngere Vergangenheit stellten dies die befragten Beteiligten allerdings anders dar. So sei es „nicht unüblich, dass man Teile eines Gesetzesprojektes abtrennt, bei denen man annimmt, dass die Zustimmung problematisch werden kann", meinte *Bergmann-Pohl*. Auch *Jagoda* meinte, man versuche in diesen Fällen das Gesetz so zu formulieren, „dass man die problematischen Punkte herausnimmt und diese dann als Einspruchsgesetz formuliert".

Gesetzesentwurfs bzw. –beschlusses zu finden, die es Bundestags- und Bundesratsmehrheit gleichermaßen ermöglicht, diesem zuzustimmen.
Die Verhandlungen gehen zunächst von *divergierenden* Interessen aus, aufgrund deren bestimmte Positionen formuliert werden. Diese müssen, will man zu einem positiven Verhandlungsergebnis kommen, zumindest in Teilen veränderbar, verhandelbar sein. *Hasselsweiler* führt in seiner grundlegenden Arbeit über die Tätigkeit des Vermittlungsausschusses aus, dass der politische Kompromiss „jeder Streitpartei das Gefühl geben (muss), sich in den ihr wichtigen Punkten zumindest prinzipiell behauptet und nur in den Fragen von nachgeordneter Wichtigkeit Zugeständnisse gemacht zu haben“.[142]
In der Praxis des Gesetzgebungsprozesses stellen zunächst die Formulierungen des vorgelegten Gesetzes sowie die von anderen Verhandlungsakteuren ausgearbeitete Gegenentwürfe und Änderungs- bzw. Ergänzungsvorschläge die Ausgangspositionen dar. Wie in anderen Verhandlungssituationen auch, werden die Positionen im Rahmen von Tauschvorgängen erweitert, variiert oder aufgegeben.
Dies kann einerseits dergestalt ablaufen, dass die Verhandlungspartner einige der von ihnen gewünschten Formulierungen für das strittige Gesetz zugunsten anderer aufgeben (*Koppelgeschäft*). Die Kompensation kann allerdings auch mehrere gleichzeitig zu verhandelnde Gesetzesvorhaben miteinander verbinden, indem einer der Akteure auf seine Ziele bei einem der strittigen Gesetzesvorhaben weitgehend verzichtet, um dafür weitreichende Zugeständnisse bei einem anderen umstrittenen Gesetzesvorhaben zu erzielen. „Ein breites Politikfeld“ ermöglicht es, so *Pfetsch* „nach Materien auszudifferenzieren und damit Verhandlungsgegenstände in Form gegenseitigen Austausches zu ‚verrechnen'“.[143] Werden derartige Paketlösungen aus verschiedenen Politikfeldern gebildet, können diese in der Regel nicht mehr von den Akteuren eines Politikfeldes, sondern nur noch unter Hinzuziehung übergeordneter Akteure vereinbart werden. Beispiel: zwei Gesetzesvorhaben in unterschiedlichen Politikfeldern (Gesundheitspolitik und Umweltpolitik) sind zwischen den gleichen Akteuren umstritten. Eine Lösung zwischen den Gesundheits- bzw. Umweltpolitikern beider Seiten kann nicht gefunden werden. Daher wird, unter Einbeziehung beispielsweise der Regierungs- und/oder Parteichefs eine fachübergreifende Lösung in Form eines „package deals“ gefunden. Allerdings tritt hier das bereits geschilderte Problem der „ungleichzeitigen Entscheidungsreife“ von Projekten auf: nur selten tritt der Idealfall ein, dass zwei oder mehrere strittige Gesetzesvorhaben zum gleichen Zeitpunkt im Gesetzgebungsprozess stehen. Die Akteure, die auf Positionen bei einem Gesetz verzichten, müssen dann davon ausgehen, dass ihnen zu einem

---

[142] *Hasselsweiler,* Vermittlungsausschuß, S.36f.
[143] *Pfetsch*, Gremien, S.260.

späteren Zeitpunkt ein Ausgleich für ihr Entgegenkommen gewährt wird.[144] Unüblicher dürften dagegen die Varianten des Ausklammerns bzw. Vertagens sein, da bei strittigen Gesetzen letztlich eine Lösung gefunden werden muss, eine Verschiebung oftmals nicht möglich ist.

Letztlich sind – gerade bei mit *föderalen* Konflikten verbundenen *parteipolitischen Sachkonflikten* – Ausgleichszahlungen nicht selten. Das bedeutet, dass einem Land für die Zustimmung zu einem parteipolitisch umstrittenen Gesetz finanzielle Ausgleichszahlungen oder Vorteile zugesagt werden.[145] Dies führt im Falle von *parteipolitischen* Konflikten allerdings häufig zu Auseinandersetzungen innerhalb der Oppositionsparteien und zu der von *Scharpf* genannten geringen Bereitschaft, Ausgleichszahlungen bei politischen Richtungskonflikten zu akzeptieren.

Was den Verhandlungsmodus betrifft, dürften sich sowohl Formen des *arguing* als auch des *bargaining* im Gesetzgebungsprozess wiederfinden. Dabei ist der Versuch, sich argumentativ zu überzeugen, sicherlich vor allem bei fachlich umstrittenen Gesetzesvorhaben oder *koalitionsinternen* Konflikten zu erwarten, da bei diesen eine vergleichsweise große Basis gemeinsamer Interessen vorhanden ist. Dagegen dürfte bei zwischen Regierung und Opposition parteipolitisch umstrittenen Vorhaben sowie bei *föderale* Konflikten *bargaining* der dominierende „Modus der Konfliktregelung"[146] sein.

Die am Ende der Verhandlungen stehenden konsensualen Beschlüsse werden grundsätzlich einstimmig getroffen. Auch wenn keine formalen Abstimmungen durchgeführt werden, müssen die jeweiligen Akteursvertreter ihre Zustimmung zum gefundenen Kompromiss zweifelsfrei erkennen lassen. Dabei ist es allerdings, beispielsweise im Rahmen von Paketverhandlungen oder Koppelgeschäften, durchaus möglich, dass sich eine Seite in einer bestimmten Einzelfrage „überstimmen" lässt.

Dass formelle Entscheidungsregeln – wie oben geschildert – in Teilen der Verhandlungsgremien durchaus im Gegensatz zu diesem Einstimmigkeitsprinzip stehen können, zeigt die Geschäftsordnung des Vermittlungsausschusses. In de-

---

[144] Dass bei der Kompromissfindung auch „parallele oder in naher Zukunft absehbare Gesetzesprojekte" eine Rolle spielen, bestätigte auch *Dästner* im Gespräch mit dem Verfasser, Interview *Dästner*.

[145] Dies kann aber auch in einer anderen Form materieller Kompensation geschehen: Mitte der 80er Jahre verweigerte Bayern seine Zustimmung zu einer Personalreform der Bundeswehr. Die Stimmenmehrheit des Bundesregierung im Bundesrat war danach nicht mehr gesichert. Daraufhin versuchte der Bund, seine Mehrheit im Bundesrat mit Hilfe Bremens zu erlangen. Dafür bot er dem Senat die Vergabe von Flottenbauaufträgen an, was diesen dazu veranlasste, im Bundesrat für die Personalreform zu stimmen. Bayern war somit – im wahrsten Sinne des Wortes – ausgebootet worden. (*An dieser Stelle sei Prof. Renzsch für den Hinweis gedankt!).*

[146] So *Bauer* für den Vermittlungsausschuss, in: *Ders.*, Vermittlungsausschuß, S.110.

ren Paragraf 8 wird bestimmt, dass der Vermittlungsausschuss mehrheitlich entscheidet.[147] Damit wird gewährleistet, dass der VA auch dann zu einer Entscheidung kommen kann, wenn die Verhandlungen in ihm oder in parallelen Gremien erfolglos verlaufen. Gleichwohl ist in der Regel davon auszugehen, dass der VA sich um einen allseits akzeptierten Beschluss bemühen wird, da seine Empfehlungen ja eine Mehrheit in beiden Bundesorganen und mithin natürlich auch die Zustimmung der anderen Akteure (Bundesregierung, Parteiführungen) finden muss.[148] So stellte der langjährige VA-Vorsitzende Heribert *Blens (CDU)* fest: „Bei Vermittlungsvorschlägen ist es in der Regel so, daß sie zustande kommen durch einen Kompromiß zwischen der politischen Mehrheit des Bundesrates und der politischen Mehrheit des Bundestages, so wie sie im Vermittlungsausschuß vertreten sind. Kompromisse kommen durch gegenseitiges Nachgeben zustande und finden in der Regel im Vermittlungsausschuß eine sehr breite Mehrheit."[149]
Auch wenn der Vermittlungsausschuss angerufen wird, spricht dies keineswegs gegen parallele informelle Verhandlungen. So finden bereits im Vorfeld der Beratungen im VA erste Gespräche zwischen den politischen Gruppierungen statt.[150] *Bauer* beschreibt die dann übliche Verfahrensweise so: „Diese etwa vier bis fünf Mitglieder umfassenden informellen Gremien treten insbesondere dann ad-hoc zusammen, wenn die Verhandlungen im Vermittlungsausschuss ins Stocken geraten. Abseits vom großen Plenum des Vermittlungsausschusses suchen sie - ohne von ihm formell beauftragt zu sein oder offiziell in Erscheinung zu treten - während z.T. eigens eingeräumter Sitzungspausen nach einem tragfähigen Konsens. Diese vertrauten Runden, an denen in der Regel die Vorsitzenden des Vermittlungsausschusses, die Parteiobleute und Vertreter von Regierung und

---

[147] Siehe dazu § 8 GOVA, „Der Vermittlungsausschuss fasst seine Beschlüsse mit der Mehrheit seiner anwesenden Mitglieder".

[148] Dabei werden nur solche Mehrheitsbeschlüsse als „unechte Einigungsvorschläge" bezeichnet, bei denen die Entscheidung gegen die Stimmen der Koalitionsvertreter und ggf. ihnen zuzurechnender Ländervertreter zustande gekommen sind – obwohl „einseitige" Mehrheiten aus diesen Akteursrepräsentanten gegen die der Opposition und der O-Länder bei *divergierenden* Mehrheiten sicherlich ebenso wenig Aussicht auf Zustimmung finden würden. Bei den „unechten Einigungsvorschlägen Vermittlungsergebnissen" dürfte allerdings die Gefahr hoch sein, dass sie bereits von der Bundestagsmehrheit abgelehnt werden und dem Bundesrat somit gar nicht mehr die Chance gegeben wird, diesem zuzustimmen, vgl. zum Begriff *Dästner,* Der „unechte Einigungsvorschlag" im Vermittlungsverfahren. Oder: Hat der Vermittlungsausschuß versagt?, ZParl 1/99, S.26-40 (im weiteren: *Dästner,* Einigungsvorschlag).

[149] BT-PlenProt. 13/39, S.3071. So konstatiert auch *Lhotta:* „Ein ‚Niederstimmen' der Gegenseite im Vermittlungsausschuß würde nur zu einem sicheren Scheitern des Vermittlungsvorschlags bei der letztlich entscheidenden Abstimmung im Bundestag oder Bundesrat führen. Je einstimmiger die Mehrheitsentscheidung deshalb ausfällt und damit zum Konsensprinzip konvergiert, umso besser.", *Ders.*, Der Vermittlungsausschuß als Institution politischer Deliberation, in: *Holtmann/Voelzkow,*, a.a.O., S.92.

[150] *Bauer,* Vermittlungsausschuß, S.103.

Opposition teilnehmen, werden von seinen Mitgliedern als effektivste Station im Vermittlungsverfahren betrachtet. Hier findet bei brisanten Vorlagen die eigentliche Ausschußarbeit statt."[151]

Die Situation der 70er Jahre hat gezeigt, dass aus der Konstellation der Verhandlungsakteure eine besondere Form der Interdependenz resultieren kann, die den Rahmen der Kompromissbildung erweitern kann.

In diesem Zeitraum verfügte die CDU-Opposition im Bund über eine relative Mehrheit von CDU-regierten Ländern im Bundesrat. Relativ deshalb, weil die Länder, in denen CDU-Alleinregierungen vorhanden waren, im Falle von Zustimmungsgesetzen ihre Veto-Position nur dann erfolgreich einsetzen konnten – das heißt, mit dem Scheitern eines Gesetzes zu drohen –, wenn sie zumindest einen Teil der Länder auf ihre Seite ziehen konnten, in denen es Koalitionsregierungen aus CDU und FDP oder aber große Koalitionen gab. Aufgrund ihrer in den meisten strittigen Fragen größeren politischen Nähe wurde in diesen Situationen in der Regel eine gemeinsame Linie mit den Länderregierungen gesucht, an denen die FDP beteiligt war. Gerade das, so *Thaysen*, habe es aber der im Bund mit der FDP regierenden SPD erlaubt, über die FDP Kompromisse mit der CDU zu suchen.[152]

Hier wird deutlich, dass die Verortung eines Verhandlungsakteurs bzw. Teil eines Akteurs[153] auf beiden Verhandlungsseiten die Möglichkeit der Kompromissfindung erweitern kann. Dieser Akteur nimmt dann eine Art "Brückenfunktion" ein. Obwohl Teil einander gegenüberstehender Verhandlungsakteure wird er gleichzeitig zum Vermittler im vorliegenden Konflikt.

Dies kann in eingeschränktem Maße auch für die Situation der späten 80er und 90er Jahre gelten, in denen es mit Hamburg und Rheinland-Pfalz (SPD/FDP-Regierungen), vor allem aber mit den großen Koalitionen nach der Wiedervereinigung eine Vielzahl von „übergreifenden" Akteuren gegeben hat. Gleichwohl hat sich die Situation insoweit verändert, als beispielsweise die FDP nicht mehr allein die „Brückenfunktion" der 70er Jahre einnehmen konnte, da das (Regierungs-)Parteienspektrum mit den Grünen seit Mitte der 80er Jahre auf vier Parteien angewachsen war.

---

[151] Ebd.

[152] *Thaysen*, Mehrheitsfindung im Föderalismus. Thesen zum Konsensualismus der westdeutschen Politik, in: APuZ 1985/B 35, S.3-17 (im weiteren: *Thaysen*, Mehrheitsfindung), hier: S.10, in diesem Sinne auch *Benz*, Der deutsche Bundesstaat im Spannungsfeld von EU, Bund und Ländern, unveröffentlichtes Manuskript, S.6.

[153] Dies gilt für die Fälle, in denen die Konfliktlinie im Gesetzgebungsprozess zwischen der Bundesregierung und die sie tragenden bzw. an ihr beteiligten Parteien auf der einen Seite, den von einer im Bund oppositionellen Partei gebildeten bzw. dominierten Landesregierungen andererseits verläuft.

4.2.2.2 Verhandlungsmacht

Wie bereits festgestellt wurde, richtet sich die Verhandlungsmacht der Akteure im wesentlichen nach der Unattraktivität eines Verhandlungsabbruchs (exit-option) für den jeweiligen Akteur. Ungeachtet dessen, dass die Verhandlungspartner zunächst einmal ein grundsätzliches Interesse an der Aufnahme von Verhandlungen haben müssen, und demnach die exit-Option als vergleichsweise unattraktiv gelten dürfte, kann es im Verhandlungsablauf dennoch zu einem Punkt kommen, an dem eine Seite zur Inkaufnahme von Ausstiegskosten und zu einem Abbruch der Verhandlungen bereit ist. So stellt *Abromeit*[154] fest, dass die Bundesratsmehrheit bei Zustimmungsgesetzen – im Falle eines Dissenses mit der Bundestagsmehrheit – mit der Drohung der Nicht-Zustimmung im Bundesrat nur bis zu dem Punkt gehen könne, an dem die Regierung lieber das ganze Projekt scheitern lassen würde, als zu große Zugeständnisse machen zu müssen. Hierbei würde die Bundesratsmehrheit nicht nur auf mögliche Verhandlungsgewinne verzichten, sondern – bei *divergierenden* parteipolitischen Mehrheiten und einem entsprechenden Konflikt - überdies die Gefahr eingehen, dass die Regierung das Scheitern ihrer Vorlage der Opposition anlasten würde, wie dies bekanntlich zum Ende der Kohl-Ära geschah („Blockade“-Vorwurf).
Ein weiterer Faktor, der das Maß an Verhandlungsmacht bei den Akteuren beeinflusst, ist die *Größe der jeweiligen Mehrheit.* Verfügt die Bundesregierung über eine große Mehrheit an Stimmen im Bundesrat, kann das Ausscheren eines Landes aus den eigenen Reihen eher verkraftet werden, als bei einer nur knappen Mehrheit. In letzterem Fall ist die Bundesregierung gezwungen, auf die Interessen einzelner ihr parteipolitisch nahestehender Länder stärker einzugehen. Das gilt spiegelbildlich natürlich auch für die jeweilige Bundestagsopposition. Dabei dürfte die Einbeziehung der ihr nahestehenden Länder insbesondere dann schwer fallen, wenn sie ihrerseits nicht über eine eigenständige Mehrheit verfügt, sondern zur Erlangung einer zumindest negativen Mehrheit auf die Stimmenthaltung der parteipolitisch „gemischten“ Länderregierungen angewiesen ist.
Schließlich ist in allen Verhandlungssituationen die Mobilisierung von organisierten Interessen und der massenmedialen Öffentlichkeit ein nicht zu unterschätzendes Instrument zur Stärkung der eigenen Verhandlungsmacht. Freilich ist nicht jeder Konflikt gleich stark medial vermittelbar. So ist die Chance der Mobilisierung einer breiten Öffentlichkeit bei politisch bedeutsamen, öffentlich diskutierten Fragen relativ groß.[155]

---

[154] *Abromeit*, Funktion, S.467f.

[155] Dabei kann hier unter Umständen die Mobilisierung von Unterstützung im Verhandlungsprozess auch eine weitere Funktion erfüllen. Die hessische Union warb bei der Landtagswahl 1999 beispielsweise für sich, in dem sie auf die bundespolitischen Auswirkungen eines Regierungswechsels in Hessen aufmerksam machte. Dieser würde, so die Wahlkämpfer der CDU,

4.2.2.4 Interaktionsorientierung

Mit welcher Interaktionsorientierung die Akteure in die Verhandlungen gehen, hängt wiederum von einem Konglomerat verschiedenster, auch situativ bedingter Umstände ab: stehen die Akteure eher in einem Konkurrenz- oder Kooperationsverhältnis zueinander? Welche Bedeutung hat das jeweilige Konfliktthema für die Akteure? Welche Entwicklung hat die Gesetzesinitiative bislang genommen?

Handelt es sich um Verhandlungen, die ausschließlich zwischen der Bundesregierung und Länderregierungen geführt werden, denen nur Parteien angehören, die auch die Bundesregierung bilden, ist sicherlich nicht grundsätzlich von einem „Konkurrenz"-Verhältnis auszugehen. Gleichwohl können hier aus föderalen Grundsatzfragen bzw. landesspezifischen Interessen, partei- oder koalitionsinternen Differenzen heraus eigene Interessenlagen bei einigen oder allen diesen Ländern entstehen, die zur Herausbildung von Konfliktlagen führen. In diesem Fall sind bei diesen Länderregierungen egozentrierte Interaktionsorientierungen zu erwarten: sie sind ausschließlich an ihrem eigenen Vor- oder Nachteil orientiert, ohne sich um das Ausmaß des Nutzens ihres Gegenübers zu kümmern. Das heißt eben auch, dass sie kein Interesse daran haben, ihm zu schaden. Angesichts dessen, dass in einem solchen Fall das „einigenden Band" einer gemeinsamen Parteipolitik vorliegt, könnte man sogar von einer kooperativen Orientierung ausgehen, die das Interesse am eigenen Nutzen nicht ausschließt. Sie führt allerdings zu einer höheren Bereitschaft, eigene Positionen notfalls aufzugeben, wenn sie der „gemeinsamen Sache" dienen.

Ebenso dürfte bei den Landesregierungen mit der Bundesregierung entgegengesetzter parteipolitischer Zusammensetzung grundsätzlich von einer egozentrierten Orientierung auszugehen sein. In Wahlkampfzeiten und parteipolitisch sehr umstrittenen Fragen hingegen dürfte eine stärkere Neigung zu kompetitivem Verhalten zu erwarten sein. „In dem Maße", stellt *Thaysen* für die Bundestagsopposition fest, „in dem Gesetze inhaltlich bedeutsam werden, schwindet die Bereitschaft der Opposition, sich mit Gesetzesinitiativen von Regierung und Bundestagsmehrheit identifizieren zu lassen".[156] Dies führe in solchen Fällen zu einer vergleichsweise hohen Nicht- Zustimmungsrate.

Im Ergebnis lässt sich feststellen, dass die Akteure in den Verhandlungsgremien sowohl *arguing* als auch *bargaining* einsetzen, um zu einer gemeinsamen Lö-

---

einen Verlust der rot-grünen Mehrheit im Bundesrat zur Folge haben. Damit würde es der CDU möglich sein, die zu diesem Zeitpunkt gerade in der Diskussion befindliche Neuregelung der Staatsangehörigkeit in ihrem Sinne zu beeinflussen, wie dies schließlich auch geschah. Hier hat die Mobilisierung der Öffentlichkeit in der Frage des Staatsangehörigkeitsrechts also auch die Funktion gehabt, der Union zu einem Wahlsieg in Hessen zu verhelfen.

[156] *Thaysen*, Mehrheitsfindung, S.13.

sung zu kommen. Wichtig ist in jedem Fall, das jede Seite zur Aufgabe bestimmter Positionen bereit sein muss. Beim *bargaining* werden sowohl *Koppelgeschäfte* und *Package-deals* als auch *Ausgleichszahlungen* eingesetzt, wobei der Einsatz dieser Techniken mit Problemen behaftet und von den Gegebenheiten des jeweiligen Konfliktfalls abhängig ist. Die *Verhandlungsmacht* der Akteure ist im wesentlichen von der Attraktivität bzw. Unattraktivität der *exit-Option* abhängig. Die *Interaktionsorientierung* der Akteure kann im Regelfall als *egozentriert* angenommen werden.

In der Darstellung der zu erwartenden Verhandlungstechniken, aber bereits auch bei der Frage der Aufnahme von Verhandlungen an sich und der Auswahl der Akteure und Gremien wurde immer wieder deutlich, dass die parteipolitischen Mehrheiten einen bedeutenden Einfluss auf diese Faktoren haben. In welcher Weise die Verhandlungsabläufe durch die Mehrheitsverhältnisse bedingt werden, soll im abschließenden Kapitel 5 untersucht werden.

5. Der Einfluss der Mehrheitsverhältnisse auf die Verhandlungsabläufe

In der Forschung wird davon ausgegangen, dass der „staatlich-politische Willensbildungs- und Entscheidungsprozeß des Bundes wesentlich von den Mehrheitsverhältnissen im Bundesrat“[157] abhängig ist.

Diese These enthält zwei Aussagen: zum einen, dass der Entscheidungsprozess des Bundes überhaupt vom Bundesrat abhängt, zum anderen, dass hierbei wiederum die Mehrheitsverhältnisse im Bundesrat ausschlaggebend sind.

Die erste Aussage wird dann verständlich, wenn man sich vor Augen hält, dass seit Anfang der 50er Jahre kontinuierlich über die Hälfte der Bundesgesetze zustimmungspflichtig sind (mit steigender Tendenz). Denn nur bei Zustimmungsgesetzen ist überhaupt eine auf verfassungsrechtlichen Bestimmungen basierende Abhängigkeit des Bundes von den Ländern gegeben. Damit erhält die Ländervertretung eine Möglichkeit, „auf die Politik der Bundesregierung einen bestimmenden, zumindest aber hemmenden Einfluß auszuüben“:[158] der Entscheidungsprozess des Bundes wird *wesentlich* von der Zustimmung des Bundesrates abhängig. Da es also nur in diesen Fällen eine Abhängigkeit des Bundes von den Ländern gibt, erscheint es sinnvoll, sich bei der weiteren Untersuchung von Verhandlungsprozessen im Gesetzgebungsverfahren auf *Zustimmungsgesetze* zu beschränken.[159]

Warum die Entscheidungen des Bundesrates wiederum von dessen (parteipolitischen) Mehrheitsverhältnissen bestimmt werden, wird deutlich, wenn man sich die Stellung der Parteien im Regierungssystem der Bundesrepublik und die potentielle Konfliktstruktur zwischen Bundesrat und Bundestag/Bundesregierung verdeutlicht.

Die Entscheidungen, die in den Zustimmungsgesetzen getroffen werden, sind

---

[157] *Ismayr*, Der Deutsche Bundestag, S.17, ähnlich *Steffani*, der feststellt, „die Bundesregierung kann die jeweils präferierte Politik in der Regel nur dann durchführen, wenn man hierfür die Zustimmung der Länder oder zumindest die erforderlichen Mehrheiten im Bundesrat (...) gewinnt“, *Ders.*, Die Republik der Landesfürsten, in: *Ritter (Hrsg.)* Regierung, Bürokratie und Parlament in Preußen und Deutschland von 1848 bis zur Gegenwart, Düsseldorf 1983, S.193. *Jun* spricht davon, dass Bundesgesetzgebung „gegen die Mehrheit im Bundesrat“ nur noch „in begrenztem Umfang möglich“ sei, vgl. *Ders.*, Bundesrat, S.349; in diesem Sinne auch jüngst *Münch*, Kontext, S.133. *Münch* geht überdies davon aus, dass „ein gemeinsames Vorgehen der Länder Bundesregierung und Bundestagsmehrheit unter Umständen erheblich in ihren Handlungsmöglichkeiten einschränkt“, *Dies.*, Entwicklung und Perspektiven des deutschen Föderalismus, in: APuZ 13/99, S.3-11, hier: S.7.

[158] *Bauer*, Vermittlungsausschuss, S.61.

[159] So führt auch *Dästner* aus, dass „die Verhandlungsbereitschaft bei Einspruchsgesetzen vielfach auf beiden Seiten gering und folglich die Verhandlungsintensität nicht sehr stark ausgeprägt war“, *Ders.*, Einigungsvorschlag, S. 37f.

nicht, wie man annehmen könnte, ausschließlich von föderalen Fragen bestimmt. Zwar müssen die in Frage stehenden Gesetze die Länder betreffen, um eine Zustimmungspflichtigkeit auszulösen. Ursprünglich diente die aus Artikel 78, 2. Halbsatz GG im Zusammenhang mit den jeweiligen Einzelbestimmungen des Grundgesetzes gefolgerte Zustimmungspflichtigkeit bestimmter Gesetze der Verhinderung von Maßnahmen, die das föderative System zum Nachteil der Länder verschieben könnten.[160] Die aufgrund der Einzelbestimmungen – vor allem von Art. 84 I GG - zu Stande gekommenen Gesetze betreffen materiell allerdings praktisch alle Politikfelder. Da sich die Zustimmung des Bundesrates aber „auf das Gesetz als gesetzgebungstechnische Einheit, d.h. auf alle Normen des Gesetzes“[161] bezieht, ist die Zustimmung des Bundesrates zu Gesetzen aus letztlich allen Politikfeldern notwendig.

Damit kommt es zu der bereits oben geschilderten Konfliktstruktur aus *föderalen* und – *parteipolitischen* wie *koalitions-/parteiinternen - Sachkonflikten,* die sich über das gesamte politische Themenspektrum erstrecken. Das Postulat von der Abhängigkeit der Bundespolitik von den parteipolitischen Mehrheitsverhältnissen im Bundesrat ist allerdings nur dann verständlich, wenn man davon ausgeht, dass die *wesentlichen* Konflikte *parteipolitischer* Natur sind und dass es für die Bundestagsopposition – bei *divergierenden* Mehrheiten - eine „reale und auch genutzte Möglichkeit“[162] ist, die ihnen nahstehenden Landesregierungen in ihre Oppositionsstrategie einzubeziehen. Nur dann wird andererseits auch das Interesse jeder Bundesregierung „an einer für sie optimalen personellen und politisch-ideologischen Besetzung von Länderregierungen“ verständlich.[163]

Dies impliziert zugleich, dass der Entscheidungsprozess dann vergleichsweise „unproblematisch“ ist, wenn die Parteien der Bundestagsmehrheit – und damit die Bundesregierung – auch im Bundesrat über eine Mehrheit der von ihnen getragenen Landesregierungen verfügen.[164] Entsprechend schwieriger, so wäre die Folgerung, ist die Entscheidungsfindung zwischen Bundesrat und Bundestag bei *divergierenden* Mehrheitsverhältnissen.

Dass das Vorliegen *gleichgerichteter* Mehrheiten aber eben nicht mit einer automatisch konfliktfreieren Politikgestaltung gleichgesetzt werden kann, zeigen die ersten beiden Jahrzehnte der Bundesrepublik. Hier gab es, wie *Thaysen* bemerkt, zwar tatsächlich keine “parteipolitisch bedingten Grundsatzkonflikte”

---

[160] vgl. dazu BVerfGE 37, 379f.; 48,178; 55, 319.

[161] BVerfGE 24, 187, 194.

[162] So der langjährige Vorsitzende des Vermittlungsausschusses, Friedrich *Vogel*, in: *Posser/Vogel,* Der Vermittlungsausschuss, 2. Koreferat, in: Bundesrat (Hrsg.): Vierzig Jahre Bundesrat, Baden-Baden, 1989, S.217.

[163] *Schmidt*, Regieren in der Bundesrepublik Deutschland, Opladen 1992, S.42.

[164] So *Renzsch*, der ausführt, dass das Aushandeln von Kompromissen in der 10. und 11. WP „durch die Reduzierung der Zahl der Beteiligten [auf einen Kreis von Unionspolitikern] und der Interessenkonstellationen vereinfacht“ wurde, *Ders.*, Parteien, S.96.

zwischen Bundesrat und Bundestag. Der Grund dafür sei darin zu suchen, so *Thaysen*, dass zwischen 1949 und 1969 die Mehrheiten in Bundestag und Bundesrat parteipolitisch weitgehend identisch waren.[165]

Gleichwohl traten in diesem Zeitraum sowohl eine Reihe schwerwiegender Konflikte institutioneller Art, wie *Münch* betont, als auch *sachpolitische* und koalitionsinterne Konflikte auf.[166] Diese wurden allerdings in anderen Gremien gelöst, so dass der Bundesrat, wie *Jun* feststellt, „nur ein Nebenschauplatz des parteipolitischen Interessenaustrags" war.[167]

In diesem Zusammenhang wurde in der Vergangenheit immer wieder die Befürchtung geäußert, *divergierende* parteipolitische Mehrheiten könnten zu einer „Blockade" wichtiger Gesetzgebungsvorhaben führen. Zugleich wurde die Frage gestellt, ob die Opposition überhaupt das legitime Recht habe, ihre Mehrheit im Bundesrat „parteipolitisch" zu nutzen.

Ohne auf die Debatte[168] an dieser Stelle (vgl. dazu näher die Schlussbetrachtung) im Detail eingehen zu wollen, sei hier festgestellt, dass sich die Befürchtung einer bloßen Verhinderungspolitik der Bundesratsmehrheit auch in *parteipolitischen* Konflikten nicht bewahrheitet hat. Vielmehr, so konnte festgestellt werden, hat die Opposition ihre Mehrheitsposition im Bundesrat „zwar wirksam als Mit- und Nebenregierung eingesetzt"[169], aber keine reine Obstruktionspolitik betrieben.[170]

In jedem Fall wird die Bedeutung der Mehrheitsverhältnisse für den Entschei-

---

165 *Thaysen*, Mehrheitsfindung, S.7, so auch *Jun*, Bundesrat, S.353. *Münch* weist demgegenüber – zu Recht – darauf hin, dass eine parteipolitische Identität der Zusammensetzung von Bundesrat und Bundestag im engeren Sinne – d.h., mit einer absoluten Mehrheit der regierungskongruent zusammengesetzten Landesregierungen – erst ab 1960 und ansonsten nur 1955 und 1957 gegeben war. In der übrigen Zeit hatten weder Regierung noch Opposition eine Mehrheit, was in diesem Zeitabschnitt – anders als in den frühen 90er Jahren! – zu einer geringen parteipolitischen Konfrontation zwischen Bundesrat und Bundestag führte, vgl. *Dies.*, Kontext, S.144.

166 vgl. *Dies*, ebd., S.145. *Holtmann/Voelzkow* halten generell fest, dass Verhandlungszwänge bei *divergierenden* Mehrheiten zwar auf der Hand lägen; dass aber auch dann, wenn in Bund und Länder die gleichen Mehrheiten herrschten, die Politikverflechtung zwischen Bund und Ländern einen Einigungszwang erzeuge, „der aus der Macht der Ländervertretung gegenüber dem Bund erwächst", vgl. *Holtmann/Voelzkow*, Einführung, in: *DieS.(Hrsg.)*, Zwischen Wettbewerbs- und Verhandlungsdemokratie. Analysen zum Regierungssystem der Bundesrepublik Deutschland, Wiesbaden, 2000, S.9-22, hier: S.12.

167 *Jun*, Bundesrat, S.353.

168 Vgl. dazu jüngst *Renzsch*, Parteien, *Luthardt*, Konsensmodell. Eine knappe Darstellung vor allem zur Debatte in den 70er Jahren findet sich auch in *Münch*, Kontext, S.149ff.

169 *Laufer*, Föderatives System, S.137.

170 So auch die Feststellung von *Münch*, die ausführt, in keiner der beiden Phasen konfligierender Parteienmehrheiten habe sich eine „Blockade" der Regierungspolitik eindeutig nachweisen lassen, vgl. *Dies.*, Kontext, S.153.

dungsfindungsprozess deutlich. Welche Auswirkungen die unterschiedlichen Mehrheitsverhältnisse auf die Verhandlungsstrukturen haben, soll nun anhand der Variablen *Verhandlungsgremien/-akteure* und *Verhandlungsverlauf/-techniken* untersucht werden.

Unter unterschiedlichen Mehrheitsverhältnissen werden zwei situative Bedingungsmuster verstanden:

a) *gleichgerichtete Mehrheiten:* Zeiträume, in denen die Parteien, die die Mehrheit im Bundestag haben und die Bundesregierung stellen auch über eine numerische Mehrheit der Länderstimmen im Bundesrat verfügen.
b) *divergierende Mehrheiten:* Zeiträume, in denen die Parteien der Bundestagsopposition gemeinsam mindestens über eine „Sperrminorität" der Länderstimmen verfügen, das heißt, dass die entsprechend der Bundesregierung gebildeten Landesregierungen über keine eigene Mehrheit im Bundesrat verfügen.

Die zur Klärung der Frage, wann ein Regierungswechsel in einem Bundesland dazu geführt hat, dass die Bundesregierung „ihre" Mehrheit im Bundesrat verloren hat, häufig herangezogene Einteilung in CDU/CSU-geführte (A-Länder) und in SPD-geführte Landesregierungen (B-Länder) ist methodisch problematisch, wie *Bauer* in seiner Arbeit über den Vermittlungsausschuss überzeugend gezeigt hat.[171] Wie *Bauer* schließe auch ich mich bei der parteipolitischen Kategorisierung im weiteren *Lehmbruch* an, der vorschlägt, zwischen „R-Ländern, O-Ländern- und M-Ländern" zu unterscheiden.[172] Dabei sind

---

[171] Vgl. *Bauer*, Vermittlungsausschuß, S.75f.

[172] Vgl. *Lehmbruch*, „A"-Länder und „B"-Länder: Eine Anmerkung zum Sprachgebrauch, in: ZParl 2/98, S. 349f., hier S.350, FN 13. Dieser Kategorisierung hat sich auf Anregung *Lehmbruchs* auch *Schindler* angeschlossen, vgl. *Ders.*, Datenhandbuch zur Geschichte des Deutschen Bundestages 1983 - 1991, Baden-Baden 1991 (im weiteren: *Schindler*, Datenhandbuch), S.2438, auf dessen Definition der Kategorien hier Bezug genommen wird.
Hintergrund dieser Neukategorisierung war, dass es, wie *Lehmbruch* nachweist, offenbar Einordnungsschwierigkeiten in Medien, Politik und Wissenschaft gab, wer unter die „A" und wer unter die „B"-Länder fiel. Eigenartigerweise wurde *Lehmbruch* von *König/Bräuniger* so verstanden, als würde er weiterhin die „gängige" Unterscheidung von „A" (=SPD) und „B" (=CDU)-Ländern präferieren, vgl. *König/Bräuninger*, A-, B- und C-Länder: Zur Verwendung des Arguments „Sprachgebrauch und benötigte Kategorie", in ZParl, 2/1998, S.350-352. Da dieses Missverständnis noch jüngst von *Leonardy (*vgl. *Ders.,* Parteien im Föderalismus der Bundesrepublik Deutschland, ZParl 1/2002, im weiteren: *Leonardy,* Parteien, S.182, FN 6) geteilt wurde, sei hier um der Ausräumung dieser Fehlinterpretation willen die bewusste Stelle im Aufsatz *Lehmbruchs* wiedergegeben. *Lehmbruch* schrieb: „Auf einem anderen Blatt steht, daß bei einer formalen Analyse der politischen Entscheidungsprozesse im Bundesstaat (...) abstrakte Kategorien zur Bezeichnung des Verhältnisses der politischen Zusammensetzung der Landesregierungen zur jeweils in Bonn regierenden Mehrheit benötigt werden. Doch es wäre weitaus zweckmäßiger, dafür neue Termini einzuführen, die nicht zu Mißverständnissen Anlaß geben (...)", und er fährt in seiner o.g. Fußnote fort: „Man könnte beispielsweise R-

- R-Länder: Länder, deren Regierungen parteipolitisch kongruent zur Bundesregierung zusammengesetzt sind, bzw. von einer der im Bund regierenden Parteien allein gebildet werden.
- O-Länder: Länder, deren Regierungen ausschließlich von mindestens einer der sich im Bund in der Opposition befindlichen Parteien gebildet werden.
- M-Länder: Länder, in deren Regierungen sowohl Parteien der Bundestagsmehrheit als auch der Bundestagsopposition vertreten sind.

Der aus dem Sachzusammenhang gegebene Bezug auf die Bundespolitik führt allerdings dazu, dass sich die Landesregierungen, die unter Einbeziehungen von Regionalparteien gebildet werden, nicht eindeutig in dieses Schema einordnen lassen. Dies gilt beispielsweise für die beiden in Hamburg aufgetretenen Fälle der „STATT-Partei" bzw. der sogenannten „Schill-Partei". Lässt die weitgehenden ideologischen Nähe von CDU und „Schill-Partei" und ihr Agieren im Bundesrat eine Einordnung in die „O-Kategorie" zu, stellte sich die Lage bei der Koalition aus SPD und der – vornehmlich aus ehemaligen CDU-Mitgliedern zusammengesetzten – „STATT-Partei" Ende der 80er Jahre nicht so eindeutig dar. Hier erscheint eine Einordnung in die „M-Kategorie" wohl sinnvoller. Vollends problematisch, wenn auch für diese Studie nicht relevant, wird die Kategorisierung angesichts der seit der Regierungsübernahme durch SPD und Bündnis 90/Die Grünen 1998 auftretenden „inhomogenen" Opposition aus CDU und FDP einerseits, PDS andererseits. Hier wäre, folgte man dem Modell *Lehmbruchs*, die SPD/PDS-Koalitionen in Mecklenburg-Vorpommern und Berlin wohl in die Kategorie der „M-Länder" einzuordnen. Gleichwohl legt deren Agieren im Bundesrat eher eine Einordnung als „R-Länder" nahe.[173]

Auch bei dem Begriff der „*divergierenden* Mehrheiten" weiche ich etwas vom üblichen Sprachgebrauch ab. Mehrheiten im Bundesrat sind nach Art. 52 III GG immer *absolute* Mehrheiten. Das heißt, für Abstimmungen bei Zustimmungsgesetzen benötigt die Bundesregierung eine Mehrheit von derzeit 35 Ja-Stimmen. Enthaltungen werden damit faktisch als Nein-Stimmen gezählt.

Gemessen daran verstehe ich unter dem Begriff „divergierende Mehrheit" nicht nur die Zeiträume, in denen die Opposition über eine solche (mindestens) 35-Stimmen-Mehrheit der aus ihren Parteien zusammengesetzten Länderregierungen verfügte (*positive Mehrheit*), sondern auch solche Zeiträume, in denen die Bundesregierung ihrerseits über keine eigenständige Mehrheit aus (mindestens) 35 R-Ländern verfügte. In der Folge wären bei Enthaltung der M-Länder und Ablehnung der O-Länder Zustimmungsgesetze gescheitert. Andersherum formu-

---

Länder, O-Länder und M-Länder unterscheiden (für Regierungsländer, Oppositionsländer und Mischländer im Verhältnis zum Bund)."

[173] So auch *Münch*, Kontext, S.154, FN 76, mit Blick auf die SPD/PDS-Koalition in Mecklenburg-Vorpommern und die 1998 noch amtierende PDS-gestützte SPD-Minderheitsregierung in Sachsen-Anhalt.

liert verfügt die Opposition in dem Fall über eine „unechte Mehrheit“: sie kann zwar aus eigener Kraft den VA nicht anrufen – auch dazu bedarf es einer absoluten Mehrheit. Sie kann aber ein Zustimmungsgesetz bei Enthaltung der M-Länder „blockieren“ (*negative Mehrheit*). Will die Bundesregierung in diesen Fällen die Zustimmung des Bundesrates erreichen, muss sie sich zwangsläufig zumindest um die Zustimmung einer der M-Länderregierungen bemühen, an denen eine der Oppositionsparteien beteiligt ist. Dadurch ist die Opposition auch dann in die Entscheidungsfindung mit einbezogen, wenn weder sie noch die Bundesregierung über eine eigene Mehrheit im Bundesrat verfügt.[174] Da nicht davon auszugehen ist, dass die an diesen Landesregierungen beteiligten Oppositionsparteien ihre Zustimmung ohne Gegenleistung erteilen werden, sind auch in diesem Fall Verhandlungen mit der Opposition zu erwarten. Die Wahrscheinlichkeit einer Einbeziehung der „oppositionellen“ Bundesländer wird noch durch den Umstand erhöht, dass in vielen dieser M-Länder bei Meinungsverschiedenheiten über das Abstimmungsverhalten im Bundesrat Stimmenthaltung vereinbart wurde.[175]

5.1 Verhandlungsakteure und Verhandlungsgremien

5.1.1 Verhandlungsakteure

Welche Akteure an den Verhandlungen beteiligt sind, hängt im wesentlichen von den vorliegenden *Interessenkonflikten* ab (siehe Kapitel 2.2). Welche dieser Interessenkonflikte allerdings durch Verhandlungen gelöst werden, bestimmen die *Mehrheitsverhältnisse.*

- parteipolitischer Sachkonflikt

Die Fraktionen der Bundestagsopposition – und zum Teil auch die von ihren Parteien getragenen Landesregierungen – auf der einen Seite und die Bundesregierung, die Mehrheitsfraktionen und die von ihren Parteien gebildeten Landesregierungen auf der anderen Seite haben in vielen Sachfragen unterschiedliche

[174] In diesem Sinne auch *Jun*, Bundesrat, S.354.

[175] vgl. dazu *Bauer*, Vermittlungsausschuß, S.76, FN 437 mit weiteren Nachweisen. Andererseits weist *Leonardy* jüngst darauf hin, dass aufgrund der möglichen negativen Auswirkungen auf die Landespolitik das Instrument der Enthaltung bei M-Ländern weit weniger genutzt wurde, als angenommen, vgl. *Ders.*, Parteien, S.183. Das ändert freilich nichts an der Grundkonstellation für die Bundesregierung: sie war weiterhin gezwungen, sich um die Zustimmung eines dieser Länder zu bemühen. Darin lag aber auch zugleich Chance und Gefahr für die Opposition: die Chance, dass sich ihre negative Mehrheit zur positiven wandelte ebenso wie die Gefahr, dass die Wahrscheinlichkeit einer Nicht-Enthaltung zugunsten der Bundesregierung wuchs.

Interessen. Dennoch kommt es nicht in jedem dieser *parteipolitischen Sachkonflikte* zu Verhandlungen. Entscheidend ist vielmehr, ob die Bundestagsopposition über eine positive, zumindest aber über eine *negative* Mehrheit „ihrer" Länder im Bundesrat verfügt. Nur dann kann sie – ein geschlossenes Vorgehen der „oppositionellen" Landesregierungen vorausgesetzt – Bundesregierung und Bundestagsmehrheit bei Zustimmungsgesetzen zu Verhandlungen zwingen. In diesem Fall muss die Bundesregierung zumindest „die konkurrierende größere Partei in den Entscheidungsprozeß einbeziehen".[176] An den Verhandlungen sind dann die Repräsentanten der Bundesregierung, der sie tragenden Fraktionen bzw. Parteien und der von diesen gebildeten Landesregierungen auf der einen Seite und der Fraktionen der Bundestagsopposition samt den von deren Parteien getragenen Landesregierungen auf der anderen Seite beteiligt. Haben die Oppositionsparteien keine absolute Mehrheit, sondern verfügen nur über ihre Beteiligung an den M-Länderregierungen über eine negative Mehrheit, verlagern sich die Verhandlungen stärker auf die Parteiführungen.
Dagegen werden *parteipolitische* Konflikte zwischen Opposition und Bundesregierung bei *gleichgerichteten* Mehrheiten in der Regel nicht durch Verhandlungen, sondern durch Mehrheitsbeschlüsse in Bundestag und Bundesrat gelöst. Ein *parteipolitischer Sachkonflikt* kann demnach nur bei *divergierenden* Mehrheiten den Verhandlungsprozess dominieren.

- *koalitions-* bzw. *parteiinterner Sachkonflikt*

Grundsätzlich spielt hier die Mehrheitskonstellation eine vergleichsweise geringere Rolle. Liegen Konflikte

- zwischen der Bundesregierung und Landesregierungen mit einer zur Bundesregierung kongruenten Parteienkonstellation
- oder zwischen den Koalitionsparteien der R-Länder und der Bundesregierung

vor, können diese den Verhandlungsprozess sowohl bei *divergierenden* als auch bei *gleichgerichteten* Mehrheiten maßgeblich bestimmen. Sowohl bei *gleichgerichteten* als auch bei *divergierenden* Mehrheiten wird die Bundesregierung aus parteipolitischen Gründen immer geneigt sein, eher mit „ihren" Ländern zu einer Einigung zu kommen, als diese mit Hilfe der O-Länder zu überstimmen.
Gleichwohl dürften *partei-* bzw. *koalitionsinterne Sachkonflikte* bei *divergierenden* Mehrheiten eine geringere Rolle spielen, da die Koalitionsparteien kein Interesse haben werden, der Opposition ein Angriffsfeld gegenüber der Regierung zu eröffnen.
Der Grund für diese unterschiedlichen Konstellationen liegt in der Wahrnehmung des Verhältnisses von Bundesregierung und Landesregierungen in der Öf-

---

[176] *Renzsch*, Parteien, S.97.

fentlichkeit. Beide werden stärker in ihrer Funktion als „Parteiregierungen" wahrgenommen denn als Regierungen, die unterschiedliche Ebenen des Bundesstaates vertreten. Wäre dem so, hätten die der jeweiligen Bundesregierung nahestehenden Landesregierungen sicherlich weniger Bedenken, eigene Positionen auch öffentlich zu formulieren – sie könnten immer mit abweichenden „Landesinteressen" argumentieren. Dies fällt ihnen aber um so schwerer, je klarer das strittige Gesetz vor allem bundesweite Auswirkungen hat, bei dem also originäre Landesinteressen schwerer glaubhaft gemacht werden können. Die Öffentlichkeit neigt dann sehr schnell dazu, den Landesregierungen das Austragen „partei"- oder „koalitionsinterner" Konflikte zu unterstellen. Geschieht dies in Zeiten *divergierender* Mehrheiten, geraten zunächst die mit der Bundesregierung parteipolitisch identischen Landesregierungen in Erklärungsnot. Gelingt es der Bundesregierung dann nicht, „ihre" Länder hinter sich zu versammeln, wird schnell ein „Autoritätsverlust" der jeweiligen Parteiführung unterstellt. Gleiches gilt im übrigen, und vielleicht noch vermehrt, auch für die jeweilige Opposition im Bundestag: verweigern sich „ihre" Länder der Strategie der Bundesparteiführung, wird dieser meist mangelnde Durchsetzungsfähigkeit vorgeworfen, unabhängig davon, welche Gründe die Länder für ihre Positionen haben.

- föderaler Konflikt

Auf die Relevanz *föderaler Konflikte* für den Verhandlungsverlauf dürften die unterschiedlichen Mehrheitsverhältnisse ebenfalls prinzipiell keinen Einfluss haben.[177] Gleichwohl beeinflussen sie die Beteiligung bestimmter Akteure: bei *gleichgerichteten* Mehrheiten werden die Verhandlungen vorwiegend zwischen den Akteuren der gleichen politischen Couleur verlaufen, während bei *divergierenden* Mehrheiten in jedem Fall auch die O-Länder in die Verhandlungen mit einbezogen werden müssen.

Schließlich stellt sich die Frage, wie sich die Mehrheitsverhältnisse auf die Beteiligung der immer zahlreicher werdenden „M-Länder" auswirkt.
Es wurde bereits ausgeführt, dass diese häufig „Neutralitätsklausel" in ihren Koalitionsverträgen haben. Das heißt, dass sie sich im Bundesrat der Stimme enthalten, wenn sich die Landes-Koalitionspartner nicht über ein gemeinsames Vorgehen einigen können.[178] Es wäre aber völlig verfehlt, daher anzunehmen,

---

[177] So auch *Bauer*, Vermittlungsausschuß, S.78; *Münch*, Kontext, S.144.

[178] Welchen Einfluss die M-Länder z.B. auf die Anrufung des Vermittlungsausschusses haben können, zeigt eine Regelung im Bremer Koalitionsvertrag von 1991 zwischen SPD, Grünen und FDP. Darin wurde festgelegt, dass sich das Land bei einem Streit über das Abstimmungsverhalten im Bundesrat für eine Anrufung des Vermittlungsausschusses ausspricht. „Die im Koalitionsvertrag festgelegte Stimmenthaltung in Streitfragen wurde so auf den zweiten Bera-

diese Länder müssten an den Verhandlungen nicht beteiligt werden. Es lassen sich allerdings nur schwer Voraussagen darüber treffen, auf welcher „Seite“ sich diese Länder im jeweiligen Konflikt positionieren werden. Dies gilt insbesondere bei *Sachkonflikten,*[179] während sich die Landesregierung bei *föderalen* Konflikten nach dem jeweiligen Interesse des Landes richten wird. In jedem Fall dürfte die Position des Landes erst nach intensiven Beratungen in der Landesregierung festgelegt werden. Gleichwohl ist auch ihre strategische Stellung von den Mehrheitsverhältnissen abhängig: während die Bundesregierung bei *gleichgerichteten* Mehrheiten nicht auf eine Einbeziehung der M-Länder angewiesen ist, muss sie sich bei *divergierenden* Mehrheiten in verstärktem Maße um sie bemühen.

5.1.2 Verhandlungsgremien

Ebenso wie auf die an den Verhandlungen beteiligten Akteure haben die parteipolitischen Mehrheitsverhältnisse Einfluss auf die Wahl der *Verhandlungsgremien.*

So hängt es entscheidend von den parteipolitischen Mehrheitsverhältnissen in Bundestag und Bundesrat ab, ob in einem Konfliktfall der Vermittlungsausschuss angerufen wird. *Scharpf* stellt beispielsweise fest, dass Konflikte „nach der offenen Konfrontationsphase in den 70er Jahren ... in den 80ern außerhalb des institutionellen Rahmens des Vermittlungsausschusses ausgetragen” wurden.[180] Helmut Kohl sei es nach seinem Amtsantritt gelungen, Interessenkonflikte fast immer in Verhandlungen mit den Ministerpräsidenten des eigenen politischen Lagers zu regeln.[181] „Präsidiumssitzungen“, so *Lehmbruch* zugespitzt, „zu

---

tungsgang im Bundesrat verschoben, mit der Möglichkeit, dass der Vermittlungsausschuß eine für alle Regierungsbeteiligte annehmbare Lösung“ finden könnte, vgl. *Bauer*, Vermittlungsausschuß, S.94.

[179] Welche Auswirkungen es haben kann, wenn sich die Koalitionsparteien einer Landesregierung in einem solchen Fall nicht einigen können, zeigte erst jüngst die Auseinandersetzung um die brandenburgische Stimmabgabe beim Zuwanderungsgesetz 2002. Der hier angewandte „Trick“, durch gegenteilige Äußerungen zweier Landesvertreter quasi für „beide Seiten“ zu stimmen, dürfte angesichts der verfassungsrechtlichen Umstrittenheit aber wohl als extremer Ausnahmefall gelten dürfen.

[180] *Scharpf,* Optionen des Föderalismus in Deutschland und Europa, Frankfurt/M., 1994, S.67. Er spricht zwar allgemein von „Bund-Länder-Konflikten“, der Bezug auf den Vermittlungsausschuss macht aber deutlich, dass es ihm um Konflikte im Rahmen des Gesetzgebungsprozesses geht.

[181] Ebd., S.53, in diesem Sinne auch *Bauer*, Vermittlungsausschuß, S.163f. und *Renzsch*, der darauf hinweist, dass „Zugeständnisse gegenüber dem Parteifreund hinter verschlossenen Türen eher ohne Gesichtsverlust möglich [sind], als nach öffentlicher Festlegung gegenüber dem parteipolitischen Gegner“, *Ders.*, Parteien, S.96, wobei unter „verschlossenen Türen“ hier die Parteigremien bzw. informelle Runden gemeint sind.

denen die Ministerpräsidenten der Partei hinzugezogen wurden, traten gewissermaßen an die Stelle des Vermittlungsausschusses".[182] *Renzsch* konstatiert am Beispiel der Verhandlungsprozesse über den föderalen Finanzausgleich, dass auch dieser Bund-Länder-Konflikt nicht über den Vermittlungsausschuss gelöst worden ist. Vielmehr habe die Bundesregierung „mit einer parteipolitisch definierten Mehrheit des Bundesrates einen Kompromiß"[183] ausgehandelt und diesen dann im weiteren Gesetzgebungsverfahren durchgesetzt. Schon die Änderungen am Finanzausgleichsgesetz vom Herbst 1982 seien „bei Beratungen der Spitzen der christlich-liberalen Bundesregierung mit den Ministerpräsidenten der CDU- und CSU-geführten Länderregierungen"[184] beschlossen worden.
In Zeiten *gleichgerichteter* Mehrheiten reichen solche Treffen von Vertretern der Regierungsparteien im Bund und der von eben diesen Parteien getragenen Länderregierungen aus, da letztere dann über die Mehrheit der Länderstimmen verfügen. Diese Mehrheit kann eine Anrufung des Vermittlungsausschusses verhindern, so dass dieser überhaupt nicht zusammentritt. Dabei ist es nicht nur so, dass eine Einschaltung des VA aufgrund der vorhergehenden Absprachen nicht mehr notwendig ist. Sie ist auch nicht gewünscht, würde sie doch einerseits der „oppositionellen" Bundesratsminderheit eine Möglichkeit geben, auf ihre Positionen hinzuweisen. Zu befürchten wäre aus Sicht der Bundesratsmehrheit auch der dann wachsende Druck, ihre von der Position der Bundesregierung abweichenden Interessen öffentlich deutlich zu machen.[185] Da die Länderregierungen aber in der öffentlichen Wahrnehmung vor allem als „Parteiregierungen" betrachtet werden, würde sich dieser Konflikt zwischen Bund und Ländern vor allem als „parteiinterner" Konflikt ausmachen. Die Folge war, dass der Vermittlungsausschuss zwischen 1982 und 1985 überhaupt nicht mehr angerufen wurde und danach, bis 1990, auch nur insgesamt sechs (!) Mal. Dies war allerdings kein Hinweis auf eine nachlassende „Verhandlungsaktivität" zwischen Bund und Ländern, sondern nur auf eine Verlagerung der Verhandlungen in Vorfeldgremien, wie zum Beispiel das CDU-Parteipräsidium, in dem die meisten Ministerpräsidenten vertreten waren, zurückzuführen. So habe es, stellen *Posser/Vogel* bezogen auf die „*Albrecht*-Initiative" fest, „nach Presseberichten intensive Beratungen in Parteigremien {gegeben}, um ein Vermittlungsverfahren überflüssig zu machen",[186] und *Bauer* führt aus: „Bund-Länder-Streitigkeiten wurden schon

[182] *Ders.*, Parteienwettbewerb, 1998, S.163.
[183] *Renzsch*, Föderale Finanzbeziehungen im Parteienstaat, Eine Fallstudie zum Verlust politischer Handlungsmöglichkeiten, in: ZParl 1989/3, S.331–345, hier: S.333.
[184] Ebd.
[185] Vgl. in diesem Sinne *Oschatz*, der vermutet, die geringe Zahl der Anrufung des VA in der 80er Jahren hinge möglicherweise damit zusammen, dass man „seitens der Regierungsmehrheit das mit jedem Vermittlungsverfahren verbundene Aufsehen scheut", *Ders.*, Bundesrat, S.83.
[186] *Posser/Vogel*, Der Vermittlungsausschuss, S.209.

im Vorfeld eines drohenden Vermittlungsverfahrens zwischen der Bundesregierung und den unionsregierten Ländern beigelegt".[187]
Im Umkehrschluss hat sich gezeigt, dass der Vermittlungsausschuss vor allem dann Konjunktur hat, wenn die Opposition im Bundestag über die Stimmenmehrheit im Bundesrat verfügt.[188] Dann kann sie über diesen versuchen, ihre im Bundestag unterlegenen Positionen doch noch korrigierend einzubringen. Wichtig ist in diesem Zusammenhang, dass eine *negative* Mehrheit hier nicht ausreichend ist, da dann Länder der M- oder R-Gruppe für die Anrufung des VA notwendig wären (absolute Stimmenmehrheit!).

5.2 Verhandlungsverlauf

Nachdem es im vorangegangenen Kapitel um die Frage der Verhandlungsgremien und –akteure ging, stellt sich nun die Frage, inwieweit der Verhandlungsverlauf und die dominierenden Verhandlungsstrategien von den parteipolitischen Mehrheiten beeinflusst werden.

a) Verhandlungsbeginn

Bereits der *Verhandlungsbeginn* dürfte von den Mehrheitsverhältnissen abhängig sein: Bei *gleichgerichteten Mehrheiten* hat die Bundesregierung ein Interesse daran, die R-Länder als potentielle Verhandlungspartner frühzeitig von ihren Plänen zu unterrichten. Sie kann damit frühzeitig ausloten, ob sich für ihr projektiertes Gesetzesvorhaben eine Mehrheit im Bundesrat finden lassen wird bzw. auf welche Gegenpositionen sie sich einstellen muss.
Dagegen muss die Bundesregierung bei *divergierenden Mehrheiten* – vor allem bei parteipolitisch umstrittenen Themen - ohnehin mit einer Ablehnung ihres Gesetzesvorschlages durch ihren Hauptverhandlungspartner, die O-Länder, rechnen. Eine frühzeitige Information der Opposition und der von ihren Parteien (mit-)regierte Länder dürfte demnach keinen Vorteil bringen. Ebenso ist die Strategie, sich vorher auf Regierungsseite mit den R-Ländern zu einigen, nicht unbedingt zu erwarten, da parteiinterne Kompromisse die Verhandlungsposition der Bundesregierung letztendlich schwächen würden: „Zugeständnisse der Bundesregierung gegenüber den Ministerpräsidenten der Union wären von deren so-

[187] *Bauer*, Vermittlungsausschuß, S.163.
[188] *Kilper/Lhotta*, Föderalismus, S.130, so auch *Posser/Vogel*, Der Vermittlungsausschuss, S. 207f., *Ismayr*, Bundestag, S.321.; vgl. in diesem Sinne jüngst auch *Lösche*, der davon spricht, dass die Entscheidungen in den Siebziger und den Neunziger Jahren, in denen die Regierungskoalition im Bundesrat keine Mehrheit hatte, „in den Vermittlungsausschuss und diesem vorgelagerte informelle Gremien exportiert" wurde, *Ders.*, Der Bundestag – kein „trauriges", kein „ohnmächtiges" Parlament, in: ZParl 4/2000, S.926 – 936, hier: S.932.

zialdemokratischen Kollegen kaum honoriert worden", betont *Renzsch*[189] für den Zeitraum von 1991 bis 1998.

b) Publizität der Verhandlungen

Ein weiterer Unterschied zwischen den Verhandlungsabläufen bei *gleichgerichteten* und *divergierenden* Mehrheiten ist das unterschiedliche Interesse an der Publizität der Verhandlungen. Während sowohl die Bundesregierung als auch die R-Länder bei *gleichgerichteten* Mehrheiten daran interessiert sein dürften, die Konflikte zwischen ihnen – und damit die Notwendigkeit von Verhandlungen – möglichst wenig publik zu machen, haben Bundesregierung und O-Länder in Zeiten divergierender Mehrheiten ein größeres Interesse, zumindest ihre konträren Verhandlungspositionen und den Umstand, dass überhaupt verhandelt wird, der Öffentlichkeit gegenüber deutlich zu machen. Ziel ist es dann, der jeweiligen Wählerschaft den eigenen Verhandlungserfolg aufzuzeigen bzw. ungewünschte Änderungen des Gesetzes dem jeweiligen Kontrahenten anzulasten.
Dem entspricht das Verhalten des Bundesrates bei der Formulierung von Änderungswünschen: in Situationen, in denen in Bundesrat und Bundestag politisch *gleichgerichtete* Mehrheiten vorliegen, fallen die Änderungsvorschläge des Bundesrates zumindest in politisch brisanten Fragen vergleichsweise geringer aus, als in Zeiten divergierender Mehrheiten.[190]

c) Verhandlungsmacht der Akteure

Auch die Verhandlungsmacht der einzelnen Länder bzw. Ländergruppen wird durch die Mehrheitsverhältnisse mit beeinflusst.
Grundsätzlich ist anzunehmen, dass die Verhandlungsmacht der R-Länder bei *gleichgerichteten* Mehrheiten größer sein wird, als bei *divergierenden* Mehrheiten, da ihre Stimmen in ersterem Fall zwingend für die Verabschiedung des strittigen Gesetzes benötigt werden. Hier kann die Bundesregierung, wenn es sich um knappe Mehrheiten handelt, sogar „erpressbar" werden, wenn sie sich auf

---

[189] *Ders.*, Parteien, S.97.
[190] Vgl. dazu *Ismayr*, der darauf hinweist, dass „weitgehende Änderungswünsche und Vorschläge zur Überarbeitung einer Ablehnung gleichkommen" könnten, dies sei „zur Zeit der sozialliberalen Koalition des öfteren der Fall (gewesen), als die unionsregierten Länder im Bundesrat über die Mehrheit verfügten", *Ders.*,Bundestag, S.297. Dass auch in Zeiten gleichgerichteter Mehrheiten sehr wohl eine nicht geringe Zahl von Änderungswünschen eingebracht wird, hängt schlicht damit zusammen, dass die Mehrzahl der Gesetze einen vergleichsweise geringen politischen Streitwert haben. In diesen Änderungsvorschlägen geht es dann eher um verwaltungstechnische oder finanztechnische Fragen, so dass unterschiedliche Mehrheiten kaum eine sichtbare Auswirkung auf die Gesamtzahl der Änderungswünsche seitens des Bundesrates haben.

Verhandlungen mit der eigenen Mehrheit beschränken will.[191]
Gleichwohl wird die Nutzung der *exit*-Option sowohl für die Bundesregierung als auch für die R-Länder von geringerer Attraktivität sein, da beide Seiten hier an einem Verhandlungserfolg interessiert sind, um „gemeinsam Problemlösungskompetenz gegenüber der Opposition und den Wählern zu zeigen".[192]
Die O-Länder dürften dagegen bei *divergierenden* Mehrheiten über eine vergleichsweise größere Verhandlungsmacht verfügen: zum einen werden ihre Stimmen für die Verabschiedung des Gesetzes benötigt, zum anderen haben sie kein parteipolitisches Interesse an einem Verhandlungserfolg. Die Nutzung der *exit*-Option durch sie wird also wahrscheinlicher sein.
Verfügen die O-Länder hingegen nur über eine *negative* Mehrheit, kommt den M-Ländern eine besondere Bedeutung zu: hier hat dann jedes einzelne M-Land eine hohe Verhandlungsmacht, sind doch beide Seiten daran interessiert, das Land entweder auf die R-Seite zu ziehen (Bundesregierung) oder es zumindest zu neutralisieren (Opposition). Dabei hat die Bundesregierung in der Regel „die bessern Karten": sie kann versuchen, die Stimmen einzelner Länder der M- oder sogar O-Gruppe durch Ausgleichszahlungen zu „kaufen".

---

[191] So *Renzsch*, Parteien, S.97, ebenso *Lehmbruch*, Parteienwettbewerb, 1998, S.163, der darauf hinweist, dass zwischen 1988 und 1990/91 das Ausscheren eines einzigen von der CDU bzw. CSU regierten Landes die Bundesregierung um die Mehrheit im Bundesrat bringen konnte, was dem Bundeskanzler auch von Zeit zu Zeit durch abweichendes Stimmverhalten in frühen Stadien des Gesetzgebungsprozesses gezeigt worden war.
[192] *Renzsch*, Parteien, S.96.

6. Zusammenfassende Darstellung der Hypothesen

6.1 Konfliktstrukturen

- *Sachpolitische* Konflikte sind in der Realität häufig mit *föderalen* Konflikten verbunden. Auslöser dafür kann zum Beispiel die Verteilung finanzieller Lasten oder Vorteile für die Länder sein.

- *Parteipolitische* Sachkonflikte können die Verhandlungen nur dann bestimmen, wenn die O-Länder über eine absolute, mindestens aber negative Mehrheit im Bundesrat verfügen.

- Koalitions- bzw. parteiinterne Konflikte können die Verhandlungen sowohl bei *divergierenden* als auch bei *gleichgerichteten* Mehrheiten bestimmen. Sie treten aber bei *divergierenden* Mehrheiten vergleichsweise seltener auf.

6.2 Verhandlungsakteure und -gremien

- Die Beteiligung der Bundestagsfraktionen und der Bundesparteien als eigenständige Akteure ist bei *föderalen* Konflikten geringer als bei *sachpolitischen* Konflikten. In letzterem Fall werden sich die Bundesparteizentralen stärker in die Verhandlungen einbringen, ja, sie unter Umständen leitend führen.

- Bei *parteipolitischen* Sachkonflikten haben die kleineren Oppositionsfraktionen im Bundestag nur dann eine Chance auf Beteiligung an den Verhandlungen, wenn ihre Ziele mit denen der größeren Oppositionspartei übereinstimmen.

- Welche Personen innerhalb der politischen Hierarchie die Akteure repräsentieren, hängt vom Verhandlungsablauf ab: während in frühen Phasen Vertreter agieren werden, die eine mittlere Position in der politischen Hierarchie einnehmen (Staatsekretäre, Abgeordnete) werden die Verhandlungsgespräche vorwiegend von der politischen Führung geführt (Ministerpräsidenten, Minister, Bundeskanzler).

- Die Mitglieder des Vermittlungsausschusses sind nur in politisch weniger bedeutsamen Fragen berechtigt, „Verhandlungsabschlüsse" zu tätigen. Ihre Aufgabe besteht vielmehr darin, Kompromisslösungen vorzubereiten.

- Bei politisch umstrittenen Gesetzen finden – neben oder anstelle von – Gesprächen im Vermittlungsausschuss weitere Verhandlungsgespräche mit den Spitzenpolitikern aus Parteien, Bundes- und Landesregierung(en) statt, in denen die

Kompromisslösung bestätigt oder neu ausgehandelt wird. Diese finden zum Teil in ad-hoc eingerichteten Verhandlungsrunden oder im Rahmen formeller Gremien (Parteipräsidien, Bund-Länder-Konferenzen) statt.

- Bei *gleichgerichteten* Mehrheiten werden *föderale* Konflikte vorwiegend zwischen den Akteuren der gleichen politischen Couleur verlaufen, während bei *divergierenden* Mehrheiten auch die O-Länder in die Verhandlungen mit einbezogen werden müssen.

- Während die Bundesregierung bei *gleichgerichteten* Mehrheiten nicht auf eine Einbeziehung der M-Länder angewiesen ist, muss sie sich bei *divergierenden* Mehrheiten in verstärktem Maße um diese bemühen.

- Bei *gleichgerichteten* Mehrheiten ist die Anrufung des Vermittlungsausschusses weniger wahrscheinlich als bei *divergierenden* Mehrheiten. Zur Lösung *parteiinterner* Sachkonflikte, aber auch *föderaler* Konflikte können Verhandlungen im Präsidium der jeweiligen Bundespartei aufgenommen werden.

- Die Bedeutung der Bundestagsausschüsse ist in Zeiten gleichgerichteter Mehrheiten größer als bei *divergierenden* Mehrheiten.

6.3 Verhandlungsverlauf, Verhandlungs- und Kompromisstechniken

- Die Verhandlungen gliedern sich in eine – verhältnismäßig kurze – Positionierungs- und eine Gesprächsphase. Während in der ersten Phase die Positionen der Akteure unverändert bleiben, werden sie in der Gesprächsphase mit dem Ziel einer Kompromisslösung variiert oder zurückgenommen.

- In den Verhandlungsgesprächen müssen die Positionen der Akteure zumindest in Teilen veränderbar sein, um einen Kompromiss möglich zu machen. Diese werden in Rahmen von Tauschvorgängen erweitert, variiert oder aufgegeben. Dazu können sowohl Koppelgeschäfte als auch Ausgleichzahlungen und die Technik des „Ausklammerns“ strittiger Punkte Anwendung finden.

- Die Verhandlungsmacht der Akteure richtet sich im wesentlichen nach der Unattraktivität, die ein Verhandlungsabbruch für den jeweiligen Akteur zur Folge hat. Sie wird aber auch durch die Größe der jeweiligen Bundesratsmehrheit bestimmt. Schließlich ist die Mobilisierung organisierter Interessen und der Massenmedien ein Mittel zur Stärkung der eigenen Verhandlungsmacht.

- Bei Konflikten zwischen Bundesregierung und R-Ländern sind egozentrierte oder kooperative, bei Konflikten zwischen Bundesregierung und O-Ländern egozentrierte bis kompetitive Interaktionsorientierungen zu erwarten.

- Bei *gleichgerichteten* Mehrheiten wird die Bundesregierung frühzeitig eine Einigung mit den R-Ländern suchen, um den Verhandlungsprozess abzukürzen. Dagegen wird die Bundesregierung bei *divergierenden* Mehrheiten keine gesonderten Verhandlungen mit den R-Ländern führen, um die eigene Verhandlungsposition nicht zu schwächen.

- Bei *gleichgerichteten* Mehrheiten wird der Bundesrat weniger Änderungsanträge einbringen als in Zeiten divergierender Mehrheiten.

- Bei *gleichgerichteten* Mehrheiten besteht bei den Verhandlungspartnern nur ein geringes Interesse an einer medienöffentlichen Wahrnehmung der Verhandlungen, um *partei- bzw. koalitionsinterne* Sachkonflikte nicht publik zu machen. Dagegen werden die Verhandlungspartner bei *divergierenden* Mehrheiten ihre unterschiedlichen Positionen der Öffentlichkeit gegenüber deutlich machen wollen, um Verhandlungserfolge für sich reklamieren zu können.

- Bei *gleichgerichteten* Mehrheiten ist die Gefahr eines Verhandlungsabbruchs geringer als bei *divergierenden* Mehrheiten, da die Akteure ein gemeinsames – parteipolitisches – Interesse an einem erfolgreichen Verhandlungsabschluss haben.

- Die Verhandlungsmacht der R-Länder wird bei *divergierenden* Mehrheiten geringer sein, als bei *gleichgerichteten* Mehrheiten, da aufgrund der notwendigen Übereinkunft zwischen Bundesregierung und O-Ländern ein „Abspringen“ einzelner R-Länder weniger ins Gewicht fällt, als bei *gleichgerichteten* Mehrheiten.

II. Die Fallstudien: Verhandlungsprozesse bei ausgewählten Gesetzgebungsverfahren

Im Abschnitt I dieser Arbeit wurden die Bedingungen dargestellt, unter denen es zu föderalen Verhandlungen im Gesetzgebungsprozess kommt und Hypothesen

a) über die zu erwartenden *Akteure*, *Gremien* und den *Verhandlungsverlauf* sowie die darin zur Anwendung kommenden *Verhandlungs-* und *Kompromisstechniken*, und
b) den Einfluss unterschiedlicher parteipolitischer Mehrheitsverhältnisse auf diese *Verhandlungsstrukturen*

aufgestellt.

Im folgenden II. Abschnitt werden dies Hypothesen anhand verschiedener Fallstudien empirisch überprüft.

Um zu aussagekräftigen Ergebnissen zu kommen, ist es von entscheidender Bedeutung, eine sorgfältig begründete *Auswahl* der möglichen Fallstudien zu treffen (Kapitel 1) und aussagekräftiges *Quellenmaterial* für die Untersuchung heranzuziehen (Kapitel 2).

Im Rahmen der Fallstudienanalyse werden sodann die ausgewählten Gesetzgebungsprozesse im einzelnen dargestellt (Kapitel 3.1 – 3.6). In Kapitel 4 werden die in Abschnitt I aufgestellten Hypothesen dann mit den Ergebnissen der Fallstudien verglichen und im abschließenden Kapitel 5 die Vergleichsergebnisse zusammengefasst dargestellt.

1. Auswahl und Eingrenzung der Fallstudien

Um die Forschungsfragen nach den in föderalen Verhandlungen im bundesdeutschen Gesetzgebungsverfahren regelmäßig auftretenden Verhandlungsstrukturen sowie nach dem Einfluss der Mehrheitsverhältnisse auf diese hinreichend beantworten zu können, mussten die Fallstudien zwei wesentliche Bedingungen erfüllen:

- es musste sich um Gesetzgebungsprozesse handeln, bei denen Verhandlungen unter Beteiligung der Länder aufgetreten sind,
- die Gesetzgebungsprozesse mussten aus Zeiten unterschiedlicher Mehrheitsverhältnisse stammen.

Während sich letzteres leicht festlegen ließ (Kapitel 1.1), stellte sich die Frage, woran das Vorliegen von Verhandlungen festgestellt werden konnte. Ausgehend davon, dass Verhandlungen vor allem bei *Zustimmungsgesetzen* zu erwarten sind, stellte deren Anteil im jeweiligen Untersuchungszeitraum ein erstes Auswahlkriterium dar (Kapitel 1.2.). Als zweites Kriterium wurde die Position des Gesetzes auf der *politischen Agenda* herangezogen (Kapitel 1.3.).

Zwar kommt es zweifellos auch bei Gesetzen von geringer politischer Bedeutsamkeit zu föderalen Verhandlungen. Die Bestimmung, bei *welchen* dieser Gesetze es aber tatsächlich zu Verhandlungen kam, ist bei politisch weniger bedeutsamen Gesetzen aufgrund der Quellenlage ausgesprochen schwierig: auf Medienberichte – zentrale Quelle bei Verhandlungsprozessen - kann aufgrund des vermutlich geringen Echos kaum zurückgegriffen werden, und die Verhandlungsbeteiligten dürften sich bestenfalls bei erst kurze Zeit zurückliegenden Verhandlungen an deren Verlauf erinnern. Daher erschien es sinnvoll, Fallstudien mit einem *hohen Stellenwert* auf der politischen Agenda auszuwählen.

Als weiteres stellte sich die Frage, wie weit die Fallstudien *zeitlich* zurückliegen sollten.

Für die Auswahl erst vor kurzer Zeit abgeschlossener Gesetze hätte sicherlich gesprochen, dass man hier auf eine größere Auskunftsfähigkeit der Beteiligten aus ihrer Erinnerung heraus hätte zurückgreifen können. Andererseits hätte man in diesen Fällen mit „politischen“ Erinnerungslücken, wie sie sie der ehemalige Regierende Bürgermeister von Berlin, Eberhard *Diepgen* im Gespräch mit dem Verfasser bezeichnet hat, rechnen müssen. Das heißt, es wäre aufgrund politischer Rücksichtnahmen trotz kurz zurückliegender Fälle eine geringere Auskunftsbereitschaft als bei länger zurückliegenden Fällen zu befürchten gewesen.

Ebenso hätte gegen eine Auswahl von Fällen, die erst kurze Zeit zurückliegen, gesprochen, dass die Protokolle von Bundesrats- und Bundestagsausschüssen nur eingeschränkt nutzbar gewesen wären: so sind beispielsweise die in diesem Zusammenhang wichtigen Protokolle des Vermittlungsausschusses gegenwärtig[193] erst für den Zeitraum 1994 rückläufig zu Forschungszwecken verfügbar. Insofern spricht am meisten für die Auswahl *länger zurückliegender* Fallstudien mit einem *hohen Stellenwert* auf der *politischen Agenda*: Hier traten zwar die zu befürchtenden „tatsächlichen" Erinnerungslücken der befragten Beteiligten auf. Diese konnten aber durch die hohe Dichte der Presseberichterstattung und die Verfügbarkeit von Protokollen zumindest zum Teil ausgeglichen werden.

1.1 Mehrheitsverhältnisse

Da die parteipolitischen Mehrheitsverhältnisse die unabhängige Variable dieser Untersuchung bildet, ist für die Auswahl der Fallstudien zunächst einmal ausschlaggebend, dass sie aus Legislaturperioden stammen müssen, in denen jeweils unterschiedliche parteipolitische Mehrheitsverhältnisse vorlagen.
Unter *parteipolitischen Mehrheitsverhältnissen* werden, wie bereits dargestellt, zum einen solche verstanden, in denen die Parteien, die die Mehrheit im Bundestag haben – und damit auch die Bundesregierung stellen – ebenfalls über eine numerische Mehrheit der Länderstimmen im Bundesrat verfügen. Dem werden Zeiträume gegenübergestellt, in denen die Parteien der Bundestagsopposition die Stimmenmehrheit im Bundesrat haben beziehungsweise – mit den M-Ländern - über eine „Sperrminorität" verfügen. Für die Einordnung einer Wahlperiode in *gleichgerichtet* oder *divergierend* war also ausschlaggebend, ob die Bundesregierung zumindest im weit überwiegenden Teil der Legislaturperiode über eine *numerische Stimmenmehrheit* der ihrer Parteienkonstellation analogen Länderregierungen verfügte oder nicht.
Die Fallstudien wurden aus der 11. und 12. Legislaturperiode ausgewählt. In beiden Wahlperioden waren die parteipolitischen Mehrheitsverhältnisse fast durchgehend *gleichgerichtet* bzw. *divergierend.*[194] Dabei war die 12. Legislaturperiode von besonderem Interesse, da sich in ihr erstmals eine Entwicklung zeigte, die bis zum gegenwärtigen Zeitpunkt anhalten sollte: die sprunghaft steigende Zahl der M-Länder, die bei parteipolitischen Auseinandersetzungen weder eindeutig dem Regierungs-, noch dem Oppositionslager zuzurechnen sind. Damit war – nach einem „Zwischenspiel" von Dezember 1990 bis Juni 1991 sowohl die Bundesregierung als auch die Opposition in dieser Legislaturperiode fast durchgängig auf die Gewinnung mindestens oder mehrerer der M-Länder angewiesen um ihre jeweilige Politik durchzusetzen.

---

[193] Zum Zeitpunkt des Abschlusses der Fallstudien im April 2002.
[194] Vgl. dazu die Darstellung der Stimmenverhältnisse im Anhang.

1.1.1 Die 11. Wahlperiode (11. März 1987 bis 17. Januar 1991)

Die 11. Wahlperiode war fast durchgehend – genauer: vom Amtsantritt der 2. Regierung Kohl am 11. März 1987 bis zum Regierungswechsel in Niedersachsen am 21. Juni 1990 – von *gleichgerichteten* Mehrheiten bestimmt. Nur von Juni bis November 1990 – also bis zur ersten gesamtdeutschen Wahl – lagen *divergierende* Mehrheitsverhältnisse vor. Die CDU/CSU-FDP-geführte Bundesregierung verfügte von April 1987 (Regierungswechsel in Hessen von einer SPD-Minderheitsregierung zu einer christlich-liberalen Koalition) bis zum 31. Mai 1988 über eine 27-Stimmen-Mehrheit, notwendig waren zu diesem Zeitpunkt 21 Stimmen. Dagegen waren bis zur Bildung des Hamburger SPD-FDP Senats im September 1987 14 Länderstimmen der Opposition zuzurechnen, danach waren es 11 Stimmen.
Nach der Wahl in Schleswig-Holstein im Mai 1988, die zur Bildung einer weiteren SPD-Alleinregierung führte, veränderte sich das Regierungs-Oppositions-Verhältnis von 23 zu 15 Stimmen, bei weiterhin 3 Stimmen des „M-Landes" Hamburg. Schließlich verlor die Bundesregierung ihre Mehrheit erstmalig im Juni 1990, nachdem die Landtagswahlen in Niedersachsen zur Bildung einer rot-grünen Regierung geführt hatten. Da zugleich der alliierte Vorbehalt, der Berlin im Bundesrat und Bundestag kein volles Stimmrecht einräumte, am 21. Juni 1990 aufgehoben wurde, verfügte die Opposition mit 26 Stimmen über eine eigene Mehrheit im Bundesrat.

1.1.2 Die 12. Wahlperiode (17. Januar 1991 bis 10. November 1994)

Dagegen war die 12. Wahlperiode nur in ihrem ersten halben Jahr von einer *gleichgerichteten* Mehrheit bestimmt, nachdem sich nach den ersten Wahlen in den neuen Ländern eine CDU/FDP-Mehrheit in diesen Ländern ergeben hatte. Von dem erneuten Regierungswechsel in Hessen hin zu einer rot-grünen Koalition im April 1991 bis zu ihrem Ende war diese Legislaturperiode dagegen von *divergierenden* Mehrheiten geprägt.
Im Einzelnen verfügte die Regierung von diesem Zeitpunkt an nur noch über zwischen 31 und 21 der nach der Erweiterung des Bundesrates nunmehr nötigen 35 Stimmen. Aber auch die „oppositionellen" Länder konnten nur auf zwischen 29 und 26 Stimmen zählen. Dagegen wuchs der Block der M-Länder an und wurde überdies „gemischter": Hatte es bis zum Ende der 11. Wahlperiode nur Hamburg mit seiner sozialliberalen Regierung als „M-Land" gegeben, kamen nach der Wahl in den neuen Ländern zunächst Berlin (SPD/CDU) und Brandenburg (SPD/FDP/B'90), dann – im April 1991 – Rheinland-Pfalz (SPD/FDP), im Dezember 1991 Bremen (SPD/FDP/GRÜNE) und schließlich im Juni 1992 Baden-Württemberg (SPD/CDU) hinzu. Die Stimmenzahl der M-Länder erhöhte

sich im Laufe der Legislaturperiode dadurch von vier auf einundzwanzig Stimmen.
Bemerkenswert ist, dass die PDS trotz ihrer erstmaligen Vertretung im Bundestag nicht im VA vertreten war. Grundlage dafür war das Berechnungsverfahren, nach dem die Zahl der den einzelnen Fraktionen zuzusprechenden Sitze im VA ermittelt wurden. Ein Grundmandat, das nach einem Beschluss des Bundestags in der 6. Wahlperiode[195] bis einschließlich der 10. WP jeder Fraktion zugesprochen worden war, sah das in der 11. und 12. WP geltende Proportionalverfahren nach *Ste. Lague/Schepers* nicht mehr vor. Die PDS scheiterte mit einer entsprechenden Organklage vor dem Bundesverfassungsgericht.[196]

1.2 Zustimmungsbedürftigkeit

Wie bereits ausgeführt, ist davon auszugehen, dass Akteure, die ihre Ziele auch ohne Verhandlungen realisieren können, wenig verhandlungsbereit sind.[197] Das heißt für den Fall der bundesdeutschen Gesetzgebung, dass nur dann Verhandlungen zwischen Bundestag, Bundesrat und Bundesregierung zu erwarten sind, wenn Bundestagsmehrheit und Bundesregierung ihr Vorhaben nicht auch ohne Zustimmung des Bundesrates durchsetzen können. Damit ist ein weiteres wichtiges Auswahlkriterium für die Bestimmung der Fallstudien genannt: es muss sich um Gesetzesvorhaben handeln, bei denen die Zustimmung des Bundesrates zwingend vorgeschrieben ist.
In der 11. Wahlperiode wurden 369 Gesetze vom Bundestag beschlossen, in der 12. WP waren dies 507. Beide Summen bilden die jeweilige Grundgesamtheit. Da eine Folge nicht gefundener Kompromisslösungen auch das Scheitern eines bereits beschlossenen Gesetzes sein kann, wurde bewusst auf eine Beschränkung auf verkündete Gesetze verzichtet. Von diesen Gesetzen wurden in der 11. WP 202 als zustimmungsbedürftig beschlossen, in der 12. WP waren dies 279.

1.3 Politische Agenda

Wie bereits ausgeführt, sollte als wesentliches Kriterium die Stellung der Gesetze auf der jeweiligen politischen Agenda herangezogen werden. Dabei stößt man aber auf das gleiche Problem: wie lässt sich dieser Stellenwert bestimmen ohne

---

[195] Vgl. BT-Drucksache 6/37.
[196] Entscheidung des BVerfG am 16.7.1991, vgl. BVerfGE 84, 304, 332.
[197] Vgl. in diesem Sinne *Benz*, Umverteilung S.58: „Verhandlungen entstehen nur unter der Bedingung, dass für alle Beteiligten kein anderer Modus verfügbar ist, bei dem individuelle Interessen mit geringerem Aufwand und höherem Erfolgsniveau durchgeführt werden können".

die gesamte Presse der zwei Legislaturperioden durchzuarbeiten?[198]
Der Verfasser behalf sich mit zwei „Hilfsmitteln": zum einen den Jahresausgaben des Fischer „Weltalmanachs". In diesen werden, kurz zusammengefasst, die wichtigsten politischen – und damit auch gesetzgeberischen – Ereignisse eines Jahres nach Staaten aufgeschlüsselt dargestellt. Bei den hier aufgeführten Gesetzen, so war anzunehmen, handelte es sich zum einen um solche, die auch in den Medien eine entsprechende Aufmerksamkeit hervorgerufen haben dürften. Zum anderen war die Wahrscheinlichkeit vergleichsweise hoch, dass bei diesen Gesetzen – sofern es sich um Zustimmungsgesetze handelte – föderale Verhandlungen stattgefunden haben dürften.
Eine „Gegenkontrolle" und Ergänzung wurde mit Hilfe der Darstellung „bedeutender" Gesetze in *von Beymes* Monographie über den „Gesetzgeber" vorgenommen.[199] *Von Beyme* schließt sich dabei *Schindler* an, der zwischen *wesentlichen, wichtigen* und *marginalen* Gesetzen unterscheidet. Nach *Schindler* sind wesentliche Gesetze solche mit „grundlegendem und richtungsweisendem" Charakter in denen Tatbestände und Sachverhalte erstmalig oder in materiell neuer Weise rechtlich geregelt werden."[200] *Wichtige* Gesetze sind für ihn „materiell erstmalige oder Neuregelungen für bestimmte Bereiche", denen hingegen die „allgemeine Ausstrahlungskraft" der von ihm als wesentlich bezeichneten Gesetze fehlt. *Schindlers* Einordnung endet allerdings bereits bei der 11. WP, für die er 6 wesentliche und 39 wichtige Gesetze ermittelt. *Von Beyme* hat diese Kategorien etwas verändert und auch die Kriterien, nach denen er die für seine Untersuchung ausgewählten wesentlichen Gesetze bestimmt hat, etwas ausgeweitet. Danach ist für ihn nicht nur die *„Intensität und Reichweite des Gesetzes"*[201] ausschlaggebend. Hinzu kommt – die gerade für die vorliegende Arbeit wichtige – *„Konfliktintensität"*[202] sowie der Versuch, ein möglichst weites Spektrum wichtiger Politikfelder abzudecken. Nach diesen Kriterien hat *von Beyme* 15 (11. WP) bzw. 12 (12.WP) von ihm als wesentlich erachtete Gesetze ermittelt.
Schließlich kam bei den Gesetzen der 12. Wahlperiode ein weiteres Hilfsmittel hinzu: die Tätigkeitsberichte des Vermittlungsausschusses. Dieser war in der 12. WP insgesamt 37 Mal angerufen worden. Hier war in jedem Fall die Wahrscheinlichkeit hoch, dass es sich um Gesetzgebungsprozesse gehandelt haben

[198] Die auf den ersten Blick naheliegende Möglichkeit, die Recherchedienste der Tageszeitungen einzusetzen, scheiterte schlicht an den eingeschränkten Finanzmitteln des Verfassers. Diese waren nämlich keineswegs bereit, dem Verfasser Rechercheergebnisse ohne Übersendung der jeweiligen Zeitungsartikel zur Verfügung zu stellen. Was das bei der im Fallstudienteil herangezogenen Menge an Artikeln und einem Preis von ca. 3 und 5 Euro pro Artikel (!) bedeutet hätte, liegt auf der Hand.
[199] *von Beyme*, Gesetzgeber.
[200] *Schindler*, Datenhandbuch, S.2412.
[201] *von Beyme*, Gesetzgeber, S.66.
[202] *Ebd.*

musste, bei denen es zu föderalen Verhandlungen gekommen ist.
Die letztendliche Auswahl erfolgte dadurch, dass in beiden Wahlperioden je zwei Gesetze aus identischen (Steuer- bzw. Gesundheitspolitik) und je ein Gesetz aus einem weiteren Politikfeld (Rechts- bzw. Außenwirtschaftspolitik) ausgewählt wurden. Dies sollte Hinweise auf den Einfluss des jeweiligen Politikfeldes auf die Verhandlungsstrukturen ermöglichen.
Entsprechend dieser Vorgaben wurden folgende Fälle ausgewählt:

Aus der 11. Wahlperiode (1987 – 1990):

Gesundheitspolitik:	Die Gesundheitsreform 1988
Steuerpolitik:	Die Steuerreform 1990[203]
Rechtspolitik:	Die Kronzeugenregelung 1989

Aus der 12. Wahlperiode (1990 – 1994):

Gesundheitspolitik:	Das Gesundheitsstrukturgesetz 1993
Steuerpolitik:	Das Steueränderungsgesetz 1992
Außenwirtschaftspolitik:	Das Rüstungsexportgesetz 1992

Sowohl bei der Steuerreform 1990 als auch beim Steueränderungsgesetz 1992 mussten zwei weitere Gesetzgebungsverfahren in die Betrachtung mit einbezogen werden: das Strukturhilfegesetz 1988 bzw. das Gesetz über die Abschaffung des Strukturhilfefonds 1992. Ohne dieses Gesetze sind weder die Verhandlungen zur Steuerreform 1990 noch die zum Steueränderungsgesetz 1992 verständlich.

[203] Die Steuerreform und die Gesundheitsreform von 1988 führte auch nach Ansicht von *Laufer* zu heftigen Kontroversen im Bundesrat, vgl. *Ders.*, Föderatives System, S.135.

2. Quellenmaterial

Die Analyse der Verhandlungsprozesse wurde auf der Basis von Dokumentenanalysen und Interviews durchgeführt. Dabei lassen sich im wesentlichen drei große Quellengruppen unterscheiden:

a) die Analyse von Protokollen der Gesetzesberatungen in den Ausschüssen sowie den Plenarsitzungen des Bundestages und des Bundesrates.
Sofern der Vermittlungsausschuss in den jeweiligen Gesetzgebungsprozessen tätig wurde, wurden auch dessen Protokolle herangezogen.
Die Ausschüsse des Bundestages, die ausschließlich sogenannte „Kurzprotokolle" (Ergebnisprotokolle) anfertigen, wurden ebenfalls, so weit möglich, in die Betrachtung einbezogen.

b) Berichte in den überregionalen Zeitungen und Wochenschriften wie Frankfurter Rundschau, Frankfurter Allgemeine Zeitung, Die Zeit, Der Spiegel etc.[204]
Diese stellen die Hauptinformationsquelle für die Verhandlungsprozesse dar, da sie in vergleichsweise komprimierter Form die wesentlichen Konfliktpunkte wiedergeben sowie Hinweise auf (potentielle) Verhandlungsbeteiligte und sowie – in Einzelfällen - auch auf Ort und Zeit von Verhandlungen enthalten.

c) eigene Interviews mit den Repräsentanten der Verhandlungsakteure. Für die Bestimmung der jeweiligen Repräsentanten wurden Namensnennungen in den überregionalen Zeitungen/Wochenschriften und in den analysierten Dokumenten (Plenar- und Ausschussprotokolle) verwendet. Über die in den Medien und Dokumenten ausdrücklich genannten Repräsentanten hinaus wurden alle Mitglieder der Akteursgruppen Bundestagsregierung, Landesregierungen, Partei- und Fraktionsführungen als potentielle Repräsentanten betrachtet und – soweit möglich und sinnvoll[205] – angefragt.
Ferner wurde allen derzeitigen (Stand: Oktober 2001) Mitgliedern bzw. stellvertretenden Mitgliedern des Vermittlungsausschusses ein Standard-Fragebogen zu

---

[204] Die Recherche erwies sich hier, wie bereits erwähnt - als äußerst kompliziert, da die Zeitungen – anders als der SPIEGEL – nicht über öffentlich zugängliche Jahresbände mit Stichwortverzeichnissen verfügten. Allerdings konnte die Möglichkeit genutzt werden, das Pressearchiv des Otto-Suhr-Instituts der Freien Universität Berlin einzusehen, wofür den Mitarbeitern des Archivs an dieser Stelle noch einmal recht herzlich gedankt sei. Dieses Pressearchiv ist das deutschlandweit einzige seit 1949 bestehende Pressearchiv einer Universität.

[205] Zum einen waren einige der Repräsentanten zum Zeitpunkt der Befragung bereits verstorben (*Stoltenberg* und *Streibl*), zum anderen wurde bei den Personen auf eine Anfrage verzichtet, bei denen die Wahrscheinlichkeit einer positiven Antwort aus naheliegenden Gründen als praktisch gleich null zu betrachten war. Dies galt zum Beispiel für Rudolf *Dressler*, der gegenwärtig Botschafter in Israel ist und den EU-Kommissar Martin *Bangemann*.

Verhandlungsstrukturen zwischen Bundestag und Bundesrat zugesandt. Von diesen 64 Personen haben die folgenden 16 den Fragebogen beantwortet. Einige der Befragten erklärten sich auch dazu bereit, ihre Antworten telefonisch oder im direkten *Interview* zu ergänzen:

Tabelle 1: Beteiligtenbefragung (Mitglieder des Vermittlungsausschusses)

Name	Mitgliedschaft für...	Mtgl.	Stellv.	persönlich geantwortet	Beantwortung durch:
Blens, Heribert, MdB	CDU	X		X	
van Essen, Jörg, MdB	FDP	X		X	
Kaspereit, Sabine, MdB	SPD	X		X	
Köberle, Rudolf Bundesratsminister	Baden-Württemberg	X			Haßmann, Mitarbeiter der Landesvertretung
Koch, Roland, Ministerpräsident	Hessen	X		X	
de Maiziere, Thomas, Justizminister	Sachsen	X		X	
Möller, Claus, Finanzminister	Schleswig-Holstein	X		X	
Müller, Kerstin Fraktionsvorsitzende	Bündnis 90/ Die Grünen	X			Norbert Schellberg, Bund-Länder-Koordinator der Fraktion (*Interview*)
Müller, Klaus, Umweltminister	Schleswig-Holstein		X	X	
Müller, Peter Ministerpräsident	Saarland	X			Günter Kiefer, Staatskanzlei des Saarlandes
Poß, Joachim, MdB	SPD	X		X	
Schmidt, Wilhelm, Fraktionsgeschäftsführer	SPD	X			Bernd Kräusel, Bund-Länder-Koordinator der Fraktion (*Interview*)
Steinbrück, Peer, Finanzminister	NRW	X		X	

Stolpe, Manfred Ministerpräsident	Brandenburg	X			Jürgen von Puttkammer, Bund-Länder-Koordinator Brandenburg, (*Interview)*
Stratthaus, Gerhard, Finanzminister	Baden-Württemberg		X		Steffen Ratzel, persönlicher Referent des Finanzministers
Dr. Wagner, Christean, Justizminister	Hessen		X	X	
Wowereit, Klaus Regierender Bürgermeister	Berlin	X			Dr. Dieter Senoner, Leiter der Abteilung Bundes- und Europaangelegenheiten des Senats

Die Ergebnisse der Befragung wurden für die Thesenformulierung im Theorieteil dieser Arbeit hinzugezogen.

3. Fallstudienanalyse

Im folgenden werden zunächst die Fallstudien im einzelnen dargestellt und analysiert (Kapitel 3.1 – 3.6). Daran schließt sich die Querschnittsanalyse der einzelnen Verhandlungsstrukturen unter der Fragestellung an, inwiefern diese von den Mehrheitsverhältnissen in Bundestag und Bundesrat beeinflusst werden (Kapitel 4).

Die Fallstudien werden anhand verschiedener Gesichtspunkte dargestellt:

1. Zum besseren Verständnis des Gesetzgebungsprozesses wird zunächst die *Vorgeschichte des Gesetzes* bis zur Veröffentlichung des (ggf. ersten) Referentenentwurfs dargestellt.
2. Es schließt sich die Darstellung des formale *Verlaufs des Gesetzgebungsverfahrens* an (Einbringung des Gesetzentwurfs, Beratungen in Bundestag und Bundesrat, etc.)

Die Untersuchung der *Verhandlungen im Gesetzgebungsprozess* ist in zwei Abschnitte unterteilt, deren Aufbau sich nach der Anzahl der *Konfliktfelder* innerhalb eines Gesetzesvorhabens unterscheidet:
Liegen *mehrere* Konfliktfelder vor (Gesundheitsreform 1988, Steuerreform 1990, Gesundheitsstrukturgesetz 1993 und Steueränderungsgesetz 1992) werden die vorgefundenen *Verhandlungs-* und *Kompromisstechniken* innerhalb dieser Konfliktfelder analysiert. Beim zweiten Abschnitt steht dann der *Verhandlungsverlauf* im Mittelpunkt. Hier wird nicht mehr zwischen den einzelnen Konfliktfeldern unterschieden.
Wurden die Verhandlungen von nur *einem* Thema bestimmt (Kronzeugenregelung 1989, Rüstungsexportgesetz 1992), so werden im ersten Abschnitt nur knapp die Positionen der Verhandlungspartner beschrieben, während die Verhandlungs- und Kompromisstechniken gemeinsam mit dem Verhandlungsverlauf erläutert werden.
Schließlich geht es im jeweils letzten Kapitel um die *Interessenkonflikte,* die *Verhandlungsakteure* bzw. ihre Repräsentanten und die *Gremien,* in denen die Verhandlungsgespräche stattgefunden haben. Dabei wird auch auf die Frage der *Verhandlungsmacht* und die *Interaktionsorientierung* der Akteure eingegangen.
Während die Bestimmung der Verhandlungsakteure noch vergleichsweise unproblematisch war, erwies sich die Feststellung, von welchen Personen die Akteure in den Verhandlungen repräsentiert wurden, als schwierig. Zwar gab es in einigen der untersuchten Fälle Personen, die mehr oder weniger „formell" als Repräsentanten ihres Akteurs benannt wurden (so z.B. Ernst *Albrecht* für die finanzschwachen Länder bei der Auseinandersetzung um die Steuerreform 1990 oder Horst *Dreßler* für die SPD-Bundestagsfraktion beim Gesundheitsstrukturgesetz 1992). Auch kann der jeweils zuständigen Fachminister als wesentlicher

Repräsentant der Bundesregierung betrachtet werden. Gleichwohl haben in den verschiedenen Phasen der Verhandlungen häufig weitere Personen Positionen formulierten, bei denen nicht immer eindeutig klar wurde, ob es sich um „legitimierte" Positionsbeschreibungen bzw. -veränderungen der Akteure handelte, denen diese Personen angehörten, oder um „Einzelmeinungen". Als Bestimmungskriterien wurden folgende Punkte verwandt:

a) Häufigkeit des Auftretens,
b) Formulierung der Äußerung: „ich" oder „wir" zur Unterscheidung persönlicher Meinungen von Positionierungen des jeweiligen Akteurs,
c) Widersprüche zu Äußerungen von Personen, die in der Hierarchie des Akteurs höher stehen (bspw. Finanzminister *versus* Ministerpräsident) bzw. einen stärkeren Fachbezug zum Konfliktfall haben (bspw. Bauminister *versus* Finanzminister).
d) Zeitpunkt der Äußerung.

Diese vier Faktoren wurden jeweils zusammen betrachtet und unterschiedlich gewichtet. So wurden in der Regel Personen, die nur einmal als Sprecher ihrer Gruppe in Erscheinung traten (z.B. die rheinland-pfälzische Sozialministerin Ursula *Hansen* beim Gesundheits-Reformgesetz 1988) nicht gewertet, es sei denn, sie bekleideten eine Funktion innerhalb des Akteurs, die ihre Äußerung als bedeutsam erscheinen lassen (z.B. der SPD-Vorsitzende *Engholm* beim Steueränderungsgesetz 1992).

3.1 Die Gesundheitsreform 1988

3.1.1 Die Vorgeschichte der Reform

Die ersten Überlegungen für eine Reform des Gesundheitswesens stammten aus den Jahren 1984/85. Hintergrund war die absehbare Notwendigkeit einer Beitragssatzanhebung für 1985, ausgelöst durch einen erneut auftretenden Ausgabenüberhang in der Gesetzlichen Krankenversicherung.[206] Nachdem es den Verbänden im Gesundheitswesen nicht gelungen war, Maßnahmen zur Stabilisierung der Beitragssätze zu vereinbaren, sah sich das damals noch federführende Bundesministerium für Arbeit und Sozialordnung (BMAS) gezwungen, aktiv zu werden. Ziel der Reform sollte es sein, durch eine Veränderung der gesetzlichen Rahmenbedingungen einen weiteren Anstieg der Beitragssätze zu vermeiden. Übergeordnetes Ziel war dabei, die Lohnnebenkosten nicht weiter ansteigen zu lassen, um das Wirtschaftswachstum „anzukurbeln". Angesichts dessen, dass die Vorbereitung eines umfangreichen Reformvorhabens absehbar viel Zeit in Anspruch nehmen würde, einigten sich die Koalitionsparteien im Herbst 1985 allerdings darauf, das Vorhaben erst in der kommenden Legislaturperiode konkret anzugehen. Überdies zeigten sich bereits zu diesem Zeitpunkt koalitionsinterne Differenzen innerhalb der Bundesregierung: während die Sozialausschüsse der Union eine Ausweitung der Selbstbeteiligung ablehnten und statt dessen Sparmaßnahmen bei den Leistungsanbietern und Herstellern im Gesundheitswesen favorisierten, vertraten die FDP und andere Teile der Union das Gegenteil. Dabei musste die FDP einen politischen „Spagat" vollführen, vertrat sie doch einerseits die Interessen der Arbeitgeber, andererseits die der Leistungsanbieter im Gesundheitswesen. Während die ersteren bedingungslos für die Sicherung der Beitragsstabilität eintraten, befürchteten die letzteren negative Verteilungswirkungen für sich.

Obwohl als Strukturreform geplant, sollten wesentliche Strukturelemente des Gesundheitswesens daher nach Ansicht des jeweiligen Koalitionspartners unangetastet bleiben: Die FDP auf der einen Seite trat für die Beibehaltung der ärztlichen Freiberuflichkeit, der freien Arztwahl und des Solidaritätsprinzips der Gesetzlichen Krankenversicherung (GKV) ein. Der Arbeitnehmerflügel der Union (CDA) auf der anderen Seite sprach sich für die prinzipielle Beibehaltung der gegliederten Kassenstruktur aus. Der gesundheitspolitische Arbeitskreis der CSU wiederum lehnte radikal-ökonomische Reformansätze ab. Dennoch begannen Vorarbeiten der Fachbeamten im BMAS bereits vor Ende der 10. Wahlperiode.

Auch auf der Seite der Oppositionsparteien war man für eine Strukturreform im

[206] Vgl. zum folgenden: *Perschke-Hartmann*, Die doppelte Reform: Gesundheitspolitik von Blüm zu Seehofer, Opladen 1994 (im folgenden: *Perschke-Hartmann*, Gesundheitspolitik), S.45ff.

Gesundheitswesen – allerdings für eine, die, soweit es die Pläne der SPD betraf, die von der CDA gewünschten Eingriffe auf Seiten der Leistungsanbieter noch überstiegen. Die GRÜNEN, als zweite Oppositionspartei, traten für ein Einheitsversicherungssystem ein. Grundsätzlich wollten beide Oppositionsparteien die Eingriffsmöglichkeiten des Staates weiterhin beibehalten oder noch stärken, während die Koalitionsparteien auf einen Ausbau der Selbstverwaltungen setzten.

Nach der gewonnenen Bundestagswahl 1987 wurde die Gesundheitsreform in den Koalitionsvereinbarungen explizit festgeschrieben. Dazu wurde eine Arbeitsgruppe aus Sozialexperten der Mehrheitsfraktionen gebildet mit dem Ziel, bis Herbst 1987 einen Gesetzentwurf vorzulegen. Durch die Reform sollte nicht das bestehende System umgestaltet, sondern seine Effektivität und Effizienz verbessert werden. In Folge der bereits geschilderten Interessendivergenzen innerhalb der Koalition wurden allerdings wesentliche Strukturelemente schon bei der Entwurfsplanung des Gesetzes nicht berücksichtigt.[207] So wurde beispielsweise auf Betreiben des bayerischen Ministerpräsidenten und CSU-Parteivorsitzenden Franz-Josef *Strauß* große Teile der von der FDP gewünschten Reform im Krankenhausbereich aus dem Programm genommen, da er Eingriffe in Länderkompetenzen befürchtete.[208]

3.1.2 Der Verlauf des Gesetzgebungsverfahrens

Die Beratungen der Koalitionsarbeitsgruppe (KAG) führten im Januar 1988 zu einem endgültigen Ergebnis, so dass am 20.1.1988 ein Referentenentwurf veröffentlicht werden konnte.

Der Referentenentwurf wurde in den folgenden Wochen noch einmal überarbeitet, und Ende März vom BMAS erneut der Öffentlichkeit vorgelegt.[209] Auch dieser stieß weiterhin auf Widerstand innerhalb der Koalition und musste erneut in Teilen korrigiert werden. Schließlich konnte der Regierungsentwurf am 29.4.1988 dem Bundesrat zugeleitet werden. Um das Verfahren zu beschleunigen und auch den Bundestag sofort an den Beratungen zu beteiligen, brachten die Koalitionsfraktionen nur wenige Tage später einen gleichlautenden Entwurf als eigene Vorlage im Bundestag ein. Während die Ausschüsse des Bundesrates noch über ihre Empfehlungen für eine Stellungnahme berieten, konnte daher bereits am 6. Mai eine erste Lesung des Gesetzentwurfs der Koalitionsfraktionen stattfinden, dem sich die Bundesregierung formell anschloss.

Der Entwurf wurde sodann in die Bundestagsausschüsse überwiesen. Der feder-

---

[207] Laut SPIEGEL 10/88, war dies die sogenannte „Ärzteschwemme", die Krankenhausbehandlung und die Struktur der gesetzlichen Kassen.

[208] *Perschke-Hartmann*, Gesundheitspolitik, S.93.

[209] FAZ vom 7. April 1988.

führende Ausschuss für Arbeit und Sozialordnung (AuS-Ausschuss) tagte erstmals am 18. Mai, bis November 1988 folgten 24 reguläre bzw. Sondersitzungen des Ausschusses.
Trotz der Mehrheit der CDU/CSU-regierten Länder empfahlen die Ausschüsse des Bundesrates mit zum Teil wechselnden Mehrheiten 247 Änderungswünsche, die dieser am 10. Juni auf immerhin noch 207 reduzierte.[210]
Mit der Stellungnahme des Bundesrates und der Bundesregierung[211] versehen wurde der Gesetzentwurf am 15. Juni an den Bundestag überwiesen, der wiederum einen Tag später den Entwurf an seine Ausschüsse weiterleitete. Dort wurde er gemeinsam mit dem wortgleichen Entwurf der Regierungsfraktionen beraten.
Am 14. November 1988 konnten die Beratungen in den Bundestagsausschüssen abgeschlossen werden, so dass die Vorlage am 25. November 1988 in 2. und 3. Lesung im Plenum beraten werden konnte. Die Vorlage wurde mit 241 Stimmen der Koalitionsfraktionen gegen 207 Stimmen von SPD und GRÜNEN bei 2 Enthaltungen (abgegebene Stimmen: 450) angenommen.
Beim zweiten Durchgang des Gesetzes in den Ausschüssen und im Plenum des Bundesrates erhoben nur noch die SPD-regierten Länder Einwände. Sie konnten sich jedoch mit ihren Änderungswünschen nicht durchsetzen, so dass der Bundesrat dem Gesetz letztendlich mit der Mehrheit der unionsregierten Länder am 16. Dezember 1988 zustimmte. Das Gesetz wurde am 20. Dezember 1988 ausgefertigt und trat zum 1. Januar 1989 in Kraft.

3.1.3 Die Verhandlungen im Gesetzgebungsprozess

3.1.3.1 Die Konfliktfelder im Verhandlungsprozess

a) *Konfliktfeld Krankenhaus*

Das für die Ländergesamtheit zweifellos bedeutsamste Konfliktfeld war das der Krankenhausplanung und –finanzierung. Dabei handelte es sich um einen Organisationsbereich, der zum Teil in der Zuständigkeit der Länder, zum Teil in der des Bundes lag.[212]

---

[210] BT-DrS.11/2493, Anlage 2.
[211] BT-DrS.11/2493, Anlage 3.
[212] Die Länder besitzen über ihre Beteiligung an der Krankenhausfinanzierung zwar die Planungshoheit für den Krankenhausbau, der Bund besitzt aber andererseits die konkurrierende Gesetzgebung für die wirtschaftliche Sicherung der Krankenhäuser und die Regelung der Krankenpflegesätze (Art. 74 I Nr. 19a GG). Insofern waren die Länder darauf bedacht, den Bund auf seine Zuständigkeit für die Gesetzliche Krankenversicherung zu beschränken und keine weiteren Kompetenzausweitungen hinzunehmen.

Nach den Plänen der Bundesregierung sollte dieses Zuständigkeitsverhältnis zugunsten des Bundes verschoben werden. Dazu sollten die Krankenkassen, die bis dahin nur für die Finanzierung des laufenden Unterhalts der Krankenhäuser zuständig waren, ein eigenes Vertragssystem aufbauen. So sollte es den Krankenkassen gestattet werden, unwirtschaftlich arbeitenden Krankenhäusern die Behandlungsverträge zu kündigen. Dies hätte die Erweiterung von Regulierungspotentialen der Kassen und zugleich eine Verringerung der Länderkompetenzen bewirkt: da die Gesetzliche Krankenversicherung Teil der konkurrierenden Gesetzgebung ist, hätte es die Bundeskompetenzen faktisch erweitert.[213]
Zweites wichtiges Ziel der Bundesregierung war es, die Haushalte und Finanzierung der Krankenhäuser, wie die aller anderen Leistungsanbieter, dem Ziel der Beitragsstabilität zu unterwerfen. Um die Kosten im Krankenhaussektor zu senken und den Ärzten einen Überblick über das Preis-Leistungs-Verhältnis der Krankenhäuser zu ermöglichen, sollte schließlich eine Preisvergleichsliste anhand der Krankenhaus-Pflegesätze erstellt werden.
Dem stellten sich die Länder einhellig entgegen.[214] Abgelehnt wurde auch die nach Meinung der Länder eindeutige Bevorzugung der Kur- und Rehabilitationseinrichtungen gegenüber den Akut-Krankenhäusern.
Die Forderung der Länder, die Krankenhausgesetzgebung nicht in die Reformpläne einzubeziehen, nannte wiederum der FDP-Sozialexperte Dieter-Julius *Cronenberg* „unverantwortlich",[215] da die Aufwendungen für die stationäre Behandlung fast ein Drittel der Gesamtausgaben der gesetzlichen Krankenkassen in Anspruch nähmen. Die FDP, so *Cronenberg*, werde darauf dringen, dass die Instrumente des neuen Krankenhausfinanzierungsrechts „nachgebessert" würden. Er erinnerte daran, dass seine Partei ihre Zustimmung zu Leistungsausweitungen für die häusliche Pflege von Einsparungen bei den Krankenhäusern abhängig gemacht hatte.
Nach weiteren Beratungen innerhalb der Koalitionsfraktionen gestand die Bundesregierung den Ländern Ende April 1988 zu, dass die Kündigung von unwirtschaftlich arbeitenden Krankenhäusern durch die Krankenkassen ihrer Genehmigung unterliegen sollten. Wenn ein Krankenhaus nach dem Krankenhausfinanzierungsgesetz und dem Landesrecht als bedarfsgerecht anzusehen sei, kön-

---

[213] So *Perschke-Hartmann*, Gesundheitspolitik, S. 168f.

[214] So zunächst die Sozial- und Gesundheitsminister der Länder auf einer eigens einberufenen Sonderkonferenz Ende Februar 1988, vgl. FR vom 26. Februar 1988.

[215] FAZ vom 25. Februar 1988. In einem Brief an seine „Ministerkollegen" der fünf Landesregierungen mit FDP-Beteiligung schrieb er dann im Mai 1988, die die Krankenkassen betreffenden Änderungswünsche bereiteten der FDP „große Sorgen". Sie würden die in diesem Bereich ohnehin nur erzielten Minimalkonsense „bis zur Unkenntlichkeit" verwässern, vgl. FR vom 25. Mai 1988.

ne das Land die Zustimmung versagen. Dadurch, so die Koalitionsabgeordneten, werde die Planungskompetenz der Länder nicht eingeschränkt.[216]

Damit zeigten sich die Länder allerdings nicht zufrieden. Sie beharrten auf ihren ursprünglichen Forderungen,[217] die wiederum von der Bundesregierung in deren Gegenäußerung abgelehnt wurden:

- Die Länder verlangten weiterhin, die Einbeziehung des Krankenhausbereichs im Hinblick auf das allen Leistungsanbietern auferlegte Ziel der Beitragsstabilität in das Reformkonzept zu streichen.[218] Dagegen argumentierte die Bundesregierung, es würde die Ausgewogenheit der Reform in Frage stellen, wenn ein Leistungserbringer vom Grundsatz der Beitragsstabilität ausgenommen werde.[219]
- Der Bundesrat lehnte das inzwischen eingeschränkte Kündigungsrecht der Krankenkassenverbände gegenüber unwirtschaftlichen oder nicht bedarfsgerechten Krankenhäusern weiter ab. Wenn überhaupt, sollte es auf die sogenannten „Vertragskrankenhäuser" (etwas mehr als 1 % der Krankenhäuser) beschränkt bleiben. Ebenso forderte der Bundesrat, die geplante Preisvergleichsliste für Krankenhäuser nicht einzuführen. Letztlich sollte den Poli- und Hochschulkliniken besonderer Schutz eingeräumt werden. Die Bundesregierung behauptete ihrerseits, damit hätten die Hochschulkliniken und die im Krankenhausplan aufgeführten Krankenhäuser praktisch einen Bestandsschutz erhalten, der den notwendigen Bettenabbau behindern und die Krankenkassen belasten würde. Ebenso bestand sie weiter darauf, dass die Aufwendungen für Lehre und Forschung in den Polikliniken in die Wirtschaftlichkeitsprüfungen der Krankenkassen einbezogen werden müssten.

---

[216] FAZ vom 29. April 1988.

[217] So stellte die rheinland-pfälzische Sozialministerin Ursula *Hansen (CDU)* in der 1. Debatte des Bundesrates zum Gesundheits-Reformgesetz als Berichterstatterin der Länder fest, die Mehrheit der Länder habe den Gesetzentwurf zwar als positiven Einstieg bewertet. Kritik werde aber weiterhin an den den Krankenhausbereich betreffenden Vorschriften geäußert, vgl. BR-PlProt 590, S.179f.

[218] Vgl. BR-DrS.200/1/88, Ziff. 151. Dass es hier allerdings innerhalb der R-Länder durchaus anderslautende Stimmen gab, zeigt die Äußerung des Berliner Gesundheitssenators Ulf *Fink* in der 1. Beratung über den Gesetzentwurf der Bundesregierung. Darin kritisierte *Fink* als Vertreter eines CDU/FDP-Senates den gefassten Mehrheitsbeschluss bezüglich der Krankenhäuser. Berlin, so *Fink*, plädiere vielmehr „mit Nachdruck dafür, dass der Bundesrat die auf Schaffung von mehr Wirtschaftlichkeit im Krankenhausbereich gerichteten Ansätze der Bundesregierung stützt", vgl. BR-PlProt. 590, S.184. Diese offene Gegenposition zur Stellungnahme nahezu aller anderen Länder dürfte allerdings auch damit zusammenhängen, dass eine abweichende Haltung Berlins bei der letztendlichen Stimmabgabe folgenlos gewesen wäre, da Berlin im Bundesratsplenum ohnehin kein – zählendes – Stimmrecht besaß.

[219] Vgl. BT-DrS.11/2493 zu Ziffer 126.

- Schließlich sprach sich der Bundesrat dafür aus, poliklinischen Einrichtungen, psychiatrischen Krankenhausabteilungen sowie ärztlich geleiteten Pflege- und Behindertenheimen umfassend die ambulante Behandlung der Kassenpatienten zu erlauben. Auch diese Ausweitung der Aufgabenstellung des Krankenhauses wurde von der Bundesregierung abgelehnt.

Die Forderungen der Bundesländer wurden in die bereits laufenden Beratungen der Bundestagsausschüsse einbezogen. Letztlich erreichten die Ländervertreter über die bereits im April gemachten Zugeständnisse der Bundesregierung hinaus nur geringe Änderungen. Die Bundesregierung blieb weitgehend bei ihren Positionen der Gegenäußerung. Einzig die nunmehr vorgesehene Finanzierung des Krankenpflegepersonals durch die Krankenkassen und nicht, wie geplant, durch die Länder, kann als zusätzlicher Erfolg in diesem Bereich betrachtet werden.
Strukturell ging es bei dem Konflikt zum einen um Kompetenzfragen und Kostenprobleme, zum anderen um die konkreten Folgen der *Blüm'schen* Kostendämpfungspläne für die Länder. Der geplante Verlust an Planungshoheit hätte dazu geführt, dass die Länder auch den unmittelbaren und ausschließlichen Einfluss auf die entstehenden Kosten bei den Krankenhäusern verloren hätten. Dies galt in gewisser Weise auch für die Frage der Schließung „unrentabler" Krankenhäuser. Hier könnte allerdings auch die Schreckensvision arbeitsloser Krankenhausangestellter die Länder auf die Barrikaden getrieben haben.

b) *Der Streit um die Einführung von Festbeträgen und die prozentuale Selbstbeteiligung der Patienten*

Die zweite zentrale Frage, bei der die Länder allerdings ungleich erfolgreicher waren, war die der Einführung von Festbeträgen für Arzneimittel.
Nach den Plänen des damaligen Bundesarbeitsministers Norbert *Blüm (CDU)* sollten ab 1989 zunächst alle Medikamente mit dem selben Wirkstoff, die sich hauptsächlich durch den Preis unterschieden, zu Festbeträgen abgerechnet werden. In den Folgejahren wollte man sich dann den Medikamenten mit vergleichbaren Wirkungen und schließlich jenen Arzneimitteln widmen, die durch eine Kombination verschiedener Wirkstoffe Vergleichbares bewirkten.
Zugleich waren die 2. und 3. Festbetragsstufe mit der Einführung einer prozentualen Selbstbeteiligung gekoppelt. Für alle Arzneimittel, für die kein Festbetrag festgesetzt sei, sollte der Patient ab 1991 eine Zuzahlung von 3 DM tragen.
Welche Bedeutung die Festbetragsregelung für die Bundesregierung hatte, zeigt eine Äußerung des Bundesarbeitsministers in der 1. Lesung des Gesetzentwurfs: Die Festbetragsregelung, so *Blüm*, sei jedenfalls „das Kernstück der Reform".[220] Verhandlungstechnisch können die „Festbeträge" damit als öffentlich verkündetes „essential" gelten, auf das zu verzichten der Bundesregierung schwer gefal-

[220] BT-PlProt. 11/78, S.5275.

len wäre. Sprecher der Regierungsfraktionen stellten sich im Grundsatz ebenfalls hinter *Blüms* Pläne.[221]
Zunächst beschränkte sich die Kritik der Länder auf die Frage der Festbeträge. Bereits nach der Veröffentlichung des ersten Referentenentwurfs hatte Hessens Ministerpräsident Walter *Wallmann (CDU)* die Befürchtung geäußert, dass die Pharmaindustrie bei Einführung der Festbeträge in Folge der automatisch sinkenden Gewinne künftig auf teure Forschungsvorhaben werde verzichten müssen.[222] Der baden-württembergische Ministerpräsident Lothar *Späth (CDU)* forderte in diesem Sinne ein Gutachten über die Auswirkungen des Gesundheits-Reformgesetzes auf die pharmazeutische Industrie.
So beinhaltete die Stellungnahme des Bundesrates auf Betreiben *Späths* die Befürchtung, die Bildung von Festpreisen in den beiden letzten Arzneimittelgruppen würde auf erhebliche fachliche Schwierigkeiten stoßen. Daher müsse man die Realisierbarkeit, die Auswirkungen auf ärztliche Therapie und auf die Forschungs- und Innovationsfähigkeit der Arzneimittelhersteller überprüfen.
Der Bundesrat kritisierte darüber hinaus die geplante zeitgleiche Einführung der Selbstbeteiligung: mit der Begründung, die Festsetzung der Festbeträge sei eine „schwierige und zeitaufwendige Aufgabe",[223] für die ihm ein Zwei-Jahres-Zeitraum zu kurz erscheine, plädierte der Bundesrat dafür, dass sowohl die Festbeträge als auch die Selbstbeteiligung erst 1993 eingeführt werde. Wenn sich die Bildung der Festbeträge verzögern sollte, müsse auch der Beginn der Zuzahlung später einsetzen.
An der Einführung der Selbstbeteiligung gab es auch innerhalb der Koalition Kritik. So äußerte der sozialpolitische Sprecher der CDU/CSU-Fraktion, Horst *Günther*, noch vor der 1. Lesung des Entwurfs am 6. Mai, die Union wolle im Zuge der Gesetzgebung erreichen, dass die prozentuale Selbstbeteiligung erst ab 1992 und nicht schon ab 1991 eingeführt werde. Dadurch, so *Günther*, bestehe mehr Zeit für den Ausbau des geplanten Systems preisgünstiger Arzneimittel-Festbeträge.[224] Diese Forderung wurde von der FDP umgehend abgelehnt, während sie die Kritik an der Einführung der 2. und 3. Stufe der Festbetragsregelung

[221] So der FDP-Abgeordnete *Cronenberg*, BT-PlProt 11/78, S.5291 und der CDU-Abg. *Günther*, ebd., S.5298. Die Position *Cronenbergs* spiegelt das grundlegende Dilemma der FDP wieder, die einerseits als Vertreter der Arbeitgeber an einer Senkung bzw. Stabilisierung der Krankenversicherungsbeiträge interessiert – und damit für die Festbeträge – war, sich andererseits aber auch den bei deren Einführung Verluste erleidenden Leistungsanbietern verpflichtet fühlte.
[222] SPIEGEL vom 25. Juli 1988. *Blüm* reagierte darauf im Zusammenhang mit dem von ihm ursprünglich geplanten Solidarbeitrag der Pharmaindustrie mit der Feststellung, die Pharmahersteller hätten noch „ein dickes Polster zum Sparen, bevor überhaupt Forschung in Gefahr kommt", ebd., S.5276.
[223] Vgl. BR-DrS.200/1/88, Ziff. 49.
[224] Die WELT vom 27. April 1988.

– ungeachtet ihrer grundsätzlichen Akzeptanz des Festbetragssystems - unterstützte.
Damit ergab sich verhandlungstechnisch eine interessante Konstellation: Einerseits fanden die Länder mit ihrem Prüfauftrag für die Einführung der Festbeträge Unterstützung bei der FDP und standen damit gegen die Bundesregierung und die Unionsfraktion. Andererseits forderten sie mit der CDU die Verschiebung der Selbstbeteiligung – gegen den Willen der FDP und der Bundesregierung, die den Länderantrag in ihrer Gegenäußerung ohne Begründung abgelehnt hatte. Allerdings signalisierte die Bundesregierung bei der geforderten Überprüfung der Festbetragsregelung für pharmakologisch-therapeutisch vergleichbare Wirkstoffe Entgegenkommen, ohne explizit auf die Forderung der Länder nach einer Prüfung der Auswirkungen der Festbetragsregelung auf die pharmazeutische Forschung einzugehen.
Diese partiellen Interessenkoalitionen wurden auch während der weiteren Beratungen in den Bundestagsausschüssen deutlich. So wurde die Forderung des Bundesrates bezüglich eines Prüfauftrags zu den Festbeträgen vom FDP-Obmann im Sozialausschuss, Dieter *Thomae,* aufgenommen.[225] Auch die nordrhein-westfälische FDP hatte bereits frühzeitig in einem mit ihrer Bundestagsfraktion abgestimmten Papier die Beschränkung des Festbetragsmodells auf wirkstoffgleiche Arzneimittel verlangt.[226] Hier zeigten sich die Vertreter von CDU und CSU allerdings nicht gesprächsbereit, zumal nach Prüfung im BMAS kaum etwas bei der Reform an Einsparungen herausgekommen wäre, hätte man diese beiden Stufen wegfallen lassen. Auch die erste Stufe hätte dann durch geringfügige Änderungen an den Arzneimittelzusammensetzungen unterlaufen werden können.
Andererseits drohte die FDP wiederum mit dem Scheitern der Reform, wenn die Bundesländer an ihrer Forderung nach einer verzögerten Einführung der Selbstbeteiligung festgehalten hätten.[227]
Im Ergebnis gaben die CDU-geführten Länder schließlich ihren Widerstand gegen die Einführung der Festbetragsstufen 2 und 3 auf, wie CDU-Generalsekretär

---

[225] Dieser forderte im AuS-Ausschuss, der Prüfungsauftrag des Bundesrates solle genutzt werden festzustellen, „ob die Stufen II und III überhaupt für die Festbetragsregelung geeignet sind", ebd.
[226] *Perschke-Hartmann*, Gesundheitspolitik, S.115, mit Verweis auf ein Interview mit Dieter-Julius *Cronenberg* im Handelsblatt vom 4./5. März 1988.
[227] *Perschke-Hartmann,* Gesundheitspolitik, S.119. Verärgert über die dahingehende Stellungnahme des Bundesrates sei *Cronenberg* vor allem deshalb gewesen, weil der Beschluss über die Einführung der prozentualen Selbstbeteiligung bereits 1991 erst in der „Elefantenrunde" am 15. April 1988 getroffen worden sein soll. Dies ist insofern interessant, als es darauf hinweist, Cronenberg habe vorausgesetzt, die Länder würden sich an den Beschluss der Elefantenrunde halten, obwohl diese bis auf die bayerische CSU-Regierung in der Elefantenrunde vom Dezember 1987 überhaupt nicht vertreten waren.

Heiner *Geißler* nach einem Gespräch im CDU-Präsidium im September 1988 verkünden konnte.[228] Allerdings wurde die Formulierung der Festbetragsgruppen noch einmal im Sinne der Pharmaindustrie modifiziert, was der FDP die Zustimmung erleichterte.
Bei der Selbstbeteiligung einigte man sich buchstäblich „in der Mitte“: in einer Koalitionsrunde wurde die Einführung auf 1992 verschoben und mit bestimmten prozentualen bzw. realen Höchstbeträgen festgelegt.[229]

c) *Der Streit um die Kassenleistungen*

Im Leistungsrecht verlangten die Länder ebenfalls Änderungen gegenüber dem Entwurf der Bundesregierung. Nach deren Vorstellung sollten beispielsweise die Kosten für Zahnersatz nur noch zur Hälfte übernommen werden. Ein Bonus von 10 bzw. 15 Prozent sollte bei nachgewiesener Mundpflege gewährt werden. Dieser sollte nach den Wünschen des Bundesrates um jeweils fünf Prozent auf 15 bzw. 20 Prozent erhöht werden.
Bei Zahnersatz und Kieferorthopädie sollte geprüft werden, ob es statt der im Gesetzentwurf vorgesehenen Kostenerstattung nicht doch bei der direkten Bezahlung der Leistungen durch die Krankenkasse (Sachleistungsprinzip) bleiben könne.
Der Zuschuss der Kassen für ambulante Vorsorgekuren sollte 15 Mark täglich nicht unterschreiten dürfen. Für die Betreuung eines erkrankten Kindes sollte Krankengeld bis zum zwölften (bisher achten) Lebensjahr des Kindes gewährt werden. Die Länder forderten weiter eine umfassende Versorgung auf Krankenschein für psychisch Kranke und seelisch Behinderte. Außerdem sollten die Kassen mehr Kosten im Krankentransport übernehmen, als es der Regierungsentwurf vorsah. Die Leistungserweiterungen sahen ferner einen kostenlosen Aids-Antikörpertest und die Kostenübernahme für künstliche Befruchtung zwischen Ehepaaren vor. Auch Sozialhilfeempfänger sollten künftig als Härtefälle generell von der Zuzahlung zu Medikamenten völlig befreit werden.
Teilen dieser Forderungen schlossen sich die Vorsitzenden der CDU bzw. CSU-Fraktionen in Bund und Ländern an.[230] So sollte die Finanzierung der häuslichen Krankenpflege um ein Jahr vorgezogen und das Bonussystem beim Zahnersatz auf 25% erhöht werden.
Mitte September 1988 hieß es dann aus dem bereits genannten Gespräch im CDU-Präsidium, eine Änderung beim Zahnersatz scheine möglich. Es gebe Tendenzen, bei Standardversorgung die Gesamtkosten erstatten zu lassen, dafür

[228] SZ vom 14. September 1988.
[229] FAZ, 13. Oktober 1988.
[230] FAZ, 27. Mai 1988.

aber die Selbstbeteiligung bei aufwendigeren Modellen erheblich auszuweiten.[231] Das Verhandlungsergebnis blieb dennoch hinter den Forderungen der Länder zurück. So gelang es nicht, eine Erhöhung des Zuschussanteils für Zahnersatz durchzusetzen, auch wenn die rheinland-pfälzische Gesundheitsministerin *Hansen* dies in ihrer Rede im Bundesrat anders darstellte.[232] Auch von den übrigen oben genannten Forderungen wurden allein die Anregungen betreffend der Versorgung psychisch Kranker ansatzweise berücksichtigt. Zusätzlich konnten die Bestimmungen bezüglich der Härtefallregelung verbessert werden.

d) *Die Organisationsreform der Krankenkassen*

Ein letzter Streitpunkt, der allerdings während der Verhandlungen zum Gesundheits-Reformgesetz noch keiner abschließenden Lösung zugeführt werden konnte, war das von den Ländern monierte Fehlen einer Organisationsreform der Krankenkassen. Für dieses Problemfeld konnte erst bei der Gesundheits-Strukturreform 1992 eine Zwischenlösung gefunden werden.

Im Zusammenhang mit der Kritik an den bereits angesprochenen parallelen Kompetenzen bei stationärer Krankenversorgung kritisierte der Bundesrat das Fehlen einer notwendigen Regionalisierung bei den Krankenversicherungen. Der Rückgang des Anteils der Arbeiter und der Anstieg des Anteils der Angestellten an der Erwerbsbevölkerung, so der Bundesrat, habe beträchtliche Auswirkungen auf die Organisations- und Strukturprobleme der Krankenversicherung, was eine Organisationsreform der gegliederten Krankenversicherung erforderlich mache.[233]

Die Notwendigkeit einer Organisationsreform im Krankenkassenbereich sah zwar auch die Bundesregierung gegeben. Ihr Nicht-Tätigwerden begründete sie damit, dass die Probleme in diesem Bereich „noch nicht ausdiskutiert" seien. Im übrigen bestünden dabei höchst unterschiedliche Positionen zwischen den Kassen, den Ländern und den Parteien. Das habe es „nicht angängig" erscheinen lassen, diese Probleme schon im Rahmen der vorgelegten Reform lösen zu wol-

---

[231] SZ vom 14. September 1988.

[232] BRatPlProt 596, S.483. *Hansen* spielte augenscheinlich darauf an, dass der zehnprozentige Zuschussanteil zwischen dem 1.1.89 und dem 1.1.91 nunmehr de facto unabhängig von Zahnpflege und regelmäßigen Zahnarztbesuchen gewährt werden sollte. Im ursprünglichen Entwurf war vorgesehen, den Zuschussanteil bereits vom 1.1.89 an von Zahnpflege und regelmäßigen Zahnarztbesuchen abhängig zu machen. Gleichzeitig wurde aber die Möglichkeit, einen weiteren Zuschuss von 5% zu erhalten, gegenüber dem ursprünglichen Entwurf sogar noch verschärft: faktisch sollte es nun erst ab dem 1.1.1999 möglich sein, diese Erhöhung zu erhalten.

[233] BT-DrS.11/2493, S.8.

len. Die Bundesregierung habe aber bereits den Bundesarbeitsminister beauftragt, ein Lösungskonzept für die Problematik zu erarbeiten.[234]
Was mit dem notwendigen „Diskussionsbedarf" gemeint war, zeigt der bereits mehrfach genannte Brief des FDP-Sozialexperten *Cronenberg* an die FDP-Länderminister. In diesem hatte er unter anderem auch gefordert, auf die von den Ländern gewünschte stärkere Regionalisierung der Krankenkassen zu verzichten, was diese dann auch taten.[235] Dass dies den Ländern freilich nicht leicht fiel, wird daran deutlich, dass die unterlegenen Ländervertreter der CDU noch in der abschließenden Sitzung des Bundesrates eine weitergehendere Reform des Krankenkassenwesens anmahnten.[236]

3.1.3.2 Der Verhandlungsverlauf

Der Beginn des Verhandlungsprozesses lässt sich mit der Veröffentlichung des 1. Referentenentwurfs Ende Januar 1988 ansetzten. Spätestens[237] zu diesem Zeitpunkt waren alle Länder, unabhängig von ihrer parteipolitischen Zusammensetzung, von der konkreten Ausformung der Regierungspläne in Kenntnis gesetzt worden.
Erste öffentlich bekannt gewordene Positionierungen der Länder erfolgten auf einer Sonderkonferenz der Ländersozial- und Gesundheitsminister Ende Februar,[238] auf die die FDP ihrerseits ablehnend reagierte. Daran schlossen sich im März 1988 Äußerungen einzelner CDU-Ministerpräsidenten (*Wallmann, Späth*) an, die zu Teilen der Reform kritisch Stellung nahmen. Sogar Teilnehmer der KAG äußerten Kritik am vorgelegten Entwurf. Der damalige CSU-Sozialexperte und spätere Gesundheitsminister (!) Horst *Seehofer* schrieb laut einem Pressebericht bereits am 24. Februar an Arbeitsminister Norbert *Blüm* einen Brief, in

---

[234] Ebd. S.58.
[235] *Perschke-Hartmann,* Gesundheitspolitik, S.191, dort findest sich auch eine Liste der sonstigen Bundesrats-Forderungen.
[236] So z.B. Berlins Regierender Bürgermeister Diepgen, CDU, BRat PlProt. 596, S.477, ähnlich Bayerns Gesundheitsminister *Glück*, ebd. S.480. Dieser Kritik schlossen sich im übrigen auch alle Sprecher der SPD-Länder an.
[237] In der Vorbereitungsphase des Gesetzes ist nur Bayern insoweit stärker in die Entscheidungsfindung einbezogen gewesen, als seine Landesregierung allein von dem Bonner Koalitionspartner CSU gestellt wurde. Darauf, dass in jedem Fall die SPD-Länder nicht vor der Veröffentlichung des Referentenentwurfs informiert wurden, deutet eine Äußerung der Bremer Bundesratssenatorin Vera *Rüdiger (SPD)* hin. Diese monierte im 1. Durchgang des Gesetzes im Bundesrat am 10. Juni 1988, es habe eine „mangelnde frühzeitige Abstimmung mit den Bundesländern" gegeben, vgl. BR-PlProt. 590, S.185. Ähnliches wurde hingegen weder von der Berichterstatterin der Länder noch von anderen CDU-Bundesländern beklagt.
[238] FR vom 26. Februar 1988.

dem er „wesentliche Teile des Gesetzentwurfs“ in Frage stellte.[239] Danach kam es nach Verhandlungen innerhalb der Koalition Mitte April 1988 zur Vorlage des zweiten Referentenentwurfs, der dann im wesentlichen auch Grundlage des Gesetzesentwurfs der Bundesregierung wurde. Das Entgegenkommen der Bundesregierung gegenüber den Ländern basierte hier also auf koalitionsinternen Abwägungsprozessen, ohne dass es zu Gesprächen mit den Ländern gekommen war.[240]

Nachdem der überarbeitete Entwurf als Gesetzesvorlage gleichzeitig Bundesrat und Bundestag zugeleitet worden war, kam es zu der Konstellation, dass die weitere Positionierung des Bundesrates zeitgleich mit der der Bundestagsfraktionen verlief. Bereits vor diesen Beratungen äußerten verschiedene Koalitionspolitiker, auf Teile der bekannt gewordenen Bundesratsforderungen eingehen zu wollen (Selbstbeteiligung), während andere Teile dieser Forderungen ebenso entschieden abgelehnt wurden (Verschiebung der Festbetragseinführung, Krankenhausregelungen).

Auch die 1. Lesung des Gesetzentwurfs im Bundestag am 6. Mai 1988 wurde von den Koalitionsfraktionen und der Bundesregierung zum Teil dazu genutzt, ihre voneinander und von denen der Länder abweichenden Positionen deutlich zu machen. Naturgemäß überwog hier allerdings der Schlagabtausch mit dem politischen Gegner.

Gleiches galt für die fünf Wochen später stattfindende Bundesratsdebatte. Auch hier konzentrierten sich die meisten Sprecher der unionsregierten Länder darauf, die Pläne der Bundesregierung gegenüber den O-Ländern zu verteidigen. So stellte die Vertreterin der CDU-Landesregierung von Rheinland-Pfalz, Sozialministerin Ursula *Hansen*, fest, die Mehrheit der Länder habe den Gesetzentwurf als positiven Einstieg bewertet. Deutlicher als im Bundestag wurden hier jedoch von Seiten der R-Länder eine Vielzahl von Kritikpunkten geäußert, wenngleich sich *Hansen* dagegen wandte, „die Reform insgesamt zum Scheitern bringen zu wollen“. Bei der vergleichsweise großen Zahl der Änderungswünsche sei im

---

239 SPIEGEL, 25. Juli 1988. Dies verwundert um so mehr, als durch den bayerischen CSU-Landtagesabgeordneten und Vertrauten von CSU-Chef *Strauß*, Gebhard *Glück*, ein enger Kontakt zur Münchner Parteiführung bestand, so dass die Akzeptanz der Pläne bei der CSU an und für sich als gesichert hätte gelten müssen. Erklärbar wird dies nur durch den Wunsch, auch nach der koalitionsinternen Einigung noch Profil auf Kosten der Koalitionspartner gewinnen zu wollen. Hinzu kommt, dass nach der Veröffentlichung des Referentenentwurfs eine intensive Lobbyarbeit der betroffenen Verbände einsetzte, die ihrerseits die Koalitionspolitiker zu Attacken motivierte, um ihre jeweils eigene Klientel zu befriedigen.

240 Dies bestätigte der ehemalige Präsident der Bundesanstalt für Arbeit, Bernhard *Jagoda*, im Gespräch mit dem Verfasser. *Jagoda* war seinerzeit Staatssekretär im Bundesarbeitsministerium.

übrigen, so *Hansen*, „der Anteil der inhaltlich geringfügigen oder redaktionellen Empfehlungen außerordentlich hoch".[241]

In ihrer Stellungnahme zeigte sich, dass die Ländermehrheit ihre Forderungen auch durch den zweiten Referentenentwurf noch nicht befriedigt sah bzw. dass durch die Befassung mit dem eingebrachten Gesetzentwurf neue Kritikpunkte aufgetreten waren. Ebenso deutlich machte die Bundesregierung in ihrer Gegenäußerung vom 15. Juni 1988, dass sie die Länderforderungen nur zum Teil aufzunehmen bereit war, in manchen Fragen aber durchaus Verhandlungsspielraum sah.

Bei den sich nun anschließenden Beratungen in den Bundestagsausschüssen wurde klar, dass in diesen einige der Bundesratsforderungen von Vertretern der Koalitionsparteien aufgenommen, bzw. dass bestimmte Forderungen zumindest unterstützt wurden. In Teilbereichen kam es sogar zu Konsensvorschlägen, die, wie sich zeigen sollte, schließlich von Bundesregierung und Bundesratsmehrheit übernommen wurden. Hingegen waren die Anträge der Oppositionsparteien nicht mehrheitsfähig.

Aufgrund des Drucks der Interessenverbände blieben sowohl die Koalitionsparteien als auch die Länder lange Zeit bei ihren teilweise weit auseinandergehenden Positionen, so dass während der Beratungen im Bundestag immer wieder Treffen der KAG sowie einer „Elefantenrunde" unter Beteiligung der Parteivorsitzenden angesetzt werden mussten (zuletzt am 12. Oktober 1988).[242] Zu Verhandlungs*gesprächen* zwischen den Hauptakteuren Bundesregierung und Ländervertreter kam es allerdings erst gegen Ende der Verhandlungen. So konnten die abweichenden Positionen der Länder schließlich auf Zusammenkünften der Ministerpräsidenten der CDU/CSU-regierten Bundesländer mit dem Bundeskanzler in Einklang mit dem Regierungsentwurf gebracht werden. Noch auf einer CDU-Präsidiumssitzung am 4. September hatten der niedersächsische Ministerpräsidenten *Albrecht* und Berlins Regierender Bürgermeister *Diepgen* eine Verschiebung der Reform gefordert.[243] *Diepgen* hatte moniert, er könne kaum die Senatswahlen im Februar 1989 gewinnen, wenn die Bürger ab dem 1. Januar unter höheren Gesundheitskosten zu leiden hätten. Der Kanzler hatte allerdings zu Bundesarbeitsminister *Blüm* gestanden.[244]

---

[241] BR-PlProt 590, S.179f.

[242] *Perschke-Hartmann*, Gesundheitspolitik, S.193., dazu auch SZ, 8./9. sowie 13. Oktober 1988.

[243] Der SPIEGEL vom 12. September 1988.

[244] Das bestätigte auch *Diepgen* im Gespräch mit dem Verfasser. Er begründete seine „Verhandlungsschwäche" vor allem damit, dass Berlins Stimmen aufgrund des alliierten Vorbehalts bei Abstimmungen im Bundesrat nicht gezählt werden durften, er somit also auch keine gesonderte Vetoposition hatte geltend machen können, Interview *Diepgen*.

Mitte September konnte CDU-Generalsekretär Heiner *Geißler* dann auch verkünden, die CDU-geführten Bundesländer würden dem Gesetzentwurf der Bundesregierung zustimmen. Dies hätten die Ministerpräsidenten der Länder – womit offensichtlich nur die CDU-regierten Länder gemeint sein konnten - bei einem Treffen des CDU-Präsidiums versichert. In einigen Punkten, in denen auch CDU-Länder Änderungen gewünscht hatten, sei Einigung oder Annäherung erzielt worden. Bayern, das wesentliche Korrekturen vor allem auf dem Krankenhaussektor verlangt habe, sei allerdings bei dem Gespräch nicht vertreten gewesen.[245]
Dennoch musste, so *Perschke-Hartmann,* prinzipiell mit der Ablehnung des – zustimmungspflichtigen – Gesetzes durch den Bundesrat gerechnet werden, weil nicht alle Forderungen des Bundesrates aufgenommen worden waren.[246] Um dies zu vermeiden, hätten die KAG-Mitglieder versucht, an gemeinsame Interessen (Reformwunsch, gemeinsame Parteizugehörigkeit) zu appellieren.[247] Dass dies letztlich gelang, zeigt die Zustimmung der unionsregierten Länder in der Schlussabstimmung im Bundesrat am 16. Dezember 1988.

Bewertet man die einzelnen Konfliktfelder auf ihre Bedeutung für die Akteure hin, so lässt sich feststellen, dass die Ablehnung der Einbeziehung der Krankenhäuser in die Reform für die Länder am bedeutendsten war, mithin ein *essential* ihres Änderungspakets. Auch für die FDP war die Krankenhausreform als Teil des Gesamtpakets wichtig, während ihr die CDU eine vergleichsweise geringe Bedeutung einräumte. So war das von ihr geführte Arbeitsministerium auch schon frühzeitig bereit, Zugeständnisse zu machen. Die Bundesregierung wurde dann aber offenbar von der FDP, die mehrmals mit einem Scheitern der gesamten Reform drohte, davon abgehalten, den Ländern weiter entgegenzukommen.
Dagegen stellte in den Augen des Bundesarbeitsministers die Einführung von Festbeträgen das Kernstück der Reform dar. Hier gelang es dementsprechend weder den Ländern noch der FDP, eine völlige Abschaffung der 2. und 3. Stufe zu erreichen. Gleichwohl schien sich das Arbeitsministerium darüber im klaren gewesen zu sein, den Ländern ein Stück weit entgegen kommen zu müssen. Nachdem *Blüm* sah, dass die Länder der Reform grundsätzlich zustimmen würden, konnte er diesen gegenüber bei der vergleichsweise weniger bedeutsamen Frage des Zeitpunktes der Einführung konziliant sein.
Die Frage der Kassenleistungen kann demgegenüber als nachrangiges, eher aufgrund seiner politischen „Außenwirkung“ interessantes Konfliktfeld gelten:

---

[245] SZ vom 14. September 1988.
[246] Dagegen ging die FAZ am 17. November davon aus, dass es zu keiner Anrufung des VA kommen werde, nachdem der Sozialausschuss des Bundestages dem Plenum die Annahme zahlreicher Änderungswünsche der Länder vorgeschlagen hatte.
[247] *Perschke-Hartmann,* Gesundheitspolitik, S.197.

durch ihren energischen Einsatz für Verbesserungen bei den Zahnersatzleistungen und der häuslichen Betreuung wollten die CDU-geführten Länder der SPD-Opposition den Wind aus den Segeln nehmen, die die ganze Reform als „unsozial“ verdammte. Dafür, dass die Bundesratsmehrheit hier kein besonderes Gewicht auf einen Erfolg ihrer Änderungsbegehren legte, weist auch die häufige Verwendung der Formulierung hin, die Bundesregierung möge eine Änderung „prüfen“. Diese, in der Regel mit vergleichsweise unpräzisen Formulierungen verbundenen Änderungswünsche können als Signale an die Bundesregierung verstanden werden, dass die Länder auf diese Punkte weniger Wert legen. Dementsprechend konnte es sich die Bundesregierung „leisten“, den Ländern in diesen Punkten wenig entgegenzukommen, ohne um die Zustimmung für ihr Reformprojekt fürchten zu müssen.
Bei der von den Ländern angemahnten Krankenkassenreform schließlich griff man zum Mittel des Ausklammerns bzw. Vertagens. Dass dies angesichts des Problemdrucks – wie prognostiziert – nicht von langer Dauer war, zeigt die erneute Behandlung dieses Themas nur knapp vier Jahre später.

3.1.4 Interessenkonflikte, Verhandlungsakteure und -gremien

Der Verhandlungsprozess wurde von verschiedenen Interessenkonflikten geprägt:

1. In den Konfliktfeldern „Krankenhaus“ und „Organisationsreform der Krankenkassen“ standen *föderale* Interessen im Vordergrund. Die Länder vertraten hier – über die Parteigrenzen hinweg – Forderungen, die der Sicherstellung ihrer Kompetenzen und finanziellen Einflussmöglichkeiten dienten.[248] Demnach standen sich hier die Bundesregierung und die R-Länderregierungen, unterstützt von den O-Ländern, gegenüber.
2. Dagegen handelte es sich bei den Konfliktfeldern „Kassenleistungen“ und „Festbeträge/Selbstbeteiligung“ um *sachpolitische* Auseinandersetzungen zum Teil zwischen den Koalitionsparteien, zum Teil innerhalb der Parteien. In der Frage der Kassenleistungen spielten sich vor allem parteiinterne Konflikte zwischen dem CDU-Arbeitnehmerflügel auf der einen Seite und der Mittelstandsvereinigung der CDU auf der anderen Seite ab. Dabei stellten sich die R-Länder weitgehend auf die Seite der CDU-Arbeitnehmerschaft, der an einer Verbesserung der Sozialleistungen gelegen war.
3. Als zum Teil *parteiintern* lassen sich auch die Differenzen zwischen den CDU-regierten Ländern, allen voran Baden-Württemberg und Hessen,

[248] So auch *Perschke-Hartmann*, Gesundheitspolitik, S.191, die der Ansicht ist, die Interessen der Länderregierungen, die diese über den Bundesrat und dessen Ausschüsse einbrachten, hätten sich als weitgehend unabhängig von ihrer jeweiligen Parteienzugehörigkeit erwiesen.

und dem CDU-Bundesgesundheitsministerium bei der Frage der Einführung von Festbeträgen und Selbstbeteiligung sehen. Soweit es die Selbstbeteiligung betrifft, lässt sich auch ein FDP-interner Streit vermuten, da sich hier die FDP-Minister bzw. Landtagsfraktionen in den Ländern, in denen sie eine Koalition mit der CDU bildeten, zumindest nicht auf die Seite ihrer Bundespartei schlugen. In jedem Fall lagen *koalitionsinterne* Differenzen vor: bei den Festbeträgen „kämpfte" die FDP mit den R-Ländern gegen ihren Koalitionspartner im Bund, während sich in der Frage der Selbstbeteiligung die R-Länder samt der Unionsfraktion im Bund einerseits und die FDP-Bundestagsfraktion andererseits gegenüberstanden.

Allerdings sind bei dem Streit um die Einführung der 2. und 3. Festbetragsstufen genaugenommen auch Landesinteressen im Spiel gewesen. Dies wird klar, wenn man sich daran erinnert, *wer* sich auf Seiten der Länder besonders gegen die Einführung der zweiten und dritten Stufe der Festbetragsregelung stark gemacht hat: die Ministerpräsidenten Baden-Württembergs und Hessens. Führt man sich sodann vor Augen, dass die pharmazeutische Industrie gerade in diesen beiden Ländern – insbesondere in Baden-Württemberg - eine herausragende Stellung hat, wird rasch deutlich, dass *Späth* und *Wallmann* mit ihrer Kritik durchaus auch Landesinteressen im Blick gehabt haben können. Hinzu kommt, dass Lothar *Späth* zu Beginn des Jahres, kurz nach Bekanntgabe des Referentenentwurfs zur Gesundheitsreform, den seinerzeit anstehenden Landtagswahlkampf auch in anderen Bereichen – siehe die Steuerreform 1990 - mit dezidiert Bonn-kritischen Argumenten geführt hat. Die – auf den ersten Blick – allgemein strukturpolitisch begründete Kritik an Teilen der Gesundheitsreform hatte also für ihn auch durchaus eine Bedeutung, die aus seiner Funktion als Landesregierungschef herrührte.

Die *Vetoposition* der Länder resultierte aus der Zustimmungsbedürftigkeit des Gesetzes, wobei sich zeigte, dass die Bundesregierung ausschließlich mit den R-Ländern Kompromisse suchte. Die O-Länder unterstützten die R-Länder zwar in ihrer Kritik, konnten sich aber mit den von deren Vorstellungen abweichenden bzw. weitergehenden Vorstellungen nicht durchsetzen. Sie spielten als Verhandlungsakteure demnach auch keine Rolle.

Die R-Länder andererseits waren auf die Zustimmung der Bundestagsmehrheit – das heißt der Koalitionsfraktionen – und der Bundesregierung angewiesen, um Änderungen an einzelnen Teilen des Entwurfs durchzusetzen. Die Bundesregierung wiederum konnte nicht ohne gemeinsamen Beschluss der Koalitionsparteien und deren Fraktionen agieren.

Von den R-Ländern waren insbesondere Baden-Württemberg, Hessen, Bayern und Rheinland-Pfalz an Änderungen interessiert, während Niedersachsen und das zumindest bis Mai 1988 noch CDU-regierte Schleswig-Holstein sowie Berlin eine eher untergeordnete Rolle spielten. Dabei konnte Bayern aufgrund der unmittelbaren Mitgliedschaft seiner Regierungspartei in der Bonner Koalition einen weit überproportionalen Einfluss auf die Positionen der Bundesregierung nehmen. Im Umkehrschluss kann die jeweils geäußerte Kritik der CSU in aller Regel zugleich auch als die der bayerischen Staatsregierung gelten.[249] Der Erfolg der bayerischen Kritik hatte sicherlich aber auch damit zu tun, dass die Bundesregierung nur in der ersten Phase der Gesetzesberatungen auf die Zustimmung eines CDU- bzw. CSU-regierten Landes notfalls hätte verzichten können. Nach der Wahl in Schleswig-Holstein, die die SPD nach der „Barschel-Affäre" mit einem Erdrutschsieg gewann, hätte hingegen schon das Ausscheren eines einzigen Landes zu einem Scheitern der Reform geführt, womit sich nicht nur die *Verhandlungsmacht* Bayerns, sondern auch Baden-Württembergs erklären lässt. So ist der Zusammenhang augenfällig, dass Bundesarbeitsminister *Blüm* den Ländern ausgerechnet Ende April 1988 – also zu einem Zeitpunkt, als der Ausgang der schleswig-holsteinischen Wahl zumindest absehbar war – in der Frage der Krankenhausplanung ein Stück weit entgegenkam.[250]

Gleichwohl wurde die Verhandlungsmacht der Länder dadurch eingeschränkt, dass sie – wie die Bundesregierung – ein grundsätzliches Interesse am Gelingen der Reform hatte: zum einen war die parteipolitische Mehrheit der R-Länder daran interessiert, dass „ihre" Bundesregierung mit der Reform nicht scheitern würde. Aus den selben Gründen war die Bundesregierung an einer Einigung mit „ihren" Ländern interessiert.

Zum anderen gab es aber auch ein Interesse aus der Sache heraus: die Kosten im Gesundheitswesen belasteten mittelbar und unmittelbar nicht nur den Bund, sondern auch die Landeshaushalte. Eine Lösung musste also gefunden werden; die Bereitschaft zu erfolgreichen Verhandlungen war auf beiden Seiten grundsätzlich gegeben. Die Wahrnehmung der „exit"-Option war dementsprechend für alle Beteiligten unattraktiv. Dies führte dazu, dass die primär als egozentriert einzuschätzende Interaktionsorientierung der Länder stärker zu einer des *problem solving* tendierte. Nur so ist es verständlich, dass die Länder in der für sie bedeutsamen Frage der Krankenhausplanung trotz des vergleichsweise geringen Entgegenkommens der Bundesregierung nachgaben. Aber auch bei der Bundesregierung zeigte sich eine ähnliche Einstellung, wie ihre Bereitschaft zu Kompromissen bei der Einführung der Festbetragsregelung und der Selbstbeteiligung sowie – in geringerem Umfang – im Bereich der Krankenhäuser und der Kassenleistungen deutlich macht.

[249] So forderte die CSU beispielsweise nach der Veröffentlichung des 2. Referentenentwurfs – unisono mit der bayerischen Staatsregierung - die Kompetenzen der Länder im Krankenhauswesen dürften nicht eingeschränkt werden. Das gelte vor allem für deren Planungshoheit, vgl. FAZ vom 18. April 1988.
[250] FAZ vom 20. April 1988.

Für Erfolg oder Misserfolg in den einzelnen Verhandlungsbereichen kam es damit mehr darauf an, partielle *Interessenkoalitionen* zu bilden. Dementsprechend erfolgreich konnten die Länder daher bei der verzögerten Einführung von Festbeträgen und Selbstbeteiligung agieren, weil sie in beiden Teilbereichen jeweils die FDP bzw. die CDU-Bundestagsfraktion für sich gewinnen konnten. Hinzu kam, dass sie in diesem *essential* des BMAS keine Maximalforderungen stellten, was eine Kompromisslösung erleichterte. Wie wichtig die Frage der *essentials* ist, zeigte sich auch bei den Maßnahmen im Krankenhausbereich. Hier hatten die Länder mit der CSU zwar einen starken Verbündeten. Die FDP machte aber deutlich, dass ihr an dieser Frage besonders gelegen war, so dass sich die Länder schließlich kaum durchsetzen konnten. Ihre geringere Durchsetzungsfähigkeit ist laut *Perschke-Hartmann* allerdings auch darauf zurückzuführen, dass es den Ländern in dieser Frage weder gelungen sei, organisierte Interessen oder die Öffentliche Meinung für ihre Anliegen zu mobilisieren, noch eine der Koalitionsparteien auf ihre Seite zu bekommen.[251] Vielmehr hätten sie sich hierbei einem „weitgehenden Konsens zwischen politischen Akteuren und gesellschaftlichen Verbänden" gegenübergesehen.[252] Damit hätten sich auch innerhalb der FDP diejenigen durchgesetzt, die den Interessen der großen Mehrheit der Arbeitgeber, die eine Stabilisierung der Lohnnebenkosten wünschten, den Vorrang vor den Interessen der Leistungsanbieter im Gesundheitswesen geben wollten. Darüber hinaus wäre es der Öffentlichkeit gegenüber schwer vermittelbar gewesen, die gesamte Reform allein an dieser Frage scheitern zu lassen. So gab sich zumindest die unionsregierte Ländermehrheit schließlich mit den in den anderen Streitfragen erreichten Änderungen zufrieden.
Aus dem Vorgehen der FDP in dieser Frage lässt sich eine weitere Strategie zur Stärkung der eigenen Verhandlungsmacht erkennen: sobald einer der Koalitionspartner oder eines der Länder Kritik an einem von der FDP besonders gewünschten Teil des Entwurfs geäußert hatte, behauptete diese öffentlich, ursprünglich noch viel mehr gefordert zu haben und ihren Koalitionspartnern ohnehin schon „weit entgegengekommen" zu sein. Ein Zurückfallen hinter diese Linie könne sie aber keinesfalls dulden. So erreichte sie, dass die Bundesregierung den Ländern in der Frage der Krankenhausreform, bei den Kassenleistungen und im Organisationsrecht der Krankenkassen nicht oder nur geringfügig entgegenkam. Einzig bei der Frage der Selbstbeteiligung musste sie Abstriche hinnehmen.

Vertreten wurden die R-Länder in der ersten Phase der Verhandlungen von den zuständigen Fachministern, später dann – vor allem bei den Verhandlungen im

[251] Dieser Einschätzung steht allerdings der unzweifelhafte Einsatz der CSU für die Länderinteressen in dieser Frage entgegen.
[252] *Perschke-Hartmann,* Gesundheitspolitik, S.103.

CDU-Parteipräsidium – von deren Ministerpräsidenten. Auf Seiten der Bundesregierung stand ihnen in erster Linie Arbeitsminister *Blüm* gegenüber. An den Sitzungen des CDU-Parteipräsidiums nahm auch der CDU-Generalsekretär *Geißler* qua Amtes teil.
Für die Fraktionen agierten im wesentlichen deren sozialpolitische Sprecher - Dieter-Julius *Cronenberg* und Dieter *Thomae* für die FDP, Horst *Günther* für die CDU/CSU.
In der Koalitionsarbeitsgruppe in der – neben der sogenannten „Elefantenrunde" - ein Großteil der Lösungsvorschläge erarbeitet wurde, waren die Parteien und Fraktionen durch Dr. Karl *Becker* und Horst *Günther* (CDU), Dr. Dieter *Thomae* und Dieter-Julius *Cronenberg* (FDP), Dr. Gebhard *Glück*[253] und Horst *Seehofer* (CSU) vertreten. Für die Bundesregierungen nahmen Arbeitsminister *Blüm*, Gesundheitsministerin Rita *Süssmuth*[254], der beamtete Staatssekretär Bernhard *Jagoda* und Ministerialdirigent Karl *Jung* (Arbeitsministerium) sowie der beamtete Staatssekretär Werner *Chory* (Gesundheitsministerium) an den Sitzungen teil.
Schließlich trafen sich in der „Elefantenrunde" selbst die Spitzen der Koalitionsparteien – Helmut *Kohl (CDU)*, Martin *Bangemann (FDP)* und Franz-Josef *Strauß (CSU)*.
Die Rolle, die Bundeskanzler Helmut *Kohl* bei der Konfliktlösung spielte, macht die besondere Position der Parteien in einem mit einem *föderalen Konflikt* verbundenen *sachpolitischen bzw. Koalitionskonflikt* deutlich:
Einerseits war *Kohl* als Regierungschef eindeutig auf Seiten des Akteurs Bundesregierung anzusiedeln. Gleichzeitig hatte er aber als *Parteichef* auch die Interessen der CDU-Bundespartei zum einen gegenüber den opponierenden Vertretern ihrer Landesparteien, *Wallmann* und *Späth*, zum anderen gegenüber den konkurrierenden Koalitionsparteien zu vertreten, die den Konflikt mit den Landesregierungen zu nutzen suchten, ihre innerhalb der Koalition unterlegenen Positionen doch noch durchzusetzen. Damit mussten auch die Parteichefs der Koalitionsparteien in die Verhandlungen mit einbezogen werden.

Bei den *Verhandlungsgremien* müssen die Koalitionsarbeitsgruppe, deren politischen Mitgliedern nach Ansicht von *Perschke-Hartmann* die Hauptaufgabe der Koordination der verschiedenen Interessen – einschließlich der des Bundesrates - zufiel, ebenso wie die sogenannte „Elefantenrunde" der Parteichefs als „Zwittergremium" betrachtet werden, da in ihnen zumindest Bayern über die CSU immer indirekt beteiligt war. Als föderales Verhandlungsgremien, bei denen die

[253] Nachdem dieser das bayerische Gesundheitsministerium übernommen hatte, nahm statt seiner die Staatssekretärin im bayerischen Arbeitsministerium, Barbara *Stamm* an den Beratungen teil.
[254] Nach deren Wahl zur Bundestagspräsidentin ersetzt durch ihre Nachfolgerin im Gesundheitsministerium, Prof. Dr. Ursula *Lehr*.

maßgeblichen Akteure – die Bundesregierung und die CDU/CSU-Länderchefs – vertreten waren, können nur die von *Perschke-Hartmann* nicht näher beschriebenen „Zusammenkünften der Ministerpräsidenten der CDU/CSU-regierten Bundesländer mit dem Bundeskanzler"[255] sowie das Parteipräsidium der CDU klassifiziert werden. In diesem waren die Bundesregierung, repräsentiert vom CDU-Parteichef und Bundeskanzler Helmut *Kohl* und die R-Länder durch ihre Ministerpräsidenten, die dem Präsidium qua Amt angehörten, vertreten.

[255] *Perschke-Hartmann,* Gesundheitspolitik, S.193.

3.2 Die Steuerreform 1990

Die Verhandlungsabläufe zur Steuerreform 1990 lassen sich nur nachvollziehen, wenn die Verhandlungsprozesse zur sogenannten „*Albrecht*-Initiative“ bzw. dem „Strukturhilfegesetz“ von 1988 in die Betrachtung einbezogen werden. Daher werden im folgenden beide bzw. alle drei Gesetzgebungsprozesse dargestellt.

3.2.1 Die Vorgeschichte der Gesetze

a) *Die Steuerreform 1990*

Am 24. Februar 1987 einigten sich die Bonner Koalitionsparteien in den Beratungen zum Regierungsprogramm 1987 – 1990 über Eckwerte des dritten Teils ihrer Steuerreform, die 1990 in Kraft treten sollte. Kernstück der Reform war die Einführung des linearprogressive Steuertarifs.[256] Die christdemokratischen Ministerpräsidenten Bernhard *Vogel (*Rheinland-Pfalz), Ernst *Albrecht* (Niedersachsen) und Lothar *Späth* (Baden-Württemberg) hatten sich, noch während in Bonn verhandelt wurde, gegen die geplante Senkung des Spitzensteuersatzes auf unter 50 Prozent ausgesprochen und gewarnt, die Bundesratsmehrheit könne sonst verloren gehen. Auch mit Blick auf diese Kritik einigte sich die Koalition Ende Februar 1987 darauf, den Höchstsatz der Einkommensteuer von 56 auf 53 und die Körperschaftssteuer auf 50 Prozent zu senken. Aber erst in einer Koalitionsrunde am 8. und 10. Oktober 1987 konnten die letzten bis dahin noch offenen Punkte der Steuerreform geklärt werden. Dabei ging es vor allem um die Frage, wie die geplanten Steuererleichterungen finanziert werden sollten. Bereits zu diesem Zeitpunkt erklärte Bundesfinanzminister Gerhard *Stoltenberg (CDU)*, dass eine Erhöhung der Mineralölsteuer im Zusammenhang mit der Steuerreform zwar nicht geplant, aber auch kein Tabu sei.[257] Hauptstreitpunkt war daneben die vorgesehene Einführung einer Quellensteuer auf Zinserträge.

b) *Die „Albrecht-Initiative“ bzw. das Strukturhilfegesetz 1988*

Die niedersächsische Landesregierung hatte während dieser Verhandlungen festgestellt, für ihre Zustimmung sei von entscheidender Bedeutung, dass es zu keinen „ungerechtfertigten [finanziellen] Verschiebungen in den drei Ebenen Bund, Land und Gemeinden kommt“[258]. Aus Sicht der Landesregierung seien immer noch wichtige Fragen offen. So hatte Ministerpräsident *Albrecht* bereits

[256] FAZ vom 26. Februar 1987.
[257] FAZ vom 12. Oktober 1987.
[258] So Finanzministerin Birgit *Breul (CDU)* am 14. Oktober 1987 im niedersächsischen Landtag, PlProt 11/34, S.3202.

Anfang 1987 ein geringeres Entlastungsvolumen der Steuerreform gefordert.[259] Er stellte dabei einen Zusammenhang zum Länderfinanzausgleich her: die finanzschwächeren Länder könnten die Auswirkungen der Steuerreform nur verkraften, wenn sie durch den Finanzausgleich in eine bessere Position gebracht würden.

Schon unmittelbar nach der „Wende“ von 1982 war es zu Änderungen am Finanzausgleichsgesetz gekommen.[260] Danach wurden Niedersachsens Ölfördereinnahmen künftig bei der Bestimmung des Länderfinanzausgleichs negativ berücksichtigt. Das Land hatte also nach 1983 eine spürbare Verminderung der Bundeszuweisungen zu verkraften, auch wenn es mit dem getroffenen Kompromiss innerhalb der unionsregierten Länder eine noch stärkere Anrechnung seiner Ölfördereinnahmen, wie von den SPD-Ländern gefordert, vermeiden konnte. Auch bei dem folgenden Verfassungsstreit über den Länderfinanzausgleich stand Niedersachsen als „Verlierer“ da.

Die sich daran anschließenden erneuten Verhandlungen über den Finanzausgleich standen bereits im Schatten der Steuerreform 1990. *Albrecht* erklärte, er stimme der Steuerreform zwar grundsätzlich zu. Diese sei aber ohne weitere „Hilfe“ finanziell nicht zu verkraften. Dadurch setzte er in CDU/CSU-internen Verhandlungen eine Erhöhung der Bundesergänzungszuweisungen von 1,5 auf 2 Prozent des Umsatzsteueranteils durch.

Auch dieser Erfolg schien *Albrecht* freilich nicht ausreichend. So legte die Konferenz der Ministerpräsidenten der vier Küstenländer zum Jahreswechsel 1987/88 auf seine Initiative hin eine Untersuchung über die Benachteiligung der nord- und westdeutschen Länder durch den Bund vor. Daraus resultierte die Forderung nach einer Beteiligung des Bundes an den Sozialhilfelasten der Länder, die im Entwurf zur Änderung des Sozialhilfegesetzes (siehe unten) realisiert wurden.

3.2.2 Der Verlauf der Gesetzgebungsverfahren

a) *Das Steuerreformgesetz 1990*

Der Referentenentwurf zur Steuerreform wurde am 14. Januar 1988 veröffentlicht, der Gesetzentwurf am 22. März von der Bundesregierung beschlossen und dem Bundesrat zugeleitet. Damit die Beratungen zügig abgeschlossen werden konnten, brachten auch in diesem Fall die Koalitionsfraktionen gleichzeitig mit der Bundesregierung einen identischen Entwurf im Bundestag ein.

---

[259] Gerhard *Stoltenberg*, Wendepunkte. Stationen deutscher Politik 1947 bis 1990, Berlin 1997, S.297. *Albrecht* selbst konnte sich in meinem Gespräch mit ihm nicht mehr an eine so frühzeitige Kritik erinnern.

[260] Vgl. zum folgenden *Renzsch*, Finanzbeziehungen, S.331f.

So konnte der Entwurf bereits am 21. April 1988 in 1. Lesung vom Bundestag beraten werden. Nur wenige Tage später, am 29. April, debattierte der Bundesrat erstmalig über die Vorschläge der Bundesregierung. Die Bundesregierung äußerte sich am 11. Mai zur Stellungnahme des Bundesrates. Dabei widersprach sie dessen Änderungswünschen in nahezu allen wesentlichen Punkten. Am 24. Juni 1988 wurde das Gesetz vom Bundestag mit der Mehrheit der Koalition beschlossen, der Bundesrat billigte es am 8. Juli 1988 mit den Stimmen der unionsregierten Länder.

b) *Die „Albrecht-Initiative" bzw. das Strukturhilfegesetz 1988*

Der Vorläufer des Strukturhilfegesetzes, das „Gesetz zur Änderung des Bundessozialhilfegesetzes und zur Änderung des Gesetzes über den Finanzausgleich zwischen Bund und Ländern" – die sogenannte *„Albrecht-Initiative"* - wurde in der Sitzung des Bundesrates vom 29. April als Bundesratsinitiative beschlossen und an die Bundesregierung zur Stellungnahme weitergeleitet. Nach der CDU-internen Einigung am 3. Juli lehnte der Bundestag den Gesetzentwurf am 15.Dezember mit der Koalitionsmehrheit ab. Parallel dazu wurde nach weiteren internen Verhandlungen am 5. Oktober ein Referentenentwurf zum „Gesetz zum Ausgleich unterschiedlicher Wirtschaftskraft in den Ländern" (Strukturhilfegesetz) präsentiert, am 12. Oktober als Gesetzentwurf der Bundesregierung beschlossen und am 4. November erstmalig im Bundesrat debattiert. Bereits am 11. November beriet der Bundestag über den Entwurf. Am 8. Dezember wurde das Gesetz verabschiedet. Schließlich stimmte auch der Bundesrat am 15. Dezember dem Gesetz zur Steuerreform 1990 mit einer parteiübergreifenden Mehrheit zu.

3.2.3 Die Verhandlungen im Gesetzgebungsprozess

3.2.3.1 Die Konfliktfelder im Verhandlungsprozess

a) *Externe Forderung: Die Albrecht-Initiative*

Der Konflikt, der die Steuerreform letztendlich am meisten gefährdete, war der Streit um ein Gesetz, das mit der Steuerreform inhaltlich gar nichts zu tun hatte: die sogenannte *Albrecht*-Initiative. So paradox es klingt: deren Urheber, der niedersächsische Ministerpräsident Ernst *Albrecht (CDU),* hatte sich selbst immer wieder als einen der entschiedensten Verfechter der Steuerreform bezeichnet! Noch in der ersten Beratung der Steuerreform im Bundesrat am 29. April 1988 hatte er seine Unterstützung für die Steuerreform bekundet.[261]

---

[261] BR-PlProt 588, S.97.

In diesem Konflikt ging es um das von Niedersachsen, den SPD-Ländern sowie den R-Ländern Berlin und Schleswig-Holstein im Bundesrat initiierte Gesetz „Zur Änderung des Bundessozialhilfegesetzes und zur Änderung des Gesetzes über den Finanzausgleich zwischen Bund und Ländern". Die mit diesem Artikelgesetz beabsichtigte Änderung von *zwei* Gesetzen stellte ein nach dem Verständnis *Albrechts* ausgeglichenes Angebot dar: während er mit der Änderung des Sozialhilfegesetzes finanzielle Zuwendungen für die Länder erhalten wollte, wollte er dem Bund im Ausgleich dazu den Verzicht der Länder auf Teile der Umsatzsteuer anbieten. Konkret ging es darum, dass der Bund 50 Prozent der Sozialhilfekosten übernehmen sollte, das entsprach etwa einem Finanztransfer von 10 Milliarden DM.[262] Im Gegenzug sollten die Länder nach den Vorstellungen *Albrechts* von ihrem Anteil an der Umsatzsteuer 4 Prozent an den Bund abgeben. Damit würde dem Bund eine Deckungslücke von 5 Milliarden DM entstehen, die dieser durch Verbrauchssteuererhöhungen ausgleichen sollte.[263]
Der Bund ebenso wie die finanzstarken Länder, allen voran Baden-Württemberg und Hessen, aber auch Bayern und Rheinland-Pfalz, lehnten die Initiative zunächst rundweg ab.[264] Bundesfinanzminister Gerhard *Stoltenberg* (CDU) argumentierte, mit der Neuregelung des Finanzausgleichs habe der Bund fürs erste genug getan.[265] Außerdem seien die Steuererhöhungen bereits zur Deckung anderer Ausgaben eingeplant.
Auch die finanzstarken Länder standen einem solchen Plan ablehnend gegenüber: Bayern werde eine Erhöhung zum Beispiel der Mineralölsteuer zur Finanzierung von Finanztransfers vom Bund an die Länder mit hohen Sozialhilfeausgaben nicht mittragen, hatte Bayerns Staatskanzleichef Edmund *Stoiber (CSU)* in einem SPIEGEL-Gespräch geäußert.[266] Der rheinland-pfälzische Ministerpräsident Bernhard *Vogel (CDU)* begründete seine Ablehnung des *Albrecht*-Planes damit, die Übertragung der Sozialhilfekosten würde nur eine Umverteilung von Lasten auf Kosten anderer Länder sein.[267] Auch Baden-Württembergs Ministerpräsident Lothar *Späth (CDU)* machte aus seiner Ablehnung der *Albrecht*-Initiative keinen Hehl. Wenn sich der Bund nun auch noch an den Sozialhilfekosten beteiligen müsse, so *Späth* in der Sitzung des Bundesrates am 29. April 1988, würde das zu einer Stärkung des Zentralstaates zu Lasten der Länder führen.[268]

---

[262] FR vom 30. Januar 1988, Parlament Nr. 4/5 1988.
[263] Die WELT vom 24. März 1988.
[264] Die WELT vom 12. Februar 1988.
[265] FAZ vom 7. Juni 1988.
[266] SPIEGEL vom 23. Mai 1988, FR vom 30. Mai 1988.
[267] FAZ vom 3. Mai 1988.
[268] BR-PlProt. 588, S.109. Ironisch hatte er hinzugefügt, wenn alle Kosten im Bund und in den Ländern durch ein Mischsystem finanziert werden würden, könne man sich letztlich die Kosten eigenständiger Länderregierungen sparen.

Ebenso lehnte die Bundes-FDP *Albrechts* Forderung ab. Jede Lösung zur Beseitigung der von *Albrecht* angeschnittenen Probleme, die zu Lasten des Bundes gehe, sei „aus finanzwirtschaftlichen Gründen derzeit nicht zu verantworten".[269]
Als aber mit der Vorlage der Initiative im Bundesrat am 29. April 1988 deutlich wurde, dass *Albrecht* sich nicht von seinem Plan abbringen lassen würde, wurden zur Lösung des Konflikts verschiedene Lösungen ausgearbeitet.
Zunächst ging es um die Minderung der Sozialhilfelasten selbst. So schlug der Bundesvorstand der CDU-Sozialausschüsse am 15. Mai vor, die Kommunen dadurch zu entlasten, dass die ergänzende Sozialhilfe für Kleinrentenempfänger nicht mehr vom Sozialamt, sondern vom zuständigen Versicherungsträger mitausgezahlt werde. Diese Kosten solle dann der Bund aus Steuermitteln tragen.[270]
CDU-Generalsekretär *Geißler* meinte, die Länder und Kommunen sollten von jenen Sozialhilfekosten befreit werden, die sie an Asylbewerber und Asylanten sowie an jene Arbeitslose bezahlten, die keinen Anspruch mehr auf Arbeitslosenhilfe hätten. Diese drei Milliarden DM wären allerdings ausschließlich den Gemeinden zugute gekommen, die Länder hätten von den zusätzlichen Bonner Zahlungen nichts gehabt.[271] Beide Vorschläge sind offenbar von der „*Albrecht*-Koalition" abgelehnt worden, sie spielten im weiteren Verlauf der Verhandlungen keine Rolle mehr.
Vielmehr kristallisierte sich zunehmend heraus, dass es tatsächlich weniger um die Frage ging, wie die Länder von ihren Sozialhilfekosten entlastet werden, sondern vielmehr darum, ihnen auf die ein oder andere Weise zusätzliche finanzielle Mittel zukommen zu lassen.
Ein erstes Angebot, noch auf der Basis seiner ursprünglichen Initiative, machte Ministerpräsident *Albrecht* Anfang Juni 1988: er signalisierte, dass er damit zufrieden sein könnte, wenn sein Vorschlag stufenweise realisiert werde. *Stoltenberg* müsse sich 1989 erst von wenigen Milliarden trennen, allerdings eine grundsätzliche Zahlungsverpflichtung anerkennen.[272] Zugleich ließ *Albrecht* nach einem Gespräch der CDU-Ministerpräsidenten mit Bundeskanzler *Kohl* am 8./9. Juni[273] verlauten, seine Überlegungen seien in die Koalitionsrunde zur Beratung der Verbrauchssteuererhöhung nun mit einbezogen worden.
Im Ergebnis plante die Bundesregierung, die Länder dadurch zu entlasten, dass sie an den beabsichtigten Steuererhöhungen beteiligt werden würden.[274] So sollte beispielsweise die Kraftfahrzeugsteuer erhöht werden, eine reine Ländersteuer. Ebenso wurde darüber beraten, zur Entlastung der finanzschwachen Länder den

[269] So der FDP-Abgeordnete Hermann-Otto *Solms* gegenüber der FR vom 13. Februar 1988.
[270] FR vom 16. Mai 1988, FAZ vom 16. Mai 1988.
[271] SPIEGEL vom 23. Mai 1988.
[272] FAZ vom 7. Juni 1988.
[273] FAZ vom 10. Juni 1988.
[274] FAZ vom 11. Juni 1988.

Anteil des Bundes bei den Aufwendungen für das Wohngeld zu steigern.
Dennoch blieben die Mittel, die den Ländern dadurch zu Gute gekommen wären, noch deutlich unter der von *Albrecht* geforderten Entlastung von 5 Milliarden DM. Einer derartigen Beteiligung an den Sozialhilfekosten erteilten die Koalitionsparteien weiterhin eine klare Absage. *Albrecht* forderte dagegen vier Milliarden als „untere Kompromisslinie". Diese sei, so der SPIEGEL, schon am 6. Juni mit den sozialdemokratischen Ministerpräsidenten der „*Albrecht*-Koalition" in der Bonner Vertretung des Landes Bremen abgestimmt worden.[275]
Am 18. Juni bot die Bundesregierung dann erstmals an, den finanzschwachen Ländern zusätzliche Investitions- und Strukturhilfen in Höhe von jährlich etwa 1,5 Milliarden DM zu gewähren.[276]
Mit dem Begriff „Strukturhilfe" nahm die Bundesregierung einen Vorschlag des baden-württembergischen Ministerpräsidenten Lothar *Späth* auf, den dieser bereits im Frühjahr ins Spiel gebracht hatte: statt der teilweisen Übernahme der Sozialhilfekosten solle vielmehr ein *Strukturfonds* geschaffen werden. Der Vorschlag *Späths* war allerdings nicht nur von *Albrecht,*[277] sondern auch von Kanzleramtsminister *Schäuble* aus verfassungsrechtlichen Bedenken zunächst abgelehnt worden.
Späth brachte seine Idee Ende Mai 1988 erneut ins Spiel.[278] Über die Strukturhilfen hinaus sollten Arbeitslose ihre Unterstützung künftig ausschließlich von den Arbeitsämtern beziehen. Damit diese die Langzeit-Arbeitslosen, die bis dahin Sozialhilfe bezogen, unterstützen könnten, sollte der Bund drei Milliarden DM in einen „Erstattungsfonds" einzahlen.[279] Außerdem wollte *Späth* die Sozialhilfe von den wachsenden Pflegekosten entlasten.
Dieser Vorschlag wurde von *Albrecht* jedoch wiederum abgelehnt, mit der Begründung, Mittel zur regionalen Wirtschaftsförderung gäbe es genug. Diese kämen vor allem den reichen Ländern zugute, den armen aber fehle oft das Geld, das nötig sei, um die Begleitkosten – etwa für neue Verkehrswege – zu zahlen.[280]

---

[275] SPIEGEL vom 13. Juni 1988.
[276] FAZ vom 18. Juni 1988.
[277] Dieser Vorschlag, so *Albrecht* in der Bundesratsdebatte vom 29. April, könne zwar bei der ungleichen Auftragsvergabe durch den Bund hilfreich sein, die er ebenfalls problematisch finde. Er könne aber nicht das Problem der ungleich hohen Sozialhilfelasten lösen, um das es in dieser Sitzung gehe, vgl. BR-PlProt. 588, S.105.
[278] Der Strukturhilfefonds sollte die finanzschwachen Länder mit jährlich zwei Milliarden DM ausstatten und über zehn Jahre laufen. Die Empfängerländer sollten selbst zehn Prozent zu dem Fonds beitragen. Die Gelder sollten über ein neu zu schaffendes Strukturministerium vergeben werden, vgl. dazu SPIEGEL vom 23. Mai 1988.
[279] FAZ vom 7. Juni 1988.
[280] Auch das von *Späth* vorgeschlagene Strukturministerium lehnte er ab, mit der Begründung „Dieses Ministerium will Macht ausüben und das kommt überhaupt nicht in Frage", vgl. FAZ vom 7. Juni 1988.

Nur 14 Tage später sah *Albrecht* die Dinge freilich anders. Am 20. Juni äußerte er sich positiv über einen Sonderfonds für schwächere Bundesländer. Diesem Vorschlag *Späths* ließe sich zustimmen, so *Albrecht*, wenn sich mit ihm – genau wie mit seiner Initiative – Strukturen verändern ließen. Das setze aber eine gewisse Höhe voraus, es wurde, so die FAZ, von etwa vier Milliarden DM gesprochen, *Späth* habe zwei Milliarden vorgeschlagen.[281] Zudem müsse der Fonds in großregionaler Abgrenzung nach volkswirtschaftlichen Parametern ausgestaltet werden, zum Beispiel nach der Soziallast- oder der Arbeitslosenquote. Über den Fonds sollte nach *Albrechts* Vorstellungen noch vor der Verabschiedung der Steuerreform entschieden werden.

Damit wurden zu diesem Zeitpunkt zwei Dinge deutlich: zum einen begann *Albrecht* mehr und mehr von seinem ursprünglichen Plan der Beteiligung des Bundes an den Sozialhilfekosten abzurücken, wahrscheinlich weil er erkannte, dass er damit am geschlossenen Widerstand des Bundes und der finanzstarken Länder scheitern würde. Vielmehr ging es ihm nun – wie vermutlich von Anfang an – nur noch darum, seinen Landeshaushalt um die Kosten der Steuerreform zu entlasten. Dass es ihm um Zuweisungen für die Länder ging - und nicht etwa für strukturschwache Regionen -, macht der Hinweis auf die „großräumige Abgrenzung" des Fonds deutlich. Damit aber zerstörte er ein entscheidendes Element des ursprünglichen *Späth*-Planes: dieser hatte offensichtlich darauf spekuliert, dass durch den Strukturfonds nicht finanzschwache *Länder* sondern strukturschwache *Regionen* gefördert werden würden – und von denen glaubte er, „irgendwo da hinten im Hochschwarzwald oder auf der Schwäbischen Alb wohl auch ein paar zu haben".[282] Nach dem Konzept *Albrechts* hingegen würde, so war abzusehen, Baden-Württemberg bei der Verteilung des Kuchens wiederum leer ausgehen.

Es blieb das Problem, wie die Kosten des Fonds zu finanzieren seien. Dazu erneuerte *Albrecht* seinen Vorschlag vom März, die Verbrauchssteuern noch über das beabsichtigte Maß zu erhöhen, etwa bei der Mineralöl- und Heizölsteuer.[283]

Tatsächlich wurde nun von führenden Unionspolitikern, wie dem Wirtschaftsexperten Matthias *Wissmann*, eine noch weitere Erhöhung der Mineralölsteuer um ein bis zwei Pfennig erwogen, um den Forderungen *Albrechts* entgegenzukommen.[284] Dies fand allerdings keine Unterstützung innerhalb der Koalition.

---

[281] FAZ vom 21. Juni 1988.

[282] So *Albrecht* im Gespräch mit dem Verfasser, Interview *Albrecht*.

[283] Bis dahin war geplant gewesen, die Mineralölsteuer zum 1.1.1989 um zwölf Pfennig für verbleites und um 9 Pfennig für unverbleites Benzin zu erhöhen. 1991 sollten diese Steuern noch einmal um drei beziehungsweise zwei Pfennig steigen. Die Steuer auf leichtes Heizöl sollte 1989 von 1,66 auf 5,66 Pfennig pro Liter heraufgesetzt werden, vgl. FAZ vom 20. Juni 1988.

[284] FR vom 27. Juni 1988.

Andererseits rückte nun auch *Albrecht* zunehmend weiter von seiner ursprünglichen Initiative ab und näherte sich den Vorstellungen der Bundesregierung an. Nun sollte den Ländern mit einem Fonds im Rahmen des Art. 104a Grundgesetz zur Förderung von Investitionen geholfen werden.[285]
Die Investitions-Kriterien erinnerten an *Albrechts* alten Plan, da sie ebenfalls an die Sozialhilfelasten geknüpft waren. Doch diese sollten nur eines von drei Kriterien sein: Um nun auch Rheinland-Pfalz in den Genuss des Fonds kommen zu lassen, wo die Arbeitslosigkeit gering war, wurde daran gedacht, dass Geld dorthin fließen zu lassen, wo die Steuereinnahmen um mehr als drei Prozent unter dem durchschnittlichen Steueraufkommen aller Länder lägen. Der Länderfinanzausgleich und die Bundesergänzungszuweisungen wären eingerechnet worden. Schließlich enthielt der Entwurf eine Formel, mit der über einen Einwohnerschlüssel die Gemeinden anteilsgerecht einbezogen worden wären. Damit hätte Niedersachsen 1989 mit 789 Millionen Mark rechnen können. Nach *Albrechts* altem Plan wären dies nur 716 Millionen gewesen. NRW hätte 1 Milliarde, Hamburg, Bremen, Schleswig-Holstein, das Saarland und Rheinland-Pfalz nur relativ geringe Beträge bekommen. Erstaunlicherweise äußerte sich neben Ministerpräsident *Vogel* auch *Späth* zunächst zustimmend zu Albrechts neuem Plan[286] – entweder, weil letzterer die Folgen für sein Land noch nicht „durchgerechnet“ hatte, oder aber, weil er quasi der „Urheber“ dieser Idee war.
Dennoch war die Bundesregierung zunächst nicht bereit, auf das Angebot einzugehen. Vielmehr bot sie ihrerseits am 1. Juli einen Betrag von 2 Milliarden DM als Strukturhilfen an.[287]
Schließlich einigte man sich auf 2,4 Milliarden DM als zusätzliche Finanzhilfe. Diese sollten für einen Zeitraum von 8 bis 10 Jahren gewährt werden. *Albrecht* stimmte dem Kompromiss zu.[288]
Auch hier, so lässt sich feststellen, handelte es sich um einen „klassischen“ Kompromiss: ausgehend von zwei Positionen – Niedersachsen forderte 5 Milliarden, der Bund wollte nichts zahlen – einigte man sich (fast) auf die exakte Summenmitte: 2,4 Milliarden DM. Verhandelbar war hier aber nicht nur die Summe des Finanztransfers, sondern auch ihre gesetzesmäßige Ausformung:

---

[285] Aus diesem sollten für die kommenden zehn Jahre jeweils etwa drei Milliarden Mark in den Norden fließen. Der Bund sollte teilweise die zu fördernden Vorhaben mit einem Beitrag von bis zu 50 Prozent unterstützen, aber über die Vorhaben selbst sollten die Länder allein entscheiden. Hierzu sei bereits ein Gesetzentwurf „zur Förderung von Investitionen in strukturschwachen Ländern“ ausgearbeitet worden, über den sich Niedersachsen gesprächsbereit zeige. Niedersachsen knüpfe seine Zustimmung zur Steuerreform im Bundesrat weiter an die verbindliche Zusage der Bonner Koalitionsfraktionen, dass dem Norden im Rahmen dieses „neuen“ *Albrecht*-Planes geholfen werde, vgl. FAZ vom 29. Juni 1988.
[286] FR vom 30. Juni 1988.
[287] FAZ vom 4. Juli 1988.
[288] FAZ vom 5. Juli 1988.

Schaffung eines Strukturhilfefonds statt Änderung des Sozialhilfegesetzes.
Niedersachsen immerhin konnte mit dem Kompromiss hochzufrieden sein: wie Finanzministerin *Breuel* erklärte, werde das Land durch den Bonner Kompromiss etwa 750 Millionen DM bekommen. Dieser Betrag ergebe sich aus der Strukturhilfe und dazu aus 100 Millionen DM höheren Steuereinnahmen. Das ursprüngliche *Albrecht*-Modell hätte dem Land hingegen nur 716 Millionen DM gebracht.[289] Damit war die Zustimmung Niedersachsens für die Steuerreform gesichert. Dementsprechend stimmte das Land mit den anderen unionsregierten Ländern am 8. Juli für die Steuerreform.
Nun mussten die Einzelheiten der Strukturhilfe aber noch ausformuliert werden. Während die Bonner Politik und ebenso die meisten Ministerien sich in der parlamentarischen Sommerpause befanden, begann sogleich das „große Feilschen" um die Verteilung der Finanzmittel.
Bayern erklärte bereits unmittelbar nach dem Kompromiss zwischen *Albrecht* und der Bundesregierung, es werde diesem nur zustimmen, wenn das Land mehr als die ihm bisher zugedachten 40 Millionen Mark bekomme. Zur Begründung führte Finanzminister Max *Streibl (CSU)* an, in bestimmten Regionen Bayerns liege die Arbeitslosenquote über dem Bundesdurchschnitt. Diese müssten demnach auch als „strukturschwach" angesehen werden.[290]
Am 6. Juli einigte sich *Albrecht* mit den Ministerpräsidenten der SPD-regierten Länder seinerseits auf einen Verteilungsschlüssel, der bei einem nachfolgenden Koalitionstreffen jedoch abgelehnt wurde.[291] Nun wurde innerhalb der unionsregierten Länder eine Expertengruppe gebildet, die nach anderen Kriterien für die Vergabe der Strukturhilfen suchen sollte.[292]

---

[289] FAZ vom 8. Juli 1988.

[290] Bayern unterstützte daher den Vorschlag Rheinland-Pfalz', als Verteilungskriterien zu je einem Drittel die überdurchschnittliche Arbeitslosigkeit in Arbeitsamtsbezirken, die Finanzkraft und die Zahl der Einwohner in Gebieten der Gemeinschaftsaufgabe „regionale Wirtschaftsstruktur" zu verwenden, vgl. FR vom 6. Juli 1988.

[291] Danach wären für Bayern 1,7 Prozent aus dem Aufkommen der *Albrecht*-Initiative vorgesehen gewesen. Niedersachsen sollte 27 Prozent und Rheinland-Pfalz 12 Prozent bekommen. Der Rest sollte auf die SPD-regierten Länder entfallen. Dennoch zeigten sich auch diese Länder schon mit dem Ergebnis nicht recht zufrieden, da ihre Zuwendungen nun deutlich unterhalb der ursprünglich mit der *Albrecht*-Initiative geplanten Mitteln liegen sollten, vgl. FR vom 8. Juli 1988.

[292] Auch nach einem Treffen der Finanzexperten der CDU/CSU-regierten Länder im Bundesfinanzministerium am 15. Juli gingen die Ansichten über den Verteilungsschlüssel und die Verwendung der Mittel noch weit auseinander. Bayern habe sich danach mit den ihm zugedachten Mitteln (41 Millionen DM) und „dem ganzen Verfahren" nicht einverstanden erklärt. Auch Baden-Württemberg bekräftigte seine Kritik. Es könne nicht angehen, so Finanzminister Guntram *Palm*, acht der elf Bundesländer per se zu „strukturschwachen Gebieten" zu erklären. An die Stelle des Strukturfonds dürfte nicht die Subventionierung notleidender Länderhaushalte treten, vgl. FR vom 16. Juli 1988.

Mitte September deutete sich eine Einigung über die Verteilung der Strukturhilfe-Gelder an.[293] Der schließlich gefundene Verteilungsschlüssel lehnte sich weitgehend an den Vorschlag von Rheinland-Pfalz an.[294] Das Strukturhilfe-Gesetz wurde am 5. Oktober 1988 als Referentenentwurf der Bundesregierung vorgelegt. Das Gesetz sollte auf 10 Jahre befristet sein. Danach sollten Investitionen der Länder und Gemeinden bis zu einer Grenze von 90 Prozent vom Bund gefördert werden. Offensichtlich war der Entwurf noch einmal geändert worden. Im Vergleich zu den Plänen von Mitte September war der Sockelbetrag von 35 auf 27 Mill. DM gesenkt worden. Die Beträge für Bayern blieben in etwa gleich; Berlin, Bremen, Hamburg und NRW mussten Einbußen jeweils zwischen 10 und 20 Mill. DM hinnehmen, Niedersachsen, Rheinland-Pfalz, Saarland und Schleswig Holstein bekamen im gleichen Maße mehr Geld.[295]
Die Forderung NRWs, bei der Verteilung auch die besonderen Belastungen durch die Kohle anzurechnen, wurde nicht berücksichtigt. SPD-Chef *Vogel* kritisierte, dass die Aufteilung der Mittel in informellen Kreisen der CDU/CSU ohne Beteiligung der SPD-regierten Länder entschieden worden sei.[296]

b) *Die Forderungen Lothar Späths*

Im Gegensatz zu Ernst *Albrecht*, der die Steuerreform inhaltlich unterstützte, äußerte der baden-württembergische Ministerpräsident *Späth* Kritik an einzelnen Punkten der Steuerreform.
Sein Hauptkritikpunkt war die geplante Einschränkung der Steuerbefreiung von Jahreswagen. Die Bundesregierung plante, diese auf drei Prozent vom Listen-

---

[293] Bayern sollte nun 150 Millionen DM statt ursprünglich 40 Millionen bekommen. Dafür bekäme Niedersachsen nur noch etwa 600 Mill.. Hier „rächte" sich, dass *Albrecht* mit seiner Zustimmung zur Steuerreform, ohne den genauen Verteilungsschlüssel der Strukturhilfe festgelegt zu haben, seine einziges „Faustpfand" aus der Hand gelegt hatte. NRW sollte immerhin noch 800 Mill., Rheinland-Pfalz 280 Mill. DM erhalten. Das entsprach etwa dem von Mainz geforderten 12 Prozent, vgl. FR vom 14. September 1988.

[294] Alle Länder, außer Hessen und Baden-Württemberg, sollten danach einen festen Sockelbetrag von jeweils 1,44 Prozent oder 35 Millionen DM aus dem Strukturfonds bekommen. Der Rest von 2,1 Mrd. DM sollte nach folgendem Schlüssel verteilt werden: 1. Das zwischen 1984 und 1987 erwirtschaftete BIP pro Einwohner eines Landes sollte mit einem Gewicht von 24 Prozent in die Berechnung eingehen, 2. Die Beschäftigungsentwicklung nach Arbeitsamtsbezirken in den Jahren 1983 bis 185 zu 37 Prozent. 3. Die Arbeitslosigkeit nach Arbeitsamtsbezirken zwischen 1985 und 1987 wird mit 39 Prozent gewichtet. Niedersachsen standen nach diesem Schlüssel 24,6 % (603 Mill.), NRW 32,6 % (796 Mill.), Rheinland-Pfalz 10,3 Prozent (253 Mill.), Schleswig-Holstein 9,8 Prozent (239 Mill.), Bayern 6,3 Prozent (156 Mill.), Hamburg 5,3 Prozent (130 Mill.), Saarland 4,4 Prozent (108 Mill.), Berlin 3,6 Prozent (87 Mill.), Bremen 3,1 Prozent (75 Mill.).FR vom 16. September 1988.

[295] FR vom 6. Oktober 1988.

[296] FAZ vom 6. Oktober 1988.

preis eines Jahreswagens zu beschränken, während *Späth* fünf Prozent forderte. Er kündigte sogar an, Baden-Württemberg werde der Reform nicht zustimmen, wenn dies nicht geändert werde.[297] Ferner verlangte er, ähnlich wie *Strauß*, eine Modifizierung der geplanten Quellensteuer sowie die Vereinfachung der Vereinsbesteuerung.[298] Angesichts der, wie er meinte „maßvollen fiskalischen Auswirkungen" seiner Forderungen sehe er „keine unüberwindbaren Hindernisse" darin. Die Einnahmeausfälle bei der Quellensteuer bezifferte er auf rund 500 Millionen DM. Für die restlichen Forderungen Baden-Württembergs kämen weitere 400 Millionen Mark hinzu. Die Vereinfachung der Vereinsbesteuerung bezeichnete er als „wichtigste Forderung Baden-Württembergs". Sie sei zwar „nicht Gegenstand der Steuerreform selbst". Dennoch stelle er hier ein „unauflösliches Junktim" her. Er erwarte, dass dieser Punkt an die Steuerreform gekoppelt werde.[299] Ebenfalls riet er, die geplante Besteuerung der Zuschläge für Sonntags, Feiertags- und Nachtarbeit noch einmal zu überdenken.
Kanzleramtsminister *Schäuble* sagte ihm gegenüber daraufhin Verhandlungsbereitschaft zu. Generell wies dieser darauf hin, dass in den weiteren Beratungen geprüft werden müsse, wie die Einnahmeausfälle gedeckt werden können. An der Gegenfinanzierung von 18,5 bis 19 Milliarden DM müsse festgehalten werden, da sonst die Länder nicht zustimmen würden.
Der FDP-Vorsitzende Martin *Bangemann* verteidigte dagegen die vorgesehene Regelung für Jahreswagen und bezeichnete *Späths* Drohung als „unverantwortlich".[300]
Einen ersten Erfolg konnte *Späth* wenige Tage vor der Landtagswahl in Baden-Württemberg erzielen. Am 9. März einigten sich die Finanzpolitiker der Koalition, die Einschränkung der Steuerfreiheit für Sonntags-, Feiertags-, und Nachtzuschläge für Schichtarbeiter auf drei Stufen bis 1993 zu verteilen, sofern sich aus dieser Neuregelung eine insgesamt höhere Lohn- und Einkommensteuerlast für die betroffenen Arbeitnehmer als nach geltendem Recht ergäbe.[301] Der Forderung *Späths* nach einem Entgegenkommen bei den Jahreswagen gab man allerdings zunächst nicht nach. Dieser kündigte an, die Forderung im Bundesrat erneut zu erheben. Auch die Länder Bayern, Niedersachsen und Rheinland-Pfalz würden sich seiner Forderung anschließen.[302]

---

[297] FAZ, 27. Februar 1988.
[298] SZ vom 22. Januar 1988 und Die WELT vom 5. März 1988.
[299] Darauf, dass das wohl eher ein Wahlkampfmanöver gewesen sein dürfte, weist der Umstand hin, dass in den weiteren Verhandlungen von diesem „Junktim" nicht mehr die Rede sein sollte.
[300] SZ vom 7. März 1988.
[301] SZ vom 11. März 1988.
[302] SZ vom 12. März 1988. Interessant ist in diesem Zusammenhang die Äußerung *Geißlers*, die CDU werde *Späth* beim Kampf um die Rabatte für Jahreswagen unterstützen. Außerdem seien die von *Späth* geforderten 5 Prozent Anfang Januar in der Koalition mit den Stimmen

Einige Tage später relativierte *Späth* allerdings seine Äußerungen dahingehend, dass er an dieser Frage die Reform nicht scheitern lassen würde.[303] Gleichwohl drohte er der Bundesregierung unverhohlen mit der Anrufung des Vermittlungsausschusses.

Am 22. März beschloss die Bonner Koalition den Gesetzentwurf. Darin wurde die von *Späth* kritisierte Besteuerung der Jahreswagen in der ursprünglichen Form bekräftigt.

Dass ihn dies nicht zufrieden stellen konnte, war abzusehen. Deshalb setzte er sich im Bundesrat auch erfolgreich dafür ein, dass dieser Punkt mit in den umfangreichen Änderungskatalog des Bundesrates aufgenommen wurde. Konkret schloss sich die Bundesratsmehrheit der Forderung *Späths* nach einer fünfprozentigen Steuerbefreiung für Jahreswagen an. Überdies sollte die Steuerbegünstigung der Nacht- und Sonntagszuschläge sowie der Belegschaftsrabatte gegenüber dem Regierungsentwurf verbessert werden.[304] In der Bundesratsdebatte am 25. April hielt sich *Späth* allerdings mit Kritik gegenüber dem Regierungsentwurf weitgehend zurück.

Entgegen konzilianter Äußerungen des Bundesfinanzministers *Stoltenberg* in der selben Sitzung verweigerte sich die Bundesregierung in ihrer Gegenäußerung zur Stellungnahme des Bundesrates weitgehend den Änderungswünschen der Länder. So war sie nicht bereit, eine Veränderung der Besteuerung von Jahreswagen vorzunehmen. Ebenso wollte sie an der Besteuerung von Sonntags-, Feiertags- und Nachtarbeit festhalten. Mit dem Satz, sie halte Änderungen im Gesetzgebungsverfahren jedoch noch für möglich ließ sie sich freilich ein „Hintertürchen" offen.

Nachdem Ministerpräsident *Späth* daraufhin erneut ankündigen ließ, er erwäge die Anrufung des Vermittlungsausschusses, um seine Forderung nach einem Preisabschlag von fünf Prozent durchzusetzen,[305] machte Bundeskanzler *Kohl* den Vorschlag, *Späth* im Streit um die Jahreswagenbesteuerung entgegenzukommen, um den Terminplan für die Steuerreform nicht durch eine Anrufung des Vermittlungsausschusses zu gefährden.[306] Er empfahl, vor der künftigen Besteuerung von Jahreswagen einen vierprozentigen Preisabschlag vorzunehmen. Zugleich sollte aber an der Einführung eines Steuerfreibetrages bei Jahreswagen von 2400 DM festgehalten werden.

Bereits zuvor hatte die Bundesregierung angeboten, dass Schichtarbeiter, die mehr als die Hälfte ihrer Arbeitszeit in Nachtschichten arbeiten, 40 Prozent ihrer

---

der FDP bereits vereinbart worden, was von der FDP umgehend zurückgewiesen wurde, SZ vom 16. März 1988.

[303] FAZ, 16. März 1988.

[304] FR vom 20. April 1988.

[305] FAZ vom 2. Juni 1988.

[306] FR vom 8. Juni 1988.

Zuschläge steuerfrei bekommen sollten. Ursprünglich war vorgesehen, Lohnzuschläge für Nachtarbeit allgemein nur bis zu 25 Prozent und Zuschläge für Sonntagsarbeit bis zu 50 Prozent steuerfrei zu belassen.[307]
Lothar *Späth* signalisierte schließlich, er könne sich mit dem von *Kohl* angebotenen Kompromissvorschlag für die Besteuerung der Jahreswagen zufrieden geben.[308] Auch die Koalition folgte diesem Vorschlag.[309] In seiner Bewertung des Verhandlungsergebnisses hob *Späth* schließlich hervor, dass „jedes Land die Steuerreform im Hinblick auf seine Interessenlage überprüft" habe.[310] Dazu zählte er auch die „Jahreswagen-Diskussion", die, wie er meinte, nur deshalb eine in der Öffentlichkeit überproportionale Bedeutung erfahren habe, weil „die Kompromissbereitschaft der Koalition in dieser Phase (...) gerade schwierig war". Er fuhr fort: „Es ist doch ganz klar, dass ein Ministerpräsident eines Landes in dem teure Autos hergestellt werden, mehr Wert auf den Rabatt als auf den Freibetrag legt und dass dem Ministerpräsidenten eines Landes, wo man mit dem Freibetrag gerade so über die Runden kommt, der Rabatt wiederum nicht so wichtig ist."

c) *Die Forderungen Bayerns*

Auch Bayern äußerte an einigen Punkten der Reform frühzeitig Kritik. Dabei wird ein weiteres Mal die enge Verzahnung von CSU und bayerischer Staatsregierung deutlich.
Zunächst ging es um Ausnahmeregelungen für die geplante Quellensteuer: diese sollten für Einrichtungen gelten, die auch bisher von der Steuerpflicht befreit gewesen waren, wie etwa Kirchen, Stiftungen oder eine Reihe öffentlicher Kreditanstalten.[311] Hier zeigte sich die FDP kompromissbereit, sie werde die Reform an diesem Punkt nicht scheitern lassen. Dementsprechend wurden die bayerischen Forderungen schon vor der Erstellung des Gesetzentwurfs berücksichtigt.[312]
Weiter erhoben die CSU-Politiker Gerold *Tandler* und Friedrich *Zimmermann* Forderungen, wie sie später auch die bayerische Staatsregierung im Bundesrat äußern sollte: Änderungen an der Investitionszulage wurden gewünscht, das Problem der Vollverzinsung angesprochen sowie die Gemeinnützigkeit von Wohnungsbaugesellschaften diskutiert. Nicht zuletzt ging es um einen Paragrafen, der die Schuldentilgung in Land- und Forstwirtschaft regelt.[313] Hier hatten

[307] FR vom 3. Juni 1988.
[308] FAZ vom 10. Juni 1988.
[309] FAZ vom 18. Juni 1988.
[310] BR-PlProt. 591, S. 228.
[311] FAZ vom 25. Februar 1988.
[312] SZ vom 2. März 1988.
[313] FR vom 24. März 1988

sich die CSU-Vertreter zunächst nicht durchsetzen können. Bereits unmittelbar nach der Verabschiedung des Gesetzentwurfs machten die CSU-Minister in der Bundesregierung aber klar, ihre Anliegen über Bundesrat und Bundestag erneut zur Sprache bringen zu wollen. Sogar eine Anrufung des Vermittlungsausschusses wollte man nicht ausschließen.[314] Der bayerische Staatskanzleichef *Stoiber* erklärte dazu, eigentlich habe man die vier entscheidenden Punkte[315] noch vor dem Kabinettsbeschluss geklärt haben wollen. In jedem Fall habe es weitere Forderungen gegeben, die man über das Gesetzgebungsverfahren erneut thematisieren wolle.
Dementsprechend gehörte zu den Empfehlungen, die der Finanzausschuss des Bundesrates dem Plenum für seine Stellungnahme vorlegte, auch die Forderung, die Aufhebung der Gemeinnützigkeit im Wohnungswesen vom Entwurf abzutrennen und in einem gesonderten Gesetz zu behandeln. Änderungsanträge zur Streichung der Investitionszulage wurden zwar im Finanzausschuss noch abgelehnt, im Wirtschaftsausschuss dann aber doch empfohlen. Bayern forderte über den Bundesrat, das Investitionszulagengesetz nicht 1989, sondern erst ein Jahr später auslaufen zu lassen. Den Antrag auf Verlängerung des Investitionszulagengesetzes, der im übrigen auch vom R-Land Schleswig-Holstein als einem von zwei Änderungswünschen hervorgehoben wurde, begründete der bayerische Finanzminister Max *Streibl* dann im Bundesrat mit dessen Funktion für das bayerische Grenzland. Er verband seinen Wunsch offenbar mit einer bereits gegebenen Zusage der Bundesregierung für eine erweiterte Anwendung der Zonenrandrücklage. Bis zum Ende des Gesetzgebungsverfahrens solle ein entsprechender Gesetzesvorschlag vorliegen. Die von der Bundesregierung vorgesehene Befristung der Investitionszulagengewährung würde, so der schleswig-holsteinische Finanzminister *Claussen*, zu einem zu kurzfristigen Ende der Förderung führen.[316] Dieser Kritik schlossen sich die Finanzminister aller anderen Bundesländer an.
Gerade in dieser Frage zeigte sich Finanzminister Gerhard *Stoltenberg* bereit, eine begrenzte Übergangsregelung zu erörtern. Zugleich bekräftige er die Absicht der Bundesregierung, eine Einschränkung der Steuerbefreiung bei gemeinnützigen Wohnungsunternehmen durchsetzen zu wollen. Stellungnahmen vieler betroffener Organisationen hätten ihn in dieser Auffassung bestätigt. Grundsätzlich sei die Bundesregierung allerdings auch hier verhandlungsbereit.[317]

---

[314] SZ vom 24. März 1988.
[315] Ein Vertrauensschutz bei der geplanten Beseitigung von Investitionszulagen; die Regelung der Abschaffung der Gemeinnützigkeit von Wohnungsunternehmen in einem gesonderten Gesetz; Rücknahme der Abschaffung von bestimmten Vergünstigungen für Landwirte und die Abzugsfähigkeit von auf die Einkommen- und Körperschaftsteuer gezahlten Zinsen.
[316] BRatPlProt 588, S. 90.
[317] BR-PlProt. 588, S. 100.

Dementsprechend bot die Bundesregierung den Ländern am 1. Juni an, die Investitionszulage doch um ein Jahr – bis 1990 - zu verlängern. Ebenso sollten den Landwirten einige steuerliche Übergangsregelungen eingeräumt werden. Hart blieb sie allerdings zunächst bei der geplanten Abschaffung der Steuerfreiheit für gemeinnützige Wohnungsunternehmen.[318] Gerade diese war wegen der möglichen Rückwirkungen des Subventionsabbaus auf die Mieten in München innerhalb der CSU auf besonderen Widerstand gestoßen.
So verwundert es nicht, dass sich die CDU/CSU-Ministerpräsidenten und Bundeskanzler *Kohl* in einem Gespräch am 8./9. Juni noch nicht über die Steuerreform einigen konnten.[319] Das änderte sich erst, als Bayern ultimativ die Anrufung des Vermittlungsausschusses androhte.[320] So einigte man sich schließlich auf folgenden Kompromiss: Zwar wurden die Steuervorteile tatsächlich, wie geplant, abgeschafft. Die Landesregierungen wurden aber ermächtigt, die sich daraus möglicherweise in Ballungsgebieten ergebenden Mietsteigerungen bis 1995 auf jährlich fünf Prozent zu beschränken.

d) *Weitere Änderungswünsche der Länder*

Über die bereits dargestellten Konfliktpunkte hinweg gab es noch eine Reihe von Änderungswünschen, die von einer größeren, variierenden Gruppe von Ländern geäußert worden waren. Dahinter standen, soweit sich das erkennen lässt, keine länderspezifischen bzw. die Länder insgesamt betreffende Nachteile sondern grundsätzliche Streitpunkte steuerpolitischer Natur. Auch die hier gefundenen Lösungen sollen im folgenden dargestellt werden.
So verwarf der Bundesrat *Stoltenbergs* Plan, den Werbungskosten-Pauschbetrag, die Arbeitnehmerfreibetrag und den Weihnachtsfreibetrag zu einer einheitlichen Arbeitnehmerpauschale von 2000 Mark zusammenzufassen. Vielmehr wollte die Mehrheit der Länder zurück zu einer Aufteilung in Werbungskosten und einen Arbeitnehmerfreibetrag, der die Wirkung des bisherigen Weihnachtsfreibetrags entfaltete. Damit die Änderung aufkommensneutral blieb, schlugen die Länder vor, auf die geplante Anhebung der Kilometerpauschale zu verzichten. Des weiteren sollte der Finanzminister seinen Plan aufgeben, die steuerliche Anrechnung des Arbeitszimmers einzuschränken.[321] Ebenso sollten nicht nur, wie vorgesehen, Sparguthaben mit gesetzlicher Kündigungsfrist, sondern auch Girokonten und Bausparguthaben von der Quellensteuer ausgenommen werden.
In allen Punkten lehnte die Bundesregierung zunächst ein Entgegenkommen ab, schlug dann aber doch Kompromisslösungen vor. So sollten Zinsen auf Girokon-

---

[318] FAZ vom 1. Juni 1988.
[319] FAZ vom 10. Juni 1988.
[320] FAZ vom 22. Juni 1988.
[321] FR vom 20. April 1988.

ten bis zu 0,5 % von der Quellensteuer befreit werden. Bausparer, die wegen ihres geringen Einkommens Anspruch auf die Bausparprämie hätten und einen Antrag auf die Gewährung der Prämie stellten, sollten von vornherein von dieser ausgenommen werden.[322] Nicht durchsetzen konnten sich die Länder hingegen mit ihrer Forderung nach einer Wiederbelebung der Aufteilung des Arbeitnehmer-Pauschbetrags.

3.2.3.2 Der Verhandlungsverlauf

Wie bereits deutlich wurde, verliefen die Verhandlungen über beide Gesetzesvorhaben, die Steuerreform und die *Albrecht*-Initiative, parallel und waren über die Forderung *Albrechts*, für seine Zustimmung zur Steuerreform finanzielle Zuwendungen für die finanzschwachen Länder zu erhalten, miteinander verknüpft.

Als Verhandlungsbeginn kann hier, wie bei der Gesundheitsreform, die Veröffentlichung des Referentenentwurfs für die Steuerreform am 14. Januar gelten.[323] Kurz darauf ging Ernst *Albrecht* mit seinen Plänen zur Änderung des Sozialhilfegesetzes an die Öffentlichkeit. Allerdings war nicht von Anfang an klar, ob er Steuerreform und seine Initiative miteinander verbinden wollte. Spätestens Ende Februar, als Lothar *Späth* seine Forderungen einbrachte, dürfte wohl auch *Albrecht* sein Junktim deutlich gemacht haben.[324] Zeitgleich äußerte auch die CSU ihre Kritik an der Steuerreform.

Zunächst schien die Verbindung zwischen den Forderungen *Albrechts* und der Steuerreform auch noch nicht als problematisch betrachtet worden zu sein. Ernsthafte Lösungsbemühungen wurden erst entwickelt, als die *„Albrecht*-Koalition" ihre Gesetzesinitiative in den Bundesrat einbrachte (29. April 1988).

Die *erste Verhandlungsphase* wurde dagegen von speziellen Forderungen einzelner Akteure, allen voran Baden-Württemberg und der bayerischen CSU, dominiert. Bereits Anfang März, also noch vor der Landtagswahl im Südwesten, hatte die Bundesregierung ihren Kompromissvorschlag zu den Schichtarbeiter-Zuschlägen ausgearbeitet, der allerdings noch nicht *Späths* uneingeschränkte Zustimmung fand. Ebenso konnte die bayerische CSU nur einen Teilerfolg verzeichnen: Zwar gelang es ihr, die Quellensteuer zu modifizieren. Verschiedene andere Punkte (Investitionszulagen, Steuerfreiheit für Gemeinnützige Woh-

---

[322] FAZ vom 1. Juni 1988.

[323] vgl. SZ und FAZ vom 15. Januar 1988.

[324] So wies die FR Ende Februar anlässlich einer Ministerpräsidenten-Runde für Fragen der Umsatzsteuerneuverteilung zwischen Bund und Ländern darauf hin, dass sich die Unionsländer durch den Hinweis *Albrechts* „besonders provoziert" gefühlt hätten, dass es zwar keinen inhaltlichen, wohl aber einen zeitlichen Zusammenhang seines Antrags mit der Steuerreform gebe, vgl. FR vom 27. Februar 1988.

nungsbaugesellschaften) mussten aber zunächst zurückgestellt werden. Sowohl Baden-Württemberg als auch Bayern kündigten daher an, ihre Forderungen in das Gesetzgebungsverfahren einzubringen. Markant ist, dass das Entgegenkommen der Bundesregierung in beiden Fällen nicht das Ergebnis von Verhandlungen mit den Ländern, sondern von *einseitigen*, koalitionsinternen Beratungen war.

Der Beginn der *zweiten Verhandlungsphase* kann mit der Überleitung des Gesetzesentwurfs an den Bundesrat am 22. März 1988 angesetzt werden. Diese Phase wurde dadurch gekennzeichnet, dass die in der ersten Phase noch nicht saturierten Länder weitgehend erfolgreich versuchten, Verbündete unter den anderen Ländern zu suchen. Ergebnis war der umfangreiche Änderungskatalog, den der Bundesrat der Bundesregierung in seiner Stellungnahme Ende April 1988 präsentierte. Die Koalition nutzte in dieser Phase die erste Lesung des Gesetzes im Bundestag,[325] ihre Verhandlungsbereitschaft zu erklären: so äußerten die FDP-Politiker Hans H. *Gattermann* und Herrmann-Otto *Solms*, die Anregungen des Bundesrates sollten vorbehaltlos geprüft werden. Allerdings seien dessen Vorschläge mit kostenerhöhender Wirkung wenig glaubwürdig, wenn die Länder gleichzeitig über die Steuerausfälle der Reform klagten. Auch der Bundesrat trage als Verfassungsorgan eine gesamtstaatliche Verantwortung.

Das Ende der zweiten und der Beginn der *dritten Phase* wurde mit der seitens *Albrecht's* eindeutig klargemachten Verbindung zwischen der Steuerreform und seiner Initiative eingeleitet. Diese wurde auf der Sitzung des CDU-Präsidiums am 25. April deutlich gemacht.[326] Spätestens seit dem gleichzeitigen Beschluss des Bundesrates über dessen Änderungswünsche an der Steuerreform und der *Albrecht*-Initiative am 29. April sah sich die Bundesregierung nun einer „Zwei-Fronten-Situation“ ausgesetzt: einerseits musste sie versuchen, den Forderungen der Ländermehrheit entgegen zu kommen. Andererseits musste sie mit dem von *Albrecht* geführten Länderblock zu einer Übereinkunft kommen. Dazu wurden wiederum öffentlich einseitige Vorschläge unterbreitet, wie der des CDA-Vorstandes bzw. von Heiner *Geißler* am 15.Mai (s.o.). Auch *Späths* Vorschlag eines „Strukturfonds“ kam zu diesem Zeitpunkt erstmals ernsthaft ins Gespräch, was von *Albrecht* freilich noch abgelehnt wurde.

Zugleich galt es, auf die Änderungswünsche der Länder bezüglich der Steuerreform zu reagieren, insbesondere auf die Forderungen Baden-Württembergs und Bayerns. Darauf, dass man sich innerhalb der Bundesregierung über die richtige

---

[325] Am 21. April 1988. Beraten wurde hier der wortgleiche, von den Koalitionsfraktionen eingebrachte Entwurf.

[326] Nur einen Tag später bekräftigte *Albrecht* auf einer Klausurtagung der niedersächsischen Unionsfraktion seine Entschlossenheit, das mögliche Nein zur Steuerreform als „Faustpfand“ auf keinen Fall aus der Hand zu geben, bevor nicht der Erfolg seines Gesetzesvorstoßes gesichert sei, vgl. FR vom 28. April 1988.

Strategie nicht ganz im Klaren zu sein schien, deutet die zunächst geäußerte Konzilianz *Stoltenbergs* hin, die so gar nicht mit der Entschiedenheit zusammen zu passen schien, mit der die Länderforderungen in der Gegenäußerung der Bundesregierung vom 11. Mai abgelehnt wurden. Wahrscheinlich ist, dass der Bundesregierung klar wurde, dass sie sich nach dem Antritt der Regierung *Engholm* in Kiel am 30. Mai die Enthaltung auch nur eines R-Landes bei der Abstimmung über die Steuerreform nicht mehr würde leisten können.
Nur so wird verständlich, warum sich die Partei- und Fraktionsvorsitzenden der Koalition am 1. Juni auf ein zumindest teilweises Entgegenkommen gegenüber den Länderforderungen einigen konnten. Dieser koalitionsinternen Einigung war eine Vorbesprechung der Finanzminister aus den unionsregierten Ländern vorangegangen, in der, so lässt sich annehmen, bereits die wesentlichen Kompromisslinien ausgearbeitet worden waren. Entscheidendes Ergebnis war die Bereitschaft der Bundesregierung, zur Finanzierung der Länderforderungen „maßvolle" Steuererhöhungen durchzuführen.[327] Über das Ausmaß und den Zeitpunkt der Erhöhung einzelner Verbrauchssteuern konnte sich die Koalition am 1. Juni aber noch nicht einigen. Auch bei einigen Ländern stieß dieses Entgegenkommen auf wenig Gegenliebe: so sprach sich der rheinland-pfälzische Ministerpräsident *Vogel* beispielsweise gegen eine Erhöhung der Mineralölsteuer ohne gleichzeitige Anhebung der Kilometerpauschale aus.[328]
In den folgenden Tagen wurden man sich schließlich sowohl über die Forderung *Späths* als auch über das Ausmaß der Verbrauchsteuererhöhungen einig, so dass nur noch die bayerischen Forderungen über blieben, über die noch bis Ende Juni verhandelt wurde.
Mit der Zustimmung zu den Verbrauchsteuererhöhungen war zugleich auch die Finanzierung der *Albrecht'schen* Forderungen möglich geworden, so dass es – nach dessen Einverständnis mit einem Strukturfonds anstelle seiner ursprünglichen Initiative - in der letzten Phase der Verhandlungen allein um die Höhe der Bundeszahlungen ging.
Wie sehr und mit welchen Mitteln in diesem gesamten Zeitraum von *Albrecht* gepokert wurde, zeigen die Beratungen des Bundesrats-Finanzausschusses über die mittlerweile vom Bundestag am 23. Juni verabschiedete Steuerreform: weder die Befürworter noch die Gegner des Gesetzes konnten sich durchsetzen, so dass der Ausschuss dem Plenum keine Empfehlung geben konnte.[329] Grund für dieses Stimmenpatt zwischen den R- und O-Ländern war die Enthaltung Niedersachsens. Nun hatte die Entscheidung eines Ausschusses zwar noch keine ausschlaggebende Bedeutung. Sie stellte aber zweifellos einen „Warnschuss" an die Bun-

---

[327] Offiziell wurden diese allerdings mit der Notwendigkeit begründet, erhöhte Abführungen an die EG finanzieren zu müssen.
[328] FAZ vom 8. Juni 1988.
[329] FAZ vom 25. Juni 1988.

desregierung dar. Die niedersächsische Finanzministerin Birgit *Breuel* drückte ihr Verhalten sybillinisch so aus: zwar stimme Niedersachsen der Steuerreform inhaltlich ausdrücklich zu. Sie müsse aber darauf hinweisen, dass deren Finanzierung noch nicht gesichert sei. Dennoch gehe sie davon aus, dass bis zum 8. Juli eine Übereinkunft gefunden werden könne – in nur gut zwei Wochen!
Ministerpräsident *Albrecht* äußerte am 24. Juni ebenfalls, dass er der Steuerreform erst zustimmen könne, wenn „alle Daten auf dem Tisch" lägen. Er sei immer dafür gewesen, die Themen Steuerreform und finanzielle Ausstattung der Länder voneinander getrennt zu behandeln(!) Aber man müsse sehen, dass die finanzschwachen Länder die Verantwortung für die Steuerreform nicht übernehmen könnten, wenn sie dadurch vor unlösbare Schwierigkeiten gestellt werden würden. Ohne zusätzliche finanzielle Zuwendungen des Bundes, der seine Ausgleichsfunktion wahrzunehmen habe, werde es Niedersachsen nach der Steuerreform nicht mehr möglich sein, eine Haushaltspolitik zu betreiben, die auch den verfassungsrechtlichen Anforderungen genüge. In anderen norddeutschen Ländern sei die Lage noch schwieriger. *Albrecht* ließ gleichwohl erkennen, dass er nicht an dem Plan hänge, Länder und Kommunen bei der Sozialhilfe zu entlasten. Man könne auch auf anderem Wege zu vergleichbaren finanziellen Ergebnissen gelangen. Sein Ziel bleibe es aber, den acht ärmeren Ländern der Bundesrepublik auf Dauer zusätzliche Mittel in der Größenordnung von rund vier Milliarden DM zu beschaffen. Diese Bemerkung wies darauf hin, dass er in den Kreis der ärmeren Länder auch Rheinland-Pfalz einbezog, das seine Initiative im Bundesrat nicht unterstützte.[330]
Am 1. Juli, sieben Tage vor der entscheidenden Abstimmung, kam es zu einem weiteren Spitzengespräch der Koalition, in dem auch über die *Albrecht*-Initiative beraten werden sollte. Im Vorfeld dieses Treffen habe *Albrecht*, so die FAZ, bereits sowohl mit *Stoltenberg* als auch mit Kanzleramtsminister *Schäuble* gesprochen. Dabei sei augenscheinlich aber immer noch keine Einigung erzielt worden.[331] Die Verantwortung habe letztendlich bei Bundeskanzler *Kohl* gelegen, der sowohl als Bundeskanzler als auch als CDU-Parteivorsitzender ein Interesse daran hätte haben müsse, mit *Albrecht* zu einem Kompromiss zu kommen, der den Weg zur Steuerreform endgültig freimachen würde. Diesen Kompromiss hätte *Albrecht* aber zugleich auch als politischen Erfolg in Niedersachsen vorweisen müssen können.
Hervorzuheben bleibt dabei, dass *Albrecht* hierbei mit dem Problem der „ungleichzeitigen Entscheidungsreife" zweier Gesetzesprojekte konfrontiert war: Man hatte sich zwar grundsätzlich auf die Schaffung des Strukturfonds geeinigt. Die genauen Details waren aber noch offen, geschweige denn, dass es bereits

[330] Das dies durchaus strategisch, zur Vergrößerung der eigenen Bundesratsmehrheit, gedacht war, bestätigte *Albrecht* im Gespräch mit dem Verfasser, Interview *Albrecht*.
[331] FAZ vom 1. Juli 1988.

einen Gesetzentwurf gab (der ursprüngliche Entwurf *Albrechts* konnte nun, da man sich auf ein völlig anders Modell geeinigt hatte, ja nicht mehr verwendet werden). Auf der anderen Seite stand die Entscheidung über die Steuerreform unmittelbar an. *Albrecht* musste sich also darauf verlassen, dass seine Parteifreunde in Bonn sich auch nach seiner Zustimmung zur Steuerreform an die Abmachung halten würden. Angesichts dessen, dass sein „Drohpotential" nicht geringer geworden war – er hätte sich ja beispielsweise bei der 1988 ebenfalls anstehenden Gesundheitsreform ähnlich verhalten können – stand dies allerdings auch zu erwarten.

Die Verhandlungen über den *Strukturfonds* wiederum waren im wesentlichen von einem „Feilschen" über die Höhe der Anteile geprägt, die die einzelnen Länder erhalten würden. Auch diese Verhandlungen wurden, wie die vorangegangenen, ausschließlich innerhalb der CDU/CSU geführt. Hier zeigte sich, dass mit dem faktischen Verzicht auf die *Albrecht*-Initiative auch der Zusammenhalt von dessen „Koalition der armen Länder" nicht mehr sonderlich groß war. Im Grunde ging es nun darum, den Anteil der SPD-regierten Länder an der Aufteilung des „Kuchens" möglichst gering zu halten und dafür R-Länder, die ursprünglich einen geringen oder gar keinen Anteil an den Finanztransfers haben sollten, ebenfalls zu begünstigen. Am besten gelang dies sicherlich Bayern, wogegen Baden-Württemberg und Hessen leer ausgingen. Darin zeigt sich freilich auch der faktische Druck der bereits bis dahin getroffenen Regelungen: Man konnte die Regelungen nicht so weit ausdehnen, dass alle R-Länder davon profitieren würden, ohne den Sachzusammenhang über die Maßen zu überdehnen oder den Regelungszweck gar auf den Kopf zu stellen. Außerdem ist *Albrecht* sicher zuzugestehen, dass er sich auch weiterhin für alle finanzschwachen Länder einsetzte, unabhängig von deren parteipolitischer Couleur.

3.2.4 Interessenkonflikte, Verhandlungsakteure und -gremien

Auch hier waren die Bundesregierung, die R-Länder[332] und die Koalitionsfraktionen bzw. –parteien die Hauptakteure, die sich in wechselnden Konstellationen gegenüberstanden.

1. Eine Ausnahme in begrenztem Sinne stellte der *föderale* Konflikt um Bundesmittel für die finanzschwachen Länder dar: hier waren die O-Länder insoweit beteiligt, als sie zusammen mit dem R-Land Niedersachsen gegen die Bundesregierung und die übrigen R-Länder standen. Aller-

[332] Das seit Mitte 1987 von einem sozialliberalen Senat regierte Hamburg spielte, soweit sich dies erkennen lässt, keine gesonderte Rolle in diesem Konflikt. Es war, was seine Positionen anging, eindeutig der O-Seite zuzuordnen. Angesichts der unionsinternen Konflikte (Baden-Württemberg, Bayern, Niedersachsen) hätte ein Versuch, Hamburg auf die Seite der Bundesregierung zu ziehen, wohl auch wenig Sinn gemacht.

dings „endete“ diese begrenzte Zusammenarbeit bereits mit der Zusicherung der Bundesregierung für Strukturhilfen an die Länder. Überdies ließ sich nicht erkennen, dass die O-Länder in der eigentlichen Gesprächsphase in irgendeiner Weise an den Verhandlungen beteiligt waren.
Wie bei den meisten Konfliktfeldern in der Gesundheitsreform 1988 war es auch hier die FDP, die sich den Forderungen der Länder am entschiedensten entgegenstellte. Dass die FDP-Minister bzw. –Fraktionen im CDU/FDP-regierten Niedersachsen und im sozialliberalen Hamburg mit ihren Regierungschefs agierten, lässt sich – anders als bei den *sachpolitischen* Konflikten der Gesundheitsreform – mit dem *föderalen* Charakter dieses Konflikts erklären: hier mag den Landesparteien das „Landeshemd“ näher gewesen sein als die parteipolitische „Hose“. Zwar unternahmen die CDA bzw. CDU-Generalsekretär *Geißler* hier einen Vermittlungsversuch. Ansonsten spielten die Unionsfraktionen und –parteien in Bund und Ländern in diesem wie in den anderen Konfliktfeldern aber eine eher marginale Rolle.

2. Bei den Auseinandersetzungen um die Forderungen Lothar *Späths* handelte es sich dagegen um parteiinterne Konflikte über die Steuerpolitik, die wiederum einen föderalen Aspekt besaßen: *Späths* Änderungswünsche waren vor allem mit der Bedeutung, die die Fahrzeugindustrie (Daimler) in seinem Land hatte, erklärbar. Dies traf sowohl auf die geplante Einschränkung der Jahreswagen-Rabatte als auch auf die eingeschränkte Steuerabzugsfähigkeit von Schichtzuschlägen zu. Bereits nach bekannt werden der Bonner Pläne hatten die „Autowerker“ im Südwesten auf den Einfluss ihres „Landesfürsten“ gesetzt, wie es in der Presse hieß.[333] Nachdem *Späth* die R-Länder von seine Forderungen überzeugen konnte, standen diese unter Führung Baden-Württembergs der Bundesregierung gegenüber. Auf deren Seite positionierte sich wiederum allein die FDP besonders stark, während die Unionsfraktionen bzw. –parteien in Bund und Ländern eher Vermittlungsversuche unternahmen.
3. Weitere „Einzelforderungen“ erhob Bayern, wobei der in seinem Kerncharakter *föderale* Konflikt hier durch die Unterstützung der CSU auch als *koalitionsinterner* Streit verstanden werden kann.
4. Schließlich gab es eine Reihe *innerparteilicher* bzw. *koalitionsinterner* Sachkonflikte über einzelne steuerpolitische Maßnahmen, bei denen die Gesamtheit der R- Länder der Bundesregierung gegenüberstand.

Die koalitionsinternen Konflikte waren allerdings im Vergleich zur Gesundheitsreform 1988 für die Verhandlungen zwischen Bund und Ländern von deutlich geringerer Bedeutung, obgleich es – vor allem im Vorfeld – durchaus koalitions-

[333] Vgl. FR vom 6. November 1987.

interne Auseinandersetzungen gegeben hatte.[334] Vielmehr trat die Bundesregierung gegenüber den Länderforderungen weitgehend geschlossen auf. Weder versuchte eine der Koalitionsparteien noch eines der Länder - einmal abgesehen von dem Sonderfall Bayern - seine Positionen mit Hilfe eines Teils der jeweils anderen „Seite“ durchzusetzen.

Das hat sicherlich dazu geführt, dass die Forderungen einzelner R-Länder erneut eine hohe Bedeutung gewinnen konnten, zumal die Stimmenkonstellation im Bundesrat nahezu identisch mit der Lage bei der Gesundheitsreform 1988 war. Dadurch wird aber auch klar, warum die Forderungen Niedersachsens erst nach dem Regierungswechsel im Kiel am 31. Mai 1988 auf größere Kompromissbereitschaft bei der Bundesregierung stießen. Zuvor hätte auch ein Ausscheren Niedersachsens der Bundesregierung noch eine knappe Mehrheit gesichert. Es ist insofern wohl auch kein Zufall, dass *Albrecht* sein Junktim erst kurz vor der Schleswig-Holstein Wahl, die absehbar vernichtend für die Union ausfallen würde, verstärkt deutlich gemacht hat. Hinzu kam, dass auch andere Länder zumindest mit einer Anrufung des VA gedroht hatten.[335]

Für *Albrechts* Machtposition spräche weiter, dass er zusätzlich zu der Möglichkeit, die Steuerreform zu verhindern, im Bundesrat über eine „positive“, gestalterische Mehrheit verfügte: er hatte seine Initiative ja nur einbringen können, weil die O-Länder zugestimmt hatten. Andererseits hätten, um der Initiative auch im Bundestag zu der notwendigen Mehrheit zu verhelfen, mindestens die niedersächsischen CDU-Bundestagsabgeordneten mit der Opposition stimmen müssen. Dies wäre aber weder zu erwarten noch politisch opportun gewesen und hätte ihm – aufgrund des offenen Streits innerhalb der CDU – wohl ebenso geschadet, wie der Bundesregierung. Insofern hebt sich dieses scheinbare „Machtpotential“ bereits wieder auf.

Dennoch muss man anerkennen, dass allein das Zustandekommen der *Albrecht*-Initiative über Parteigrenzen hinweg Regierung, Koalition und Bundestagsfraktionen verunsichert hatte. So fühlten sich die niedersächsischen Bundestagsabgeordneten gedrängt, am 3. Mai zu erklären, bei der Steuerreform und der *Albrecht*-Initiative nicht mit wechselnden Mehrheiten arbeiten zu wollen.[336]

---

[334] Darauf, dass es innerhalb der Koalition durchaus heftige, wenngleich auch nicht unbedingt der finanzpolitischen Bedeutung angemessene, Auseinandersetzungen über die Verabschiedung der Reform hinaus gab, sei nur mit dem Hinweis auf die „Steuerbefreiung für Flugbenzin“ hingewiesen.

[335] Dies entspricht auch der Einschätzung von *Strauß*. Dieser hatte am 3. Mai gegenüber der SZ kritisiert, *Albrecht* habe mit seinem Junktim praktisch eine Niederlage der CDU in Schleswig-Holstein „schon vorweggenommen, denn eine Nein Niedersachsens könne nur dann ausschlaggebend sein, wenn Schleswig-Holstein nicht mehr von der CDU regiert werde“.

[336] FAZ vom 4. Mai 1988.

Andererseits konnte natürlich auch *Albrecht* aus politischem Kalkül heraus nicht frei schalten und walten, die Bonner Koalition gar „erpressen", wie ihm dies vorgeworfen wurde. Der politische Schaden, den er für seine Partei mit einer Ablehnung der Steuerreform angerichtet hätte, wäre wohl kaum übersehbar gewesen, einmal abgesehen von den langfristigen Folgen für ein vom Bund – wie sich gerade an diesem Beispiel zeigte – finanziell abhängiges Land wie Niedersachsen. Insofern war auch ihm an einem Kompromiss gelegen. Aber auch darüber hinaus hatten alle Akteure zumindest aus parteipolitischen Gründen ein gemeinsames Interesse am Zustandekommen der Reform.
Ähnliches wie für *Albrecht* gilt auch für *Späth* und die bayerischen Forderungen. Beide wurden durch die knappe Stimmenmehrheit der Union im Bundesrat gestärkt. Hinzu kam, dass *Späth* sich im Wahlkampf befand. Dass der Ausgang der Landtagswahl im Südwesten auch für die Bonner Koalition einen hohen Stellenwert besaß, zeigte deren rasche Bereitschaft, *Späth* zumindest in Teilen entgegenzukommen. Aber auch Bayern machte sich die knappe Mehrheitslage zu nutze. So erklärte der bayerische Staatskanzleichef *Stoiber:* „Drohen kann natürlich jedes Land (...). Ich meine, auch Bayern könnte natürlich seine Zustimmung zum Steuerpaket (...) davon abhängig machen, dass eben Niedersachsen seine Gesetzesinitiative zurücknimmt".[337]
Soweit gingen Bayern und Baden-Württemberg zwar nicht. Aber diese Äußerungen machen deutlich, dass auch eine grundsätzlich – bei aller Orientierung an Eigeninteressen – kooperative Interaktionsorientierung, wie man sie hier bei allen Akteuren unterstellen kann, diese nicht von „Bluffs" und „Drohungen" abhält. So „drohten" beide Länder mehrfach mit der Anrufung des Vermittlungsausschusses, sowohl um ihre Interessen bei der Steuerreform durchsetzen zu können, als auch – soweit es Baden-Württemberg betraf – beim Strukturhilfegesetz. Dabei befürchtete die Bundesregierung weniger, dass im VA ihr nicht genehme Änderungen ausgehandelt werden würden, sondern dass das Vermittlungsverfahren die Umsetzung der Steuerreform gefährden könnte.[338] Bei der Steuerreform kam die Bundesregierung beiden Ländern offenbar weit genug entgegen, so dass ihnen das Risiko eines möglicherweise auch für sie ungünstigen Vermittlungsergebnisses – und nicht zuletzt der negativen öffentlichen Wirkung eines unionsinternen Dauerstreits – nicht lohnenswert erschien. Soweit es das Strukturhilfegesetz betraf, hätte *Späth* sicher gern den VA angerufen – allein, ihm fehlte dazu die Mehrheit! Den SPD-Ländern, die sicherlich auch nicht zufrieden mit dem erreichten Ergebnis waren, dürfte der „Spatz des Strukturhilfegesetzes in der Hand" zweifellos lohnender als ein VA-Ergebnis gewesen sein, bei dem sich die Union womöglich noch mehr auf ihre Kosten verständigt hätte.

---

[337] FAZ vom 29. April 1988.

[338] So kam *Kohl Späth* nach Ansicht der FR nicht zuletzt deshalb entgegen, um den „Terminplan für die Steuerreform nicht zu gefährden", FR vom 8. Juni 1988.

Interessant mit Blick auf die von mir aufgestellte These, die Verhandlungsakteure würden versuchen, die Öffentlichkeit bzw. organisierte Interessen für ihr Anliegen zu gewinnen, ist die Äußerung *Albrechts* in einem SPIEGEL-Interview.[339] Er sagte, er sei deshalb an die Öffentlichkeit gegangen, weil man bei der „Nord-West/Süd-Problematik...mit vertraulichen Gesprächen nicht zu einem befriedigenden Ergebnis kommt. Hier muß öffentliches Bewusstsein gebildet werden. Hier muß die ganze Bevölkerung Anteil nehmen. Hier muß sich die Presse, das Fernsehen interessieren". Das zeigt, dass er sehr wohl zunächst versucht hatte, intern Mehrheiten für sein Anliegen zu gewinnen.[340] Erst als ihm dies nicht gelungen war, hat er versucht, öffentliches Interesse hervorzurufen, um sich Unterstützung zu sichern.
Auch die Bundesregierung andererseits nutzte durchaus taktische Mittel. So hatte sie die *Albrecht*-Initiative, nachdem der Bundesrat darüber beschlossen hatte, beispielsweise nicht unverzüglich dem Bundestag vorgelegt.[341] Vielmehr hatte sie die 3-Monatsfrist des Grundgesetzes ausgenutzt, um Zeit für Verhandlungen mit *Albrecht* zu gewinnen – erfolgreich, wie sich zeigte. Nachdem man sich dann auf die Strukturhilfe anstelle der Beteiligung an der Sozialhilfe geeinigt hatte, wurde dessen ursprüngliche Initiative schließlich ohne große Medienaufmerksamkeit in der Bundestagssitzung vom 8. Dezember 1988 „beerdigt".
Eine weitere Taktik war der Versuch, die „*Albrecht*-Koalition" auseinander zu treiben: statt an den Sozialhilfeleistungen eines Landes, so Überlegungen im CDU-Präsidium Ende Mai 1988, sollte die „Hilfsbedürftigkeit" eines Landes an dessen „Einnahmeschwäche" festgemacht werden. Im Ergebnis hätte Niedersachsen seine erhofften Milliarden bekommen, die SPD-regierten Länder NRW und Hamburg – mit hohen Sozialausgaben aber Einnahmen, die im Bundesdurchschnitt liegen – dagegen nur „Kleinstbeträge". Nach *Albrechts* Vorschlag hätten sie auf 1,7 Milliarden bzw. 360 Millionen Mark hoffen können.[342]

Als *Repräsentanten* vertraten die Akteure zum einen die Ministerpräsidenten der R-Länder, allen voran *Späth* und *Albrecht*. Ihnen gegenüber standen Bundeskanzler *Kohl* und Bundesfinanzminister *Stoltenberg* auf Seiten der Bundesregierung. Insbesondere in der Schlussphase, also den letzten Wochen vor der Abstimmung über die Steuerreform, waren die Verhandlungen ausschließlich „Chefsache"[343], wie Ministerpräsident *Albrecht* bestätigte.

---

[339] SPIEGEL vom 6. Juni 1988, ähnlich bereits die ZEIT vom 29. Januar 1988.

[340] Das wurde von ihm auch in meinem Gespräch mit ihm betont. Andererseits warf ihm Lothar *Späth* noch in der Bundesratssitzung vom 29. April öffentlich vor, er habe seine Idee vorher nicht in der Ministerpräsidentenkonferenz vorgetragen.

[341] FAZ vom 6. Mai 1988.

[342] SPIEGEL vom 30. Mai 1988.

[343] So *Albrecht* im Gespräch mit dem Verfasser, Interview *Albrecht*.

Gleichwohl lassen sich vor allem in den ersten Phasen weitere Repräsentanten ausmachen, die im wesentlichen die *Positionierung* der Akteure übernahmen: die *CSU*-Politiker *Tandler* und *Zimmermann* sowie der bayerische Staatskanzleichef *Stoiber*. Die Landesfinanzminister traten sowohl im Bundesrat als auch in ad-hoc-Konferenzen mit dem Bundesfinanzminister und „Finanzexperten" aus dem BMF in Erscheinung.

Mit diesen ad-hoc-Konferenzen ist schon ein wesentliches *Verhandlungsgremium* genannt. Welche Bedeutung diesem zukommt, zeigt, dass sowohl *Albrecht* als auch *Stoltenberg* übereinstimmend berichten, der Kompromiss zu Steuerreform und Strukturhilfe sei letztlich am Abend des 3. Juli bei einem Treffen im Kanzlerbungalow zu Stande gekommen, an dem nur Bundeskanzler *Kohl, Albrecht, Schäuble* und *Stoltenberg* teilgenommen hätten.[344] Bei *Stoltenberg* heißt es dazu: „Mehrere Stunden lang wurden alle Aspekte der Bund-Länder-Beziehungen freundschaftlich erörtert, ohne dass wir eine Lösung erreichten. Gegen Mitternacht begannen wir uns zu fragen, was ein Scheitern der Steuerreform politisch für die Regierung und persönlich für die Hauptakteure bedeuten würde. In der ersten Stunde des neuen Tages einigten wir uns schließlich. Der Bund stellte den finanzschwachen Ländern ab 1989 jährlich 2,4 Milliarden DM als Investitionshilfe zur Verfügung"[345]
Ebenso bedeutsam ist aber in diesem Fall das CDU-Präsidium gewesen, in dem viele Positionen zwischen dem Bundeskanzler, dem Bundesfinanzminister, und vor allem den Länderministerpräsidenten *Späth* und *Albrecht* ausgetauscht wurden, die zugleich stellvertretende Parteivorsitzende waren. Wie bereits bei der „Gesundheitsreform 1988" ausgeführt, sind Bundesrat und Bundestag dagegen zwar als im Rahmen der Positionierung ebenfalls wichtige Gremien anzusehen. Hier fanden aber keine Verhandlungsgespräche statt.

---

[344] *Stoltenberg*, Wendepunkte, S.302.
[345] *Stoltenberg*, Wendepunkte, ebd.

3.3 Die Kronzeugenregelung 1989

3.3.1 Die Vorgeschichte des Gesetzes

Den Hintergrund zu dieser Gesetzesinitiative in Form eines Artikelgesetzes stellten zum einen die militanten Auseinandersetzungen zwischen sogenannten „Autonomen" und der Staatsmacht, zum anderen der wieder auflebende Linksterrorismus Mitte der 80er Jahre dar. Konkreter Anlass für die Ausarbeitung der Gesetzesänderungen war der Mord an zwei Polizeibeamten am Rande der Startbahn West des Frankfurter Flughafens am 2. November 1987. Insbesondere von Seiten konservativer Politiker wurde seit dem immer wieder die Forderung nach einer Verschärfung des Strafrechts und einer Einschränkung des Versammlungsrechts erhoben. Zugleich sollten Täter aus dem Umfeld von Terroristen oder Terroristen selbst mit Hilfe der sogenannten Kronzeugenregelung zu einer Aussage gegen ihre „Gesinnungsgenossen" bewogen werden. Diese Forderung wurde nicht zuletzt auch vom damaligen Generalbundesanwalt Kurt *Rebmann* erhoben. Bereits vor der Einbringung der Initiative hatte es „schwierige Abstimmungsprozesse"[346] zwischen dem federführenden Justizministerium (Bundesjustizminister Hans *Engelhardt*, FDP) und dem CSU-geführten Innenministerium gegeben. Eine Reihe von Punkten, die die Koalition bei ihren Beratungen im Dezember 1987 noch offengelassen hatte, wurde erst in langwierigen Gesprächen geklärt.

3.3.2 Der Verlauf des Gesetzgebungsverfahrens

Ende Dezember 1987 leitete die Bundesregierung den Justiz- und Innenministerien der Länder einen im Justizministerium erarbeiteten Referentenentwurf zu,[347] auf dessen Grundlage die Bundesregierung am 27. Mai 1988 einen entsprechenden Gesetzesentwurf vorlegte. Der Bundesrat beriet am 8. Juli erstmals über den Entwurf. Seine Stellungnahme mit der Gegenäußerung der Bundesregierung wurde am 26. August an den Bundestag weitergeleitet. Die erste Lesung des Entwurfs fand am 23. September 1988 statt, worauf die Vorlage an die Ausschüsse übermittelt wurde. Nach einer mehrmaligen Verschiebung dieses Tagesordnungspunktes berieten die Ausschüsse erstmals am 30. November über den Entwurf, am 8. März 1989 kam es zur abschließenden Sitzung. Der Bundestag beschloss das Gesetz am 21. April 1989 mit den Stimmen der Koalition bei einigen Gegenstimmen der FDP-Fraktion. Daraufhin stimmte der Bundesrat dem

---

[346] Die Welt, 8. Juli 1988.

[347] So ist es aus einer zu Protokoll gegebenen Rede des nordrhein-westfälischen Justizministers Rolf *Krumsiek* zu entnehmen, vgl. BR-PlProt. 591, S.282.

Gesetz am 12. Mai 1989 mehrheitlich zu.[348]

3.3.3 Streitpunkt: Die Strafbewährung der Aufforderung zu Gewalttaten

Im Unterschied zu den bisher behandelten Fällen entzündete sich der Konflikt zwischen Bundesregierung und Bundesrat hier nur an einem einzigen der umfassenden Regelungsfelder des Artikelgesetzes: es handelte sich dabei um die geplante (Wieder-)Einführung des Paragrafen 130b StGB.[349] Allein dessen Streichung verlangte die Bundesratsmehrheit, während sie alle übrigen Teile des Artikelgesetzes passieren ließ.

Dessen strittiger Absatz 1 besagte:

> „Wer eine Schrift (§ 11 Abs. 3), die die Begehung einer in § 126 Abs. 1 genannten rechtswidrigen Tat befürwortet und nach ihrem Inhalt bestimmt ist, die Bereitschaft anderer zu fördern oder zu wecken, durch die Begehung einer solchen Tat den öffentlichen Frieden zu stören, verbreitet, öffentlich ausstellt, anschlägt, vorführt oder sonst zugänglich macht, wird mit Freiheitsstrafe bis zu drei Jahren oder mit Geldstrafe bestraft."

Begründet wurde dieser Passus damit, dass die Propagierung von Gewalt zur Erreichung politischer Zwecke in den vorangegangenen Jahren ein bis dahin nicht gekanntes Ausmaß erreicht habe.

Die Kritik der Länder daran lässt sich mit wenigen Worten zusammenfassen: so erklärte zum Beispiel der hessische Wirtschaftsminister Wolfgang *Gerhard (FDP)*, die Strafbewehrung der Aufforderung zur Gewalt sei wenig effektiv und nicht justiziabel.[350] Darin stimmte er mit dem schleswig-holsteinischen Justizminister Klaus *Klingner (SPD)* überein, der den § 130b als „Aktionismus" bezeichnete.[351] Dagegen verteidigte der baden-württembergische Justizminister Heinz *Eyrich* (CDU) die Strafbarkeit der Befürwortung von Gewalt. Es habe genügend Beispiele gegeben, wo Aufforderungen zur Gewalt auch gefolgt worden sei.[352]

Während der Verhandlungen kam es zu keinen Kompromissangeboten der Konfliktparteien, bis die Bundesregierung schließlich im März 1989 auf die Einführung des § 130b StGB verzichtete.

---

[348] BR-PlProt. 600.

[349] In ähnlicher Form war der Paragraf 130b bereits 1976 eingeführt und wegen praktischer Wirkungslosigkeit 1981 wieder aufgehoben worden.

[350] In der WELT vom 11. Juli 1988.

[351] In der Sitzung des Bundesrates am 8. Juli 1988, vgl. BR-PlProt. 591, S.263.

[352] A.a.O., S.264f.

3.3.4 Der Verhandlungsverlauf

Bereits Anfang März 1988 äußerte die niedersächsische Landesregierung Bedenken gegen das Gesetzespaket, die sich vor allem gegen die Wiedereinführung des Paragrafen 130b StGB richteten. Auch aus dem ebenfalls CDU/FDP-regierten Rheinland-Pfalz wurde schriftlicher Widerstand erwartet, so die FAZ.[353] Der dortige Justizminister Peter *Caesar (FDP)* hatte sich schon vor den Bonner Koalitionsbeschlüssen gegen ein strafbewehrtes Vermummungsverbot ausgesprochen. Offenbar hatte sich die FDP mit ihrer Kritik an einer (Wieder-)Einführung des 130b StGB aber nicht durchsetzen können, so dass dieser in den Gesetzentwurf mit aufgenommen wurde.

Einen ersten „Warnschuss" in Richtung Bonn gab Rheinland-Pfalz nach Beginn der Beratungen in den Bundesratsausschüssen ab. In der Sitzung des Rechtsausschusses am 22. Juni sorgten Rheinland-Pfalz und Niedersachsen mit ihrer Enthaltung für die Annahme eines Antrags der SPD-regierten Länder, die Einführung des Paragrafen 130b abzulehnen.[354]

Kurz vor der ersten Beratung des Gesetzentwurfs im Plenum des Bundesrates bekräftigte die Mainzer Landesregierung noch einmal ihre ablehnende Haltung gegenüber einer Wiedereinführung des § 130b StGB.

Nach den Beratungen in den Bundesratsausschüssen hat es, soweit ersichtlich, die entscheidenden Verhandlungsgespräche zur „Rettung" des § 130b gegeben. So äußerte der damalige Staatssekretär im Bayerischen Staatsministerium für Bundesangelegenheiten Alfred *Sauter (CSU)* bereits nach dem ersten Durchgang im Bundesrat, man habe „noch einen Versuch unternommen, bis zum zweiten Durchgang einen Prozess des Umdenkens bei den Rheinland-Pfälzern in Gang zu bringen". Der Bundesrat habe offenbar seine „besonderen Probleme mit den F-Ländern".[355]

Diese Versuche waren offensichtlich nicht von Erfolg gekrönt, wie die folgende Bundesratssitzung zeigte: in dieser lehnte der Bundesrat mit der Mehrheit der SPD-regierten Länder sowie von Rheinland-Pfalz und Niedersachsen die Einführung des § 130b StGB ab. Hier stimmten beide R-Länder also bereits offen mit den O-Ländern.

---

[353] FAZ vom 8. März 1988.

[354] Es gab dabei im übrigen einen interessanten Widerspruch zwischen dem Verhalten von Rheinland-Pfalz im Rechts- und im Innenausschuss. Während es sich im RA der Stimme enthielt, stimmte es im IA mit den übrigen R-Ländern und verhinderte so die Annahme eines gleichlautenden SPD-Antrags. Dies könnte zum einen darauf zurückzuführen sein, dass das rheinland-pfälzische Innenministerium CDU-geführt war, zum anderen darauf, dass die Entscheidungen in dem – in diesem Fall – nicht federführenden IA als weniger bedeutsam betrachtet wurden.

[355] Die WELT vom 8. Juli 1988. Bedauerlicherweise erklärte *Sauter* auf Anfrage, er könne sich an diese Verhandlungen im einzelnen nicht mehr erinnern.

Ende August 1988 erklärte die Bundesregierung, sie beabsichtige das Artikelgesetz bis zum Frühjahr 1989 im Bundestag zu verabschieden.[356] In ihrer Gegenäußerung zur Stellungnahme hielt sie im übrigen an der Einführung des Paragrafen 130b fest.

In der 1. Lesung des Gesetzespakets im Bundestag am 23. September 1988 erinnerte der SPD-Abgeordnete *de With* daran, dass sich die Bundesratsmehrheit, einschließlich der CDU/FDP-regierten Länder Rheinland-Pfalz und Niedersachsen, für eine Streichung des Paragrafen 130b ausgesprochen hätte, worauf der FDP-Abgeordnete *Kleinert* eine gründliche Überprüfung dieses Teils des Artikelgesetzes ankündigte. Er hoffe, so *Kleinert*, dass Koalition und Opposition in dieser Frage noch „erheblich" aufeinander zugingen.[357] Bundesinnenminister *Zimmermann (CSU)* bedauerte hingegen ausdrücklich den Beschluss des Bundesrates. Die „gewaltauffordernden Schriften" trügen zu einem Klima bei, in dem Gewalt entstehe.

Den entscheidenden Wandel scheint es in der Phase nach der Anhörung im Bundestags-Rechtsausschuss am 30. November 1988 gegeben zu haben. Nach dieser Anhörung erklärte der FDP-Abgeordnete *Hirsch*, seine Bedenken gegenüber dem Gesetzespaket hätten sich in der Anhörung bestätigt. „Im offenkundigen Einverständnis mit der Union", so heißt es in der FAZ, solle das Vorhaben, die Befürwortung von Gewalt unter Strafe zu stellen, aus dem Gesetzentwurf gestrichen werden.[358]

Entgegen diesen frühzeitigen Äußerungen signalisierte der CDU-Abgeordnete *Stark* in der Sitzung des Bundestags-Rechtsausschusses vom 18. Januar 1989 zwar eine gewisse Diskussionsbereitschaft der Koalitionsfraktionen bezüglich des umstrittenen Paragrafen, schien aber zunächst an diesem grundsätzlich festhalten zu wollen.[359] Der FDP-Abgeordnete *Kleinert* bestätigte hingegen indirekt die Äußerungen *Hirschs:* Er führte aus, dass sich in der Koalition eine Einigung abzeichne, den 130b nun doch zu streichen. Dass dies zwischenzeitlich geschah, zeigt der Antrag des Abgeordneten *Stark* in der Rechtsausschusssitzung vom 8.März, die Vorschrift zu streichen. Auf die Frage des SPD-Abgeordneten *Singer,* welche Argumente „zum Sinneswandel der Koalitionsfraktionen" geführt hätten, erklärte der FDP-Abgeordnete *Irmer,* er sei aufgrund der Anhörung zu diesem Ergebnis gekommen. Seitens der CDU gab es dazu keine Stellungnahme, das Thema war damit abgeschlossen. Bei zwei Gegenstimmen aus der CDU/CSU-Fraktion sprach sich der Ausschuss für die Streichung des Passus aus.[360] In seiner Begründung bezog sich der Ausschuss ausdrücklich auf die Ar-

[356] FAZ vom 27. August 1988.
[357] BT-PlProt. 11/95, S.6525.
[358] FAZ vom 8. Dezember 1988.
[359] BT-RAProt. vom 18. Januar 1989, S.21
[360] BT-RAProt. vom 8. März 1988, S.14.

gumentation der Bundesratsempfehlung sowie auf die Erfahrungen mit früheren, vergleichbaren Strafvorschriften und die in einer Anhörung von Fachleuten vorgetragenen Gegenargumente.
Der Bundestag beriet am 21. April 1989 in zweiter und dritter Lesung abschließend über den Entwurf. Zum Verzicht auf den 130b kommentierte der Abgeordnete *Stark* nur, diese Vorschrift erscheine der Koalition „im Augenblick nicht unbedingt notwendig".[361] Die Oppositionsparteien blieben bei ihrer grundsätzlichen Kritik. Die FDP, namentlich der Abgeordnete *Kleinert*, schrieb es sich dagegen auf ihre Fahnen, die Streichung des § 130b durchgesetzt zu haben.[362] Dass dieser „Erfolg" einigen liberalen Abgeordneten nicht weit genug ging, zeigt die anhaltende Kritik, die der Abgeordnete *Hirsch (FDP)* weiterhin zu Protokoll gab. Der Entwurf wurde dann mit der Mehrheit der Koalition bei einigen Gegenstimmen innerhalb der FDP und gegen die Stimmen der Opposition angenommen.
Aufgrund des zwischenzeitlich eingetretenen Regierungswechsels in Berlin (siehe Anhang) stimmte der Rechtsausschuss des Bundesrates einem Antrag Nordrhein-Westfalens auf Nicht-Zustimmungsempfehlung zu.[363] Da die Stimmen Berlins im Plenum des Bundesrates aber nicht gezählt wurden, hatte dies keinen Einfluss auf dessen Zustimmung. Der Bundesrat stimmte dem Gesetz am 12. Mai 1989 mehrheitlich zu. Dabei wiesen die O-Länder das Gesetz erwartungsgemäß als nicht notwendig zurück.[364]

3.3.5 Verhandlungsakteure und Verhandlungsgremien

Hauptkontrahenten in diesem Konflikt waren die Bundesregierung auf der einen Seite, unterstützt vor allem von den Ländern mit CSU- bzw. CDU-Alleinregierung (Bayern und Baden-Württemberg) und den Koalitionsfraktionen im Bundestag. Ihr gegenüber stand die CDU/FDP-Regierung von Rheinland-Pfalz auf der anderen Seite, wiederum unterstützt von den O-Ländern sowie dem R-Land Niedersachsen und einigen liberalen Bundestagsabgeordneten. Nicht geklärt werden konnte, inwieweit auch die Bundes- wie die Landesparteien der Koalition an den Verhandlungen beteiligt waren. „Öffentlich" äußerten sich nur Vertreter der FDP.
Hier bildete sich – wie bei der *Albrecht*-Initiative – eine „Koalition" zwischen zwei CDU/FDP-regierten R- und den O-Ländern heraus. Gleichwohl gilt auch hier, dass die O-Länder allein den Konflikt nicht zur „Verhandlungsreife" hätten bringen können. So ist die Auseinandersetzung letztlich als ein *koalitions-* bzw.

[361] BT-PlProt. 11/138, S.10190.
[362] BT-PlProt 11/138, S.10197.
[363] BR-RAProt. vom 26. April 1989, S.11.
[364] BR-PlProt. vom 12. Mai 1989.

parteiinterner Sachkonflikt zu bewerten. Anders als bei der Steuerreform 1990 war es in diesem Fall aber der kleinere Koalitionspartner, der zumindest zwei R-Länder mit FDP-Regierungsbeteiligung zur Ablehnung einer Regelung des Artikelgesetzes brachte.[365]

Um den Konflikt richtig einordnen zu können, muss man sehen, dass hinter der Kritik am § 130b ein viel weitreichenderer, grundsätzlicher Koalitionskonflikt lag. Wie bereits in Abschnitt 3.1.3.1 angedeutet, gab es prinzipielle Kritik seitens der FDP an den vor allem von CDU und CSU gewünschten Regelungen des Artikelgesetzes. Hauptanliegen des Gesetzespakets war die Einführung der sogenannten „Kronzeugenregelung", die Festschreibung des Vermummungsverbotes und das Verbot der passiven Bewaffnung. Die Mehrheit der Delegierten hatte auf dem FDP-Parteitag im Dezember 1987 der Kronzeugenregelung und dem Vermummungsverbot zugestimmt. Das Gesetzespaket war aber parteiintern weiterhin umstritten geblieben.[366] So erklärte FDP-Generalsekretär Helmut *Haussmann* im April 1988, die FDP werde beim Regierungsentwurf darauf achten, dass die Beschlüsse ihres Parteitags bezüglich des Datenschutzes Beachtung finden. Die FDP bestehe auf datenschutzrechtlichen Begleitmaßnahmen.[367] Ergebnis war eine im Mai 1988 getroffene „Absprache" der beiden verhandlungsführenden Staatssekretäre Klaus *Kinkel* (BMJ) und *Neusel* (BMI). Darin einigten sie sich über den Wortlaut einer Protokollerklärung der FDP-Minister im Kabinett: die FDP-Minister machten ihre Zustimmung im Bundestag zu dem Gesetzespaket davon abhängig, dass erkennungsdienstliche Materialien der Polizei nicht zum Nachteil friedlicher Demonstranten verwendet werden dürften.

Offenbar war der FDP dieser Erfolg zur Befriedigung ihrer Klientel und der Kritiker in den eigenen Reihen aber nicht ausreichend erschienen, so dass sie bereits im Vorfeld weitere Versuche unternommen haben dürfte, die Einführung des § 130b zu verhindern. Als ihr das nicht gelang, lag die Versuchung nahe, die Länder mit FDP-Beteiligung für die Streichung des Paragrafen „einzuspannen".[368]

Selbst wenn es aber gelungen wäre, alle Länder mit FDP-Regierungsbeteiligung[369] zur Ablehnung dieses Passus der Regierungsvorlage zu bewegen, hätten die Stimmen dieser Länder nicht ausgereicht, um eine entsprechende Stellung-

---

[365] Dabei äußerte sich Hessens FDP-Wirtschaftsminister Wolfgang *Gerhard* nach der Abstimmung im Bundesrat, auch Hessen habe der betreffenden Regelung nur zugestimmt, weil die „Ablehnung als sicher" galt, so *Gerhard* gegenüber der FAZ am 9. Juli 1988. Außerdem hätte er sich ebenfalls für eine Ablehnung eingesetzt, wenn er in der Woche vor der Bundesratssitzung nicht krank gewesen wäre (...!), vgl. Die WELT vom 11. Juli 1988. Er halte den § 130b für wenig effektiv und nicht justiziabel.

[366] So die FAZ am 5. Juli 1988.

[367] FAZ von 23. April 1988.

[368] So auch die Interpretation der WELT am 8. Juli 1988.

[369] Das waren zum Zeitpunkt der Abstimmung: Niedersachsen, Hessen, Berlin, Rheinland-Pfalz, Hamburg.

nahme des Bundesrates zu Stande zu bringen. Dies gelang nur, weil das Gesetzespaket von der SPD-Opposition und den von ihr geführten Ländern zur Gänze abgelehnt wurde. Diese hatten bereits in den Bundesratsausschüssen versucht, das Artikelgesetz in toto abzulehnen, was ihnen allerdings misslang. Erst bei der wiederum von ihnen angeregten Einzelabstimmung enthielt sich Rheinland-Pfalz (zum Teil mit Niedersachsen) bei dem § 130b, so dass es für eine entsprechend ablehnende Empfehlung für das Bundesrats-Plenum reichte.
Darauf, dass es in dem Konflikt um weit mehr als die Einführung oder Nicht-Einführung des § 130b ging, deuten auch die Reden des damaligen Bundesjustizministers Hans *Engelhardt (FDP)* im Bundesrat am 8. Juli und im Bundestag am 23. September hin. Dieser nahm keinerlei Stellung zum § 130b. Er sah sich vielmehr genötigt, die Kronzeugenregelung und das Vermummungsverbot – sicherlich nicht zuletzt gegenüber Kritikern aus den eigenen Reihen – zu verteidigen.[370] Dies wurde besonders offensichtlich im Bundestag, als der FDP-Rechtspolitiker Burkhard *Hirsch* den Entwurf vehement kritisierte.[371] Auch in der 2. und 3. Lesung des Gesetzes hielten einige FDP-Abgeordnete noch an ihrer grundsätzlichen Kritik fest.
Dieser offenkundige Konflikt *innerhalb* der FDP lässt bezüglich der Konfliktstruktur zwischen Bundesrat und Bundesregierung auch eine weitere Deutung möglich erscheinen. So ist es denkbar, dass es sich bei dem Widerstand von Rheinland-Pfalz und Niedersachsen nicht um eine mit der Bonner FDP-Führung „koordinierte Aktion" zur Durchsetzung von Positionen gehandelt hat, die sich innerhalb der Bonner Koalition nicht umsetzen ließen. Es wäre auch vorstellbar, dass sich darin nur der innerparteiliche Konflikt zwischen der das Gesetz mittragende Bundes-FDP und „liberalen" Kritikern in der FDP gehandelt hat. Dies ist allerdings, betrachtet man die nachfolgend dargestellten Äußerungen Wolfgang *Gerhards,* die weniger wahrscheinliche Deutung.[372]
Dieser hatte das Vorgehen der FDP im September 1988 in einen größeren Zusammenhang gestellt.[373] Die FDP wolle danach „ihren Einfluß im Bundesrat stärken, dabei aber an ihrer Politik der Stützung der Bonner Koalitionszusammenarbeit festhalten". Außerdem müsse es eine stärkere Koordination der FDP-Politik in den von den Liberalen mitregierten Ländern geben. Gleichwohl lehnte er eine Sonderrolle der FDP im Bundesrat zur eigenen politischen Profilierung

---

[370] BR-PlProt 591, S.266f., FAZ vom 24. September 1988.

[371] Auch im Namen der Abgeordneten *Baum, Lüder, Richter* und *Segall,* vgl. BT-PlProt. 11/95, S. 6526.

[372] Bedauerlicherweise ließ sich diese Frage nicht eindeutig klären, da die Hauptprotagonisten des Konflikts entweder bereits verstorben waren *(Caesar),* sich auf Anfrage nicht erinnern konnten (*Sauter, Hirsch)* oder aber zu keiner Stellungnahme bereit waren *(Gerhard, Kinkel).*

[373] Die WELT vom 11. September 1988.

ab. Angesichts der schwierigen Lage der Koalition dürfe die FDP keine Politik der Querschüsse betreiben.
Die rheinland-pfälzische FDP hatte ihr Vorgehen damit begründet, dass das Vorhaben der Bundesregierung keine „wichtige Frage“ sei. Nur in einer solchen hätte man – laut rheinland-pfälzischer Koalitionsvereinbarung – die Bonner Koalition unterstützen müssen.[374]
Soweit es die Strategie der Bundesregierung betrifft, wurde frühzeitig die Vermutung aufgestellt, dass deren Festhalten am Paragrafen 130b eher verhandlungstaktischer Natur sei, als dass es dessen Bedeutung entsprochen hätte.[375] Man wollte offenbar verhindern, dass bei einem frühzeitigen Entgegenkommen Rheinland-Pfalz oder Niedersachsen noch weitere Änderungsforderungen stellen würden.
So ist das Verhandlungsergebnis letztlich als erfolgreicher Versuch der Bundesregierung zu verstehen, Rheinland-Pfalz und Niedersachsen – und damit letztlich der Bundes-FDP - mit der Aufgabe einer weniger bedeutsamen Position weit genug entgegenzukommen, um den ihr wichtigeren Teil des Gesetzespakets über die parlamentarischen Hürden zu retten.

Als Repräsentanten der Bundesregierung traten zum einen Bundesjustizminister Hans *Engelhardt (FDP),* zum anderen Bundesinnenminister Friedrich *Zimmermann (CSU)* mit Positionierungen in Erscheinung. Unterstützt wurden sie von den Ministern Heinz *Eyrich (CDU)* für Baden-Württemberg und Georg *von Waldenfels (CSU)* für Bayern. Demgegenüber ist auffällig, dass die Positionen der Gegenseite zumeist nicht vom eigentlichen Gegenpart, dem rheinland-pfälzischen Justizminister Peter *Caesar (FDP)* vertreten wurden. Vielmehr überließ dieser es den SPD-Ministerkollegen der „Ablehnungsfront“ und den Kritikern in den Reihen der FDP-Bundestagsfraktion, seine Positionen mit zu vertreten. Es ist aber davon auszugehen, dass *Caesar,* zumindest aber einer seiner Staatssekretäre, der Repräsentant seines Landes in den vom bayerischen Staatsekretär *Sauter* angedeuteten Gespräche gewesen sein dürfte.
Für die Bundestagsfraktion der FDP traten einerseits moderate Kritiker des Gesetzespakets, wie der Abgeordnete Detlef *Kleinert*, andererseits entschiedene Gegner wie Burkhard *Hirsch* auf, während die CDU-Fraktion ihre Positionen sowohl im Bundestagsplenum als auch in dessen Ausschüssen vom Abgeordneten Hans *Stark* vertreten ließ.
In welchen *Gremien* Verhandlungsgespräche stattgefunden haben, konnte anhand der Materiallage nicht geklärt werden.

---

[374] Die WELT vom 8. Juli 1988.
[375] FAZ vom 27. August 1988.

3.4 Das Gesundheits-Strukturgesetz 1993

3.4.1 Die Vorgeschichte des Gesetzes

Bereits 1991, also nur knapp zwei Jahre nach Inkrafttreten des Gesundheits-Reformgesetzes von 1988, wurde deutlich, dass das Gesetz sein Ziel einer wirksamen und langfristigen Kostensenkung, verbunden mit Beitragsstabilität, verfehlt hatte.[376] Für das Jahr 1991 wurde nach einem Bericht des Gesundheitsministeriums von einem Defizit in der GKV zwischen 4 und 5 Mrd. DM ausgegangen.

Nachdem die mit der Neustrukturierung des 3. Kabinetts Kohl 1991 sachlich zuständig gewordene Bundesgesundheitsministerin Gerda *Hasselfeld (CSU)* in dem einen Jahr ihrer Amtszeit keine nennenswerten Initiativen zu einer Fortschreibung der Reform entwickelt hatte, begann ihr im Frühjahr 1992 bestimmter Nachfolger Horst *Seehofer (CSU)* sofort nach seiner Amtsübernahme mit Planungen eines *Gesundheits-Strukturgesetzes (GSG)*. Mitte Mai des Jahres rief *Seehofer*, der als Vertreter der CSU bereits in der Koalitionsarbeitsgruppe zum Gesundheits-Reformgesetz mitgewirkt hatte, die sozialpolitischen Experten der Koalitionsfraktionen zu einer dreiwöchigen Klausurtagung zusammen. Die neue Koalitionsarbeitsgruppe (KAG 2) fand, anders als ihre Vorgängerin, sehr schnell zu einem veröffentlichungsfähigen Ergebnis.

3.4.2 Der Verlauf des Gesetzgebungsverfahrens

So konnten bereits am 14. Juli 1992 Referentenentwürfe für das GSG und für eine 3. Änderungsnovelle am Sozialgesetzbuch V (SGB V) fertiggestellt werden. Im Anschluss daran erfolgte Ende Juli des Jahres die nicht-öffentliche Anhörung der Verbände im Gesundheitsministerium. Am 12. August 1992 wurden entsprechende Kabinettsbeschlüsse gefasst, die am 14. August dem Bundesrat und am 7. September dem Bundestag zugeleitet wurden.[377] Dieser beriet erstmals am 11. September über die Entwürfe.[378]

Im September fand die Anhörung der Verbände im Gesundheitsausschuss statt. Der Bundesrat debattierte erstmals am 25. September über die Vorlagen.[379] Die Stellungnahme des Bundesrates und die Gegenäußerung der Bundesregierung erfolgten am 7. Oktober 1992.[380] Der Bundesrat hatte sich mit der Mehrheit der

---

[376] Vgl. zum folgenden *Perschke-Hartmann*, Gesundheitspolitik, S.257f.

[377] BT-DrS.12/3209 und 12/3210.

[378] BT-PlProt. 12/105.

[379] BR-PlProt. 646.

[380] BT-DrS.12/3364 und 12/3365. Diese bezogen sich noch auf die nach der Einigung zwischen SPD und Bundesregierung zwischenzeitlich obsolet gewordenen Gesetzentwürfe.

SPD-regierten Länder und einiger M-Länder für die Ablehnung beider Gesetzesvorhaben ausgesprochen.
Als Ergebnis der Verhandlungen mit den Ländern und der SPD (s.u.) verband die Bundesregierung am 30. Oktober die bis dahin getrennten Teile der Reform zu einem gemeinsamen Vorentwurf. Am 5. November wurde dieser schließlich als Gesetzentwurf der Koalitionsfraktionen und der SPD in den Bundestag eingebracht.[381] Noch am selben Tag fand die erste Lesung des Entwurfs statt.[382]
Im Anschluss an die erste Lesung wurde der Gesetzentwurf an die Bundestagsausschüsse weitergeleitet, wobei der Gesundheitsausschuss die Federführung hatte. Er trat zum ersten Mal am 5. November 1992 zusammen und beendete seine Arbeit am Gesetzentwurf schon knapp einen Monat später, ohne wesentliche Änderungen vorgenommen zu haben. Auch in den nebengeordneten Ausschüssen kam es zu vergleichsweise wenigen Änderungswünschen. Am 2. Dezember überwies der Gesundheitsausschuss den Entwurf an das Plenum zurück,[383] in dem am 9. Dezember die zweite und dritte Lesung des Gesetzes stattfand.[384] Der Bundestag stimmte dem Gesetzentwurf mit den Stimmen der Koalition und der SPD zu.[385] Allerdings gab es 27 Nein-Stimmen und 15 Enthaltungen aus dem Koalitionslager, insbesondere von Seiten der FDP. Dagegen stimmten nur fünf SPD-Abgeordnete mit Nein, vier enthielten sich. Die vorhergehenden beiden Regierungsentwürfe wurden für erledigt erklärt.
Auch der Bundesrat erteilte dem Gesetz in der neuen Fassung durch Mehrheitsbeschluss am 18. Dezember 1992 seine Zustimmung,[386] so dass das Gesundheits-Strukturgesetz am 1. Januar 1993 in Kraft treten konnte.

3.4.3 Die Verhandlungen im Gesetzgebungsprozess

3.4.3.1 Die Konfliktfelder im Verhandlungsprozess

Die Pläne der Bundesregierung sahen einerseits eine Begrenzung der Summe der Ausgabenzuwächse bei Ärzten, Zahnärzten, Krankenhäusern und Arzneimitteln vor. Zugleich war eine Budgetierung der Verwaltungskosten der Krankenkassen geplant. Andererseits sollten die Versicherten beträchtliche Selbstbeteiligungen in Kauf nehmen. Während sich aus letzterem vor allem Konflikte mit den SPD-regierten Ländern ergaben, waren sich alle Länder in ihrer Forderung nach einer Organisationsreform der Krankenkassen einig.

---

[381] BT-DrS.12/3608.
[382] BT-PlProt. 12/117.
[383] BT-DrS.12/3937.
[384] BT-PlProt. 12/127.
[385] BT-DrS.12/3930.
[386] BR-PlProt 650.

a) *Die Organisationsreform der Krankenkassen*

Nachdem die Länder 1988 mit ihrem Anliegen einer Organisationsreform der Krankenkassen gescheitert waren, hatten sich ihre Sozial- und Gesundheitsminister im Herbst 1991 auf die Forderung nach einem kassenartenübergreifenden Risikostrukturausgleich, dem Kassen-Wahlrecht für Arbeiter und beitragszahlende Institutionen sowie auf Maßnahmen gegen unterschiedlich hohe Kassenbeiträge verständigt.[387] Man versprach sich davon finanzielle Einsparungen: Städte und Gemeinden hätten dann die Möglichkeit gehabt, Sozialhilfeempfänger und Aussiedler nicht, wie bisher, bei den – teuren – Allgemeinen Ortskrankenkassen, sondern bei den tariflich günstigeren Betriebs- und Ersatzkassen zu versichern.
Auch Vertreter der CDU/CSU-Bundestagsfraktion hatten in den Beratungen der Koalition vom Frühsommer 1992 diese Positionen unterstützt, waren aber am Widerstand der FDP gescheitert, die sich derartigen Plänen energisch widersetzte.[388] So sah der koalitionsinterne Kompromiss keine Änderung der unterschiedlichen Beitragssätze (beispielsweise durch Finanz- oder Risikostrukturausgleiche) vor, sondern lediglich Datenerhebungen zur Vorbereitung einer später durchzuführenden Organisationsreform.[389]
Bereits Mitte Juli 1992 hatten sich daraufhin die Sozialminister der Länder mit der Aufforderung an *Seehofer* gewandt, die „längst überfällige Organisationsreform der Krankenversicherung in die Tat umzusetzen".[390] Dabei hätten, so die FR, auch Politiker der Union für den Risikostrukturausgleich gestimmt.
Nachdem es dennoch nicht gelungen war, die Organisationsreform im Gesetzentwurf zu verankern, erhoben die SPD-Länder, unterstützt von Teilen der R- und M-Länder,[391] erneut entsprechende Forderungen.[392] Zur Nivellierung der unterschiedlich hohen Krankenkassenbeiträge verlangten sie:

- eine regionale Gliederung der bundesweit operierenden Ersatz- und Betriebskrankenkassen. Zwischen diesen sollte dann ein regionaler und kas-

---

[387] *Perschke-Hartmann*, Gesundheitspolitik, S.265.

[388] Das galt aber anscheinend auch für die bayerische CSU, für die der länderübergreifende kassenarteninterne Finanzausgleich „Teufelswerk" war, wie es der bayerische Sozialminister Glück ausdrückte, Interview Glück. Da habe es, so auch *Bergmann-Pohl*, einen Dissens zwischen einem CSU-Bundesminister und der von seiner Partei getragenen Landesregierung gegeben, Interview *Bergmann-Pohl*.

[389] vgl. BT-DrS.12/3209.

[390] FR vom 27. Juli 1992.

[391] So hielt beispielsweise auch der von einer großen Koalition gebildete Berliner Senat die Pläne *Seehofers* für nicht weitreichend genug. Er forderte die Wahlfreiheit für Arbeiter und Angestellte und den Abbau der gravierenden Unterschiede in den Beitragssätzen der gesetzlichen Krankenkassen, FAZ vom 10. September 1992.

[392] SZ vom 6. August 1992.

senübergreifender Finanzausgleich erfolgen (Risikostrukturausgleich).[393] Bei Überschreiten eines Schwellenwerts von 5% sollte dieser durch einen bundesweiten Ausgleich ersetzt werden.[394] Ferner sollte die Wettbewerbsgleichheit zwischen den Kassen durch ein einheitliches Leistungs- und Beitragsrecht hergestellt werden.[395]

- das Kassen-Wahlrecht für Arbeiter und beitragszahlende Institutionen. Alle Arbeitnehmer müssten Pflichtmitglieder in der Gesetzlichen Krankenkasse sein, die Privatversicherungen sollten sich künftig auf das Zusatzgeschäft beschränken. Dazu sollte die Beitragsbemessungsgrenze erhöht werden.

Diese Forderungen, die die SPD als „unverzichtbar“[396] bezeichnete, wurden vor und während der Verhandlungen mehrfach öffentlich verkündet. Überdies gelang es der SPD, ihre Positionen aufgrund der weitgehenden Übereinstimmung mit den meisten Ländern in der Stellungnahme des Bundesrates zu verankern.
Demgegenüber verkündete der FDP-Abgeordnete *Cronenberg*, Forderungen nach einem kassenartenübergreifenden Finanzausgleich würden bei der Koalition „auf Granit stoßen.“[397]
Nach ersten Gesprächen Mitte September 1992 schien es der SPD gelungen zu sein, zumindest Bundesgesundheitsminister *Seehofer* davon zu überzeugen, die erst für die 12. Wahlperiode geplante Organisationsreform vorzuziehen. *Seehofer* erklärte Ende September in der ersten Beratung des Gesetzes im Bundesrat, die Kassenorganisation sei eine zentrales Element der GKV, deren strukturelle Probleme die Koalition lösen wolle.[398]
Nach der ersten Verhandlungsrunde wurde beschlossen, einen bundesweiten kassenartenübergreifenden Risikostrukturausgleich einzuführen. Als Ausgleichsfaktoren wurden beitragspflichtige Einnahmen, mitversicherte Familienangehörige, Alter sowie Geschlecht der Versicherten vorgesehen. Auch der Finanzausgleich der Krankenversicherung der Rentner sollte ab 1995 in den Risikostrukturausgleich einbezogen werden.[399] Eine Regionalisierung der Kassen war allerdings nicht vereinbart worden.
Auch unterschiedliche Kassenwahlrechte von Angestellten und Arbeitern, denen der Zugang zu günstigeren Ersatzkassen versperrt sei, würden nicht mehr in die gesellschaftliche Realität passen, hatte Seehofer erklärt.[400] Dazu hieß es, dass alle

---

[393] FAZ vom 10. August 1992.
[394] Handelsblatt vom 10. August 1992.
[395] SZ vom 17. September 1992.
[396] SZ vom 17. September 1992.
[397] HAZ vom 28. August 1992.
[398] FR, vom 28. September 1988.
[399] SZ vom 12. Oktober 1992.
[400] FR, vom 28. September 1988.

Mitglieder von Orts-, Betriebs- und Innungskrankenkassen ab dem 1. Januar 1997 bei einjähriger Kündigungsfrist freien Zugang zu allen Ersatz- und Arbeiterersatzkassen haben sollten. Betriebs- und Innungskrankenkassen könnten, müssten sich aber nicht für neue Mitglieder öffnen.
Auch der Wunsch der SPD, die Beitragsbemessungsgrenze auf das in der Rentenversicherung geltende Niveau zu erhöhen, stieß auf den Widerstand der FDP. Man einigte sich schließlich auf folgenden Kompromissvorschlag der Sozialdemokraten: Die bisherigen Rechte der freiwillig Versicherten wurden beschnitten, in dem ihnen die Möglichkeit genommen wurde, als Rentner Mitglied der Krankenversicherung der Rentner zu werden. Statt dessen wurde vorgesehen, dass auch nach ihrem Ausscheiden aus dem Erwerbsleben ihre finanzielle Leistungsfähigkeit Grundlage ihrer Beitragsbemessung bleiben solle. Da der Vorschlag aber zur Realisierung der Einsparsumme der Strukturreform nicht ausreichte, wurden die von der SPD abgelehnten Selbstbeteiligungen doch wieder in den Kompromiss eingebaut, sie fielen lediglich weniger drastisch aus (s.u.). Überdies traf die offensichtliche Schlechterstellung der Rentner auf heftigen Widerstand innerhalb der SPD. So wurde der ursprüngliche Kompromiss in den Nachverhandlungen noch einmal leicht modifiziert: die früher freiwillig Versicherten, die sich zum Zeitpunkt der Reform bereits im Ruhestand befanden, sollten nun weniger belastet werden als ursprünglich geplant.[401]
Schließlich trat die SPD über den Bundesrat für eine Anpassung der Geschäftsführung der Krankenkassen an die gestiegenen Anforderungen in Bezug auf Entscheidungsfähigkeit und Flexibilität ein. Der Vorschlag ging in die Verhandlungen ein und in der Tat einigte man sich auf eine Neustrukturierung der Kassen-Selbstverwaltungen. Ein gewisses „Management-Prinzip" sollte berücksichtigt werden: Es wurde geplant, den Geschäftsführer durch einen hauptamtlichen Vorstand zu ersetzten und seine Tätigkeit durch einen ehrenamtlichen, neu zu gründenden Verwaltungsrat zu kontrollieren.[402]

b) *Der Streit um Selbstbeteiligung, Kassenleistungen und Vergütungen*

Neben dem Risikostrukturausgleich und dem Kassenwahlrecht für Arbeitnehmer war die Verhinderung der geplanten Erhöhung der Patienten-Zuzahlungen ein zentrales Ziel der SPD. Sie gehörte zu den Wünschen der Liberalen, die von *Seehofer* als notwendige Neu-Abgrenzung von Solidarität und Eigenverantwortung unterstützt wurde.
Im ersten Entwurf zum Gesundheits-Strukturgesetz waren folgenden Maßnahmen vorgesehen:[403]

---

[401] FR vom 31. Oktober 1992.
[402] FR vom 31. Oktober 1992.
[403] Die WELT vom 13. August 1992.

- Die Versicherten sollten für alle Medikamente, deren Kosten die Kassen ersetzen, eine Zuzahlung von zehn Prozent leisten. Dieser Betrag sollte mindestens drei, höchstens zehn Mark betragen.
- Für Zahnersatz sollten die Kassen weiterhin einen Zuschuss von 60 Prozent gewähren. Dies sollte allerdings nur für sogenannten „Regelleistungen" gelten, wie Einzelkronen oder Totalprothesen. Bei darüber hinausgehenden Leistungen („Wahlleistungen") sollten von den Kassen 60 Prozent der entsprechenden Regelleistung erstattet werden. Kieferorthopädische Leistungen für Erwachsene sollten die Kassen nicht mehr übernehmen.
- Bei Krankenhausaufenthalten und stationären Kuren sollte der Patient in den alten Bundesländern für jeden Tag des Aufenthalts elf und in den neuen Ländern acht DM zuzahlen.

Dagegen hatte auf Seiten der Länder schon nach dem Bekanntwerden der Koalitionspläne die SPD-Gesundheitsministerin Brandenburgs, Regine *Hildebrand*, ihren Widerstand angekündigt.[404] Für die SPD, so der sozialpolitische Sprecher ihrer Bundestagsfraktion, Rudolf *Dreßler*, vor den Verhandlungen, seien Erhöhungen oder die Neueinführung von Zuzahlungen generell „nicht diskutabel".[405] Insbesondere die Patientenzuzahlung im Krankenhaus war den Sozialdemokraten ein Dorn im Auge. Auch bei dieser Forderung fand die SPD Unterstützung bei Teilen der R- und CDU-geführten M-Länder. Dies galt insbesondere für die unionsregierten neuen Bundesländer.[406] So forderte die sächsische Staatsregierung, ein Grundsortiment von Arzneimitteln sollte zuzahlungsfrei bleiben, um chronisch Kranke zu entlasten.[407]

Ebenso forderte die SPD, die Vergütung der kassenärztlichen Versorgung solle künftig grundsätzlich durch diagnoseabhängige Fallpauschalen, Leistungskomplexhonorare und „andere Formen" ersetzt werden.[408]

Seehofer kündigte daraufhin in der ersten Lesung der Gesetzentwürfe im Bundestag an, er sei zu Abstrichen an der geplanten Selbstbeteiligung von Patienten an den Krankenhauskosten bereit.[409]

Nachdem sich die Regierung beim Risikostrukturausgleich beweglich gezeigt hatte, sah sich die SPD ihrerseits bereit, über eine höhere Selbstbeteiligung der Patienten zu sprechen.[410] Weiterhin ablehnend standen die Sozialdemokraten al-

[404] Der Tagesspiegel vom 3. Juni 1992.

[405] SZ vom 8. August 1992.

[406] HAZ vom 5./6. September1992.

[407] FAZ vom 10. September 1992.

[408] SZ vom 21. Juli 1992.

[409] FR vom 12. September 1992.

[410] Dass die SPD-Länder bei ihrer grundsätzlich kritischen Haltung blieben, zeigte sich noch einmal in der Debatte im Bundesrat am 25. September 1992. Darin kritisierte Saarlands Gesundheitsministerin *Krajewski*, dass die 3. Novelle SGB V wiederum Selbstbeteiligungen der Versicherten von über 3 Milliarden DM p.A. vorsehe, obwohl diese nach den Erfahrungen der

lerdings der von ihnen als „Ausstieg aus dem System“ bezeichneten Unterteilung der Zahnprothetik in bezahlte Regel- und in Wahlleistungen gegenüber.[411] Überdies forderten sie eine dreijährige Gewährleistungsfrist und einen degressiven Punktwert für Zahnbehandlungen.
Bei der generellen Zuzahlung kam es zu einer Sachkoalition zwischen der SPD und der CSU. Da die Regelung jedoch eine gewisse Einsparsumme sichern sollte, konnte sie nicht ersatzlos gestrichen werden. So wurde für 1993 eine Übergangsregelung nach Preisklassen festgelegt: für ein Medikament von bis zu 30 DM sollten 3 DM, bei 30 – 50 DM 5 DM, bei über 50 DM 7 DM zugezahlt werden. Danach sollten die Zuzahlungen nach der Packungsgröße gestaffelt werden.
Nach der ersten Verhandlungsrunde hieß es, auf die bis dahin geplante Aufteilung von Zahnersatz in Regel- und Wahlleistungen werde verzichtet.[412] Statt dessen sollten „zahnmedizinisch umstrittene und unnötig aufwendige prothetische Leistungen“ nicht mehr von den Kassen bezahlt werden. Dafür stimmten die Sozialdemokraten im Gegenzug der Verringerung der vorgesehenen Honorarsenkung für Zahnärzte von 20 auf 10 Prozent und der Einführung des degressiven Punktwerts zu, allerdings auf der Basis von 1991 und nicht, wie von *Seehofer* vorgesehen, 1992.[413]
Auch die geplante Zuzahlung bei Krankenhausaufenthalten musste die SPD hinnehmen, konnte allerdings eine Begrenzung der Zahlungsdauer durchsetzen: Versicherte sollten längstens für 14 Tage pro Kalenderjahr pro Tag 11 DM (8 DM in den neuen Ländern) dazuzahlen. Dieser Betrag sollte 1994 auf 12 bzw. 9 DM steigen.[414]

c) *Die Begrenzung der Arztzahlen*

Eine weitere Forderung der SPD war, die für 1999 geplanten Arztzahlbegrenzung vorzuziehen.[415] *Seehofer* wollte die Zahl der Kassenärzte dadurch begrenzen, dass ihre Zulassung automatisch mit dem 65. Lebensjahr enden sollte.[416]
Im grundsätzlichen Ziel, die Arztzahlen zu beschränken, seien sich Regierung und Länder nach Auffassung der saarländischen Gesundheitsministerin Christiane *Krajewski (SPD)* bereits Mitte September einig gewesen. Zur Steuerung der Ärztezahl schlug die SPD die Anwendung des sogenannten Einkaufsmodells

---

Länder mit dem Gesundheits-Reformgesetz keine steuernde Wirkung entfaltet hätten, vgl. BR-PlProt. 646, S. 452.
[411] So Rudolf *Dreßler* in einem Gespräch mit der SZ am 18. September 1992.
[412] SZ vom 12. Oktober 1992.
[413] SZ vom 10. September 1992.
[414] SZ vom 12. Oktober 1992.
[415] SZ vom 6. August 1992.
[416] Die WELT vom 13. August 1992.

vor, nach dem die Kassen nur so viele Kassenärzte unter Vertrag nehmen sollten, wie für die Versorgung der Patienten wirklich benötigt würden.[417] Die qualitativen und quantitativen Bedarfszahlen für die ärztliche und zahnärztliche Versorgung sollten durch eine regionale Gesundheitskonferenz festgelegt werden, schlug *Krajewski* im Bundesrat vor.[418]
Hier waren die Sozialdemokraten allerdings nicht erfolgreich. So wurden ihre Forderungen nach zeitlich befristeten Arbeitsverträgen mit Kassenärzten abgelehnt. Die bisher vorgesehenen Regelungen zur Steuerung der Niederlassung (Verhältniszahlen, Altersgrenzen der Kassenärzte) blieben im wesentlichen unverändert.

d) *Konfliktfeld Krankenhaus*

Das Konfliktfeld mit der – im Gegensatz zu 1988 - geringsten Intensität war der Krankenhausbereich. Hier gab es eine grundsätzliche Übereinstimmung zwischen der Bundesregierung und der SPD: wie die SPD wollte auch Gesundheitsminister *Seehofer* das Selbstkostendeckungsprinzip im Krankenhauswesen aufheben, nach dem die Krankenhäuser alle Kosten erstattet bekamen, die sie verursachten.[419] Anstelle dessen wollte *Seehofer* von 1995 an den tagesgleichen Pflegesatz so schnell wie möglich durch leistungsorientierte und pauschalierte Vergütungen ablösen, während in der Zwischenphase die Leistungen der Krankenkassen an die Krankenhäuser auf den Zuwachs der beitragspflichtigen Einnahmen begrenzt werden sollten. Ferner sollten Krankenhäuser für Investitionen künftig auch privates Kapital einsetzen dürfen.[420]
Die SPD stimmte dem zwar im Grundsatz zu, forderte aber, die neuen Pflegesatzformeln bereits 1993 einzuführen.[421] Außerdem sollte der erhebliche investive Nachholbedarf in den neuen Ländern unter angemessener Beteiligung des Bundes gedeckt werden.
Angesichts der grundsätzlichen Übereinstimmung zwischen beiden Seiten verwundert es nicht, dass die saarländische Gesundheitsministerin *Krajewski* bereits Mitte September 1992 Kompromissmöglichkeiten sah.[422] Konkret schlug die SPD im Bundesrat die Ablösung des Selbstkostendeckungsprinzips durch

---

417 SZ vom 18. September 1992.
418 Vgl. BR-PlProt. 646, S.453.
419 FAZ vom 10. August 1992.
420 SZ vom 28. Juli 1992, Die WELT vom 13. August 1992. Insofern ist die im September erhobene Forderung Sachsens, eine Mischfinanzierung durch Bund, Länder und Krankenkassen unter Einbeziehung privaten Kapitals sei nötig, um das Krankenhauswesen möglichst schnell auf westdeutsches Niveau zu bringen, etwas unverständlich.
421 So der niedersächsische Sozialminister Walter *Hiller (SPD)*, SZ vom 19. Juni 1992, erneut im August 1992, Handelsblatt vom 10. August 1992.
422 taz vom 18. September 1992.

zeitgleiche Einführung leistungsorientierter Entgeltformen vor. Das duale Finanzierungssystem sollte schrittweise zum monistischen System entwickelt werden, bei dem die Benutzerentgelte – wie im ambulanten und Reha-Bereich schon üblich – auch die Investitionskosten enthalten. Bis dahin waren die Investitionen durch die Bundesländer und die laufenden Kosten über pauschalierte tagesgleiche Pflegesätze durch die Krankenkassen bezahlt worden. Nun sollten also beide Kostenbereiche von den Krankenkassen getragen werden. Da diese die Mehrkosten aber nicht allein hätten tragen können, wären wiederum die Landeshaushalte belastet worden, ohne dass die Länder Einfluss auf die Verteilung der Mittel hätten nehmen können.[423] Das rief vor allem die bayerische CSU auf den Plan, die „sehr harten Widerstand gegen alle diese monistischen Spielereien" ausübte.[424] Sie konnte sich aber gegen CDU und SPD nicht durchsetzen. So wurde nach der ersten Verhandlungsrunde tatsächlich beschlossen, das Selbstkostendeckungsprinzip zum 1. Januar 1993 wegfallen zu lassen und anstelle dessen schrittweise das monistische System einzuführen.[425] Konkret bedeutete dies, dass die Pflegesätze nach und nach durch Sonderentgelte und Fallpauschalen abgelöst werden sollten.

Die mögliche Budgetsteigerung der Krankenhäuser sollte zwischen 1993 und 1995 die Höhe der Grundlohnzuwächse nicht übersteigen. Dabei sollten allerdings Mehrkosten aufgrund krankenhausspezifischer Rechtsvorschriften berücksichtigt und die Budgets für den genannten Zeitraum um die Kosten für zusätzliche Hebammenstellen erhöht werden. Ferner sollten ambulante und stationäre Versorgung künftig besser verzahnt werden. Gegenüber den ursprünglichen Plänen wurde die Chefarzt-Regelung zur Kostenerstattung bei Privatbehandlung aus Gründen der Rechtssicherheit differenziert. Der Entlastungseffekt für die Krankenkassen, so hieß es, bleibe aber im wesentlichen gleich.

e) *Der Streit um die Begrenzung der Arzneikosten*

Nach den ursprünglichen Plänen des Bundesgesundheitsministers sollte ein Arznei- und Heilmittelbudget auf der Basis der Kosten von 1991 festgeschrieben werden. Die Kassenärztlichen Vereinigungen hätten dabei dafür zu sorgen, dass Übersteigungen gegenüber den Kassen ausgeglichen würden. Diese Regelung sollte die ursprünglich vorgesehene „Malus"-Bestimmung ablösen, die verringerte Vergütungen des einzelnen Arztes bei Überschreitungen des Budgets vorsah. Wie *Blüm* einige Jahre zuvor, so plante auch *Seehofer* zunächst, der Phar-

---

423 „Die Länder sollten also weiter zahlen, aber nichts mehr sagen dürfen", brachte es der damalige bayerische Sozialminister Gebhard *Glück* im Gespräch mit dem Verfasser auf den Punkt, Interview *Glück*.
424 Interview *Glück*.
425 Vgl. zum folgenden SZ vom 12. Oktober 1992.

maindustrie einen „Solidarbeitrag" abzuverlangen: sie sollte ab dem 1. Januar 1993 einen für zwei Jahre gültigen Preisabschlag von fünf Prozent für Arzneimittel ohne Festbetrag hinnehmen.[426] Diese Forderung, sowie der Plan, Sparmaßnahmen bei Chefärzten vorzunehmen, dürfte dazu gedient haben, der SPD die Zustimmung zu erleichtern.[427] Nach ihren Erfahrungen mit der Reform 1988 zweifelte diese allerdings umgehend an, dass solche Sparmaßnahmen überhaupt zu erreichen seien.[428]
Das Vorhaben des Ministers, die Arzneikosten durch einen Preisstop für die nächsten Jahre zu begrenzen, löse das Problem nicht, meinte die SPD. Zur Reform der Arzneimittelversorgung sei in jedem Fall die Gründung eines unabhängigen Arzneimittelinstituts notwendig, das die „unbrauchbaren" von den verordnungsfähigen Medikamente abgrenzen müsse. Die übrigen sollten nach direkten Preisverhandlungen zwischen den Krankenkassen und der Pharmaindustrie auf einer „Positivliste" festgelegt werden. Wie die Koalition wollte die SPD die Arzneimenge durch Richtgrößen regulieren.[429]
Auch die CDU/SPD-Regierung von Baden-Württemberg forderte, die „Malusregelung" abzulehnen. Sie unterstützte vielmehr die SPD-Forderung nach einer „Positivliste". Diese Forderung wurde in den Änderungskatalog des Bundesrates übernommen.
Letztendlich konnte sich die SPD mit ihrer Forderung nach Preisverhandlungen zwischen Krankenkassen und Pharmaindustrie nicht durchsetzen. Erfolgreich war sie hingegen darin, dass nun ein unabhängiges Arzneimittelinstitut vorgesehen wurde, dessen Aufgabe darin bestehen sollte, eine Vorschlagliste verordnungsfähiger Fertigarzneimittel (Positivliste) zu erstellen. Diese Liste sollte dem Bundesgesundheitsminister zur Durchführung einer entsprechenden Rechtsverordnung dienen. Zugleich wurde das Arzneimittelbudget auf dem Stand von 1991 festgeschrieben, dessen Überschreitung von der Kassenärztlichen Bundesvereinigung ausgeglichen werden sollte.

3.4.3.2 Der Verhandlungsverlauf

Anders als in den bislang geschilderten Fällen ist der Beginn des Verhandlungsprozesses bereits *vor* der Veröffentlichung des Referentenentwurfs anzusetzen, da die Hauptkontrahenten der Bundesregierung, die SPD-Länder, bereits nach

---

[426] FR vom 4. Juni 1992.
[427] So der Kommentator des Handelsblatts am 3. Juni 1992. *Seehofer* hatte zuvor bei RTL geäußert: „Ich möchte doch mal sehen, ob die SPD wirklich den Solidarbeitrag der Pharmaindustrie oder die Vergütungssenkung bei Zahnärzten ablehnen wird", zitiert nach: FR vom 4. Juni 1992.
[428] So Horst *Dreßler* am 5. Juni 1992, vgl. SZ vom 6. Juni 1992.
[429] SZ vom 18. September 1992.

dem Bekanntwerden der Koalitionspläne im Juni 1992 eine erste Positionierung vornahmen.
Damit ist das entscheidende Datum der 2. Juni 1992, an dem die Ergebnisse der Tagung der KAG2 veröffentlicht wurden.[430] Daraufhin verständigten sich die SPD-Länder, den zu erwartenden Gesetzentwurf der Bundesregierung abzulehnen, sobald er dem Bundesrat zugeleitet worden wäre. Zugleich erklärten sie ihre Absicht, einen eigenen, konkurrierenden Entwurf zu konzipieren.[431]
Anfang August 1992 bot Bundesgesundheitsminister Horst *Seehofer* (CSU) der SPD bzw. den O- Ländern erstmals Gespräche an.[432] Das Angebot wurde seitens der SPD – nach einem internen Klärungsprozess – schließlich angenommen.[433] Noch vor Beginn dieser Gespräche äußerten auch einige CDU-geführte M-Länder bzw. das CDU-regierte Sachsen eigene Änderungswünsche.[434]
In der ersten Beratung der Gesetzentwürfe im Bundestag am 11. September kündigte Rudolf *Dreßler* an, den Gesetzentwurf der SPD zurückziehen zu wollen, wenn die Regierungsfraktionen es ebenso handhaben würden. *Seehofers* Gesetzentwürfe und der Gegenentwurf der SPD sind demnach als Arbeitsgrundlagen für die künftigen Verhandlungen zu betrachten.
Dass auch die Interessen der R- und M-Länder in die Verhandlungen mit einbezogen werden mussten, wird daran deutlich, dass an den Mitte September 1992 in Bonn stattfindenden Gesprächen zwischen Sozialexperten der SPD und der Koalition auch die Sozialminister der Länder teilnahmen.[435]
Nach diesem Gespräch äußerten sich beide Seiten zuversichtlich über eine gemeinsame Gesundheitsreform. *Dreßler* empfahl den Gesundheitspolitikern seiner Partei, mit den zuständigen Politikern der Koalition sowie den Länderministern weiterzuverhandeln. Die Gespräche sollten Ende des Monats fortgesetzt werden.[436] Zuvor trafen sich am 19./20. September die SPD-Gesundheitspolitiker aus Bund und Ländern, um über strategische und inhaltliche Fragen einer Kooperation zu beraten.
Die 1. Beratung des von der Bundesregierung vorgelegten Gesetzesentwurfs im Bundesrat am 25. September wurde von beiden Seiten genutzt, um die jeweils

---

[430] An diesen Beratungen waren laut *Bergmann-Pohl* auch einige Ländervertreter beteiligt, so die bayerische Staatsekretärin im Gesundheitsministerium, Barbara *Stamm (CSU)* sowie der sächsische Sozialminister *Geisler (CDU)*, Interview *Bergmann-Pohl*.
[431] *Perschke-Hartmann*, Gesundheitspolitik, S.265, SZ vom 4. Juni 1988.
[432] FAZ vom 3. August 1992.
[433] FAZ vom 10. August 1992.
[434] FAZ, 10. September 1992.
[435] SZ vom 17. September 1992. In der FR vom 12. September ist allerdings nur von je acht Vertretern beider Seiten die Rede: Dreßler, Kirschner und Pfaff für die SPD-Fraktion und fünf ungenannte SPD-Ländervertreter.
[436] taz vom 18. September 1992.

unterschiedlichen Standpunkte deutlich zu machen.[437] Der Gesundheitsausschuss des Bundesrates hatte dem Plenum empfohlen, die Gesetzesvorlagen abzulehnen. Dabei warf die SPD-Gesundheitsministerin des Saarlandes, *Krajewski*, der Regierung vor, die Fehler des Gesundheits-Reformgesetzes von 1988 zu wiederholen. Das seinerzeit angestrebte Einsparvolumen sei nur zum Teil, und wenn, dann zu Lasten der Versicherten erreicht worden. Grundsätzlich würden die Länder aber anerkennen, dass Minister *Seehofer* eine Lösung suche. Im Namen der Bundesratsmehrheit forderte sie die Bundesregierung auf, mit der Opposition zu einer Übereinkunft auf der Basis des von den Mehrheitsländern vorgelegten Entschließungsantrags zu kommen. Sie erklärte ausdrücklich, die SPD-regierten Länder seien bereit, „mit der Bundesregierung und der Koalition in Verhandlungen einzutreten". Sie hätten darauf verzichtet, konkrete Änderungsvorschläge zu machen, weil sie den Entwurf in seiner Struktur für falsch hielten. Hierzu müssten zunächst einmal „Eckpunkte" entworfen werden, die auf einer gemeinsamen Basis beruhten.
So kam es Anfang Oktober zu den entscheidenden Verhandlungen zwischen der Bundesregierung und einer gemeinsamen Verhandlungsdelegation von SPD-Fraktion und Ländervertretern in Bad Lahnstein. Sie endeten am 4. Oktober 1992 mit der Formulierung von Eckpunkten. Diesen stimmten die Fraktionen bereits am 7. Oktober auf Empfehlung ihrer an den Verhandlungen beteiligten Vertreter zu.[438]
Bis zur endgültigen Einigung über das Profil einer gemeinsamen Gesundheitsreform waren weitere Abstimmungen erforderlich. Die Einigung wurde schließlich in einer zweiten Verhandlungsrunde am 28. Oktober 1992 erzielt.
In der ersten Lesung des Gesetzentwurfs im Bundestag am 6. November wurde erwartungsgemäß keine nennenswerte Kritik der Beteiligten mehr geübt. Ebenso wenig nahm der Gesundheitsausschuss des Bundestages größere Änderungen am Reformprojekt vor.[439] Dies galt auch für die Bedenken im Rechtsausschuss an den Zulassungsbeschränkungen für Ärzte. Auch die Ausschüsse des Bundesrates fügten keine Änderungen mehr hinzu.

3.4.4 Interessenkonflikte, Verhandlungsakteure und -gremien

Wie aus dem Vorangegangenen hervorgeht, waren hier – im Gegensatz zu den drei Verhandlungsprozessen zwischen 1987 und 1990 – die O-Länder sowie die oppositionelle Bundestagsfraktion der SPD die dominierenden „Gegner" der Bundesregierung. Dennoch hätten sie der Bundesregierung allein aufgrund ihrer „negativen" Mehrheit nicht „Paroli" bieten können, wenn es der Bundesregie-

[437] Vgl. zum folgenden BR-PlProt. 646, S.453ff.
[438] FAZ vom 8. Oktober 1992.
[439] FAZ vom 30. November 1992.

rung gelungen wäre, Teile der M-Länder auf ihre Seite zu ziehen.
Dass dies, anders als beim Steueränderungsgesetz 1992 (siehe dazu Kapitel 3.5.1) nicht der Fall war – ja, soweit abzusehen nicht einmal versucht wurde -, liegt an der Konfliktkonstellation. Anders als beim Steueränderungsgesetz 1992 lagen hier neben *parteipolitischen* und *föderalen* (*Sach-)*Konflikten auch *partei-* bzw. *koalitionsinterne Sachkonflikte* vor, wodurch sich die Bundesregierung nicht einmal völlig auf „ihre" R-Länder verlassen konnte. Dies wird nicht zuletzt darin deutlich, dass O-, R- und M-Länder, unabhängig von ihrer parteipolitischen Couleur, eine gemeinsame Verhandlungskommission mit der SPD bildeten.[440]

1. So ging es bei der Organisationsreform der Krankenkassen in erster Linie um eine *föderale* Frage: die 1988 verschobene finanzielle Entlastung der Länder durch den überregionalen Finanzausgleich sowie dem Kassen-Wahlrecht für Arbeiter und beitragszahlende Institutionen sollte realisiert werden. Daher nimmt es wenig Wunder, dass sich hier die Länder insgesamt einig waren, unabhängig von ihrer politischen Couleur. Auf der anderen Seite waren sich die Parteien der Bundesregierung nicht einig: während die CDU/CSU-Fraktion sich auf die Seite der Länder stellte, nahm die FDP eine ablehnende Haltung ein.
   Ähnlich verliefen die Fronten bei der Beschränkung der Privatversicherungen auf das Zusatzgeschäft. Diese war allerdings vor allem von der SPD gewünscht und dürfte daher eher als *parteipolitischer* Sachkonflikt einzuordnen sein.
2. Das galt in noch größerem Maße für das Konfliktfeld „Selbstbeteiligung/Kassenleistungen": Vor allem für die SPD und die O-Länder stellte die Ablehnung der Erhöhung der Selbstbeteiligung ein *essential* ihres Verhandlungstableaus dar. Allerdings wurden die O-Länder auch in dieser Frage von zumindest einem Teil der R- und M-Länder unterstützt. Ihnen gegenüber stand wiederum in erster Linie die Bonner FDP,[441] so dass man hier auch einen *koalitions-* bzw. *parteiinternen* Sachkonflikt erkennen kann.[442] Allerdings zeigte sich die Koalition hier deutlich einiger, als in

[440] Gleichwohl saßen sich in den Lahnsteiner Verhandlungen, wie *Krajewski* im Gespräch mit dem Verfasser ausführte, CDU- und SPD-Minister aus den Ländern wiederum entsprechend ihrer Parteizugehörigkeit gegenüber, Interview *Krajewski*.

[441] So hatte FDP-Parteichef Otto Graf *Lambsdorff* am 10. August „gravierende Bedenken" gegenüber der vorgesehenen Zulassungsbeschränkung für Kassenärzte geäußert, und die Möglichkeit der Allgemeinen Ortskrankenkassen, künftig Wahlleistungen anzubieten kritisiert, vgl. Handelsblatt vom 11. August 1992. Überdies plädierte er dafür, den Ärzten selbst zu überlassen, wie sie die Arzneimittelausgaben beschränken sollten, vgl. FR vom 11. August 1992.

[442] Für den parteiinternen Konflikt spräche, dass sich auch neue Bundesländer mit FDP-Regierungsbeteiligung gegen die Zuzahlung von Patienten bei Krankenhausaufenthalten ausgesprochen hatte.

der Frage des Risikostrukturausgleichs. Gleiches galt für den Streit über die Begrenzung der Arzneimittelkosten und der Neustrukturierung der Krankenhausfinanzierung.

3. Hingegen stellten die Auseinandersetzungen über die SPD-Forderung bezüglich der Beschränkung der Arztzahlen einen rein *parteipolitischen* Konflikt dar. Hier standen sich Bundesregierung und O-Länder einschließlich der SPD-Bundestagsfraktion gegenüber, während die R- und CDU-dominierten M-Länder sich bei diesen Forderungen „neutral" verhielten.

Der Grund dafür, dass hier - anders als bei der Gesundheitsreform 1988 - gesundheitspolitische Differenzen stärker im Vordergrund standen, dürfte darauf zurückzuführen sein, dass die SPD-Länder sich hier stärker bundespolitisch orientierten, was auch an der engen Einbindung der SPD-Bundestagsfraktion in die Verhandlungskommission der Länder deutlich wird.

Bezüglich der *Vetopositionen* stellte sich die Situation etwas anders dar, als in den vorangegangenen Fällen: die Frage der Zustimmungsbedürftigkeit trat in diesem Fall hinter anderen gemeinsamen Interessen von Regierung und Opposition zurück.

Die Bundesregierung hatte zunächst versucht, den Einfluss der SPD über ihre negative Stimmenmehrheit im Bundesrat weitgehend zu umgehen, indem sie die Regelungen, die ohnehin die Zustimmung der SPD erwarten ließen, im eigentlichen GSG festschrieben, für das die Zustimmung des Bundesrates nötig war.[443] Das galt zum Beispiel für die Krankenhausreform und die Zulassungsbeschränkungen der Kassenärzte. Dagegen wurden die Bestimmungen, bei denen Widerstand der Sozialdemokraten zu befürchten war – wie die erweiterten Zuzahlungen der Versicherten und die Aufteilung in Regel- und Wahlleistungen bei Zahnersatz – Gegenstand der Änderungsnovelle des SGB V, die nicht zustimmungspflichtig war.

Dennoch entschloss man sich, den Versuch zu unternehmen, für die gesamte Reform die Zustimmung der SPD-Fraktion und der O-Länder zu bekommen. Der Grund dafür, so *Perschke-Hartmann*, lag in der Absicht, den Gesetzentwurf auf eine breite Basis zu stellen, um ihn „resistent" gegenüber den verschiedenen Interessengruppen zu machen. Anders als beim GRG sollte es den Verbänden diesmal nicht gelingen, die Bundesländer und Fraktionen zu Sprachrohren ihrer Interessen zu machen.[444] Die SPD wiederum begründete ihre Bereitschaft mit den massiven Sachproblemen und dem gemeinsamen Interesse von Koalition und Opposition, das Krankenversicherungssystem zu sichern.[445] Gleichwohl: die

---

gesprochen hatte.

[443] Siehe zum folgenden *Perschke-Hartmann*, Gesundheitspolitik, S.264ff.

[444] Vgl. SZ vom 26./27. September 1992.

[445] Vgl. dazu SZ vom 5./6. bzw. 26./27.September 1992.

SPD-Länder hätten ein zustimmungspflichtiges Gesetz zwar verhindern können – eine positive Mehrheit zur Durchsetzung ihrer eigenen Positionen, ja, schon allein für die Annahme ihrer Anträge im Bundesrat, besaßen sie aufgrund des hohen Stimmenanteils der in diesem Fall potentiell neutralisierten M-Länder (21 Stimmen, nach der Regierungsbildung in Baden-Württemberg am 11. Juni 1992) aber nicht. Sie hätten auch nicht den VA anrufen können. Wollten sie sich diese „Drohoption" offen halten, mussten sie zwangsläufig mit den R- und CDU-geführten M-Ländern kooperieren. Selbst wenn eine solche Mehrheit aber zustande gekommen wäre – die Mehrheit der CDU und FDP-Mitglieder des VA hätte, wenn sie es hätte darauf ankommen lassen wollen, einen Vermittlungsbeschluss gegen den Willen der SPD und Grünen-Mitglieder des VA fassen können. Ein solcher hätte den SPD-Ländern schließlich wieder nur die Wahl zwischen Ablehnung und Annahme des – dann wohl kaum veränderten – Ursprungsgesetzes gelassen. Das lag aber nicht in ihrer Absicht. Ihr Ziel war es vor allem, so weit wie möglich eigene Vorstellungen in das Gesetz einzubringen.
Verhandlungen wären allerdings auch bei dem nur einspruchsfähigen SGB-V zu erwarten gewesen: Angesichts der weiten Übereinstimmung in der Interessenlage der Länder[446] wäre ein Einspruch der Länder nicht unwahrscheinlich gewesen, den die Bundestagsmehrheit dann hätte überstimmen müssen – wenn sie dazu überhaupt in der Lage gewesen wäre, denn eine 2/3-Mehrheit wäre in diesem Fall durchaus möglich gewesen.[447] Auch hätte sich die Frage gestellt, ob eine einseitige Durchsetzung der „sozialpolitischen Gräueltaten" (O-Ton SPD) ohne Unterstützung der SPD parteitaktisch sinnvoll gewesen wäre: dann hätte die Koalition nämlich 1994 „mit den sozialen Todsünden" allein vor Wähler treten und sie verantworten müssen.[448] Nahm man hingegen die Sozialdemokraten mit ins Boot und damit Abstriche bei einigen Punkten hin, konnte man der voraussehbaren Kritik der Opposition die Spitze nehmen.[449] Im übrigen drohte die SPD fak-

[446] Auch nicht personell in der Länder-Verhandlungskommission vertretene M-Länder wie Baden-Württemberg und R-Länder wie Sachsen standen zumindest hinter Teilen der O- und SPD-geführten M-Länder. Damit hätte die Gefahr eines Bundesrats-Vetos, zumindest aber der Anrufung des VA auch dann im Raum gestanden, wenn es bei dem Einspruchsgesetz zu keiner Einigung der Bundesregierung mit der Opposition und „ihren" Ländern gekommen wäre. Dass sich die Bundesregierung dieser „Gefahr" durchaus bewusst war, zeigt die frühzeitige Äußerung *Seehofers*, er rechne in jedem Fall mit einem Vermittlungsverfahren über das Gesundheitsstrukturgesetz, vgl. FAZ vom 5. August 1992.

[447] So auch die Einschätzung des Handelsblatts vom 10. August 1992, das besonders auf die Kritik einiger R-Länder an der gesteigerten Selbstbeteiligung der Patienten abhob. Die SPD hoffte konkret auf die Ablehnung der Gesetze durch Sachsen und Thüringen, so Die WELT am 11. September 1992.

[448] So der SPD-Sozialexperte *Pfaff* gegenüber der taz am 17. August 1992.

[449] Andererseits, beklagte sich die damalige Staatssekretärin im Gesundheitsministerium, Sabine *Bergmann-Pohl* im Gespräch mit dem Verfasser, habe die SPD 1994 schon vergessen ge-

tisch damit, ihre Zustimmung zum zustimmungspflichtigen Gesetz von der Berücksichtigung ihrer Wünsche in dem nicht-zustimmungspflichtigen Gesetz abhängig zu machen.[450]

Angesichts der Übereinstimmung aller Akteure bezüglich der Notwendigkeit, zu einer gemeinsamen Lösung zu kommen, kann auch hier bei der *Interaktionsorientierung* von einer Tendenz zum „problem solving" gesprochen werden.

Alle Akteure nutzten eine Reihe von Taktiken zur Stärkung ihrer eigenen Verhandlungsmacht. Von beiden Seiten wurde immer wieder mit „Drohoptionen" gearbeitet. *Seehofer* erklärte zwar Anfang August 1992, er wolle der SPD nach der Sommerpause Gespräche ohne Vorbedingungen anbieten.[451] Aber wenn die SPD sein Paket scheitern lasse, werde er der Öffentlichkeit immer wieder sagen, was das für Konsequenzen haben müsse. Das beginne mit den explodierenden Beitragssätzen, die Arbeitnehmer und Mittelstand belasteten und die zu geringeren Rentenerhöhungen führen würden.

Dass die SPD die Drohung mit der Mobilisierung der Öffentlichen Meinung gegen sie durchaus ernst nahm, zeigt ihre prompte Reaktion. So erklärte das spätere Mitglied der Verhandlungskommission, der SPD-Gesundheitsexperte Prof. Martin *Pfaff*, politische wie sachliche Gründe sprächen dafür, Seehofers Gesprächsangebot anzunehmen.[452] Die SPD dürfe sich nicht den Schwarzen Peter für die künftige Entwicklung einhandeln.[453]

Welche Funktion die Beeinflussung von Verbänden im Verhandlungsprozess haben kann, zeigt eine Taktik *Seehofers* bezüglich der Organisationsreform der Krankenkassen. Die FDP, die sich vehement auch gegen diesen Reformteil aussprach, vertrat vor allem die Position der Ersatzkassen. *Seehofer* wandte sich daher direkt an die Kassenvertreter, um diese umzustimmen, was ihm auch gelang. Nachdem diese ihren Widerstand gegen einen Risikostrukturausgleich aufgegeben hatten, war den Liberalen der Wind aus den Segeln genommen worden, sie mussten wohl oder übel zustimmen. Nachdem weitere Differenzen zur Ausgestaltung ausgeräumt werden konnten, stand einem kassenartenübergreifenden und

---

habt, dass sie die Gesetze ja mitgetragen hätte und unverblümt heftige Kritik an der „unsozialen Gesundheitspolitik der Regierung" geäußert, Interview *Bergmann-Pohl.*

[450] SZ vom 13. August 1992.

[451] FAZ vom 3. August 1992.

[452] SZ vom 6. August 1992.

[453] Allerdings war man sich innerhalb der SPD anfangs offensichtlich noch nicht im Klaren, welche Strategie man verfolgen wollte: nur Tage später erklärte nämlich der gesundheitspolitische Sprecher der SPD-Fraktion, Rudolf *Dreßler,* seine Partei werde der geplanten Gesundheitsreform „jegliche Unterstützung verweigern". Damit hätte man ebenfalls einen „Schwarzen Peter" eingesetzt, nämlich der Bundesregierung die Verantwortung für die Erhöhung der Selbstbeteiligung überlassen, vgl. SZ vom 8. August 1992. Nach einem Koordinierungsgespräch von Gesundheitsministern der SPD aus Bund und Ländern schien sich *Pfaff* allerdings durchgesetzt zu haben, FAZ, 9. August 1992.

bundesweiten Risikostrukturausgleich nichts mehr im Wege.
Angesichts dessen, dass die Hauptkonfliktlinie hier zwischen der SPD und der FDP lag, hätte theoretisch auch die Möglichkeit bestanden, die Reform in einer „großen Koalition" durchzubringen. Allerdings erreichte *Seehofer* die Zustimmung der FDP weniger mit der koalitionspolitisch kontraproduktiven Drohung, das Reformpaket gegen die Stimmen der FDP oder der FDP-mitregierten Länder durchzusetzen. Vielmehr überzeugte er die Liberalen erfolgreich davon, dass diese Reform ohnehin nur eine begrenzte Zeit gelten und langfristig eine weitere Reform notwendig machen würde.[454]

Personell wurden die Verhandlungen von Experten der Regierungskoalition und einer aus Vertretern der Bundesländer und der SPD-Bundestagsfraktion gebildeten Verhandlungskommission geführt. Der sozialpolitische Sprecher der SPD-Fraktion, *Dreßler*, wurde zum offiziellen Sprecher der Kommission ernannt. Außer ihm nahmen auch die Bundestagsabgeordneten Pfaff und Kirschner an der Verhandlungsrunde teil.[455]
An einer ersten Verhandlungsrunde im September 1992 nahmen allerdings nur *Dreßler* und *Seehofer* sowie die Gesundheitsminister der Länder teil. Die Hauptverhandlungen fanden dann in einer informellen Gesprächsrunde in Bad Lahnstein statt. Die Punkte, in denen kein Kompromiss gefunden werden konnte, wurden in einer kleinen Untergruppe der Verhandlungsrunde weiter diskutiert. Diese Runde setzte sich aus jeweils einem Vertreter der SPD (*Dreßler*), der CDU (*Jagoda*) und der FDP (*Cronenberg*) sowie der saarländischen Sozialministerin *Krajewski* (SPD) unter der Führung von Gesundheitsminister *Seehofer* zusammen.

---

[454] *Perschke-Hartmann*, Gesundheitspolitik, S.272, vgl. dazu auch SZ vom 12./13. September 1992.

[455] Seitens der Länder waren die O-Länder Hamburg, Saarland, NRW, Niedersachsen, die M-Länder Berlin, Brandenburg und das R-Land Mecklenburg-Vorpommern vertreten. Die Repräsentanten dieser Länder ließen sich – bis auf die saarländische Gesundheitsministerin *Krajewski* – allerdings auch nach Befragung der Beteiligten nicht mehr ermitteln. Sie spielten nach Ansicht von *Krajewski* allerdings auch keine nennenswerte Rolle in den Gesprächen, Interview *Krajewski*.

3.5 Das Steueränderungsgesetz 1992

Wie die Verhandlungen zur Steuerreform 1990, so sind auch die Verhandlungsverläufe beim Steueränderungsgesetz 1992 nur erklärbar, wenn man neben dessen Gesetzgebungsprozess die Geschichte eines weiteren Gesetzes in die Betrachtung mit einbezieht. Kurioserweise handelt es sich in beiden Fällen um das gleiche Gesetz: das „Strukturhilfegesetz“. Es war 1988 als Ergebnis der *Albrecht*-Initiative im Zuge der Steuerreform 1990 eingeführt worden und sollte nun, im Zusammenhang mit dem Steueränderungsgesetz 1992, wieder abgeschafft werden.

3.5.1 Die Vorgeschichte der Gesetze

Mitte Januar 1991 beschlossen CDU, CSU und FDP im Rahmen ihrer Koalitionsvereinbarung, die Steuerreformen der 80er Jahre fortzuführen. Kernpunkt sollte die Entlastung von Familien und Unternehmen sein, letzteres vor allem durch eine Abschaffung der Gewerbekapital- und Vermögensteuer.[456] Andererseits wurde bereits zu diesem Zeitpunkt eine im Zuge der europäischen Steuerharmonisierung geplante Mehrwertsteuererhöhung für 1993 angekündigt.
Mit dem Anfang Februar vorgelegten Jahressteuergesetz 1991 unternahm die Regierung einen ersten Versuch, die Gewerbekapital- und Vermögensteuer abzuschaffen.[457] Zunächst sollte dies nur in den neuen Bundesländern geschehen, rückwirkend zum 1. Januar 1991. Geplant war allerdings, dies später auf die gesamte Bundesrepublik auszudehnen.
Die SPD forderte dagegen, auf die Abschaffung der Gewerbekapital- und Vermögensteuer zu verzichten. Dies wurde zunächst auch von den SPD-Ländern unterstützt. Der designierte SPD-Chef Björn *Engholm* räumte allerdings schon Anfang März 1991 ein, eine *Senkung* beider Steuern sei zumindest dann hinnehmbar, wenn den Ländern ein Ausgleich für die ihnen dadurch entstehenden Mindereinnahmen gewährt werde.[458] Dieser Position schlossen sich die SPD-Länder an - entgegen dem Votum der SPD-Bundestagsfraktion. Bereits zu diesem Zeitpunkt wurden Vermutungen laut, *Engholm* werde sich auch einer Mehrwertsteuererhöhung nicht widersetzen, die er als schleswig-holsteinischer Ministerpräsident zur Finanzierung seiner Wahlversprechen gut gebrauchen könne.[459]
Gegen die Pläne der Bundesregierung gab es allerdings auch Widerstand innerhalb der CDU. So sprach sich der Hauptgeschäftsführer der CDU-Sozial-

[456] NZZ vom 18. Januar 1991.
[457] SZ vom 11. Februar 1991.
[458] taz vom 1. März 1991.
[459] FR vom 2. März 1991.

ausschüsse, Heinz-Adolf *Hörsken*, noch Anfang März 1991 gegen eine Abschaffung der Vermögensteuer (VS) aus.[460] Die Mehrwertsteuererhöhung wiederum wurde vom Vorsitzenden der Sozialausschüsse, Ulf *Fink*, abgelehnt.[461]
Im Verfahren über das Jahrssteuergesetz 1991 empfahl der Innenausschuss des Bundesrates - ungeachtet des prinzipiellen Entgegenkommens der SPD-Länder - im April 1991 die Ablehnung des (Teil-)Verzichts auf die Erhebung der Gewerbekapital- und Vermögensteuer.[462] Dieser sei kein brauchbares Mittel, um die Wirtschaftskraft in den neuen Ländern zu stärken. Außerdem kritisierte der Bundesrat, der Vorschlag ziele letztlich darauf ab, beide Steuern im ganzen Bundesgebiet abzuschaffen.
Tatsächlich nahm die Bundesregierung nur wenige Tage später ihre Pläne zur langfristigen generellen Abschaffung der Vermögensteuer zurück. Statt dessen waren nur noch Erleichterungen bei den Betriebsvermögen vorgesehen, die auch noch weitgehend durch die Einschränkung von Abschreibungserleichterungen ausgeglichen werden sollten. Die Bundesregierung bekräftigte aber ihre Absicht, mittelfristig am vollständigen Verzicht auf die Gewerbekapitalsteuer festhalten zu wollen.[463] Ebenso blieb sie bei ihrer Absicht, die Mehrwertsteuer von 1993 an zu erhöhen. *Engholm* wies dagegen im Bundesrat nicht nur den Verzicht auf die Vermögensteuer, sondern auch auf die Gewerbekapitalsteuer in den Neuen Ländern zurück.
Die SPD setzte nach dem zustimmenden Beschluss des Bundestages über die Steuergesetze 1991 ihren Widerstand gegen die Nicht-Erhebung der Vermögens- und Gewerbekapitalsteuer in den neuen Ländern zunächst wieder einheitlich fort. So forderten die Bundesratsausschüsse Ende Mai 1991 weiterhin, den Verzicht auf diese Steuern nicht zu realisieren.[464] Dagegen plädierte Bundeswirtschaftsminister *Möllemann* (FDP) für einen Verzicht auf die Gewerbekapitalsteuer zunächst in Ostdeutschland, dann im ganzen Bundesgebiet sowie für eine Senkung der Vermögensteuer.[465] Er habe den Eindruck, so *Möllemann*, dass dies im Gegensatz zu einer völligen Abschaffung der VS auch im Bundesrat konsensfähig sei.
Mit der Mehrheit ihrer Stimmen[466] verweigerte die SPD am 7. Juni dem Jahressteuergesetz 1991 ihre Zustimmung. Ihre Ablehnung begründete der nordrhein-westfälische Finanzminister *Schleuser (SPD)* im wesentlichen mit „weitreichen-

[460] FR vom 5. März 1991.
[461] SZ vom 14. März 1991.
[462] FAZ vom 16. April 1991.
[463] FR vom 20. April 1991.
[464] FAZ vom 24. Mai 1991.
[465] FAZ vom 4. Juni 1991.
[466] Die O-Länder allein verfügten zu diesem Zeitpunkt allerdings nicht über eine absolute Mehrheit. Demnach müssen Teile der SPD-geführten M-Länder für die Anrufung des VA gestimmt haben.

den Bedenken“ gegenüber der Abschaffung der Vermögen- und der Gewerbekapitalsteuer in Ostdeutschland.[467] Bemerkenswert für das hier zu untersuchende Steueränderungsgesetz 1992 ist, dass sich bereits bei dieser Abstimmung, die zur Anrufung des VA führte, das SPD-geführte M-Land Brandenburg der Stimme enthielt, das ebenfalls von einer parteipolitisch „gemischten“ Koalition regierte Berlin hingegen gegen das Gesetz und für die Anrufung des VA stimmte. Im VA gab die SPD dann allerdings in dieser Frage nach. Sie stimmte einer Nicht-Erhebung beider Steuern in Ostdeutschland bis Ende 1992 zu, erhob aber ausdrücklich den Vorbehalt, dass beide Steuern im Grundsatz beibehalten werden sollten.[468] Auch nur eine Senkung dieser Steuern im übrigen Bundesgebiet werde mit der neuen SPD-Mehrheit im Bundesrat nicht möglich sein, so der Sprecher der SPD-Fraktion im VA, Peter *Struck*.[469] Ungeachtet dessen kündigte Bundesfinanzminister Theo *Waigel (CSU)* an, die SPD am Steueränderungsgesetz 1992 beteiligen zu wollen, „um nicht ständig Steuerpolitik im Vermittlungsausschuss machen zu müssen“[470]. Ebenso meinte der FDP-Finanzexperte *Gattermann*, es gäbe genügend Verhandlungsspielraum, um in dieser Frage zu einer Einigung zu kommen. Auch er bekräftigte die Ankündigung *Waigels*, die SPD vor künftigen Steuerbeschlüssen in die Beratung mit einzubeziehen.[471]

Wie mit der Abschaffung der Gewerbekapital- und Vermögensteuer in Ostdeutschland zielte die Bundesregierung auch mit einem zweiten Gesetz auf die Stärkung der Wirtschaftskraft in den neuen Ländern: der Abschaffung des 1988 eingeführten Strukturhilfegesetzes und der Überleitung dieser Mittel in den „Fonds Deutsche Einheit“.
Grundlage war eine Revisionsklausel, die 1988 in das Gesetz eingefügt worden war. Danach sollte 1992 geprüft werden, ob die Strukturhilfen die in sie gesetzten Hoffnungen erfüllt hätten.[472] Zu diesem Zweck hatten sich die Regierungschefs von Bund und Ländern Anfang 1991 darüber verständigt, die durch die Vereinigung neu entstandene Lage von einer Arbeitsgruppe prüfen zu lassen. In der ersten Sitzung der Bund-Länder-Arbeitsgruppe „Strukturhilfe“ am 9. Juli 1991 sei denn dann auch ein Kompromissvorschlag eingebracht worden, der die

---

[467] FR vom 8. Juni 1991.
[468] SZ vom 17. Juni 1991.
[469] SZ vom 17. Juni 1991, er bezog sich dabei auf den Wahlsieg der SPD in Hamburg am 2. Juni 1991. Auch nach dem Antritt der neuen SPD-Landesregierung am 25. Juni verfügten die O-Länder allerdings nur über eine „negative“ Mehrheit von 29 Stimmen. Das waren zwar zwei mehr, als die R-Länder besaßen, reichte aber nicht zur absoluten Mehrheit von 35 Stimmen.
[470] FAZ vom 17. Juni 1991.
[471] FAZ vom 17. Juni 1991.
[472] Vgl. zum folgenden die einführenden Bemerkungen der schleswig-holsteinischen Finanzministerin Heide *Simonis* (SPD) am 18. Oktober 1991 im Bundesrat, BR-PlProt. 635, S.449.

Interessen der struktur- und finanzschwachen Alt-Bundesländer besonders berücksichtigte.[473]
Zwischenzeitlich war die Bundesregierung allerdings zu der Ansicht gelangt, dass das Gesetz angesichts des Finanzbedarfs der neuen Bundesländer nicht mehr „verfassungsgemäß“ sei und hatte sich zur Aufhebung des Gesetzes entschlossen. Den ehemaligen Empfängerländern sollte dazu im Gegenzug eine geringe Übergangszahlung gewährt werden.

3.5.2 Der Verlauf des Gesetzgebungsverfahrens

Mitte Juli 1991 legte Bundesfinanzminister Theo *Waigel* seinen Referentenentwurf für das „Gesetz zur Entlastung der Familien und zur Verbesserung der Rahmenbedingungen für Investitionen und Arbeitsplätze“ (Steueränderungsgesetz 1992) vor,[474] der danach den Ländern zugeleitet wurde. Das Bundeskabinett beschloss den darauf basierenden Gesetzentwurf am 3. September 1991 und legte ihn am 6. September dem Bundesrat vor.[475] Zugleich legte die Bundesregierung dem Bundesrat das „Gesetz zur Aufhebung des Strukturhilfegesetzes und zur Aufstockung des Fonds Deutsche Einheit“ vor.[476]
Um das Steuerreformgesetz bereits vor der Stellungnahme des Bundesrates im Bundestag debattieren zu können, brachten die Koalitionsfraktionen ein gleichlautendes Gesetz in den Bundestag ein.[477] Die erste Lesung des Entwurfs fand am 19. September 1991 statt.[478] Danach wurde er in die Bundestagsausschüsse überwiesen.
Am 30. September legte die Bundesregierung noch vor Ende der Beratungen im Bundesrat das Gesetz zur Aufhebung des Strukturhilfegesetzes dem Bundestag vor, der dieses am 17. Oktober erstmals im Plenum beriet und dann in die Ausschüsse gab.[479]
Nach Beendigung der Ausschussberatungen im Bundesrat debattierte dessen Plenum am 18. Oktober 1991[480] erstmals über beide Entwürfe. Der Bundesrat äußerte eine Vielzahl von Änderungswünschen. Die Stellungnahmen des Bun-

---

[473] Im Gegensatz zur Darstellung von *Simonis* konnte sich der Staatssekretär im Bundesfinanzministerium, Joachim *Grünewald*, in der Sitzung des Bundesrates vom 18. Oktober nicht an einen solchen Vorschlag erinnern. Vielmehr schilderte er, es sei „kein Ergebnis zustande gekommen“ und man habe daher das Gesetzgebungsverfahren einleiten müssen, vgl. BR-PlProt. 635, S.458.
[474] Handelsblatt vom 8. Juli 1991.
[475] BR-DrS.522/91.
[476] BR-DrS.523/91.
[477] BT-DrS.12/1108.
[478] BT-PlProt. 12/52.
[479] BT-PlProt. 12/50.
[480] BR-PlProt. 635.

desrates zum Strukturhilfegesetz und zum Steueränderungsgesetz wurden dem Bundestag am 24. Oktober gemeinsam zugeleitet,[481] der die Stellungnahme zum Steueränderungsgesetz im vereinfachten Verfahren[482] zur gemeinsamen Beratung mit dem Koalitionsentwurf an die Ausschüsse weiterleitete.
Der Bundestag beschloss beide Gesetze ohne nennenswerte Änderungen am 8. November 1991.[483] Schließlich rief der Bundesrat im zweiten Durchgang in beiden Fällen den Vermittlungsausschuss an.[484] Nach zwei VA-Sitzungen am 8./9. Dezember 1991 bzw. 5./6. Februar 1992 stimmte der Bundesrat am 14. Februar 1992 mit den Stimmen der R-Länder sowie Brandenburgs und Berlins den zu einem Vermittlungsvorschlag zusammengeführten Gesetzen zu. Bereits am Tag zuvor hatte der Bundestag dem Vermittlungsvorschlag mit den Mehrheit der Koalition zugestimmt.

3.5.3 Die Verhandlungen im Gesetzgebungsprozess

3.5.3.1 Die Konfliktfelder im Verhandlungsprozess

a) *Die Erhöhung der Mehrwertsteuer*

Der zweifellos umstrittenste Punkt bei den Verhandlungen war die Erhöhung der Mehrwertsteuer.
Nach den Plänen der Bundesregierung sollte für die Finanzierung der geplanten Steuervergünstigungen die Mehrwertsteuer ab 1993 von 14 auf 15 Prozent erhöht werden. Konkret sollten damit der Familienlastenausgleich und „zusätzliche nationale und internationale Aufgaben von Bund und Ländern“ [485] finanziert werden. Überdies, so Bundesfinanzminister *Waigel*, sei die Erhöhung im Rahmen der EG-Steuerharmonisierung notwendig.
Dem wurde seitens der SPD in mehrerlei Hinsicht widersprochen: zum einen betrachtete die SPD die Mehrwertsteuererhöhung grundsätzlich als „unsozial“, da diese die sozial schwächeren Schichten relativ stärker belaste, als die oberen Einkommensklassen.[486] Zum anderen wurden auch die Motive der Bundesregierung bezweifelt: die Mehrwertsteuererhöhung diene, so die SPD, weniger der Familien- als vielmehr der gleichzeitig geplanten Unternehmensentlastung. Außerdem habe *Waigel* die EG-Kommission erst dazu aufgefordert, einen Vorstoß

[481] BT-DrS.12/1466.
[482] Gemäß § 80 IV GOBT.
[483] BT-PlProt. 12/55.
[484] BR-PlProt. 637.
[485] So Bundesfinanzminister *Waigel* in der FAZ vom 11. Juli 1991.
[486] So SPD-Parteichef *Engholm* gegenüber der FR am 29. Juli 1991.

in Richtung einer 15prozentigen Mehrwertsteuer zu unternehmen, was dieser allerdings vehement bestritt.[487]
Die SPD schlug alternativ vor, die Mineralölsteuer schrittweise um weitere 16 Pfennig zu erhöhen, eine Stromsteuer von einem Pfennig pro Kilowattstunde einzuführen[488] und den – ursprünglich auf ein Jahr befristeten – Solidaritätszuschlag, versehen mit einer Einkommensgrenze, zu verlängern.[489] Außerdem, so *Engholm*, sollte es zunächst einmal Kürzungen und Einsparungen in den öffentlichen Haushalten geben.[490]
Diese Vorschläge wurden von Seiten der Koalition abgelehnt: Der FDP-Fraktionsvorsitzende Hermann Otto *Solms* meinte, bei der Mineralölsteuer sei die „Grenze des Zumutbaren erreicht".[491] Außerdem bekräftigte er die Position der Bundesregierung, die Mehrwertsteuererhöhung sei aus Gründen der Steuerharmonisierung zwingend notwendig. Ebenso ablehnend äußerte sich der stellvertretende Vorsitzende der CDU/CSU-Fraktion, Michael *Glos (CSU)*, zu den SPD-Vorschlägen. Mit einer solchen Erhöhung werde vor allem das Strompreisniveau für die deutsche Wirtschaft weiter in die Höhe getrieben. Außerdem, so Finanzminister *Waigel*, seien die Mehrbelastungen der privaten und öffentlichen Haushalte vertretbar, da nur der allgemeine, nicht aber der ermäßigte Steuersatz (für Lebensmittel, ÖPNV, Bücher und Zeitungen) erhöht würde. Schließlich lehnte auch der baden-württembergische Finanzminister Gerhard *Mayer-Vorfelder (CDU)* einen Solidaritätszuschlag auf die Einkommensteuer der sogenannten „Besserverdienenden" ab.[492]
Ein viel größeres Problem für die SPD war allerdings, dass sich Bundespartei und O-Länder keineswegs über die Ablehnung einer Mehrwertsteuer einig waren, wie sich dies bereits bei der Diskussion über das Jahressteuergesetz 1991 angedeutet hatte. Während sich die SPD-Bundestagsfraktion ablehnend äußerte, waren zumindest Teile der SPD-Länder nicht grundsätzlich dagegen. So hatte zum Beispiel der nordrhein-westfälische Finanzminister *Schleußer (SPD)* zu erkennen gegeben, dass er eine Erhöhung der Mehrwertsteuer nicht verhindern würde.[493]
Das brachte den zwischenzeitlich gewählten SPD-Vorsitzenden *Engholm* in einen Interessenkonflikt mit seiner Funktion als schleswig-holsteinischer Minis-

---

[487] So auch noch im Gespräch mit dem Verfasser, Interview *Waigel*.
[488] Der SPD-Umweltpolitiker Harald *Schäfer* gegenüber dem Handelsblatt am 24. Juli 1991. Die Mineralölsteuer war bereits zum 1. Juli 1991 um 25 Pfennig je Liter erhöht worden.
[489] So der stellvertretende SPD-Chef und saarländische Ministerpräsident *Lafontaine* im Bundesrat am 18. Oktober 1991, BRatPlProt 635, S.443.
[490] FR vom 29. Juli 1991.
[491] Handelsblatt vom 24. Juli 1991.
[492] Auf einem Koordinierungstreffen der Bundesregierung mit den unionsregierten Ländern in Stuttgart Mitte Oktober 1991, FAZ vom 23. Oktober 1991.
[493] FR vom 29. Juli 1991.

terpräsident: einerseits musste er sich aus bundes(partei-)politischen Gründen gegen eine Erhöhung der Mehrwertsteuer aussprechen. Zugleich gab es grundsätzliche Landesinteressen, die für eine Erhöhung der Mehrwertsteuer sprachen, von der schließlich auch die Länderhaushalte profitiert hätten. Als Ausweg aus diesem Dilemma befürwortete der SPD-Vorsitzende eine Aufteilung des Aufkommens der Mineralölsteuer auf Bund und Länder. Dann wären auch die strukturschwachen Länder direkt an den Einnahmen aus dieser inzwischen drittgrößten Steuer beteiligt worden.

Augenscheinlich konnte er die abweichenden Länderstimmen allerdings nicht zum Verstummen bringen, wie entsprechende Vorwürfe der SPD-Finanzpolitikerin Ingrid *Matthäus-Maier* zeigten.[494] So hatten sich die Sozialdemokraten noch Ende August 1991 nicht auf eine gemeinsame Position zur Mehrwertsteuererhöhung einigen können.[495] Erst Anfang Oktober vereinbarten die von der SPD geführten Bundesländer, die Erhöhung der Mehrwertsteuer abzulehnen.[496]

Auch nach dieser Einigung hielten die Streitigkeiten zwischen der SPD-Führung im Bund und den Ländern allerdings an, wie verschiedene Äußerungen von Unionspolitikern zeigten.[497] Im Gegenzug sah sich die SPD-Führung mehrfach genötigt, den Zusammenhalt ihrer „Ablehnungsfront" zu betonen.[498] Dennoch äußerten sich immer wieder Vertreter einzelner O- oder SPD-geführter M-Länder kri-

---

[494] SZ vom 24. August 1991.

[495] SZ vom 31. August 1991.

[496] FAZ vom 4. Oktober 1991

[497] So äußerte *Mayer-Vorfelder* (CDU), er sei sich sicher, dass die SPD der Erhöhung der Mehrwertsteuer zustimmen werde. Ihm sei bekannt, dass „SPD-regierte Länder" diese Erhöhung in ihrer mittelfristigen Finanzplanung schon einkalkuliert hätten, vgl. FAZ vom 23. Oktober 1991. Dies kolportierte auch Bayerns Finanzminister Georg *von Waldenfels* (*CSU)* in der Bundesratssitzung am 18. Oktober 1991. Auch in der abschließenden Beratung der Steuerreform im Bundestag ließ die Koalition keine Gelegenheit aus, die unterschiedlichen Positionen innerhalb der SPD deutlich zu machen: er gehe jede Wette ein, dass das Ergebnis des Vermittlungsverfahrens eine Mehrwertsteuererhöhung sein werde, die von den SPD-Ländern mitgetragen werde, so der FDP-Abgeordnete Hermann *Rind,* vgl. BT-PlProt. 12/55, S.4600. Schon vor Beginn des Vermittlungsverfahrens äußerte Hermann-Otto *Solms,* er sehe dem Verfahren optimistisch entgegen, da vor allem die brandenburgische (!) und – wegen der von ihr gewünschten Expo-Weltausstellung – die niedersächsische Landesregierung einer Mehrwertsteuererhöhung nicht völlig ablehnend gegenüberstünden, vgl. FAZ vom 5. Dezember 1991. Dieser Darstellung widersprach SPD-Chef *Engholm* allerdings einige Tage später, vgl. FAZ vom 9. Dezember 1991.

[498] So versicherte SPD-Chef *Engholm* vor einer Beratung des Bundeskanzlers mit den Ministerpräsidenten über die Finanzbeziehungen zwischen Bund und Ländern am 4. Dezember 1991 noch einmal, es gäbe bei der SPD in Sachen Mehrwertsteuererhöhung „kein Abbröckeln". Die Mehrwertsteuer-Forderung müsse fallengelassen werden, vgl. SZ vom 6. Dezember 1991.

tisch zu dieser „Konfrontationsstrategie".[499]
Obwohl die Bundesregierung der SPD, wie noch zu zeigen sein wird, durch die Verbindung der Mehrwertsteuererhöhung mit einem von dieser gewünschten Punkt (Veränderungen beim Kinderfreibetrag) entgegenkam, ließen sich die SPD und die von ihr geführten Länder nicht auf eine Erhöhung der Mehrwertsteuer ein. Andererseits wurde das Angebot der SPD, die umstrittenen Punkte wie die Mehrwertsteuererhöhung aus dem Paket herauszunehmen, um dafür die Kindergelderhöhung zu beschließen, von der Koalition abgelehnt. Dies hätte nach Ansicht der Bundesregierung zu hohen Kosten für den Bund geführt, ohne dass eine Gegenfinanzierung erkennbar gewesen wäre.
Erst als sich abzeichnete, dass die Bundesregierung nicht mehr auf eine Übereinkunft mit allen SPD-Ländern setzte (s.u.), bewegte sich deren Verhandlungsführer Oskar *Lafontaine*: er erklärte, man werde sich einer Erhöhung der Mehrwertsteuer zum gegenwärtigen Zeitpunkt zwar weiterhin widersetzen, werde aber über eine „spätere" Erhöhung im Zusammenhang mit der EG-Steuerharmonisierung mit sich reden lassen.[500] Und nachdem klar wurde, dass die Bundesregierung eine Einigung mit den ostdeutschen Ländern Brandenburg und Berlin suchte: es habe sich dadurch eine neue Lage ergeben, dass es nunmehr einen EG-Entwurf zur Einführung eine europaweiten Mehrwertsteuer-Mindestsatzes von 15 Prozent gäbe. Damit sei sein bisheriges Argument, Brüssel fordere gar keine Mehrwertsteuererhöhung, vom Tisch.[501]
Dieses Entgegenkommen hatte aber keinen Einfluss mehr auf den Verhandlungsverlauf: Die Bundesregierung hatte ihre Strategie dahingehend geändert, dass sie nicht mehr mit den O-Ländern, sondern nur noch mit Berlin und Brandenburg eine Einigung suchte, was ihr schließlich auch gelang. Sie einigte sich mit diesen auf die Erhöhung der Mehrwertsteuer auf 15 % und kam beiden im Gegenzug bei der Aufstockung des Fonds Deutsche Einheit entgegen (siehe unten Abschnitt e).

b) *Die Abschaffung der Vermögen- und Gewerbekapitalsteuer*

Bei den geplanten Steuererleichterungen war, wie bereits beim Jahressteuergesetz 1991, die Abschaffung bzw. Senkung der Vermögen- und Gewerbekapitalsteuer umstritten.
Im Zuge der Unternehmensentlastungen beabsichtigte die Bundesregierung, die

---

[499] So nannte der SPD-Finanzminister von Niedersachsen, Hinrich *Swyter*, die Bonner Pläne am 9. Dezember „sinnvoll und notwendig". Er begründete diese Position mit „gesonderten Länderinteressen an Mehreinnahmen zur Bewältigung ihrer Aufgaben", vgl. FR vom 10. Dezember 1991.
[500] FR vom 14. Januar 1992.
[501] FR vom 28. Januar 1992.

Vermögensteuer zu senken.[502] Zugleich sollte die Gewerbekapitalsteuer – entgegen den Zusicherungen gegenüber der SPD im Vermittlungsverfahren zum Jahressteuergesetz 1991 – ab 1993 ganz entfallen (geschätzte Mindereinnahmen: 2,5 Mrd. DM). Die Steuerausfälle der Gemeinden bei der Gewerbesteuer von zusammen 3,6 Mrd. DM sollten durch eine Verringerung der Gewerbesteuerumlage um 40% (=1,1 Mrd. DM), durch deren Beteiligung am von der Koalition beschlossenen Abbau steuerlicher Sonderregelungen sowie die Verbesserung des Gemeindeverkehrs-Finanzierungsgesetzes (s.u.) gemildert werden.
Die von der SPD geführten Bundesländer lehnten beide Vorhaben Anfang Oktober 1991 ab.[503] Vielmehr forderten sie, die Gewerbekapitalsteuer und die Vermögensteuer, wie ursprünglich vorgesehen, ab 1993 auch in Ostdeutschland einzuführen. Es gelang ihnen, diese Forderung in der Stellungnahme des Bundesrates zu verankern.[504]
Darauf, dass die Bundesregierung in dieser Frage hart bleiben würde, deutet eine Äußerung des finanzpolitischen Sprechers der Unionsfraktion, Kurt *Faltlhauser (CSU),* hin: er empfahl, das Gesetz eher scheitern zu lassen, als auf die Abschaffung der Gewerbekapitalsteuer und die Erleichterungen bei der Vermögensteuer zu verzichten.[505]
Angesichts der unnachgiebigen Haltung der Koalition, die diese auch im VA beibehielt, zeigten sich die SPD-Länder nach der ersten VA-Sitzung verhandlungsbereit:[506] Zwar waren sie weiterhin nicht bereit, über die Abschaffung der Gewerbekapitalsteuer mit sich reden zu lassen. Eine Senkung der Gewerbeertragsteuer und Erleichterungen bei der betrieblichen Vermögensteuer betrachteten sie aber zumindest dann als denkbar, wenn die Bundesregierung für einen Ersatz der kommunalen Einnahmeausfälle sorgen würden. So hätte die SPD eine Übernahme der Steuerbilanzwerte in die Vermögensaufstellung, die Erhöhung der Freibeträge sowie die Senkung des Vermögensabschlags mitgetragen. Die Bundesregierung wiederum signalisierte, auf die Abschaffung der Gewerbekapi-

---

[502] Ab 1993 sollten die Steuerbilanzwerte in die Vermögensaufstellung übernommen werden, der Freibetrag für das Betriebsvermögen sollte von 225.000 auf 500.000 DM und der Bewertungsabschlag für Betriebsvermögen von 25 auf 50 % aufgestockt werden. Bei der Gewerbeertragsteuer sollten ab 1993 die Messzahlen über dem Freibetrag von 36.000 DM in fünf Schritten von 1 bis 5 % je zusätzliche 12.000 DM Gewerbeertrag für Einzelunternehmen und Personengesellschaften gestaffelt werden, vgl. FAZ, 11. Juli 1991.
[503] FAZ vom 4. Oktober 1991.
[504] Auch im VA schlug die SPD sofort „Pflöcke" ein: *Lafontaine* äußerte, er glaube nicht, dass man sich im Vermittlungsausschuss oder im Bundesrat auf eine Abschaffung der Gewerbekapitalsteuer würde einigen können, VA-Protokoll, 12/7, S.9.
[505] Handelsblatt, 11. Dezember 1991. Demgegenüber stellte Baden-Württembergs Finanzminister Gerhard *Mayer-Vorfelder (CDU)* die Senkung der betrieblichen Vermögensteuer und die Abschaffung der Gewerbekapitalsteuer zwischenzeitlich in Frage. Handelsblatt, ebd.
[506] NZZ am 13. Dezember 1991.

talsteuer verzichten zu wollen und sich mit einer Senkung der Vermögensteuer zufrieden zu geben.
Tatsächlich sah auch der VA-Vorschlag von Anfang Februar 1992 die Beibehaltung der Gewerbekapitalsteuer vor.[507] Diese, sowie die Vermögensteuer, sollte allerdings in den neuen Ländern bis Ende 1994 ausgesetzt bleiben. Zudem sollte der Freibetrag bei der Gewerbesteuer von 36.000 auf 48.000 DM erhöht werden. Sowohl Bundestag als auch Bundesrat stimmten diesem Vermittlungsvorschlag mehrheitlich zu.

c) *Der Familienlastenausgleich*

Ein weiterer Schwerpunkt des Gesetzes war, wie aus dessen Namen bereits hervorgeht, der vom Bundesverfassungsgericht geforderte Familienlastenausgleich. Hier hatte Bundesfinanzminister *Waigel* ursprünglich geplant, den Kinderfreibetrag ab 1992 von 3024 auf 4104 DM und den Freibetrag für die Unterstützung naher Angehöriger unter 18 Jahren ebenfalls auf 4104 sowie solcher über 18 Jahre auf 6300 DM zu erhöhen. Das Erstkindergeld sollte von 50 auf 70 DM und der Kindergeldzuschlag von 48 auf bis zu 68 DM angehoben werden.
Dagegen forderten die SPD-regierten Länder im Einklang mit der sozialdemokratischen Bundestagsfraktion, das Kindergeld für das erste Kind auf 125 DM zu erhöhen, es beim Kinderfreibetrag aber beim ursprünglichen Satz zu belassen.[508] Dabei gab es durchaus Unterschiede zwischen den Gründen, die die SPD-Länder einerseits und die SPD-Bundestagsfraktion andererseits zu ihren Forderungen motivierten. Beide Akteure teilten sicherlich die sozialpolitische Sicht, dass das Kindergeld „Armen" und „Reichen" gleichermaßen zu Gute käme, während von einer stärkeren Anhebung des Kinderfreibetrags vor allem höhere Einkommensschichten profitieren würden. Bei den Ländern kam allerdings noch ein weiterer Grund hinzu: der Vorschlag der Bundesregierung hätte die Länder stärker belastet. Dagegen hätte bei der Realisierung ihrer Initiative der Bund den höheren Kostenanteil zu finanzieren gehabt! Entscheidend war hier letztlich nicht die Frage, welcher Empfängerkreis von dem einen oder anderen Modell mehr profitieren würde, sondern wer – Bund oder Länder – den größeren Anteil der Kosten zu tragen hätte.
In dieser Frage zeichnete sich bereits nach der ersten VA-Sitzung eine Einigung ab.[509] Danach sollte es 100 statt, wie geplant, 70 DM Kindergeld für das erste Kind geben. Dafür sollte der Freibetrag geringer ausfallen.
Nachdem die Einigung mit der SPD in anderen Fragen allerdings gescheitert war, rückte die Bundesregierung von diesem Kompromiss wieder ab. So beharr-

[507] Vgl. VA-Prot. 12/7, Anhang 1.
[508] FAZ vom 4. Oktober 1991.
[509] Handelsblatt vom 11. Dezember 1991, FAZ vom 11. Dezember 1991.

te sie vor der 2. VA-Sitzung im Februar wieder auf ihrer ursprünglich vorgesehenen Anhebung des Erstkindergeldes auf 70 DM, der Erhöhung des Kinderfreibetrags auf 4104 DM und des Kindergeldzuschlags auf bis zu 65 DM.[510] Es gelang ihr, dies auch im VA durchzusetzen, was wiederum erwartungsgemäß von den SPD-Ländern abgelehnt wurde.
Als die Bundesregierung ihre Taktik geändert hatte, und alles auf die Einigung mit den M-Ländern Brandenburg und Berlin setzte, erreichte Brandenburgs Ministerpräsident *Stolpe* hier in letzter Minute doch noch ein Entgegenkommen: *Waigel* sicherte *Stolpe* zu, noch in der laufenden Legislaturperiode Vorschläge zu einer weiteren Erhöhung des Kindergeldes vorzulegen.[511] Dies schien dem brandenburgischen Ministerpräsidenten – zusammen mit den anderen Angeboten (s.u.) – für seine Zustimmung zum Steueränderungsgesetz zu reichen.

d) *Der Streit um das Gemeindeverkehrsfinanzierungsgesetz (GVFG)*

Schließlich wurden die geplanten Änderungen des Gemeindeverkehrsfinanzierungsgesetzes zu einem etwas untypischen Streitfall. Anders als bei den bisher genannten Konfliktfeldern, lag hier ein ausschließlich *föderaler* Konflikt vor, der vor allem vom R-Land Baden-Württemberg mit der Bundesregierung ausgetragen wurde.
Ursprünglich hatte die Koalition geplant, den Ländern als Ausgleich für den Wegfall der Gewerbekapitalsteuer eine Erhöhung ihrer Zuwendungen beim öffentlichen Nahverkehr zu gewähren. Ähnliche Zusagen seien nach Ansicht der Länder seitens des Bundes bereit im Vermittlungsverfahren zum Jahressteueränderungsgesetz 1991 gemacht worden. Dies wurde jedoch von den Mehrheitsfraktionen im Bundestag als „überflüssig und nicht begründet" angesehen und während der Beratungen in den Bundestagsausschüssen wieder gestrichen. Das führte dazu, dass sich Baden-Württemberg dem Anrufungsbegehren des VA seitens der SPD-Länder anschloss.
Im VA erklärte der CDU-Abgeordnete *Blens* dann, man müsse noch einmal über dieses Thema „reden". Die Koalitionsfraktionen boten in der Folge den Ländern an, den Kommunen auch 1994 und 1995 GVFG-Mittel in Höhe von je 3 Mrd. DM zukommen zu lassen, wie dies von Baden-Württemberg gefordert worden war. Dies floss in den Vermittlungsvorschlag ein, der von den Ländern angenommen wurde.

---

[510] Die WELT vom 6. Februar 1992, vgl. auch VA-Prot. 12/7, Anlage 1
[511] Die WELT vom 15. Februar 1992.

e) *Der Lösungsweg: Strukturhilfegesetz, Fonds Deutsche Einheit und andere „Hilfsgelder"*

Die bislang dargestellten Einigungen beim Steueränderungsgesetz 1992 hätten zweifelsohne nicht realisiert werden können, wäre es in einem entscheidenden Punkt nicht zu einer Übereinkunft gekommen: der Aufstockung des Fonds Deutsche Einheit.

Zugleich mit dem Steueränderungsgesetz 1992 hatte die Bundesregierung ein Gesetz zur Abschaffung des erst 1988 beschlossenen Strukturhilfefonds (siehe Kapitel 3.1.2.) vorgelegt, der mittlerweile vor allem den SPD-regierten Ländern zugute kam. Als „Überbrückungshilfe" wollte der Bund den bisherigen Empfängerländern einen einmaligen Betrag von 600 Millionen Mark in 1991 gewähren. Mit den dadurch freiwerdenden Geldern und weiteren Bundesmitteln sollte der Fonds Deutsche Einheit zugunsten der neuen Länder in den folgenden drei Jahren um jeweils 5,9 Milliarden DM jährlich auf 132,7 Mrd. DM insgesamt aufgestockt werden.[512]

Hier gegen erhob sich insofern Widerstand von den Ländern, als diese eine noch stärkere Aufstockung des Fonds forderten. Hierin waren sich nicht nur alle O- und SPD-regierten M-Länder, sondern auch die unionsregierten R- und M-Länder Ostdeutschlands einig.[513] Gegen diese höhere Aufstockung sprachen sich nur die Vertreter Bayerns und Baden-Württembergs aus.

Uneins war sich dieser Länderblock allerdings bei der Frage der Strukturhilfen: die SPD-Länder waren zwar grundsätzlich bereit, zur Aufstockung des Fonds „Deutsche Einheit" den alten Strukturfonds auslaufen zu lassen.[514] Sie forderten allerdings, dass dies stufenweise bis 1994 geschehen solle. Zugleich wurde die alte Forderung der *Albrecht*-Koalition von 1988 wieder aufgenommen, den Bund zu fünfzig Prozent an den Sozialhilfeaufwendungen der Länder zu beteiligen.

Nachdem die Bundesregierung sofort signalisiert hatte, dass sie die Forderungen

---

[512] SZ vom 4. September 1991. Allerdings sollten die Zuweisungen auch nach dieser Aufstockung weiter degressiv fallen, von 35 Mrd. in 1991 über 33,9 Mrd. 1992, 25,9 Mrd. 1993 auf 15,9 Mrd. in 1994.

[513] Auf einer Finanzministerkonferenz in Schwerin am 2. Oktober 1991, vgl. Handelsblatt vom 4. Oktober 1991. Gefordert wurde, dass der Fonds statt auf 132,7 – wie von der Bundesregierung geplant – auf insgesamt 162 Mrd. DM aufgestockt werden sollte. Dadurch sollten die neuen Länder – wie 1991 - bis 1995 jährlich 35 Mill. DM erhalten Die Aufstockung von 47 Mrd. sollte ausschließlich vom Bund getragen werden. Diese könne, so *Lafontaine* vor dem Bundesrat, aus den Einnahmen nach dem Solidaritätsgesetz 1991 finanziert werden, vgl. BR-PlProt. 635, S.445. Bayern und Baden-Württemberg vertraten dagegen die Ansicht, diese Aufstockung ginge letztlich zu Lasten aller Länder.

[514] Dies hätte sie, so Schleswig-Holsteins Finanzministerin Heide *Simonis* in ihrer Bundesratsrede vom 18. Oktober 1992, „schon längst akzeptiert", vgl. BR-PlProt. 635, S.449.

der Länder für weder gerechtfertigt noch finanzierbar hielt,[515] versuchten die SPD-Länder das „Verhandlungsfeld“ zu erweitern, in dem sie das grundsätzliche Problem des Bund-Länder-Finanzverhältnisses in die Diskussion brachten. Damit wird deutlich, dass es auch hier – ähnlich wie bei der Steuerreform 1990 – letztlich nicht um die *Form* der finanziellen Ausgleichsmaßnahmen für die Länder, sondern ausschließlich um die *Höhe* der Finanzmittel ging.
Konkret brachte *Lafontaine* dabei den Länderanteil an der Umsatzsteuer ins Spiel. Auch dieser, so *Lafontaine*, müsse im Vermittlungsverfahren diskutiert werden.[516] Der Anteil sollte von 35 auf 37 Prozent angehoben werden. Dafür wollten die SPD-Länder auf Bonner Zuschüsse als Strukturhilfe verzichten. Der Staatsekretär im Bundesfinanzministerium, *Grünewald,* bezweifelte hingegen, dass man in dieser Frage „in der verbleibenden kurzen Zeit“ zu einem Ergebnis kommen könne.[517]
Als weitere „Ausgleichsmaßnahme“ brachte Hessens Ministerpräsident *Eichel (SPD)* die Lasten der Länder in die Debatte ein, die unter der Rüstungskonversion am stärksten zu leiden hatten. Auch diese müssten im VA debattiert werden.[518] Die SPD-Länder erklärten sich im VA-Verfahren sogar zu einer Zustimmung zur Mehrwertsteuererhöhung bereit, wenn die Bundesregierung den vom Truppenabzug betroffenen Ländern die Belastungen nach dem vorzeitigen Auslaufen der Strukturhilfen ersetzen würde.[519]

---

[515] So Staatsekretär *Grünewald* in der ersten Lesung des Entwurfs im Bundestag, vgl. BTPlProt 12/50, S.4169. Der an diesem Tag auch im Bundestag sprechende SPD-Finanzminister von Brandenburg, *Kühbacher,* stellte dann eine klare Verbindung zwischen den Forderungen der SPD zum Steueränderungsgesetz und zum Strukturhilfegesetz her: er forderte die Bundesregierung auf, den Solidaritätszuschlag zu verlängern, statt die Mehrwertsteuer zu erhöhen. Damit käme genug Geld in die Kassen des Bundes, um die von den SPD-Ländern geforderte eingeschränkte Verlängerung des Strukturhilfefonds zu ermöglichen, BTPlProt. 12/50 S.4175. Vgl. zur Position der Bundesregierung auch ihre Gegenäußerung zur Stellungnahme des Bundesrates, in der diese eine noch weitergehendere Erhöhung mit der Begründung ablehnte, die Annahme stetig steigender Steuereinnahmen auf Seiten der neuen Länder würde eine Verstetigung der Fondsfördermittel nicht notwendig machen. Überdies wäre eine gegebenenfalls erforderliche Anhebung der Fondsleistungen von Bund und Ländern gemeinsam zu finanzieren, vgl. BTDrS.12/1466, zu Nr. 79.

[516] So *Lafontaine* im Bundesrat am 29. November 1991, erneut bei einer Beratung des Bundeskanzlers mit den Ministerpräsidenten über die Finanzbeziehungen zwischen Bund und Ländern am 4. Dezember 1991, FR vom 4. Dezember 1991. Dagegen sprach sich Bayerns Finanzminister *von Waldenfels (CSU)* ausdrücklich dagegen aus, eine Verbindung zwischen dem Steueränderungsgesetz und der Finanzverteilung zwischen Bund und Ländern herzustellen; vgl. BR-PlProt. 637, S.525.

[517] BR-PlProt. 637, S.533.

[518] BR-PlProt. 637, S.523. Dieser Zusammenhang wurde ihm von *Grünewald* durchaus zugestanden, wenngleich er den Zusammenhang eher zwischen Strukturhilfe und Konversion sah.

[519] So die FR am 10. Dezember 1991.

Auch andere Länder forderten „Ausgleichszahlungen“: so erklärte Berlins Finanzsenator Elmar *Pieroth (CDU)*, sein Land könne von seiner bisher geplanten Stimmenthaltung abweichen, wenn die Finanzausstattung des Landes erheblich verbessert werde.[520]
Waigel setzte auf eine Doppelstrategie: zum einen erklärte er, er gehe davon aus, dass die Strukturhilfe ohnehin vom Bundesverfassungsgericht 1992 für verfassungswidrig erklärt werden würde.[521] Dann hätte man die Mittel ohne einen Ausgleich für die alten Ländern den neuen Ländern zukommen lassen können.[522] Zum anderen zeigte er sich der Gruppe aus finanzschwachen O- und M-Ländern gegenüber entgegenkommend: er sei bereit, so hieß es, der Länderforderung nach einer Kompensation ihrer Konversionskosten entgegenzukommen. Der Bund wolle bis 1994 jährlich eine Milliarde DM an die Länder zahlen. Die Länder hatten dagegen eine Forderung von jährlich 2 Milliarden über die nächsten zehn Jahre hinweg gestellt.
Zugleich bot er den Ländern an, ihren Anteil an der Mehrwert-/Umsatzsteuer von 35 auf 36,5 % zu erhöhen – was fast der SPD-Länderforderung von 37 % entsprochen hätte.[523] Einen weiteren Beitrag zu den Konversionskosten der Länder würde es damit allerdings nicht geben, so die Bundesregierung.
Der entscheidende „Coup“ gelang der Bundesregierung Mitte Januar 1992: sie verkündete, die Bundeseinnahmen aus der Mehrwertsteuererhöhung allein den neuen Ländern zugute kommen lassen zu wollen, sowie den Fonds „Deutsche Einheit“ um weitere zwei Milliarden DM zu erhöhen – zusätzlich zu den Mitteln aus dem Strukturhilfefonds. Darüber hinaus sicherte sie eine jährliche Überprüfung der Fondsmittel zu. Mit der Überleitung der Mehrwertsteuerzugewinne hätte die Erhöhung der Fondsanteile zwischen 1992 und 1994 zwar immer noch etwas unterhalb der von den Ländern geforderten Höhe von 35 Mrd. DM jährlich gelegen. Dennoch hätten die Neuen Länder damit weitaus mehr gewonnen, als von der Bundesregierung ursprünglich angeboten worden war.
Dass die Bundesregierung nunmehr kaum noch auf eine Einigung mit den SPD-Ländern setzte, zeigt ihre nur geringfügige Angebotserhöhung für die vom Auslaufen des Strukturhilfefonds betroffenen Länder: sie bot ihnen an, die Aus-

---

[520] Die WELT vom 29. Januar 1992. Dagegen sprach sich die Berliner SPD, Koalitionspartner der CDU, weiterhin gegen eine Zustimmung aus, FR vom 30. Januar 1992.

[521] Hessen hatte, wie in der Fallstudie 2 dargestellt, gegen das Gesetz beim BVerfG geklagt. Wie aus einer Äußerung *Mayer-Vorfelders* hervorgeht, hatte sich Baden-Württemberg dem offenbar angeschlossen, vgl. BR-PlProt. 637, S.537.

[522] FAZ vom 11. Dezember 1991.

[523] FR vom 31. Januar 1992. Der Hintergrund, so wird aus den Protokollen des VA deutlich, dürfte aber weniger ein Entgegenkommen gegenüber den O-Ländern, sondern der dahingehende Druck des baden-württembergischen Finanzministers *Mayer-Vorfelder (CDU)* gewesen sein, vgl. VA-Prot 12/7 (Forts.), S.67.

gleichszahlung von 600 auf 800 Millionen DM zu erhöhen.[524] Um die Konversionskosten der Länder zu mildern, wollte der Bund diesen ferner bundeseigene Liegenschaften verbilligt überlassen[525] und den Länderanteil an der Umsatzsteuer zugleich auf 37 Prozent anheben.
Auch die finanzschwachen Länder waren sich offenbar dieses Strategiewechsels bewusst: sie zeigten nun ihrerseits Entgegenkommen, indem sie nicht mehr auf einer stufenweisen Abschaffung der Strukturhilfe beharrten. Dafür sollte diese 1992 noch einmal in voller Höhe gezahlt werden und dann durch ein „angemessenes" Konversionsprogramm ersetzt werden. Der Fonds Deutsche Einheit sollte weiterhin auf dem Stand von 1994 verstetigt werden.
Dies schien zumindest Brandenburg, auf das es mehr und mehr ankam, noch nicht auszureichen: dessen Finanzminister Klaus-Dieter *Kühbacher (SPD)* forderte, die Mittel, die zusätzlich in den Fonds „Deutsche Einheit" gehen sollten, dürften nicht bei den Mehreinnahmen der westdeutschen Länder aus der Mehrwertsteuererhöhung abgeleitet werden.[526] Außerdem müsse das für 1992 vorgesehen Konversionsprogramm durchgeführt werden.[527]
Offenbar setzten also sowohl Brandenburg als auch Berlin auf weiteres Entgegenkommen des Bundes, was dieser aber zunächst strikt ablehnte.[528] Erst als *Waigel* sah, dass die Zustimmung des brandenburgischen Ministerpräsidenten Manfred *Stolpe (SPD)* nicht anders zu erlangen sei, bot er am Vorabend der entscheidenden Bundesratssitzung an, die nach Wegfall der Strukturhilfe für die alten Länder vorgesehene Überbrückungshilfe von 800 Millionen auf 1,5 Milliarden DM zu erhöhen. Überdies erklärte er, dass der im Vermittlungsvorschlag enthaltene Weg zur Beteiligung aller Länder an der Finanzierung des Fonds „Deutsche Einheit" keine präjudizierende Wirkung über das Jahr 1994 hinaus enthalte.
Erst diese Zugeständnisse waren es schließlich, die sowohl Brandenburg als auch Berlin zustimmen und das Steueränderungsgesetz 1992 im Bundesrat passieren ließen.

3.5.3.2 Der Verhandlungsverlauf

Die Verhandlungen zum Steueränderungsgesetz 1992 entsprechen noch am ehesten dem erwarteten Modell der Trennung in eine Positionierungs- und eine Gesprächsphase: während fast zwei Dritteln des Gesetzgebungsverfahrens wur-

---

[524] Hierbei gebe es allerdings noch „Spielraum", verkündete der Vorsitzende des VA, Heribert *Blens (CDU)*, vor der zweiten VA-Sitzung.
[525] Die WELT vom 6. Februar 1992.
[526] FR vom 7. Februar 1992.
[527] Der Tagesspiegel vom 9. Februar 1992.
[528] SZ vom 12. Februar 1992.

den die einmal eingenommenen Positionen nicht oder kaum verändert. Erst beim 2. Durchgang im Bundesrat, in dem der VA angerufen wurde, kam es zu Positionsveränderungen und zu Verhandlungsgesprächen.
Die Positionierung der Bundesregierung bezüglich zentraler Punkte des Steueränderungsgesetzes 1992 setzte, wie in Kapitel 3.1.5.1 gezeigt, bereits geraume Zeit vor der Erstellung des Referentenentwurfs im Juli 1991 ein. Das galt einerseits für die geplante Abschaffung bzw. Einschränkung der Vermögen- und der Gewerbekapitalsteuer, andererseits für die Erhöhung der Mehrwertsteuer. Entsprechend nahmen auch die Länder, die Bundesparteien und ihre Fraktionen frühzeitig Positionen ein, die sie im Verlauf des Verhandlungsprozesses weitgehend beibehielten: die Opposition und die Mehrzahl der von ihr geführten Länder lehnten beide Vorhaben strikt ab, während sich die Koalitionsparteien/-fraktionen hinter die Bundesregierung stellten.[529]
Dabei unternahm die SPD in Teilbereichen auch in der Positionierungsphase durchaus Versuche, der Bundesregierung Alternativen zu ihren Vorhaben darzustellen: statt der Mehrwertsteuererhöhung schlug man beispielsweise die Erhöhung der Mineralölsteuer bzw. die Einführung einer Energiesteuer, die Modifizierung und Verlängerung des Solidarbeitrags und generelle Haushaltseinsparungen vor.[530] Diese wurden allerdings von der Koalitionsseite zurückgewiesen. Zugleich äußerten einige SPD-Ländervertreter (z.B. *Schleußer*, NRW) Zustimmung für die Erhöhung der Mehrwertsteuer, bis sich die SPD-Bundespartei mit den von ihr geführten Ländern Anfang Oktober auf eine gemeinsame Position einigte. Darin lehnten sie den Entwurf der Bundesregierung sowohl für das Steueränderungsgesetz als auch für die Aufhebung des Strukturhilfegesetzes bzw. die Aufstockung des Fonds „Deutsche Einheit" weitgehend ab.[531] Durch ihre Forderung, den Fonds „Deutsche Einheit" noch stärker zu erhöhen, als von der Bundesregierung ursprünglich geplant, gelang es ihnen, auch die ostdeutschen M- und R-Länder in dieser Frage auf ihre Seite zu ziehen.
Weder in den Beratungen der Bundesrats-, noch der Bundestagssausschüsse – und um so weniger im jeweiligen Plenum – kam es dann zu Veränderungen der jeweiligen Positionen.[532] Nachdem sich die christdemokratisch geführten M- und R-Länder Ostdeutschlands, und – aus anderen Gründen – auch Baden-Württemberg[533] kritisch zu einzelnen Punkten der beiden Gesetzesvorhaben ge-

---

[529] In einem Beschluss am 2. September 1991, vgl. FR vom 3. September 1991.
[530] So SPD-Chef *Engholm*, FR vom 29. Juli 1991. In diesem Zusammenhang forderte er auch, die Mineralölsteuer zwischen Bund und Ländern aufzuteilen, da diese eine reine Bundessteuer sei und eine Erhöhung allein dem Bund zugute käme.
[531] FAZ vom 4. Oktober 1991.
[532] Die WELT vom 1. November 1991.
[533] So forderte Gerhard *Mayer-Vorfelder (CDU)* für Baden-Württemberg eine stärker mittelstandsfördernde Politik und eine weitergehendere Erhöhung von Kindergeld und Kinderfreibetrag. Dennoch versicherte auch er der Bundesregierung auf einen Koordinierungstreffen

äußert hatten, war überdies klar, dass es zu einer Anrufung des VA kommen würde, obwohl die O-Länder keine eigenen Mehrheit dafür besaßen.[534]
Einen ersten wichtigen Punkt im Verhandlungsprozess bildete die Bundesratssitzung vom 18. Oktober 1991, in der erstmalig über beide Gesetzesinitiativen *gemeinsam* beraten wurde. Dass die Länder einen Zusammenhang zwischen beiden Gesetzen sahen bzw. herstellen wollten, war bereits bei einem Treffen der Länderfinanzminister Anfang Oktober deutlich geworden.[535] In ihrer Stellungnahme ging die Bundesratsmehrheit sogar so weit, beide Gesetze miteinander zu verbinden, in dem sie ihre Position zur Erhöhung des Fonds „Deutsche Einheit" in ihre Stellungnahme zum Steueränderungsgesetz hineinschrieb. Diese Verbindung beider Gesetzesvorhaben sollte schließlich eine Kompromisslösung ermöglichen.
Ebenso bedeutsam war die Beratung des vom Bundestag am 8. November 1991 beschlossenen Gesetzes im Bundesrat am 29. November 1991.[536] Erst von diesem Zeitpunkt an ließ sich eine gewisse Verhandlungsbereitschaft auf beiden Seiten erkennen. So stellte Staatssekretär *Grünewald* in seiner Rede im Bundesrat dar, dass die Bundesregierung bereit sei, über viele Punkte mit sich reden zu lassen. *Lafontaine* auf der anderen Seite unternahm den Versuch, das „Verhandlungsfeld" zu erweitern, in dem er die grundsätzliche Finanzverteilung zwischen Bund und Ländern ins Gespräch zu bringen suchte, was ihm zunächst auch zu gelingen schien, wie Äußerungen des VA-Vorsitzenden *Blens (CDU)* anlässlich einer Beratungsrunde beim Bundeskanzler zum Thema Finanzbeziehungen zeigten.[537]

---

aller R-Länder mit der Bundesregierung Ende Oktober die grundsätzliche Unterstützung seines Landes für die Pläne der Koalition. An diesem Treffen nahmen neben Theo *Waigel* die Finanzminister von Mecklenburg-Vorpommern, Baden-Württemberg, Bayern, Sachsen, Sachsen-Anhalt und Thüringen teil, vgl. FAZ vom 23. Oktober 1991.

[534] Darauf sei, so der FDP-Abgeordnete Hans *Gattermann* „der Beratungszeitplan aufgebaut", vgl. BT-PlProt. 12/41, S.3432.

[535] Auf der Finanzministerkonferenz in Schwerin am 2. Oktober 1991, vgl. Handelsblatt vom 4. Oktober 1991.

[536] Hier wurden zu beiden Gesetzen der VA angerufen. Beim Steueränderungsgesetz gelang dies mit den Stimmen der SPD-regierten Länder sowie Baden-Württembergs und Thüringens. Baden-Württemberg wollte das Gemeindeverkehrsfinanzierungsgesetz, einen Teil des Steueränderungsgesetzes, den erst der Bundestag abgeändert hatte, wiederum geändert wissen. Ebenso wünschte es eine Änderung im Wohnungsbauförderungsbereich, vgl. dazu die Äußerungen des baden-württembergischen Bundesratsministers Heinz *Eyrich* (CDU), BR-PlProt. 637, S.529. Thüringen wollte dagegen in jedem Fall die Verstetigung des Fonds „Deutsche Einheit" auf dem Stand von 1991 erreichen. Die Mehrheit gegen die Abschaffung der Strukturhilfen dürfte aufgrund der Mehrheit aller SPD-regierten O-und M-Länder zustande gekommen sein, die über eine knappe Mehrheit von 41 Stimmen verfügten.

[537] FR vom 4. Dezember 1991. In der VA-Sitzung selbst lehnte er dies freilich noch strikt ab, vgl. VA-Protokoll 12/7, S. 16.

Zwischen dem 28. November 1991 und dem 14. Februar 1992 – dem Tag der Zustimmung des Bundesrates – fand die Verhandlungsphase im engeren Sinne statt. Sie war geprägt von einer Vielzahl von Einzel- und Gruppengesprächen vor, während und nach den beiden Vermittlungsausschusssitzungen vom 8./9. Dezember 1991 bzw. 5./6. Februar 1992.[538]
Zentrales Merkmal der Verhandlungen war die Verknüpfung der verschiedenen Konfliktfelder miteinander und die Eröffnung von „Kompensationsangeboten". Zwar wurden zum Teil auch innerhalb der Konfliktfelder Kompromisse gesucht und gefunden (vor allem beim Familienlastenausgleich, s.o. Abschnitt c). Da es aber andererseits bei der Erhöhung der Mehrwertsteuer nur um ein „Sein oder Nicht-Sein" ging, konnte hier ein Kompromiss nur im Wege der Paketlösung gefunden werden. So verkündete *Lafontaine,* Ziel der Verhandlungen sei ein Ergebnis, das den Ländern einerseits zusätzlichen Finanzspielraum eröffne und eine klar erkennbare soziale Komponente enthalte. In der Führung der Partei hieß es konkreter, die Mehrwertsteuer-Forderung müsse fallengelassen werden, im Streit um Struktur- und Regionalhilfen müsse den Ländern Entgegenkommen gezeigt werden und die Regierung müsse auch bereit sein, bei der Frage der längerfristigen Finanzaufteilung zwischen Bund und Ländern bereits jetzt im Grundsatz eine „gute Antwort" zu geben.[539] Wenn die Bundesregierung mit ihrem angekündigten Subventionsabbau ernst mache, und den vom Truppenabzug betroffenen Ländern die Belastungen nach dem vorzeitigen Auslaufen der Strukturhilfen ersetzen würde, könnten sich, so zitiert die FR nicht näher bezeichnete SPD-Ländervertreter, auch die SPD-Länder durchaus mit einer Erhöhung der Mehrwertsteuer einverstanden erklären. Ferner hätten die SPD-Länder im VA vorgeschlagen, den Länderanteil am Mehrwert-/Umsatzsteuerertrag von 35 auf 37 Prozent anzuheben. Dafür wollten sie auf Bonner Zuschüsse als Strukturhilfe verzichten.[540]
Die Bundesregierung andererseits signalisierte vor der ersten VA-Sitzung Entgegenkommen beim Familienlastenausgleich, verband dies aber mit der Erwartung eines entsprechenden Verhaltens der Länder bei der Mehrwertsteuer.[541]
Im VA machte die SPD dann den Vorschlag, umstrittene Teile des Steueränderungsgesetzes, bei denen sich keine Einigung abzeichnete, aus dem Gesetzentwurf herauszulösen (Refinanzierung der Steuererleichterungen, Gewerbekapi-

---

[538] So Bundesfinanzminister *Waigel* im Gespräch mit dem Verfasser, Interview *Waigel.*
[539] SZ vom 6. Dezember 1991.
[540] FR am 10. Dezember 1991.
[541] Dagegen warnte der FDP-Fraktionsvorsitzende Herrmann-Otto *Solms* die Koalition vor Zugeständnissen im Vermittlungsverfahren. Es gäbe keinen Anlass zu Konzessionen. „Wenn das Gesetz scheitert, ist das zumindest aus finanzpolitischer Sicht nicht unglücklich". Dann würde der Druck auf eine sparsame Haushaltsführung wieder wachsen. Eine Verlängerung des Solidaritätszuschlags sei ausgeschlossen, vgl. FAZ vom 5. Dezember 1991.

talsteuer), was von der Koalition umgehend abgelehnt wurde.
Eines der Hauptthindernisse im Verhandlungsprozess war, dass man sich schon über die Zusammenhänge der einzelnen Gesetzesteile nicht einig war. Während die SPD die Ansicht vertrat, die Unternehmensteuerreform werde durch die Mehrwertsteuererhöhung finanziert, erklärte die Union, die Unternehmensteuerreform werde durch Subventionskürzungen gegenfinanziert. Die Mehrwertsteuererhöhung diene vielmehr der Finanzierung der Familienentlastung, die die SPD als auch ohne diese finanzierbar betrachtete. Interessant ist allerdings, dass die Bundesregierung im 2. Teil des Vermittlungsverfahrens dann überraschend meinte, eben diese Mehrwertsteuererhöhung den neuen Ländern zukommen lassen zu können, ohne die Familienentlastung zu gefährden.[542]
Weiter stellte sich als problematisch dar, dass die Akteure noch vor den Verhandlungen öffentlich *essentials* verkündet hatten, von denen im Vermittlungsverfahren abzuweichen schwer fiel. Der Vorsitzende des VA drückte es bildhaft so aus: einige der „Matadore" seien in den letzten Tagen auf sehr hohe Pferde gestiegen und hätten diese Pferde dann „zu veritablen Schlachtrössern aufgepumpt. Davon kommt man schlecht herunter".[543]
Dennoch hatte man sich in den Verhandlungsdelegationen bereits frühzeitig in einer Reihe von Punkten (Familienlastenausgleich, Unternehmenssteuern) einigen können. Keine Einigung kam hingegen über die von den finanzschwachen (West-)Ländern geforderten Ausgleichsmaßnahmen für den Verlust der Strukturhilfen zu Stande.[544] Entscheidender Hinderungsgrund war, dass sich die SPD nicht zur Zustimmung für die Mehrwertsteuererhöhung durchringen konnte. Die Kompromissangebote von jeder Seite wurden immer unter dem – allerdings unausgesprochenen! – Vorbehalt einer Zustimmung bzw. Nicht-Zustimmung zur Mehrwertsteuererhöhung gemacht. Eine Pressedarstellung gibt dies treffend wieder: darin heißt es von einem Gespräch am 10. Dezember im Finanzministerium, an dem *Waigel* und eine Sechserdelegation der SPD teilgenommen habe: „Eine reichliche Stunde versuchen der Minister und, als Koordinator der SPD-Seite, Saarlands Ministerpräsident Oskar Lafontaine auszuloten, ob noch ein Übereinkommen möglich sein könnte."[545] Dabei habe sich herausgestellt, dass *Waigel* und *Lafontaine* tatsächlich in vielen Detailfragen nahe beieinander seien, es aber in der entscheidenden Frage „ein ziemlich großes Missverständnis" gegeben habe. Die oben genannten Einigungspunkte – Kindergeld, Kompromiss

[542] So ein Hinweis des SPD-Obmanns im VA, Peter *Struck*, VA-Prot. 12/7 (Forts.) S. 20.
[543] Vgl. VA-Protokoll Nr. 12/7, S.20b.
[544] Hier sei, so der VA-Vorsitzende Heribert *Blens*, „der tote Punkt eingetreten" als die Koalitionsvertreter den Ländern mitgeteilt hätten, der Bund könne nur entweder den Alten Ländern über Konversion oder Strukturhilfe etwas geben, oder den Neuen Ländern über die Verstetigung des Fonds Deutsche Einheit, vgl. VA-Prot. 12/7, S.42.
[545] SZ vom 12. Dezember 1991.

bei der Unternehmenssteuerreform, Länderanteil an der Umsatzsteuer – seien zwar schon in zwei Verhandlungsrunden vor dem offiziellen Beginn des Vermittlungsverfahrens einvernehmlich beschlossen worden. Die Mehrwertsteuererhöhung habe man aber dabei immer ausgeklammert. So hieß es hinterher, alle Konzessionen, die *Waigel* gemacht habe, seien natürlich immer unter dem Vorbehalt gewesen, dass die SPD der Mehrwertsteuererhöhung zustimme. Im Gegensatz dazu habe *Lafontaine* jedes Zugeständnis nur unter der Prämisse gemacht, dass er einer Mehrwertsteuererhöhung selbstverständlich *nicht* zustimmen werde.[546]

Im Ergebnis wurden die Vermittlungsgespräche nach der ersten Phase Anfang Dezember von beiden Seiten als „vorläufig gescheitert" angesehen.[547] Gleichwohl betrachtete der VA das Verfahren nur als unterbrochen und vertagte sich auf unbestimmte Zeit.

In einer weiteren Gesprächsrunde versuchte die Bundesregierung am 14. Januar offenbar noch einmal, mit den SPD-Ländern insgesamt zu einer Einigung zu kommen.[548] Trotz einer gewissen Verhandlungsbereitschaft der SPD kam aber auch in dieser Verhandlungsrunde kein positives Ergebnis zu Stande.

Danach änderte sich der Charakter der Verhandlungen in ihrem letzten Abschnitt grundsätzlich: Die Bundesregierung verlegte sich nun darauf, sich die Zustimmung der Neuen Länder, einschließlich der M-Länder Brandenburg und Berlin, zu sichern, in dem sie diesen eine stärkere Aufstockung des Fonds „Deutsche Einheit" versprach als ursprünglich geplant. Verhandlungstechnisch betrachtet kam es hier zu eine Art „Verhandlung in der Verhandlung", das heißt, der Verhandlungsablauf „im großen" – Äußerung genereller Verhandlungsbereitschaft, öffentliche Positionierungen, schließlich direkte Gespräche – wiederholte sich „im Kleinen".

Zunächst erklärten also beide Seiten Verhandlungsbereitschaft: der finanzpolitischen Sprecher der Unionsfraktion im Bundestag, Kurt *Faltlhauser,* forderte die Bundesregierung auf, nach einem Weg zu suchen, wie das Gesetzespaket zugunsten der neuen Länder etwas „angereichert" werden könne.[549] Im Gegenzug erklärte der brandenburgische Finanzminister Klaus-Dieter *Kühbacher* (SPD), er befürworte eine schnelle Zustimmung der Sozialdemokraten zum Steueränderungsgesetz.[550]

Dann bezogen beide Seiten öffentlich Positionen, bzw. offerierten Verhandlungsangebote, ohne in direkte Gespräche einzutreten: die Bundesregierung bot an, die Einnahmen aus der Mehrwertsteuererhöhung ganz den neuen Ländern zu

---

546 SZ vom 12. Dezember 1991.
547 FAZ vom 11. Dezember 1991.
548 FR vom 14. Januar 1992.
549 FAZ vom 16. Januar 1992.
550 SZ vom 18. Januar 1992.

Gute kommen zu lassen.[551] Demgegenüber erklärte *Kühbacher*, dass er für die Zustimmung Brandenburgs weiteres Entgegenkommen der Bundesregierung erwartete. Die Mittel, die zusätzlich in den Fonds „Deutsche Einheit" gehen sollten, dürften nicht bei den Mehreinnahmen der westdeutschen Länder aus der Mehrwertsteuererhöhung abgeleitet werden. Er kritisierte, dass die bereits ausgehandelten Konditionen im Nachhinein verändert worden seien. Außerdem müsse das für 1992 vorgesehen Konversionsprogramm durchgeführt und das Kindergeld erhöht werden. Ein höherer Freibetrag, den die Länder im übrigen mitfinanzieren müssten, sei keine Lösung.[552]

Die Koalition drohte daraufhin, wenn das Gesetz im Bundesrat abgelehnt werde, werde man es in unveränderter Form erneut in den Bundestag einbringen.[553]

Dann wiederum stellte der FDP-Fraktionsvorsitzende Hermann-Otto *Solms* (FDP) die Möglichkeit einer zusätzlichen Entschließung des Bundestages über weitere Steuerentlastungen für Familien in Aussicht.[554] Zugleich wurde überlegt, nach einer Ablehnung des VA-Vorschlags sofort eine zweite Vermittlungsrunde anzusetzen, um einen für die Länder genehmeren Kompromiss zu finden. Darüber hätten der Bundestag und der Bundesrat am selben Tag noch abstimmen können.

Erst wenige Tage vor der entscheidenden Bundesratssitzung kam es dann zu direkten Kontakten zwischen der Bundesregierung und Brandenburg. Noch am Vorabend der Bundesratssitzung mussten *Waigel* und Ministerpräsident *Stolpe* miteinander beraten. In diesem Gespräch gelang schließlich der Durchbruch. *Waigel* vereinbarte darin mit *Stolpe*, noch in dieser Legislaturperiode Vorschläge zur weiteren Erhöhung des Kindergeldes vorzulegen. Darüber hinaus wollte der Bund die nach Wegfall der Strukturhilfe für die alten Länder vorgesehene Überbrückungshilfe von 800 Millionen auf 1,5 Milliarden DM erhöhen. Schließlich erklärte *Waigel*, dass der im Vermittlungsvorschlag enthaltene Weg zur Beteiligung aller Länder an der Finanzierung des Fonds „Deutsche Einheit" keine präjudizierende Wirkung über das Jahr 1994 hinaus enthalte.

Daraufhin sagte *Stolpe* dem Bundesfinanzminister die Unterstützung seines Landes zu. Auch Berlin erklärte, es werde zustimmen, obwohl dort seitens der SPD noch einmal versucht wurde, massiv Druck auszuüben. Aber der Regierende Bürgermeister *Diepgen* nahm die Entscheidung schließlich auf sich, ungeachtet der Gefahr für seine Koalition.[555]

---

[551] Die WELT vom 22. Januar 1992.

[552] Der Tagesspiegel vom 9. Februar 1992.

[553] Die WELT vom 10. Februar 1992.

[554] FR vom 13. Februar 1992.

[555] Die WELT vom 15. Februar 1992. Soweit bekannt, gab es keine direkten Gespräche zwischen *Waigel* und *Diepgen*. *Diepgen* selbst erklärte, hier hätten über dem generellen Interesse an einer Mehrwertsteuererhöhung auch der Wunsch nach weiteren Investitionen eine Rolle

So kam am 14. Februar eine Mehrheit von 35 Stimmen für das Steueränderungsgesetz zu Stande. Zugleich stimmte eine große Mehrheit des Bundesrates – aufgrund der Veränderungen bei der Umsatzsteueraufteilung und der höheren Aufstockung des Fonds „Deutsche Einheit“, wie *Lafontaine* begründete[556] – der Aufhebung des Strukturhilfegesetzes zu.
Im Endeffekt ist festzustellen, dass die Bundesregierung den Ländern in der Tat ein gutes Stück weit entgegengekommen ist, und dass das Nicht-Zustandekommen eines gütlichen Vermittlungsergebnisses wohl nicht zuletzt auf eine „Selbstfesselung der Sozialdemokratischen Partei und der sozialdemokratisch regierten Länder“[557] in der Frage der Mehrwertsteuererhöhung zurück zu führen ist.

3.5.4 Interessenkonflikte, Verhandlungsakteure und -gremien

Die Akteurskonstellationen waren hier bei den meisten Konfliktfeldern gleich: auf der einen Seite standen die Bundes-SPD sowie die SPD-Bundestagsfraktion und die von ihr geführten O- und M-Länder. Ihnen gegenüber standen Bundesregierung und Koalitionsfraktionen, unterstützt von den R- und unionsgeführten M-Ländern. Unterschiede gab es allerdings beim GVFG, das insbesondere vom M-Land Baden-Württemberg gefordert wurde, und bei der Frage der Verstetigung des Fonds „Deutsche Einheit“, bei der der Bundesregierung nahezu alle O-, R- und M-Länder gegenüberstanden.
Diese Konfliktkonstellation legt den Schluss nahe, dass es sich bei den meisten Streitpunkten allein um *parteipolitische* Konflikte gehandelt haben musste. Dem ist allerdings nicht so: in allen Bereichen ging es in unterschiedlichem Maße immer auch um *föderale* Interessen der Länder:

- beim GVFG, bei dem es um finanzielle Lasten für die Länder im Bereich des Öffentlichen Personennahverkehrs ging,
- bei der geplanten Abschaffung der Vermögen- und der Gewerbekapitalsteuer, die vor allem Nachteile für die Gemeinden mit sich gebracht hätte,
- bei der Frage der stärkeren Erhöhung von Kindergeld oder Kinderfreibetrag – letzteres wäre für den Bund, ersteres für die Länder günstiger gewesen, und

---

gespielt. Hier könne man aber auch oft die Erfahrung machen, so *Diepgen*, dass „wenn man das nicht sofort ‚cash‘ macht, dass das dann hinterher nicht eingehalten wird. Wohlverhaltensversprechen, insbesondere des Finanzministers, die nicht konkretisiert werden, sind oft sehr problematisch – das ist meine Erfahrung“, Interview *Diepgen*.

[556] In der Bundesratssitzung vom 14. Februar 1992, vgl. BR-PlProt. 639, S.4.

[557] So der Hamburger Bürgermeister Henning *Voscherau (SPD)* bei seiner Rede im Bundesrat am 14. Februar 1992, vgl. BRatPlProt 639, S.19.

- beim Gesetz zu Abschaffung des Strukturhilfefonds, durch das die finanzschwachen Länder Zuweisungsverluste seitens des Bundes hätten hinnehmen müssen.
- Sogar bei der Mehrwertsteuererhöhung gab es auf Seiten der Länder finanzielle Interessen, was zu Schwierigkeiten auf der SPD-Seite führte, „ihre" Länder auf eine Ablehnung derselben zu verpflichten. Dagegen war der Konflikt um die Verstetigung des Fonds „Deutsche Einheit", bei dessen planmäßiger degressiver Verringerung die Neuen Ländern enorme Finanzierungslücken hätten schließen müssen, ein rein *föderaler* Konflikt. Gleiches gilt für die Auseinandersetzung um das GVFG.

Dass in der öffentlichen Wahrnehmung der *parteipolitische* Konflikt bei weitem überwog, liegt in dem Umstand begründet, dass in drei dieser Konfliktfeldern die Konfliktlinien praktisch parallel zu den *parteipolitischen* lagen:

- so setzten sich nur die SPD-geführten Länder offensiv für die Beibehaltung der Vermögen- bzw. Gewerbekapitalsteuer und die Erhöhung des Kindergeldes anstelle des Kinderfreibetrages ein, und
- von der Abschaffung des Strukturhilfefonds wären ausschließlich sozialdemokratisch regierte Länder betroffen gewesen.

Nahm man den Konflikt um die Mehrwertsteuererhöhung hinzu, so waren vier von sechs Konfliktfeldern sowohl *parteipolitische Sachkonflikte* als auch *föderale* Konflikte.

Soweit es die *Vetoposition* beider Seiten betraf, war diese durch die Zustimmungspflichtigkeit des Gesetzes prinzipiell gegeben: Unter der Voraussetzung, dass alle M-Länder sich der Stimme enthielten, hatten die O-Länder eine „negative Mehrheit" im Bundesrat.

Diese hätte freilich nur dazu ausgereicht, das Gesetz komplett scheitern zu lassen. Um Veränderungen durchzusetzen, war es notwendig, zumindest zwei der M- oder R-Länder auf die Seite der O-Länder zu ziehen, was auch gelang.[558] Dies dürfte, wie auch beim Gesundheits-Strukturgesetz 1993, mit den dargestellten *föderalen* Landesinteressen zu begründen sein. Dabei lag der entscheidende Grund dafür, dass die SPD eine „positive Mehrheit" für die Anrufung des VA bekam, in einem auf den ersten Blick taktisch klugen „Schachzug": auf Anregung der SPD-Länderfinanzminister wurden die hauptsächlich von ihnen gewünschten Modifikationen des Steueränderungsgesetzes mit der von allen Neuen Ländern benötigten stärkeren Aufstockung des „Fonds Deutsche Einheit" verbunden. Damit erhielten sie sogar die Stimmen eines R-Landes wie Thüringen. Hinzu kam das Interesse Baden-Württembergs an einer Änderung des GVFG, so

[558] Zwar lässt sich das Stimmverhalten der Länder nicht anhand des Sitzungsprotokolls erkennen. Da die Medienberichte aber einhellig vom Abstimmen „der SPD-Länder" sprachen, dürfte klar sein, dass damit zumindest auch die SPD-geführten M-Länder Brandenburg und Rheinland-Pfalz gemeint waren.

dass es schließlich zu einer großen Mehrheit für die Anrufung des VA kam.
Diese scheinbare Stärkung ihrer *Verhandlungsmacht* durch die Verknüpfung beider Gesetze stand freilich auf schwachen Füßen: die Bundesregierung wandte am Ende die gleiche Taktik an, sich eine Mehrheit im Bundesrat zu verschaffen, indem sie eben diesen Forderungen der neuen Länder bezüglich der Transferzahlungen weit entgegenkam. Damit waren ihr die Stimmen der koalitionsregierten Neuen Bundesländer weitgehend sicher. Es blieb noch, die einer Erhöhung der Transferleistungen kritisch gegenüberstehenden R-Länder des Westens – Bayern und Baden-Württemberg – zu überzeugen. Wie dies mit Bayern gelang, ist nicht bekannt. Bei Baden-Württemberg dürfte jedenfalls die Zustimmung zu dessen Forderungen beim GVFG eine nicht unerhebliche Rolle gespielt haben. Mit der Erhöhung des Fonds Deutsche Einheit und einigen weiteren Zusagen konnte die Bundesregierung letztlich auch Brandenburg und Berlin, das ebenfalls in den Genuss dieser Mittel kam, auf ihre Seite ziehen. Mit dieser absoluten Mehrheit ging den O-Ländern ihre Vetoposition schließlich verloren.
Allerdings war die Verhandlungsmacht der SPD auch dadurch eingeschränkt, dass es ihr nur unter erheblichem Druck gelungen war, „ihre" Länder auf die Ablehnung der Mehrwertsteuererhöhung festzulegen, so dass die Wahrnehmung der „exit"-Option auch zu einem früheren Zeitpunkt keineswegs die Steuerreform als solche gefährdet hätte: die Wahrscheinlichkeit, dass die Bundesregierung über die Gewährung weiterer Transfermittel die Stimmen eines der O- oder M-Länder im Westen[559] bekommen hätte, wäre immerhin denkbar gewesen.
Die Bundesregierung konnte die „exit"-Option dagegen erfolgreich nutzen, wenn man den faktischen Verhandlungsabbruch mit den O-Ländern und die „Separatverhandlungen" mit Brandenburg kurz vor der entscheidenden Sitzung betrachtet. Inwieweit die Drohungen aus dem Regierungslager, das Gesetz eher scheitern zu lassen, als einen Verzicht auf die Mehrwertsteuererhöhung hinzunehmen, ernst gemeint waren, sei allerdings dahingestellt. Letztlich wäre die Bundesregierung auch bei einer erneuten Einbringung des Steueränderungsgesetzes in der gleichen Situation gewesen, mit den Ländern Verhandlungen aufnehmen zu müssen.
Dem entspricht, dass die Verhandlungsmacht der Länder Brandenburg und Berlin in der letzten Verhandlungsphase mindestens ebenso groß, wenn nicht größer war, als die der Bundesregierung: sie konnten sich sicher sein, dass die SPD-Länder in jedem Fall bei ihrer ablehnenden Haltung bleiben würden, so dass sie eine sichere Veto-Macht hinter sich wussten. Dies wird auch durch das sehr weitgehende Entgegenkommen der Bundesregierung in den letzten Stunden vor der abschließenden Entscheidung im Bundesrat deutlich. Ausschlaggebend für den Verhandlungserfolg dürfte hier gewesen sein, dass es zwischen diesen Län-

[559] Am 11.12.1991 war in Bremen eine „Ampelkoalition" aus SPD, Grünen und FDP installiert worden.

dern und der Bundesregierung keinen grundsätzlichen Interessenkonflikt beim *essential* der Bundesregierung – der Mehrwertsteuererhöhung – gab, die Bundesregierung andererseits aber bereits vorher signalisiert hatte, den Ländern in der für sie wichtigen Frage des Fonds „Deutsche Einheit" entgegenzukommen.

Soweit es die *Repräsentanten* der Akteure betrifft, lässt sich zwischen den Akteuren, die Positionen bzw. Positionsveränderungen bekannt gaben, und den Akteuren, die an den Verhandlungen im engeren Sinn beteiligt waren, unterscheiden.
Mit Positionierungen traten zunächst die Bundesregierung, repräsentiert durch den Bundesfinanzminister, und die Bundes-SPD, in Person des Parteivorsitzenden *Engholm*, in Erscheinung. Danach positionierten sich die Fraktionen: Hermann-Otto *Solms* sprach als Fraktionsvorsitzender für die FDP-Bundestagsfraktion, Michael *Glos* als stellvertretender Fraktionsvorsitzender für die CDU/CSU-Fraktion.
Aufgrund der Übereinstimmung in dieser Frage kann davon ausgegangen werden, dass die Position, die *Engholm* für die Bundespartei vertrat, auch für die Bundestagsfraktion gelten kann. Angesichts des bekannten Dissenses zwischen Bundes-SPD und den O-Ländern dürfte das „Schweigen" der Länder in dieser Phase allerdings eher auf das Bemühen, die Meinungsunterschiede nicht zu öffentlich werden zu lassen, zurückzuführen sein. Von den O-Ländern äußerte sich bis zu deren Übereinkunft mit Bundespartei und –fraktion nur der nordrhein-westfälische Finanzminister *Schleusser* kritisch zur Position der Bundes-SPD.
Aber auch auf Seiten der Bundesregierung gab es einzelne kritische Stimmen, wie den baden-württembergischen Finanzminister *Mayer-Vorfelder*. Dieser fungierte nach dem Koordinationstreffen zwischen R- Ländern und Bundesregierung allerdings auch als Sprecher dieser Gruppe, der deren gemeinsame, im Grundsatz übereinstimmenden Position bekannt gab.
Während der Verhandlungsphase im engeren Sinne gab Staatssekretär *Grünewald* für die Bundesregierung Positionsveränderungen bzw. Verhandlungsangebote bekannt. Die Verhandlungsgespräche selbst wurden maßgeblich von Theo *Waigel* als Repräsentanten der Bundesregierung geführt. Diesem stand zunächst allein *Lafontaine* als Verhandlungsführer der SPD-Länder gegenüber. Die Verhandlungen mit Brandenburg wurden zwischen Ministerpräsident *Stolpe* und *Waigel* geführt, während der brandenburgische Finanzminister *Kühbacher* Positionen und Verhandlungsangebote bekannt gab.
Die wesentlichen Verhandlungsgremien waren hier die ad-hoc-Zusammenkünfte der Vertreter von Bund und O-Ländern, *Waigel* und *Lafontaine*, bzw. die Treffen *Waigels* mit *Stolpe*. Die Orte, an denen verhandelt wurde, variierten dabei stark und waren hauptsächlich von pragmatischen Erwägungen bestimmt. So traf man sich zum Teil in verschiedenen Landesvertretungen, zum Teil im Bun-

desfinanzministerium selbst. Wesentliche Verhandlungen fanden aber auch am Rande des Vermittlungsausschusses statt: so wurde die erste VA-Sitzung schon kurz nach ihrem Beginn unterbrochen, um in „kleinen Kommissionen" zu sehen, ob man zu weiteren Ergebnissen kommen würde, wie es hieß.[560] Der Vermittlungsausschuss selbst wurde dagegen nur zum Austausch von Positionen bzw. der Bekanntgabe neuer Verhandlungsangebote genutzt.[561]

---

[560] So der VA-Vorsitzende *Blens* in der 1. Verhandlungsrunde, vgl. VA-Prot. 12/7, S.20b.

[561] Darauf, dass die wesentlichen Verhandlungen außerhalb des VA verliefen, weist auch eine Äußerung des VA-Vorsitzenden *Blens* (CDU) hin, der die „Verhandlungsführer" von Koalition und SPD aufforderte, noch vor der Sitzung des VA zusammenzukommen und einen Kompromiss auszuloten, vgl. FAZ vom 10. Januar 1992.

3.6 Das Rüstungsexportgesetz 1992

3.6.1 Die Vorgeschichte des Gesetzes

Erste Pläne zur Verschärfung der Kontrollen illegaler Rüstungsexporte gab es bereits 1988, nachdem bekannt wurde, dass deutsche Firmen an einer Giftgasfabrik im libyschen Rabta mitgebaut hatten.[562] Der damalige Bundeswirtschaftsminister Helmut *Haussmann (FDP)* wurde beauftragt, geeignete Maßnahmen zu ergreifen, damit derartige Vorfälle sich nicht noch einmal würden wiederholen können.
Aber auch mehrfache Ergänzungen und Änderungen des Außenwirtschaftsgesetzes in den Jahren 1989/90 konnten nicht verhindern, dass sich in regelmäßigen Abständen neue „Skandale" ereigneten: von der Lieferung deutscher U-Boot-Pläne an Südafrika bis zur Lieferung sogenannten „schweren Wassers" für Kernreaktoren an Pakistan.
Unmittelbarerer Auslöser der Gesetzesinitiative 1991 war der Golfkrieg gegen Saddam *Hussein.* In dessen Vorfeld war bekannt geworden, dass sich deutsche Firmen an der Planung und dem Bau von Giftgas- und Waffenfabriken im Irak beteiligt hatten.
Im Zentrum der neuerlichen Überlegungen standen die Möglichkeiten einer weiteren Verschärfung des Außenwirtschaftsgesetzes, verstärkter Außenwirtschaftskontrollen und verbesserter Fahndungsmöglichkeiten.[563] Am 20. Januar beriet das Bundeskabinett über diese Themen. *Haussmanns* Nachfolger im Amt, Jürgen W. *Möllemann (FDP),* veröffentlichte danach folgende Pläne:[564]

- Erhöhung der strafrechtlichen Abschreckung durch Strafvorschriften für Verstöße bei Embargobeschlüssen mit einem Strafrahmen bis zu 10 Jahren Freiheitsstrafe,
- ein Strafrechtsänderungsgesetz, mit dem die Abschöpfung aller Erlöse aus illegalen Rüstungsgeschäften ohne Gegenrechnung von Kosten ermöglicht werden sollten,
- die konsequente Einsetzung des bestehenden Sanktionsinstruments der Gewerbeuntersagung gegen unzuverlässige Unternehmen in besonders schweren Fällen,
- neue Genehmigungspflichten besonders für Exporte von nicht auf den Listen stehenden und nicht besonders für die Rüstung konstruierten Waren, wenn der Exporteur vom Einsatz in einem Rüstungsprojekt oder Einbau in eine Waffe weiß,
- eine Einzeleingriffsermächtigung für den Bundesminister für Wirtschaft,

[562] Der SPIEGEL vom 4. Februar 1991.
[563] SZ vom 22. Januar 1991.
[564] SZ vom 24. Januar 1991.

• Bessere personelle Ausstattung des Bundesamtes für Wirtschaft.

Gedacht sei, so *Möllemann,* auch an die Einschaltung geheimdienstlicher Stellen im Vorfeld von Rüstungsgeschäften. Dazu forderte der Staatsminister im Kanzleramt, Lutz *Stavenhagen (CDU)*, den Einsatz des Verfassungsschutzes zur „Vorfeldüberprüfung" der Rüstungswirtschaftsunternehmen.[565]

Dieser Vorschlag wurde von der FDP postwendend zurückgewiesen. Der FDP-Rechtsexperte Detlef *Kleinert* sprach sich dagegen für die Zuständigkeit des Bundeskriminalamtes aus. Die Einschaltung des Verfassungsschutzes würde seiner Ansicht nach nur weitere Zersplitterung statt der erforderlichen Konzentration bedeuten.[566]

Andererseits, so argumentierte der Staatssekretär im Bundesinnenministerium, Hans *Neusel (CDU)*, könnten die bestehenden „Informationslücken" auf der Grundlage des geltenden Rechts nicht mehr geschlossen werden.[567] Zum einen dürfe die Polizei grundsätzlich erst dann tätig werden, wenn die konkrete, unmittelbar bevorstehende Gefahr einer strafbaren Handlung drohe. Dann sei der fragliche Export aber oft bereits am Bestimmungsort angekommen. Auch das Bundesamt für Wirtschaft brauche „tatsächliche Anhaltspunkte" für Verstöße, während das Zollkriminalinstitut zwar im Vorfeld sensitiver Exporte tätig sei, aber keinerlei Befugnisse zur gezielten oder gar verdeckten Informationsbeschaffung besitze. Schließlich sei der BND in der Informationsbeschaffung im Inland gesetzlich besonders eingeschränkt, käme für die Bekämpfung illegaler Rüstungsexporte also auch nur eingeschränkt in Frage.

Konkret wurde vom Innenministerium vorgeschlagen, bei Verdacht auf Straftaten Brief- und Telefonkontrollen durch den Verfassungsschutz zuzulassen.

Die Experten des FDP-geführten Justizministeriums wandten dagegen ein, durch eine solche Kompetenzerweiterung würde „die herkömmliche Trennung der Aufgaben des Verfassungsschutzes einerseits und der Polizei bzw. der Strafverfolgungsbehörden andererseits ... verwischt".[568] Auch der saarländische SPD-Innenminister Frieder *Läpple,* mahnte, im Kampf gegen illegale Waffenexporte dürfe der Rechtsstaat „nicht zum Überwachungsstaat werden".[569]

In einer Besprechung auf Staatssekretärsebene erklärte sich *Neusel* schließlich bereit, auf den Einsatz des Verfassungsschutzes zu verzichten.[570]

---

[565] SZ vom 25. Januar 1991.
[566] SZ vom 26. Januar 1991.
[567] SZ vom 29. Januar 1991.
[568] Der SPIEGEL vom 4. Februar 1991.
[569] Der SPIEGEL vom 4. Februar 1991.
[570] FAZ vom 5. Februar 1991.

3.6.2 Der Verlauf des Gesetzgebungsverfahrens

Am 6. Februar 1991 beschloss die Bundesregierung den Entwurf des „Gesetzes zur Änderung des Außenwirtschaftsrechts und der Strafprozessordnung“.[571] Angesichts der Aktualität der Thematik leitete die Bundesregierung den Entwurf als „besonders eilbedürftige Vorlage“ an den Bundesrat weiter, mit der Folge, dass diesem für seine Stellungnahme nur drei Wochen Zeit blieb.[572] Um die Beratungen in den Bundestagsausschüssen parallel beginnen zu können, legten die Koalitionsfraktionen dem Bundestag mit Datum vom 19. Februar 1991 einen gleichlautenden Entwurf vor. Daraufhin beriet der Bundestag bereits am 21. Februar in erster Lesung über den Entwurf, während der Bundesrat erstmalig am 1. März über die Vorlage debattierte.[573] Die Stellungnahme des Bundesrates wurde mit der Gegenäußerung der Bundesregierung am 7. bzw. 11. März an den Bundestag überwiesen.[574] Dieser leitete den Entwurf, die Stellungnahme des Bundesrates und die Gegenäußerung der Bundesregierung am 12. März im sogenannten „vereinfachten Verfahren“[575] anstelle einer Beratung im Plenum sofort an die zuständigen Ausschüsse (Wirtschaft, Innen, Recht) zur Mitberatung weiter. Sodann wurde das Gesetz am 22. März in 2. und 3. Lesung beraten und - bei einigen Gegenstimmen aus der FDP - mit der Mehrheit der Koalitionsfraktionen beschlossen. Der Bundesrat rief am 19. April mehrheitlich den VA an, der in insgesamt drei Sitzungen[576] zu keiner Empfehlung kam, worauf die Vorlage unverändert an den Bundesrat zurücküberwiesen wurde. Dieser lehnte mit der Mehrheit der SPD-regierten Länder den Entwurf endgültig ab. Bundesregierung und Bundestag verzichteten darauf, ihrerseits den VA anzurufen. Danach brachte die Bundesregierung das Gesetz erneut ein – allerdings ohne die zustimmungsauslösende Norm. Das Gesetz wurde daraufhin am 7. September erneut im Bundestag beraten und am 23. Januar 1992 verabschiedet. Der Bundesrat verzichtete in seiner Sitzung vom 14. Februar darauf, Einspruch einzulegen, so dass das Gesetz zu Stande kam.

3.6.3 Die Verhandlungen im Gesetzgebungsverfahren

Wie bei der Kronzeugenregelung 1989 war auch hier nur ein Passus zwischen Bundesregierung und Bundesratsmehrheit umstritten: der Plan, Rüstungsunternehmen im Vorfeld abhören zu können.

---

[571] BR-DrS.73/91 bzw. BT-DrS.12/209.

[572] Gemäß Art. 76 II 3 GG.

[573] BR-PlProt 626.

[574] BT-DrS.12/218.

[575] Gemäß § 80 IV GOBT.

[576] Am 26. April, am 16. Mai und am 3. Juni 1991.

3.6.3.1 Streitpunkt: Die Abhörmaßnahmen in den §§ 39ff. AWG

Ungeachtet dessen, dass die SPD-Opposition im Bundestag und ebenso die von ihr geführten Länder grundsätzliche Kritik an dem von der Bundesregierung eingebrachten Gesetzentwurf hegten,[577] wurde ein Punkt des Artikelgesetzes zum Streitfall zwischen Bundesrat und Bundesregierung, der in dem ursprünglichen Entwurf[578] noch gar nicht enthalten war. So hatte der Bundesrat beim ersten Durchgang zwar eine Reihe von Punkten kritisiert und Änderungen verlangt. Diese spielten für die Anrufung des VA und die nachfolgenden Verhandlungen aber keine Rolle mehr. Streitpunkt waren allein die Neuregelung der Abhörmaßnahmen in den §§ 39 ff. des Außenwirtschaftsgesetzes.

---

[577] Da die SPD-geführten Länder NRW, Schleswig-Holstein und Saarland das geltende Ausfuhrrecht für unzureichend und auch die Pläne der Bundesregierung für nicht geeignet hielten, das „Kernproblem" zu lösen, hatten sie noch vor dem Beginn der Beratungen in den Bundes*rats*ausschüssen eine eigene Initiative zur schärfen Kontrolle des Rüstungsexports vorgelegt. Darin forderten sie unter anderem:
- ein Verbot des Exports von Kriegswaffen in Staaten, die nicht durch Sicherheitsbündnisse oder entsprechende Verträge mit der Bundesrepublik verbunden sind,
- ein umfassendes Verbot der Ausfuhr von Rüstungsgütern,
- die bessere Überwachung des Exports von Waren, die sowohl militärisch wie auch zivil nutzbar sind,
- Androhung wirksamerer Sanktionen bei Rechtsverstößen,
- Besserer arbeitsrechtlicher Schutz von Angehörigen von Betrieben, die über illegale Rüstungsexporte informieren, sowie die
- Erleichterung der Umstellung der Produktion von Rüstungsgütern auf zivile Waren durch staatliche Hilfen.

Einen ähnlich lautenden Gesetzentwurf stellte auch die sozialdemokratische Fraktion im Bundestag, vgl. FAZ vom 18. Februar 1991 und Das Parlament vom 1. März 1991.

[578] Kernpunkte des Entwurfs waren:
- die Ermächtigung zum Erlass von Verwaltungsakten durch den Bundeswirtschaftsminister zusätzlich zu Rechtsverordnungen zur Regelung von Einzelfällen,
- eine schärfere Bestrafung von Verstößen gegen das Außenhandelsrecht: Werde ein UN-Embargo von einem deutschen Unternehmer unterlaufen, so die Vorlage, könne er nun mit mindestens einem und höchstens zehn Jahren bestraft werden.
- Ahndung von Ausfuhrverstöße bei Waffen, Nuklear- sowie Chemie und Bio-Anlagen als Straftat mit bis zu fünf Jahren,
- Aufhebung der Nachweispflicht des Auswärtigen Amtes, dass auswärtige Beziehungen gefährdet sind.
- Das Erschleichen einer Ausfuhrgenehmigung mit falschen Angaben sollte künftig, anders als bis dahin, nicht nur lediglich als Ordnungswidrigkeit, sondern als Straftat geahndet werden.
- Erschwerung der Ausfuhr von Produkten, die sowohl für friedliche als auch für kriegerische Zwecke einsetzbar sind, vgl. BR-DrS.73/91 bzw. BT-DrS.12/209.

Ende Februar 1991 hatten sich die Bonner Koalitionsparteien darauf geeinigt, dem Zollkriminalinstitut (ZKI) das Recht zuzugestehen, den Telefonverkehr abhören zu können, wenn der bloße Verdacht bestehe, dass Unternehmer illegale Rüstungsexporte planten.[579] Die Voraussetzungen für einen solchen Eingriff wurden in der Entwurfsergänzung sehr vage umschrieben. Danach sollte das Abhören dann möglich sein, „wenn die Erforschung des Sachverhalts auf andere Weise aussichtslos oder wesentlich erschwert wäre und die Maßnahme nicht außer Verhältnis zur Bedeutung des aufzuklärenden Sachverhalts" stehe. Die Maßnahmen sollten auch unbeteiligte Personen oder Firmen treffen dürfen, wenn für diese ein Verdächtiger tätig sei. Die Anordnung der Post- und Telefonüberwachung sollte ein Richter treffen, bei Gefahr im Verzug der Bundesfinanzminister. Die Aktion müsse auf drei Monate befristet, eine Verlängerung aber möglich sein.
Die SPD erklärte umgehend, diese Regelungen nicht mittragen zu wollen. Nach ihrer Ansicht wäre damit einer unkontrollierbaren „Schnüffelpraxis" Tür und Tor geöffnet worden. Deren Bundestagsfraktion, und später auch die SPD-regierten Länder, forderten, die strittigen Paragrafen aus dem Gesetz wieder zu streichen.[580]
Schließlich kam es hier zu keiner Einigung. Die Bundesregierung brachte das Gesetz daraufhin erneut als Einspruchsgesetz ein.

3.6.3.2 Der Verhandlungsverlauf

Der Verhandlungsverlauf war, ähnlich wie beim Steueränderungsgesetz 1992, geprägt von einem vergleichsweise langen Beharren auf den jeweils eigenen Positionen, ohne dass Kompromissangebote gemacht wurden. Im Unterschied zu allen anderen in den Fallstudien untersuchten Gesetzgebungsvorgängen kam es hier allerdings auch am Ende des Verhandlungsprozesses zu keiner konsensualen Lösung. Vielmehr entzog die Bundesregierung der Bundesratsmehrheit nach einem ersten Scheitern des Gesetzes ihre Vetomöglichkeit und verlor damit das Interesse an einer einvernehmlichen Lösung.
Hier lässt sich der Beginn der Positionierungsphase zeitlich mit der Vorstellung des Gesetzentwurfs festlegen. Im Unterschied zu allen anderen untersuchten Fällen waren die letztendlich strittigen Passagen des Gesetzes allerdings noch nicht Teil des Entwurfs. Sie wurden vielmehr erst während der Ausschussberatungen im Bundestag formell hinzugefügt.
Dennoch waren bereits Anfang Februar 1991 die strittigen Fragen innerhalb der Bundesregierung in der Diskussion: erweiterte Vollmachten für den Zoll, beim Verdacht auf schwerwiegende Straftaten im Zusammenhang mit Rüstungsexpor-

[579] Vgl. zum folgenden SZ vom 1. März 1991.
[580] SZ vom 1. März 1991.

ten die Post der betroffenen Firmen öffnen und ihre Telefone abhören können zu dürfen.[581]
Die einschlägigen Rechtsänderungen wurden dem Bundesrat allerdings erst nach Abschluss des 1. Durchgangs zugeleitet. Die Bundesregierung hatte dem Entwurf der Koalitionsfraktionen, der bereits in den Bundestagsausschüssen beraten wurde, Ende Februar 1991 die bereits geschilderten Passagen als „Formulierungshilfe“[582] hinzugefügt, zu der die Fraktionen erstmals in der Sitzung des Bundestagswirtschaftsausschusses vom 27. Februar 1991[583] Stellung nehmen konnten.
Für die SPD kritisierte der Abgeordnete *Dr. Sperling* darin, dass nicht einmal ein Anfangsverdacht vorliegen müsse, um sich in Telefongespräche und Postvorgänge einzuschalten.
Der Vertreter der FDP im Wirtschaftsausschuss erklärte dagegen für seine Fraktion, sie stimme der Vorlage zu. Im übrigen erwarte er auch in den mitberatenden Ausschüssen keine weiteren verfassungsrechtlichen Bedenken. Der Wirtschaftsausschuss beschloss dann – bei Enthaltung der SPD-Abgeordneten[584] – der Vorlage der Koalitionsfraktionen vorbehaltlich der Empfehlungen der mitberatenden Ausschüsse zuzustimmen.
Da dem Bundesrat zu seiner Sitzung am 1. März diese „Formulierungshilfen“ noch nicht vorlagen, verfasste er seine Stellungnahme noch auf der Basis des ursprünglichen Regierungsentwurfs. Allerdings legte Bayern einen Verschärfungsantrag vor, in dem gefordert wurde, dass man Unternehmen „womöglich auch im Vorfeld untersuchen darf und dass der Verfassungsschutz (...) in der Lage sein muss, gewisse Dinge zu untersuchen“[585]. Dem widersprach der nordrhein-westfälischen Justizminister Rolf *Krumsiek (SPD)* mit den Worten, dies würde das Misstrauen, das in breiten Teilen der Bevölkerung gegenüber dem Verfassungsschutz bestehe, nur bestärken.[586] Die Bundesregierung, vertreten

[581] SZ vom 7. Februar 1991.
[582] Diese Bezeichnung dürfte darauf zurückzuführen sein, dass die Bundesregierung eine einmal im Verfahren befindliche eigene Vorlagen – und schon gar Vorlagen aus der Mitte des Bundestages - nicht ohne weiteres ergänzen oder ändern kann. Sie kann aber dem Bundestag als Gesetzgeber „Formulierungshilfen“ nachträglich übersenden, die dieser bzw. dessen Ausschüsse im Rahmen seiner/ihrer Beratungen in den Gesetzestext einbauen kann/können. Laut Begründung der Formulierungshilfe werden in ihr Änderungen vorgelegt, die sich aus „der weiteren rechtlichen Umsetzung der Beschlüsse der Bundesregierung vom 06.02.1991 sowie den bisherigen Beratungen in den Ausschüssen des Bundesrates ergeben haben“.
[583] BT-WAProt. Nr. 3/12.
[584] Die Bundestagsabgeordneten von Bündnis 90/Die Grünen und Linke Liste/PDS hatten zu diesem Zeitpunkt als Angehöriger einer „Gruppe“ noch kein volles Stimm- bzw. Rederecht.
[585] So der bayerische Bundesratsminister Thomas *Goppel (CSU)*, vgl. BR-PlProt. 626, S.21. Der Antrag wurde dann mehrheitlich abgelehnt.
[586] BR-PlProt. 626, S.23.

durch Staatssekretär Erich *Riedl (CSU)*, verteidigte zumindest die Beauftragung des Zollkriminalamtes damit, dass dies die sachnähere Behörde darstelle.[587]
Die Pläne für erweiterte Abhörmaßnahmen führten aber auch in der Koalition zu weiterem Widerstand. Auf Intervention des FDP-Rechtspolitikers *Hirsch* kündigte die Bundesregierung nur wenige Tage später an, ihren Vorschlag in Teilen revidieren zu wollen.[588] Der Zoll sollte nun zwar vorbeugend Post öffnen und Telefone abhören dürfen. Dies dürfe nun aber nur geschehen, wenn der Verdacht bestehe, dass einschlägige Straftaten zumindest geplant seien, nicht, wie bisher, wenn Personen diese Straftaten nur „begehen wollen".[589]
Der *Innenausschuss* des Bundestages beriet am 12. März sowohl über die Koalitions- als auch über die gleichlautende Regierungsvorlage, der zwischenzeitlich die nunmehr geänderte „Formulierungshilfe" hinzugefügt worden war.[590] Hier wurden die auseinanderlaufenden Positionen von Bundesregierung und Opposition zunehmend stärker deutlich, obwohl auch Abgeordnete von CDU und FDP an dem geänderten Text der §§ 39 AWG Kritik äußerten. Der FDP-Abgeordnete *Hirsch* meinte dazu, dass es in der Koalition wohl „noch Abstimmungsbedarf" gebe. In seiner zweiten Sitzung am 20. März erhob der Innenausschuss mehrheitlich keine Einwände mehr und empfahl die Annahme des Entwurfs auf der Grundlage der geänderten Formulierungshilfe. Die SPD zeigte sich auch mit dem überarbeiteten Entwurf des BMWi nicht zufrieden und stimmte den §§ 39, 40-43 AWG, die sich mit der Abhörermächtigung befassen, nicht zu. Gleiche Ergebnisse zeitigten die Beratungen im Wirtschafts- und Rechtsausschuss.
Bei der Abstimmung im Bundestag am 22. März wurde ebenfalls deutlich, dass die SPD – neben dem Umstand, dass ihr die Regelungen nicht weit genug gingen – vor allem an den Eingriffen in das Post- und Fernmeldegeheimnis Kritik übte.[591]
Auch nach der Debatte kam es erneut zu koalitionsinternen Konflikten. Die von Burkhard *Hirsch (FDP)* bewirkte Beschränkung der Abhörerlaubnis auf geplante Verbrechen schien die Rechtspolitiker der FDP immer noch nicht völlig zufrieden zu stellen. Der FDP-Abgeordnete *Baum* kritisierte, ein „Plan" sei noch nicht kriminell, dies sei erst der Versuch, diesen Plan in die Realität umzusetzen.[592] Als problematisch wurde zudem angesehen, dass in den Katalog des Paragrafen 100 a der Strafprozessordnung, der richterliche Telefonkontrolle nicht

---

[587] BR-PlProt. 626, S.25.
[588] SZ vom 8. März 1991.
[589] Wo genau hier der Unterschied liegen sollte, blieb dem Verfasser leider auch nach Lektüre einschlägiger Strafrechtskommentare verborgen...
[590] BTIA-Prot. 4/12 vom 12. März 1991.
[591] BT-PlProt. 12/19.
[592] SPIEGEL vom 8. April 1991.

vorbeugend, sondern erst bei Verdacht einer Straftat vorsieht, auch die illegalen Exporte aufgenommen wurden.
In der Sitzung des Unterausschusses des Bundesrats-Rechtsausschusses, dem das Gesetz am 4. April zugeleitet worden war, wurden im wesentlichen die neu hinzugekommenen Bestimmungen der §§ 39ff. AWG kritisiert. Insbesondere die niedrige Eingriffsschwelle für die Überwachungsmaßnahmen („Planung" von Straftaten) wurde moniert. Dass diese Kritik keineswegs nur seitens der SPD-geführten Länder geäußert wurde, wird daran deutlich, dass es das zu diesem Zeitpunkt noch CDU/FDP-geführte Bundesland Rheinland-Pfalz war, das die Anrufung des VA beantragen wollte. Ziel sollte es sein, die §§ 39ff. AWG wieder ersatzlos zu streichen.[593] Für diese Maßnahmen bestehe „kein Bedürfnis", da die notwendigen Abhörmaßnahmen bereits durch die Erweiterung des § 100a Strafprozessordnung erfolgen könnten, gegen die man keine Einwendungen erhebe. Dieser Kritik schloss sich nicht nur der Vertreter des O-Landes Schleswig-Holstein an. Auch der Vertreter des R-Landes Baden-Württemberg äußerte Bedenken. Der Rechtsausschuss bestätigte diesen Antrag gegen die Stimmen der Vertreter Bayerns und Sachsens bei Stimmenthaltung der Vertreter Baden-Württembergs, Berlins, Mecklenburg-Vorpommerns, Sachsen-Anhalts und Thüringens mit 9:2:5 Stimmen.
In der Sitzung des Wirtschaftsausschusses vom 11. April erklärte der Parlamentarische Staatssekretär *Beckmann (BMWi)*, die neu eingefügten § 39ff. AWG seien für die Bundesregierung „ein besonders wichtiger Bestandteil" des Gesetzes.[594] Er sehe die Argumente der Gegenseite, weise aber darauf hin, dass das Gesetz auch aus diesem Grunde zeitlich beschränkt gelten solle. Verhandlungstechnisch interessant ist der Hinweis, dass er den Wirtschaftsministern der Bundesländer Aufzeichnungen zugeleitet habe, die die Notwendigkeit der Maßnahme begründen. Dies kann in die Kategorie „Argumentationsversuche" fallen.
Dennoch beantragte der Vertreter Nordrhein-Westfalens die Anrufung des VA mit dem Ziel der Streichung der entsprechenden Passagen. Der Vertreter Baden-Württembergs sprach sich gegen die Anrufung des VA aus, um das Verfahren nicht weiter zu verzögern. Der Vertreter Rheinland-Pfalz' erklärte, die endgültige Position seines Landes werde erst für die Plenarsitzung festgelegt. Daher erhielt der Antrag Nordrhein-Westfalens, den VA anzurufen, im WA keine Mehrheit (8:8:0 Stimmen).
Auch die Bundesratsdebatte am 19. April brachte keine Bewegung in die Diskussion, so dass der VA schließlich mehrheitlich angerufen wurde,[595] wobei die

---

[593] BR-RAUAProt. vom 4. April 1991
[594] BR-WAProt. vom 11. April 1991, S.15.
[595] Leider ließ sich aus dem Bundesrats-Protokoll nicht eindeutig bestimmen, wer für den Antrag stimmte. Angesichts der vorangegangenen Äußerungen in den Ausschüssen lässt sich aber annehmen, dass zumindest die SPD-geführten M-Länder mit FDP-Regierungsbeteiligung

Argumentation Nordrhein-Westfalens und Rheinland-Pfalz' in die Begründung einfloss.
Die Bundesregierung entgegnete dazu, wenn man für die Vorfeldaufklärung einen begründeten Verdacht illegaler Tätigkeiten benötige, könne der Schaden für die Bundesrepublik bereits irreparabel sein.[596]
Auch in der ersten Sitzung des VA trafen die bekannten Argumente aufeinander, ohne dass sich die beiden Seiten aufeinander zu bewegten. In der zweiten VA-Sitzung schlug die SPD vor, den umstrittenen Paragrafen auszuklammern und im Gesetz gegen organisierte Kriminalität zu verarbeiten.[597] Mit den von ihr vorgelegten Vorschlägen wurde aber kein Zugeständnis für Eingriffe des Zollkriminalinstituts gemacht, worauf sie von den Koalitionsmitgliedern des Gremiums zwar nicht ausdrücklich verworfen, aber aus verfahrenstechnischen Gründen nicht für sinnvoll erachtet wurden.[598]
Ähnlich wie beim Steueränderungsgesetz 1992 scheinen auch hier unterschiedliche Situationsdeutungen für das Scheitern des Verfahrens verantwortlich gewesen zu sein. Die SPD-Seite ging davon aus, dass auch mit den bis dahin geltenden Mitteln genügend Informationen zur Vorbeugung der Straftaten gesammelt werden könnten. Diese würden nur nicht genügend zwischen den zuständigen Behörden kommuniziert. Dagegen behauptete die Koalitionsseite, es gäbe gar nicht genug Informationen im Vorfeld, diese könnten nur durch neue Maßnahmen erhoben werden.
Auch auf den erneuten Vorschlag *Lafontaines,* sich auf die unstrittigen 90% zu einigen, ließ sich die Koalition nicht ein, da die übrigen Punkte die unstrittigen eben gerade *bedingten. Blens* deutete an, dass man sich zwar über einzelne Formulierungen unterhalten könne, die grundsätzliche Bereitschaft der SPD zur Prävention aber die Voraussetzung für eine Einigung sei.[599]
Eine solche Bereitschaft zeigten die Sozialdemokraten allerdings auch in der letzten VA-Sitzung vom 3. Juni nicht.[600] Die CDU-Vertreter beharrten weiter darauf, dass die Prävention für sie eine entscheidende Säule des Gesetzes darstellten, die Vorschläge Hamburgs und Hessens diese aber zunichte machen würden. Dafür machten sie den Vorschlag, die Kompromissvorschläge der SPD aufzunehmen, die strittigen Paragrafen aber beizubehalten, was wiederum von

(Hamburg, Brandenburg) und das R-Land Rheinland-Pfalz mit den O-Ländern stimmte.
596 So Kanzleramtsminister Lutz *Stavenhagen* gegenüber der FAZ am 25.April 1991.
597 Eingebracht vom Hamburger Bundesrats-Senator Dr. Horst *Gobrecht (SPD),* VA-Prot. 12/2, S.5.
598 Der Abgeordnete *Blens (CDU)* argumentierte, eine solche Abtrennung und damit Verbindung zweier Gesetze wäre nur dann möglich, wenn sich beide im Vermittlungsverfahren befänden, was aber bei dem Gesetz über Organisierte Kriminalität nicht der Fall war, VA-Prot. 12/2, S. 6
599 VA-Prot. 12/2, S.16.
600 FAZ vom 4. Juni 1991.

den Sozialdemokraten abgelehnt wurde. Der VA konnte sich auf keinen Vermittlungsvorschlag einigen.
Auch danach beharrten beide Seiten auf ihren Positionen. Noch in der entscheidenden Bundesratssitzung vom 7. Juni 1991 bot Bundeswirtschaftsminister Jürgen W. *Möllemann* an, dass nicht mehr der bloße Hinweis auf die Planung eines Geschäfts, sondern nunmehr „Tatsachen", die die Annahme illegaler Geschäfte belegen, zu einem Tätigwerden der Ermittlungsbehörden ausreichen sollten. Diesem Vorschlag stimmte zwar Innenminister *Schäuble* „nach zähen Verhandlungen", nicht aber die SPD – und auch nicht der auch in der neuen SPD/FDP-Regierung in Rheinland-Pfalz weiter amtierende Justizminister *Caesar* - zu. Die SPD beharrte auf ihrer Ablehnung, worauf die Verhandlungen gescheitert waren.
Entgegen den Ankündigungen *Möllemanns* sprach sich das Bundeskabinett nicht für eine erneute Anrufung des VA aus. Vielmehr wurde *Möllemann* ermächtigt, „Gespräche" mit Fraktionen und Landesregierungen zu führen.[601] In diesen Gesprächen versuchten *Möllemann* und *Kinkel* die Zustimmung der SPD zu erlangen, in dem sie die Voraussetzungen für die Abhöraktionen verschärften, was aber offenbar keinen Erfolg mehr zeitigte.[602] Damit waren die Verhandlungen endgültig beendet.

3.6.4 Interessenkonflikte, Verhandlungsakteure und -gremien

Dominiert wurden diese Verhandlungen von einem *parteipolitischen* Sachkonflikt zwischen der Bundestagsopposition und den von ihr regierten Ländern einerseits und der Bundesregierung, unterstützt von den R-Ländern und den Koalitionsfraktionen andererseits. Seitens der SPD-geführten Länder waren es vor allem Nordrhein-Westfalen, Hessen und Hamburg, die deren Kritik bzw. Gegenvorstellungen artikulierten.
Die *Vetopositionen* der Akteure kamen zunächst dadurch zustande, dass es sich um ein Zustimmungsgesetz handelte. Für die Beurteilung der Verhandlungsstrategie auf Seiten der Bundesregierung ist in diesem Zusammenhang nicht ganz unwichtig, dass die Bundesregierung ausweislich der Eingangsformel des Gesetzentwurfs ursprünglich davon ausging, es handele sich um ein Einspruchsgesetz. Die Ausschüsse des Bundesrates wiesen demgegenüber darauf hin, dass es sich ihrer Ansicht nach hier um ein Zustimmungsgesetz handelte. Dem schloss sich die Bundesregierung an.
Die notwendige Mehrheit der Bundesländer war für die Bundesregierung nicht gegeben: sie benötigte zwischen vier (bis zum Regierungswechsel in Rheinland-

---

[601] FAZ vom 15. Juni 1991, insbesondere mit NRW und Rheinland-Pfalz, so der SPIEGEL vom 24. Juni 1991.
[602] SPIEGEL vom 24. Juni 1991.

Pfalz im Mai 1991) und acht Stimmen der M-Länder. Damit hätte die SPD – bei Enthaltung der M-Länder – eine negative Mehrheit besessen.
Gleichwohl wäre es den O-Ländern, selbst mit Unterstützung der SPD-geführten M-Länder Brandenburg und Hamburg, allein nicht gelungen, eine positive Mehrheit für die Anrufung des VA zu erreichen. Erst die Unterstützung des zunächst CDU/FDP-, dann SPD/FDP-geführten Rheinland-Pfalz' verschaffte den SPD-Ländern eine auseichende Mehrheit. Es kam also, wie bei der Kronzeugenregelung 1988, zu einer die Oppositions-/Regierungslinien überschreitenden Koalition. Dabei ist der Umstand, dass der rheinland-pfälzische Justizminister *Caesar* zu Beginn des Verhandlungsprozesses noch Mitglied einer R- Regierung aus CDU und FDP, am Ende der Verhandlungen allerdings Vertreter einer M-Regierung war, sicherlich bemerkenswert.
Soweit es die *Verhandlungsmacht* der Akteure betraf, schien die Bundesregierung hier zunächst im Hintertreffen zu sein: Ausgleichszahlungen, wie beim Steueränderungsgesetz 1992, boten sich in diesem Fall augenscheinlich nicht an. Aber auch ein Verzicht auf den zwischen der Ländermehrheit und ihr strittigen Passus – wie im Fall der Kronzeugenregelung – war angesichts der Bedeutung, die die Bundesregierung diesem *essential* zuwies, realistischerweise nicht zu erwarten.
Insofern weisen mehrere Faktoren darauf hin, dass die Bundesregierung frühzeitig plante, das Gesetz im Bundesrat scheitern zu lassen: so hatte die Koalition nach Presseberichten beabsichtigt, die Änderungswünsche der Länder mit ihrer Mehrheit von 17 Stimmen im Vermittlungsausschuss abzulehnen.[603] Dies hatte angesichts der Kritik des rheinland-pfälzischen Vertreters allerdings keinen Erfolg: es kam zu einem Patt von 16 zu 16 Stimmen.[604] Weiter spricht dafür, dass die Koalitionsseite sich zunächst nur darauf beschränkte, die SPD-Vorschläge abzulehnen, ohne jedoch Gegenvorschläge anzubieten.[605]
Damit ist der Verdacht des SPD-Abgeordneten Hermann *Bachmaier*, die Koalition habe mit den Abhörmaßnahmen eine „für die Sozialdemokraten nicht zu schluckende Kröte"[606] absichtlich in das Verfahren gebracht, um das Gesetz mit reinem Gewissen scheitern zu lassen, nicht ganz von der Hand zu weisen.
Nachdem die Vorschläge der SPD abgelehnt wurden, unternahmen die SPD-Länder einen weiteren Versuch, ihre Verhandlungsposition noch einmal zu stär-

[603] So die FAZ vom 25. April 1991.
[604] FR vom 3. Mai 1991. Aus den Protokollen des VA geht zwar nicht hervor, welche Vertreter wie abgestimmt haben. Es spricht aber einiges dafür, dass Rheinland-Pfalz dabei das „Zünglein an der Waage" gespielt hatte.
[605] Dass die Koalition von Anfang an nicht überzeugt davon war, zu einer Einigung kommen zu können, zeigt die Aussage des Abg. *Rüttgers (CDU)* bereits in der 1. Sitzung des VA: er wolle es zwar nicht beschwören, aber es könne doch seien, dass man auch eine dritte Sitzung benötigte.
[606] SZ vom 7. Juni 1991.

ken: zur Sitzung des Bundesrates am 7. Juni 1991 brachten sie Vorschläge ein, die praktisch mit dem Gesetzentwurf der Bundesregierung identisch waren - bis auf die Regelungen der §§ 39ff. AWG. Damit wollten sie die Bundesregierung dazu zwingen, öffentlich „Farbe zu bekennen". Das hing damit zusammen, dass die SPD von der Bundesregierung bzw. dem Bundestag erwartete, dass diese nun ihrerseits ein Vermittlungsverfahren initiieren würden, was von *Möllemann* und Regierungssprecher *Vogel* zunächst auch bestätigt wurde.[607] Bereits zwei Wochen später entschied sich die Bundesregierung allerdings dazu, das Gesetz in neuer Form, ohne die die Zustimmungspflichtigkeit auslösenden Regelungen, einzubringen.[608] Damit war weiteren Verhandlungen die Grundlage entzogen.

Als Repräsentant der Bundesregierung übernahm Bundeswirtschaftsminister Jürgen W. *Möllemann (FDP)* die Darstellung ihrer Positionen im Bundestag und gegenüber der Öffentlichkeit, während die Bundesregierung im Bundesrat von seinem Staatssekretär Erich *Riedel (CSU)* bzw. dem parlamentarischen Staatssekretär *Beckmann* vertreten wurde.

Die Position der SPD-Bundestagsfraktion stellte in den Beratungen der Bundestagsausschüsse der Abgeordnete *Sperling* dar. Im Plenum des Bundesrates sprachen der schleswig-holsteinische Ministerpräsident Björn *Engholm* und der nordrhein-westfälische Justizminister Rolf *Krumsiek* (beide SPD) für die O-Länder. Im VA selbst wurden die Positionen der O-Länder im wesentlichen vom parlamentarischen Geschäftsführer der SPD-Bundestagsfraktion, Peter *Struck*, mitvertreten.

Die Position der R-Länder wurde im wesentlichen von Bayerns Bundesratsminister Thomas *Goppel (CSU)* dargelegt.

Der FDP-Bundestagsabgeordnete *Dr. Feldmann* stellte offenbar die Mehrheitsposition innerhalb seiner Fraktion dar, während die Kritiker in den Reihen der FDP-Bundestagsfraktion einmal mehr von Burkhard *Hirsch* nach außen vertreten. Dagegen trat der rheinland-pfälzische Justizminister *Caesar* weder in den Bundesrats-Debatten noch gegenüber der Öffentlichkeit in Erscheinung.

Welche Gremien neben dem Vermittlungsausschuss für Verhandlungsgespräche genutzt wurden, ist nicht ersichtlich. Allerdings muss es solche Gespräche am Rande des VA gegeben haben, wie verschiedene Unterbrechungen zeigten, um die Kompromissvorschläge intern zu erörtern. Außerdem stellte Peter *Struck* in der abschließenden VA-Sitzung fest, man habe die Argumente ausgetauscht und auch außerhalb der offiziellen Sitzung „intensiv darüber geredet".[609]

---

[607] Die WELT vom 8. Juni 1991.

[608] SZ vom 20. und 27. Juni 1991.

[609] VA-Prot 12/3, S.38.

4. Der Einfluss der Mehrheitsverhältnisse auf die Verhandlungsstrukturen

Im folgenden werden die Ergebnisse der Fallstudien im Querschnitt dargestellt. Nach einer Einordnung der ermittelten Interessenkonflikte in die unter Abschnitt I Kapitel 2.2 definierten Konfliktkategorien werden die Verhandlungsstrukturen nach *Akteuren, Gremien, Verhandlungsverlauf* und *Verhandlungs-* bzw. *Kompromisstechniken* differenziert dargestellt. Am Ende der einzelnen Kapitel wird jeweils der Einfluss der Mehrheitsverhältnisse auf die Verhandlungsstrukturen entsprechend der in Abschnitt I Kapitel 6 aufgestellten Hypothesen analysiert.

4.1 Interessenkonflikte

Wie vermutet zeigte sich, dass sich die Konfliktarten in den meisten der untersuchten Verhandlungsprozesse überlagerten (vgl. Tabelle 2). Tatsächlich gab es nur einen Fall, der eindeutig als ausschließlich von einem *koalitions-* bzw. *parteiinternen Sachkonflikt* bestimmt gelten kann (Kronzeugenregelung 1989).

Tab.2: Konfliktarten in den Verhandlungsprozessen der Fallstudien

Gesetz/Konfliktart	sachpolitischer Konflikt		föderaler Konflikt
	parteipolitisch	koalitions-/ parteiintern	
Gesundheit 1988		X	X
Steuer 1990		X	X
Kronzeugen 1989		X	
Gesundheit 1993	X	X	X
Steuer 1992	X		X
Rüstung 1992	X	X	

Quelle: eigene Auswertung

In allen anderen Fällen lagen Verbindungen von *föderalen* mit *koalitions-* bzw. *parteiinternen* oder aber mit *parteipolitischen* Sachkonflikten vor. In einem Fall (Gesundheits-Strukturgesetz 1993) trat sogar eine Kombination aller drei Konfliktarten auf, während beim Rüstungsexportgesetz 1992 ein *koalitionsinterner* mit einem *parteipolitischen* Sachkonflikt verbunden war.
Die verschiedenen Konfliktlinien durchzogen allerdings nicht den jeweils gesamten Verhandlungsprozess *parallel.* Vielmehr ließen sie sich in den meisten Fällen einzelnen *Konfliktfeldern* zuordnen (vgl. Tab. 3).
Wie aus der Tabelle hervorgeht, ließen sich die Konflikte innerhalb der Konfliktfelder allerdings auch hier wieder nicht nur in „rein" *föderale* Konflikte oder *Sachkonflikte* unterteilen. Vielmehr gab es Überschneidungen in unterschiedli-

cher Form: zum einen Fälle, in denen eine Konfliktart dominierte, Aspekte einer anderen Konfliktart aber ebenfalls eine Rolle spielten. Zum anderen gab es Konfliktfälle, in denen sich die Dominanz einer der beiden Konfliktarten nicht eindeutig bestimmen ließ.

Tab. 3: Konfliktarten in den Konfliktfeldern der einzelnen Gesetzesprojekte

Gesetz bzw. Konfliktfeld/ Konfliktart	sachpolitischer Konflikt		föderaler Konflikt
	parteipolitisch	koalitions-/ parteiintern	
Gesundheit 1988			
„Krankenhaus“			X
„Festbeträge/ Selbstbeteiligung“		X	(X)
„Kassenleistungen“		X	
„Organisationsreform“			X
Steuer 1990			
„Strukturhilfe“			X
„*Späth*-Forderungen“		X	(X)
„Bayern-Forderungen“		X	(X)
div. Länderpositionen		X	
Gesundheit 1993			
„Organisationsreform“			X
„Selbstbeteiligung/ Kassenleistungen“	X	(X)	
„Arzneimittelkosten“	X	(X)	
„Krankenhaus“	X	(X)	
„Arztzahlen“	X		
Steuer 1992			
„Mehrwertsteuer“	X		(X)
„Vermögen- und Gewerbekapitalsteuer“	X		X
„Kindergeld“	X		X
„Strukturhilfefonds“	X		X
„Fonds Deutsche Einheit“			X
„GVFG“			X

Quelle: eigene Auswertung. In Klammern stehende Eintragungen: Konfliktfelder, in denen die jeweilige Konfliktart zwar eine Rolle spielte, diese aber nicht maßgeblich beeinflussten.

Demnach lassen sich hier zunächst sechs *rein föderale* Konflikte ausmachen: „Krankenhaus"/1988 und „Organisationsreform" 1988 und 1993 im Bereich der Gesundheitsreformen, „Strukturhilfe 1988" und „Fonds Deutsche Einheit" sowie „GVFG"/1992 bei den Steueränderungsgesetzen.
Bei den *koalitions- oder parteiinternen Sachkonflikte* ließen sich nur zwei „reine" Fälle finden („Kassenleistungen"/1988; „div. Länderpositionen"/1990). Hinzugenommen werden sollen die Konfliktfelder, in denen der *koalitions-* bzw. *parteiinterne Sachkonflikt* eindeutig dominierte, wenngleich auch Elemente eines anderen – in diesem Fall *föderalen* – Konflikts vorlagen: die Konfliktfelder „Festbeträge"/1988 sowie die Forderungen Bayerns und Lothar *Späths* bei der Steuerreform 1990.
Soweit es die *parteipolitischen Sachkonflikte* betrifft, gab es nur einen, der in „reiner" Form vorlag („Arztzahlen"/1993). Hinzuzählen wäre ein weiteres Konfliktfeld mit *föderalem* Aspekt („Mehrwertsteuer"/1992) und drei Konfliktfelder, in denen auch *koalitions-* bzw. *parteiinterne Sachkonflikte* eine Rolle gespielt haben: „Selbstbeteiligung/Kassenleistungen", „Arzneimittelkosten" und „Krankenhaus" bei der Gesundheitsreform 1993.
Es verbleiben noch vier *Mischkonflikte*, bei denen in einem Fall („Rüstungsexportgesetz 1992") ein *parteipolitischer* mit einem *koalitionsinternen Sachkonflikt* verbunden war, während in drei Fällen *parteipolitische Sachkonflikte* mit *föderalen* Konflikten verknüpft waren: die Auseinandersetzungen um das Ende des Strukturhilfefonds, die Abschaffung von Vermögen- und Gewerbekapitalsteuer und die Erhöhung des Kindergeldes beim Steueränderungsgesetz 1992.

Die Fallstudien bestätigten die These, dass *parteipolitische Sachkonflikte* die Verhandlungen nur bei *divergierenden* Mehrheiten dominieren können (vgl. Tab. 2). Zugleich zeigte sich, dass der *parteipolitische Sachkonflikt* nur in einem der untersuchten Konfliktfelder in „reiner" Form auftrat. Es überwogen vielmehr die „gemischten" Konflikte, bei denen sowohl *parteipolitische* als auch *koalitions-* und *parteiinterne Sachkonflikte* oder aber *föderale Konflikte* auftraten. Dies überraschte bei den *föderalen* Konflikten weniger als bei den *koalitions- oder parteiinternen Sachkonflikten*. Aus den beiden Fällen, in denen diese Kombination auftrat, lässt sich folgende Schlussfolgerung ziehen: *koalitions-* bzw. *parteiinterne Sachkonflikte* werden für den Verhandlungsprozess dann relevant, wenn dieser in der öffentlichen Wahrnehmung vom *parteipolitischen Sachkonflikt* überlagert wird. Sie laufen quasi „im Windschatten" des *parteipolitischen Sachkonflikts*, können die Ergebnisse der Verhandlungen – wie beim Gesundheits-Strukturgesetz 1993 gezeigt – aber durchaus beeinflussen. Hier wurde auch deutlich, dass sich der koalitionsintern unterlegene Partner den *parteipolitischen* Konflikt zu nutze machte, um Änderungen am Gesetzentwurf in seinem Sinne als Konzession an die Opposition hinzustellen.

Darüber hinaus lässt sich feststellen, dass die Verhandlungen in den Fällen *gleichgerichteter* Mehrheiten von *koalitions- oder parteiinternen* Konflikten maßgeblich bestimmt wurden, wenngleich auch hier in einer Reihe von Konfliktfeldern *föderale* Interessen eine Rolle gespielt haben.

4.2 Verhandlungsakteure und -gremien

Es zeigte sich, dass die Bundesregierung bzw. die sie stützenden Koalitionsparteien und –fraktionen bei *föderalen* Konflikten – auch ohne die Verbindung mit einem *koalitionsinternen Sachkonflikt* - nicht immer gemeinsam agierten. So stand den Ländern bei der „Organisationsreform“/1993 nicht die gesamte Bundesregierung einschließlich der Koalitionsparteien gegenüber. Vielmehr ging die Konfliktlinie hier „mitten“ durch die Koalition. Zumindest war oft deutlich erkennbar, dass hinter der Positionierung der Bundesregierung nur einer der Koalitionspartner stand. Weniger überraschend ist dabei freilich, dass sich die der Bonner Regierungskoalition entsprechenden Landesregierungen nicht auseinanderdividieren ließen: hier gingen Landes- vor Parteiinteressen.
Im übrigen war die Rolle der Fraktionen bzw. Parteien größer, als erwartet: So vertraten die Koalitionsfraktionen und -parteien im Konfliktfeld „Krankenhaus“/1988, bei der „Organisationsreform“/1988 und bei der „Strukturhilfe“/1988 eigene, zum Teil voneinander abweichende Positionen.
Dagegen ließ sich eine – naturgemäß – aktivere Rolle der Fraktionen zwar auch bei zwei Feldern verzeichnen, die im VA (mit-)verhandelt wurden („Fonds Deutsche Einheit“ und „GVFG“/1992). Es hat allerdings den Anschein, als hätten sie hier eher als „Überbringer“ von Verhandlungsangeboten der – formal nicht beteiligten - Bundesregierung, denn als eigenständige Akteure fungiert.
Bei den *koalitions-* bzw. *parteiinternen Sachkonflikte* war die Bedeutung der Koalitions-Bundestagsfraktionen und -parteien erwartungsgemäß groß. Zum Teil spielte sich der Konflikt nur innerhalb einer Partei ab, (CDU, „Kassenleistungen“/1988), zum Teil zwischen den Koalitionsregierungen in Bund und R-Ländern („div. Länderpositionen“/Steuerreform 1990) und schließlich zwischen den Koalitionsparteien im Bund („*Späth*“- und Bayern-Forderungen/1988 sowie bei den „Festbeträgen“/1988). Dabei ist festzustellen, dass sich die R-Landesregierungen bei letzteren auch dann geschlossen positionierten, wenn sie von *beiden* der Kontrahenten gebildet wurden. Dies ist nur auf den ersten Blick verständlich, handelte es sich bei den einfließenden *föderale* Komponenten doch stets nicht um spezifische Interessen *aller*, sondern nur einzelner R-Länder (Baden-Württemberg, Bayern, Hessen). Diese hätten ihre Anliegen aber nicht erfolgreich in den Verhandlungsprozess einbringen können, wenn sie nicht von

den übrigen R-Ländern unterstützt worden wären.[610] Denkbar sind hier wenigstens drei Erklärungsansätze:

- Die Existenz einer allgemeinen „Ländersolidarität" zwischen den R-Ländern, auch wenn sie durch die strittigen Fragen nicht betroffen waren, verbunden mit dem Überwiegen einer
- koalitionsinternen Loyalität innerhalb der Landesregierungen und
- möglicherweise „Handelsabsprachen" zwischen den einzelnen Ländern: für die Unterstützung in einer dem einen Land wichtigen Frage, wurde dessen Unterstützung in einer für ein anderes Land bedeutsamen Position „getauscht".

Der *föderale* Aspekt war beim *parteipolitischen Sachkonflikt* „Mehrwertsteuer"/1992 insofern spürbar, als er dazu beitrug, die Ablehnungsfront aus SPD-Fraktion bzw. –partei im Bund und den O-Ländern immer wieder bröckeln zu lassen. Dagegen stärkten die vor allem *koalitionsinternen* Konflikte O-Länder und Bundestagsopposition in ihrer Position gegenüber der Bundesregierung. Was etwas überraschte, war die kaum erkennbare Aktivität der Koalitionsparteien bzw. -fraktionen im Bund auf Seiten der Bundesregierung. Von einer Führung der Verhandlungen durch die Bundespartei konnte allerdings auch auf Seiten der SPD nicht unbedingt die Rede sei: eher noch konnte man eine „führenden Rolle" der SPD-Bundestagsfraktion erkennen, insbesondere beim Gesundheits-Strukturgesetz 1993. Aber auch beim Steueränderungsgesetz 1992 war die SPD-Bundespartei eher in der Frühphase als Akteur erkennbar.

Bei der Bewertung der Rolle der Parteien ist allerdings immer die bereits im Abschnitt I, Kapitel 3.1 beschriebene „Doppelfunktion" der meisten Akteursrepräsentanten zu beachten: so war beispielsweise beim Steueränderungsgesetz 1992 nur dann klar, dass der schleswig-holsteinische Ministerpräsident *Engholm* in seiner Rolle als SPD-Parteichef auftrat, wenn er dies unmissverständlich deutlich machte, etwa, wenn er eine Pressekonferenz in der SPD-Parteizentrale abhielt.

Bei den vier *Mischkonflikten* standen zum Teil – „Rüstungsexportgesetz 1992" - die O-Länder einschließlich der SPD-Bundestagsfraktion der Bundesregierung und der Mehrzahl der R-Länder gegenüber. Zu einem *koalitions-* bzw. *parteiinternen* Konflikt wurde dieser Streit, weil nur die Beteiligung eines R- bzw. M-Landes – Rheinland-Pfalz – den O-Ländern eine Vetoposition eröffnete. Auch hier fällt auf, dass erneut die relevante Landesregierung geschlossen agierte, obgleich sich der Konflikt nur zwischen dem Koalitionspartner FDP und der Bundesregierung bzw. innerhalb der FDP abspielte. Die „Mischung" zweier Konfliktarten wurde hier darin deutlich, dass die CDU/FDP-Regierung von Rheinland-Pfalz den Konflikt zwar „verhandlungsreif" machte, in den Verhandlungen selbst aber – im Unterschied zur Kronzeugenregelung 1989 - die O-Länder und

[610] Dies gilt insbesondere für das „Hineinschreiben" in die Stellungnahmen des Bundesrates, für die es bekanntlich einer absoluten Mehrheit bedurfte.

vor allem die SPD-Fraktion die Führungsrolle übernahmen.
Aber auch die Koalitionsfraktionen, vor allem die FDP, traten vergleichsweise aktiv in Erscheinung. Hier konnten einige Abgeordnete Änderungen im Sinne der CDU/FDP-Regierung von Rheinland-Pfalz und der Opposition erzielen. Allerdings konnte der Konflikt dann doch nicht über Verhandlungen gelöst werden, sondern wurde schließlich mehrheitlich entschieden. Der Hintergrund könnte gewesen sein, dass weder die Bundesregierung noch die FDP-Bundespartei meinte, auf das – zwischenzeitliche – M-Land Rheinland-Pfalz und die „Abweichler" in den eigenen Reihen Rücksicht nehmen zu müssen.
Bei den drei *parteipolitisch/föderalen* Konfliktfeldern beim Steueränderungsgesetz 1992 war es so, dass das *parteipolitische* das *föderale* Element beeinflusste: zwar waren zumindest in zwei von drei Fällen die Interessen *aller* Länder betroffen. Dennoch verhinderte die parteipolitische „Globalkonfrontation" beim Steueränderungsgesetz, dass sich hier, wie es zu erwarten gewesen wäre, R- und O-Länder übergreifende Koalitionen bildeten. Das parteipolitische „Element" sorgte zugleich dafür, dass hier die Bundestagsfraktionen ein wesentliches Wort mitzureden hatten. Hier galt das nicht nur für die SPD-Fraktion. Auch die Koalitionsfraktionen äußerten sich mehrfach, wenngleich sich das Verhältnis Regierung/Fraktionen am Verhandlungsende naturgemäß wieder der Regierung zuneigte. Dies lässt sich wohl auch für die Beratungen im VA sagen, bei denen die Koalitionsfraktionen zumindest immer mit der Bundesregierung abgesprochene (wenn nicht sogar von letzterer ausgearbeitete!) Kompromissvorschläge unterbreiteten.
Generell muss man bei der Analyse der einzelnen Konfliktfelder immer bedenken, dass es sich um – eben – *analytische* Differenzierungen handelte, die den tatsächlichen Verhandlungsvorgängen nur in seltenen Fällen entsprachen. Das heißt, in aller Regel positionierten sich die Akteure in allen Konfliktfeldern *gleichzeitig*. Ebenso verliefen die Verhandlungsgespräche zumeist nicht für jedes Konfliktfeld getrennt, sondern parallel. Schließlich waren es auch in aller Regel die gleichen *Repräsentanten* der Akteure, die über die einzelnen Themen sprachen.
Über alle Fallstudien hinweg zeigte sich, dass die kleineren Oppositionsparteien (bis 1990 Die GRÜNEN, nach 1990 PDS-LL und Bündnis 90/Die Grünen) als eigenständige Verhandlungsakteure nicht in Erscheinung traten. Auch in den Fällen, in denen sich GRÜNE Landesminister als Vertreter ihrer Koalitionsregierung im Bundesrat oder im VA äußerten,[611] vertraten sie keine Positionen, die von denen ihres größeren Koalitionspartners im Land abwichen. Insofern lässt

---

[611] Als einziger GRÜNER Minister trat der niedersächsische Bundesratsminister Jürgen *Trittin* in den Gesetzgebungsprozessen zum Steueränderungsgesetz 1992 und zum Rüstungskontrollgesetz 1992 in Erscheinung. Den GRÜNEN oder der PDS angehörende Bundestagsabgeordnete spielten dagegen keinerlei Rolle in den Verhandlungsprozessen.

sich die These, wonach die kleineren Oppositionsparteien im Bund nur dann eine Chance auf Beteiligung an den Verhandlungen haben, wenn ihre Ziele mit denen der größeren Oppositionspartei übereinstimmen, als zumindest nicht widerlegt ansehen. Eher weisen die Ergebnisse darauf hin, dass sie in diesem Fall nicht als Partei oder Bundestagsfraktion in die Verhandlungen einbezogen werden, sondern nur über ihre Beteiligung an einer Koalitionsregierung in einem Bundesland.

Schließlich bestätigte sich, dass an den Verhandlungsgesprächen bei *föderalen* Konflikten und *gleichgerichteten* Mehrheiten nur die Landesregierungen beteiligt werden, die mit der Bundesregierung parteipolitisch konform sind, selbst wenn die Konfliktlinien hier quer durch die parteipolitischen „Linien" gehen. Dagegen mussten bei *divergierenden Mehrheiten* in jedem Fall auch die O-Länder zu den Verhandlungen hinzugezogen werden.

Soweit es die Position der M-Länder betrifft, ist zunächst einmal festzuhalten, dass es im Zeitraum 1987 – 1990, also bei *gleichgerichteten* Mehrheiten, mit dem sozial-liberal regierten Hamburg nur ein M-Land gegeben hat. Insoweit mögen die Ergebnisse für zukünftige Vergleichssituationen wenig Aussagekraft besitzen. Gleichwohl zeigte sich, dass die Bundesregierung bei den drei untersuchten Fällen keine besonderen Anstrengungen unternahm, dieses Land auf ihre Seite zu ziehen.

Anders die Situation bei *divergierenden* Mehrheiten (1990 – 1994): hier nahmen die M-Länder Brandenburg und Berlin zumindest beim Steueränderungsgesetz 1992 eine zentrale Rolle ein. Die Bundesregierung bemühte sich allerdings erst nach dem offensichtlichen Scheitern der Verhandlungen mit den O-Ländern und der Bundes-SPD nachdrücklich um eine Zustimmung dieser Länder, was ihr schließlich auch glückte.

Damit erklärt sich bereits, warum die M-Länder beim Gesundheitsstrukturgesetz 1993 keine so bedeutende Rolle spielten: hier gelang es der Bundesregierung, mit den O-Ländern und der SPD zu einer Einigung zu kommen. Warum hier, anders als beim Steueränderungsgesetz 1992 und dem Rüstungsexportgesetz 1992 ein Kompromiss gesucht wurde, könnte am Politikfeld (Gesundheitspolitik) gelegen haben. Dagegen spricht allerdings, dass im selben Politikfeld in der Zeit *gleichgerichteter* Mehrheiten keine Einigung angestrebt wurde.

Dagegen liegt das nicht erkennbare Bemühen der Bundesregierung, einen Teil der M-Länder zur Zustimmung zum Rüstungsexportgesetz 1992 zu bewegen, wohl daran, dass die Bundesregierung frühzeitig darauf setzte, das Zustimmungs- in ein Einspruchsgesetz umzuwandeln.

Generell konnte festgestellt werden, dass sich die M-Länder – ungeachtet einer möglichen „Neutralität" bei der Schlussabstimmung im Bundesrat - während des Verhandlungsprozesses bei *parteipolitischen* Auseinandersetzungen auf der Seite des größeren Koalitionspartners im Land positionierten. Als „SPD"-Länder konnten damit häufig nicht nur die „O“-Länder, sondern auch die Länder verstanden werden, in denen die SPD den größeren Partner stellte.[612]

Bezüglich der Akteursrepräsentanten ließ sich die Hypothese, deren Rang hänge vom zeitlichen Ablauf des Verhandlungsprozesses ab, nicht völlig bestätigen. Zwar wurden die maßgeblichen Verhandlungsgespräche bei einem Teil der Fälle tatsächlich von den Spitzenpolitikern in Bund und Länder geführt:

- Bei der Gesundheitsreform 1988 in informellen „Zusammenkünften“ der Unionsministerpräsidenten beim Bundeskanzler, unter Beteiligung des Bundesgesundheitsministers,
- Bei der Steuerreform 1990 zum einen zwischen dem Bundeskanzler, dem Bundesfinanzminister und den Ministerpräsidenten Baden-Württembergs und Niedersachsens im CDU-Parteipräsidium und in einem „informellen“ Treffen im Kanzleramt, zum anderen – soweit es Bayern betrifft – in Treffen der „Elefantenrunde“ der Parteichefs,
- Beim Steueränderungsgesetz 1992 vom Bundesfinanzminister und saarländischen Ministerpräsidenten *Lafontaine* bzw. dem brandenburgischen Ministerpräsidenten *Stolpe,* ebenfalls in „informellen Runden“.
- Beim Gesundheits-Strukturgesetz 1992 klärte schließlich der Bundesgesundheitsminister mit Vertretern der Bundestagsfraktionen und der saarländischen Sozialministerin die Punkte ab, in denen kein Kompromiss gefunden werden konnte.

Dagegen verliefen die Verhandlungsgespräche beim Rüstungsexportgesetz 1992 – soweit erkennbar – allein zwischen den Oppositions- und Koalitionsvertretern im VA, während bei der Kronzeugenregelung aus den zugänglichen Quellen überhaupt keine näheren Informationen über Verhandlungsgespräche erschließbar waren.
Auf der anderen Seite zeigte sich aber, dass die „Spitzenpolitiker“ sich nicht erst in dieser letzten Phase einschalteten. Vielmehr wurden die Ausgangspositionen in aller Regel bereits von den zuständigen Fachministern in Bund und Ländern sowie zum Teil von den Ministerpräsidenten selbst vertreten (*Albrecht, Späth, Lafontaine*, um nur einige hervorzuheben).
Das findet seine Begründung einerseits darin, dass das Variieren von Verhandlungspositionen nicht erst, wie ursprünglich angenommen, in der Gesprächsphase stattfand, sondern bereits in der Positionierungsphase begann (siehe 4.2.1, Abb. 2 a und b). Andererseits dürfte aber auch die Bedeutung der Streitfrage und ihre Streitintensität ausschlaggebend gewesen sein: bei Streitfragen von hoher politischer Bedeutung und hoher Streitintensität wie dem Steueränderungsgesetz 1992 gab es bereits frühzeitig Äußerungen von Ministerpräsidenten, während die

[612] Damit dürfte auch die – gerade in dem untersuchten Zeitraum – oft irreführende öffentliche Wahrnehmung einer „SPD-Mehrheit“ im Bundesrat erklärbar sein.

Positionierung in weniger strittigen Fragen wie der Gesundheitsreform 1993 oder Fragen geringerer Bedeutung Bundestagsabgeordneten oder Staatssekretären überlassen wurden (Kronzeugenregelung 1989).
Gleiches gilt für die Fraktionen: äußerten sich in politisch strittigen Fragen die Fraktionsvorsitzenden oder deren Stellvertreter (Steueränderungsgesetz 1992) überließen sie ansonsten das Feld den jeweiligen Fachleuten der Fraktion (Gesundheitsreform 1988, Rüstungsexporte 1992, Steuerreform 1990).

Bei den *Gremien* bestätigte sich die Annahme, dass die ausschlaggebenden Gespräche nicht in formellen, sondern in informellen Gremien stattfanden. An formellen Gremien wurden das Präsidium der CDU sowie der Vermittlungsausschuss genutzt. Aber auch in dessen Umfeld fanden informelle Beratungen statt: so zeigten zumindest die beiden Fälle, in denen der VA zusammentrat (Steueränderungsgesetz 1992, Rüstungsexporte), dass die Entscheidungen nicht allein von den Mitgliedern des VA selbst getroffen wurden. Bei beiden Fällen wurden vor der „Verkündung" der Zustimmung bzw. Nicht-Zustimmung zu einem Verhandlungsangebot intensive Rückkopplungen zu den entsendenden Akteuren (Fraktionen, Länder) vorgenommen. Diese Vorgehensweise galt also unabhängig von der Bedeutung des Gesetzes. Insbesondere beim „Steueränderungsgesetz 1992" hatte sich aber gezeigt, dass bei einem parteipolitisch umstrittenen Gesetz wie diesem weitere Verhandlungsebenen zwischen den Verhandlungsführern und „Entscheidungsträgern" notwenig waren. Dies ließ sich zwar beim Rüstungsexportgesetz nicht eindeutig belegen. Entsprechende Hinweise wurden aber auch dort gegeben.[613] Vor allem die Einschaltung „informeller" Gremien vor, während und nach den VA-Sitzungen ließ sich anhand der beiden Fallstudien belegen.
Der Charakter eines Verhandlungsgremiums im engeren Sinn wird beim VA daran deutlich, dass in ihm nicht nur Positionen ausgetauscht wurden, sondern versucht wurde, den Gegenüber argumentativ zu überzeugen. Gleichwohl wurden wesentliche Tauschprozesse während des Steueränderungsgesetzes 1992 außerhalb des VA entscheidend vorbereitet und im Ausschuss selbst dann nur noch „nachvollzogen".
Die *informellen* Gremien, das zeigte sich in den Fallstudien und wurde von den befragten Akteursrepräsentanten auch bestätigt, lassen sich nicht verallgemeinern, zum Teil auch gar nicht exakt benennen. Es zeigte sich, dass sie in der Tat im wesentlichen ad hoc kreiert wurden. Wo man sich traf, hing dann von mehr oder minder zufälligen Zusammenhängen ab: Termine lagen so, dass es sich beispielsweise anbot, in einer bestimmten Landesvertretung zusammen zu kommen. Oder aber man traf sich in einer „Lokalität", die in der Nähe des Regierungssitzes lag, wie bei den Gesprächen über die Gesundheitsreform 1993.

[613] Vgl. dazu die Bemerkung von Peter *Struck* im VA vom 3. Juni 1991, hier auf Seite 211.

Die Verhandlungen in den Untersuchungsfällen der 11. Wahlperiode fanden zum Teil in ad-hoc Treffen der Ministerpräsidenten und des Bundeskanzlers, zum Teil im Parteipräsidium der CDU statt. Bei der Gesundheitsreform 1988 kam hinzu, dass Lösungsvorschläge für die *föderale* Interessenkonflikte keineswegs immer unter Beteiligung von Ländervertretern entwickelt wurden. Vielmehr wurden diese Konflikte unter anderem auch im Zuge von Beratungen über Interessendivergenzen zwischen den Parteien und Fraktionen der Regierungskoalition gelöst.

Soweit es die *Repräsentanten* betraf, ließ sich ein Unterschied zwischen *divergierenden* und *gleichgerichteten* Mehrheiten erkennen, der bei der Hypothesenbildung nicht vorausgesehen wurde: in zumindest zwei der Fälle bei *gleichgerichteten* Mehrheiten (Gesundheitsreform 1988 und Steuerreform 1990) waren die Bundesparteichefs der Koalition im Verhandlungsprozess aktiv, während sie sich bei *divergierenden* Mehrheiten in keinem der untersuchten Fälle an den Verhandlungen beteiligten. Dagegen war der SPD-Parteichef in den drei Fällen bei *gleichgerichteten* Mehrheiten nicht aktiv, bei *divergierenden* Mehrheiten aber in zwei von drei Fällen (Gesundheitsreform 1993, Steueränderungsgesetz 1992). Auch hier trat er aber vorwiegend in der Positionierungs-, nicht in der Gesprächsphase in Erscheinung.

Beides lässt sich nur teilweise mit der jeweils dominierenden Konfliktstruktur erklären: zwar beherrschten während der *gleichgerichteten* Mehrheiten *koalitions-* bzw. *parteiinterne Sachkonflikte* und *föderale Konflikte* die Verhandlungen, die – angesichts ihrer Bedeutung – naheliegender weise unter Beteiligung der Koalitions-Parteivorsitzenden gelöst wurden. Ebenso ist die aktive Rolle des SPD-Vorsitzenden bei den beiden *parteipolitischen Sachkonflikten* der 12. Wahlperiode zu erklären.

Offen bleibt hingegen, warum sich die Parteivorsitzenden der Koalitionsparteien nicht auch – zumindest in der Positionierungsphase – an den Verhandlungen in diesem Zeitraum beteiligten[614] bzw. warum sich auch *Engholm* nur in der Positionierung aktiv äußerte, die Verhandlungsgespräche hingegen *Dreßler* bzw. *Lafontaine* überließ.

Im Hinblick auf die *Gremien*, in denen die Verhandlungen stattfanden, bestätigten die Fallstudienergebnisse im Grundsatz die These, dass Konflikte zwischen Bund und Länder bei *gleichgerichteten* Mehrheiten ohne den Vermittlungsausschuss ausgetragen werden: während in keinem der drei Fälle zwischen 1987 und 1990 – also bei *gleichgerichteten* Mehrheiten – der VA angerufen wurde, war dies bei *divergierenden* Mehrheiten in der 12. Wahlperiode immerhin in

---

[614] Eine Ausnahme stellte insofern nur der CSU-Chef *Waigel* dar, der als Bundesfinanzminister die Verhandlungen mit Oskar *Lafontaine* und Manfred *Stolpe* führte. Dagegen beteiligten sich weder Helmut *Kohl* noch der FDP-Chef *Graf Lambsdorff* in nennenswerter Weise an den Verhandlungen.

zwei von drei Fällen der Fall. Bei der Gesundheitsreform 1993 konnte der VA nur umgangen werden, weil die wesentlichen Verhandlungen zwischen den Akteuren bereits in der Anfangsphase des Gesetzgebungsprozesses abgeschlossen werden konnten. Angesichts der Konfliktlage wäre ansonsten eine Anrufung des VA sehr wahrscheinlich gewesen.

4.2. Verhandlungsverlauf, Verhandlungs- und Kompromisstechniken

4.2.1 Verhandlungsverlauf

Generell ließ sich bei allen sechs bzw. sieben untersuchten Fällen[615] abweichend von den Annahmen erkennen, dass die Positionierungsphase weitaus länger dauerte, als die Phase der Gespräche (vgl. dazu Abb. 1a und b).
Allerdings endete die Phase der öffentlichen Positionierungen nicht mit dem Eintritt in die Gesprächsphase. In jedem der untersuchten Fälle wurden auch während der Gesprächsphase öffentlich Positionen bezogen und verändert bzw. Kompromissangebote gemacht, wenngleich diese in der Regel das Ergebnis der Verhandlungsgespräche reflektierten und auf deren Basis neue Vorschläge entworfen wurden.
Die Positionierungsphase unterscheidet sich aber offenbar in Abhängigkeit von den parteipolitischen Mehrheiten: während die Positionsveränderungen bei *divergierenden* Mehrheiten, wie prognostiziert, im wesentlichen während der Gesprächsphase vorgenommen wurden, änderten die Verhandlungsakteure ihre Positionen bei *gleichgerichteten* Mehrheiten häufig bereits im Verlauf der Positionierungsphase (vgl. Abb. 2a und b).
In den Verhandlungsprozessen bei *gleichgerichteten* Mehrheiten machten verschiedene Akteure Kompromissangebote, ohne dass es zu direkten Gesprächen zwischen Vertretern von Bund und Länder kam. Zwar waren diese Positionsänderungen nicht selten Ergebnis von Gesprächen eines *Teils* der Akteure (z.B. der Koalitionsparteien/-fraktionen). Da es hier aber um Verhandlungen zwischen Bund und Ländern im Gesetzgebungsverfahren geht, wurden diese nicht als Verhandlungsgespräche im Sinne der Fragestellung eingeordnet.
Nicht selten wurden diese Vermittlungsangebote von den Koalitionsfraktionen innerhalb der Bundestagsausschüsse formuliert. Zum Teil wurden hier wesentliche Änderungswünsche des Bundesrates in die Ausschussempfehlungen eingearbeitet. So ist die Bedeutung der Ausschussberatungen bei *gleichgerichteten*

[615] Die „*Albrecht*-Initiative" bzw. das Strukturhilfegesetz 1988 werden hier gesondert aufgeführt, da sie – im Gegensatz zum Gesetz über das Auslaufen der Strukturhilfen und die Aufstockung des Fonds Deutsche Einheit – verfahrenstechnisch als eigenständiger Gesetzgebungsprozess zu verstehen sind.

Abb. 1a Vergleich der Positionierungs- und Gesprächsphasen im Zeitraum *gleichgerichteter* Mehrheiten (11. WP).

Gesundheitsreform 1988

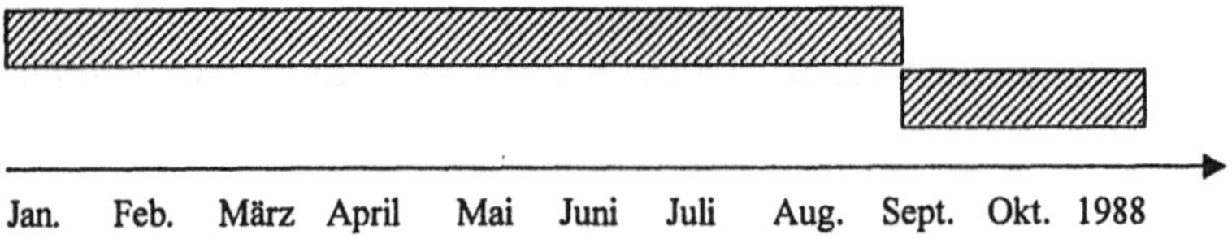

Steuerreform 1990

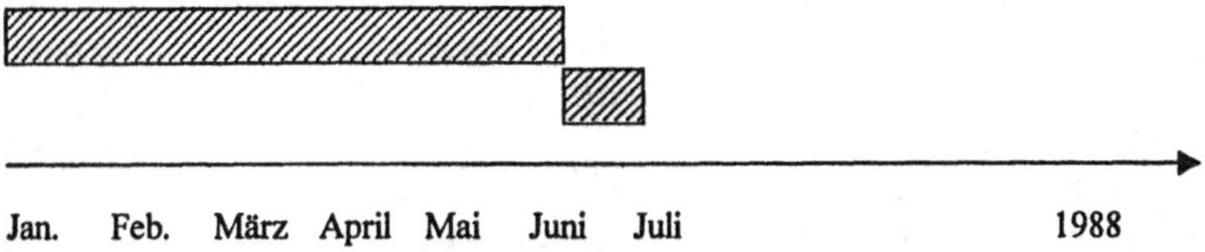

„*Albrecht*-Initiative"/Strukturhilfegesetz 1988

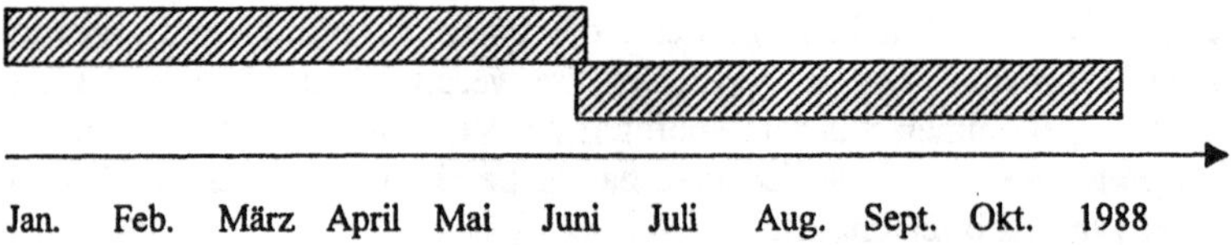

Kronzeugenregelung 1989

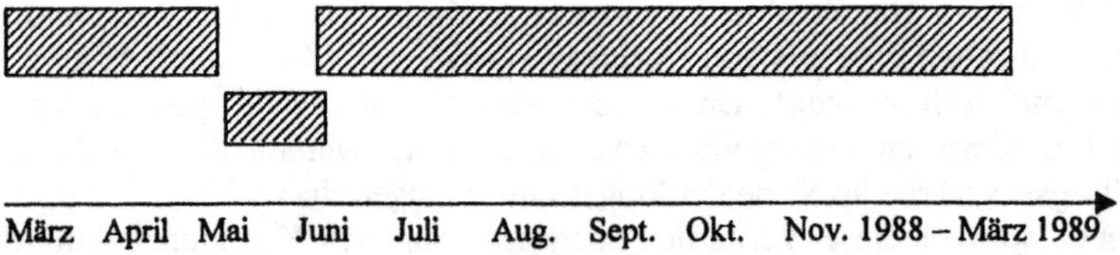

Quelle: eigene Auswertung. Der obere Balken stellt dabei die Positionierungs-, der untere Balken die Gesprächsphase dar. Dabei stellt die Positionierungsphase den Verhandlungsabschnitt dar, in der Positionen eingenommen und verändert wurden, ohne dass es zu direkten Verhandlungsgesprächen unter Beteiligung von Ländervertretern gekommen ist. Dagegen wurden die Positionsänderungen in der Gesprächsphase sowohl außerhalb des Gesprächsrahmens, als auch während der Beratungen vorgenommen.

Abb. 1b: Vergleich der Positionierungs- und Gesprächsphasen im Zeitraum *divergierender* Mehrheiten (12. WP).

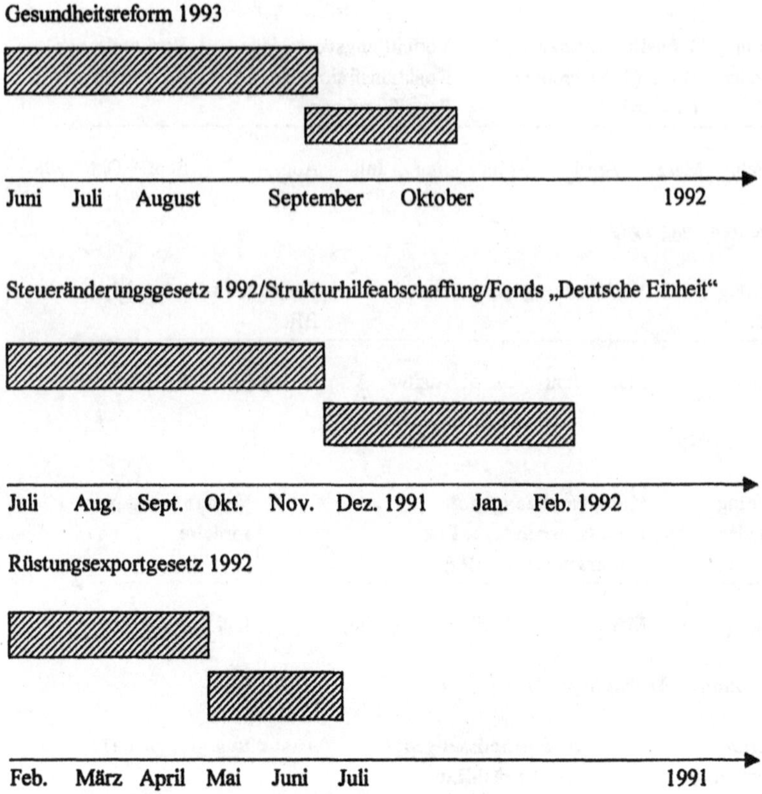

Quelle: eigene Auswertung. Zur Legende siehe oben Abb. 1a.

Mehrheiten wesentlich höher, als bei *divergierenden* Mehrheiten.

Im Gegensatz dazu blieben die Positionen der Akteure bei *divergierenden* Mehrheiten in zwei von drei Fällen über den Positionierungszeitraum hinweg unverändert. Erst in den Verhandlungsgesprächen selbst wurden Kompromissangebote gemacht und Positionen geräumt bzw. verändert. Dies blieb auch im 3. Fall, dem Rüstungsexportgesetz 1992, weitgehend so. Allerdings gelang es der FDP hier, eine graduelle Veränderung der Regierungsposition bereits vor den Gesprächen mit der SPD durchzusetzen. Dies hatte allerdings keinen nennenswerten Einfluss auf die Verhandlungen mit der Opposition und den O-Ländern.

Abb. 2a: Verlauf der Positionierungs- und Gesprächsphase bei *gleichgerichteten* Mehrheiten.

Gesundheitsreform 1988

Positionierung BReg, Länder, FDP	**1.Positionsänderung** BReg (2. Referentenentwurf)	Vermittlungsvorschläge- Koalitionsfraktionen, Parteiführungen	**Verhandlungsgespräche**

→

Jan. Feb. März April Mai Juni Juli Aug. Sept. Okt. 1988

Kronzeugenregelung 1989

Positionierung BReg, Länder	**Verhandlungsgespräche**	**Positionsänderung** der BReg

→

März April Mai Juni Juli August November 1988 – März 1989

Steuerreform 1990

Positionierung BReg, Länder	**Kompromissangebote Koalitionsrunde, 1. Positionsänderung BReg**	**Verhandlungsgespräche**

→

Jan. Feb. März April Mai Juni Juli 1988

Albrecht-Initiative/Strukturhilfe

Positionierung Ländergruppen FDP	**Kompromissangebote CDU-Präsidium**	**Verhandlungsgespräche**

→

Jan. Feb. März April Mai Juni Juli 1988

Quelle: eigene Auswertung. „BReg" steht dabei für „Bundesregierung"

Kein Unterschied zwischen den Fällen bei *divergierenden* und *gleichgerichteten* Mehrheiten ließ sich in der Frage des Verhandlungsbeginns ausmachen. Wie dies auch von den Interviewpartnern bestätigt wurde, war die Bundesregierung in jedem Fall bemüht, die Länder möglichst frühzeitig von ihren Plänen zu informieren. Ein Unterschied wurde insofern gemacht, als die Bundesregierung bei den Fällen zu Zeiten *gleichgerichteter* Mehrheiten die ihr nahestehenden Länder frühzeitiger von ihren Absichten informiert hat, als die O-Länder.

Abb. 2b: Verlauf der Positionierungs- und Gesprächsphase bei *divergierenden* Mehrheiten.

Gesundheitsreform 1993

Positionierung der Koalitionsparteien Länder, BReg	Positionierung der Fraktionen	**Verhandlungsgespräche**

Juni Juli Aug. Sept. Oktober 1992

Steuerreform 1993/Strukturhilfeabschaffung/Fonds „Deutsche Einheit"

Positionierung der BReg, SPD	Positionierung Länder	**Verhandlungsgespräche**

Juli August Sept. Okt. November Dez. 1991 Jan. Feb. 1992

Rüstungsexportgesetz 1992

Positionierung der BReg, Fraktionen	**1. Positionsänderung** BReg, Positionierung Länder	**Verhandlungsgespräche**

Feb. März April Mai Juni Juli 1991

Quelle: eigene Auswertung. „BReg" = Bundesregierung

Ebenso bestätigt werden konnte die These, dass es bei *divergierenden* Mehrheiten zu keinen Vorfeldabsprachen zwischen Bundesregierung und R-Ländern kommen würde. Obwohl es sowohl beim Gesundheits-Strukturgesetz 1993 als auch bei der Steuerreform 1992 vor bzw. während der Verhandlungen zu Koordinierungsversuchen zwischen den R-Ländern und der Bundesregierung gekommen war, wurde ein großer Teil der zwischen diesen strittigen Punkte doch erst im Verlaufe der Verhandlungen mit der Opposition geklärt. Beleg dafür ist, dass aufgrund der negativen Mehrheit der O-Länder zumindest ein Teil der R- bzw. M-Länder für die Anrufung des VA mit den O-Ländern stimmen musste, was in zwei von drei Fällen geschah. Dies wäre sicherlich nicht eingetreten, hätte sich die Bundesregierung im vorhinein mit den ihr nahestehenden Ländern verständigt.

Nicht bestätigen ließ sich hingegen die These, der Bundesrat werde in Zeiten *gleichgerichteter* Mehrheiten bei politisch brisanten Fragen weniger Änderungs-

vorschläge ausarbeiten, als bei *divergierenden* Mehrheiten. Vielmehr war die Zahl der Änderungsvorschläge in allen sechs untersuchten Fällen in etwa gleich hoch. Ein Unterschied ließ sich allerdings in der *Zielsetzung* der Änderungswünsche erkennen: während die Änderungen bei den Gesetzesvorhaben in der 11. Wahlperiode (also *gleichgerichteten* Mehrheiten) darauf hinaus liefen, das Gesetz in seinem Kerngehalt zu akzeptieren, und nur einzelne Punkte daraus herauszulösen bzw. zu ändern, zielten die von einer oppositionellen Mehrheit im Bundesrat getragenen Änderungswünsche in der 12. Wahlperiode darauf ab, das Gesetz in wesentlichen Punkten zu ändern.
Die „Bestandteile" der beiden Phasen entsprachen ansonsten – mit einer Ausnahme – den Erwartungen: die erste Positionierung fand – in der Regel – mit der Veröffentlichung des Referentenentwurfs statt.[616] Wenngleich sich die Länder zumeist bereits vor und/oder während der Beratungen in den Bundesratsausschüssen zur Vorlage geäußert hatten, wurden die Ausschussberatungen und die Plenardebatten im Bundesrat (seitens der Länder) bzw. im Bundestag (seitens der Fraktionen) doch üblicherweise ebenfalls zur Positionierung genutzt. Ausnahmen stellten die Beratungen zur Gesundheitsreform 1993 und zum Strukturhilfegesetz 1988 dar. Bei beiden wurden die ursprünglichen Gesetzesentwürfe nach Verhandlungen mit den anderen Akteuren aufgegeben und neue, zumindest im Grundsatz (Strukturhilfegesetz) zwischen den Verhandlungspartnern abgestimmte Entwürfe eingebracht, über die es dann nur noch zu marginalen Verhandlungen kam.
Verfahrenstechnisch lag bei der Mehrzahl der untersuchten Gesetze die Besonderheit vor, dass zusätzlich zur Initiative der Bundesregierung ein wortgleicher Entwurf der Koalitionsfraktionen vorgelegt wurde, um den Gesetzgebungsprozess zu beschleunigen:[617] so konnten die Bundestagsausschüsse bereits parallel zu den Ausschüssen des Bundesrates über die Vorlage debattieren. Im Hinblick auf die Verhandlungen hatte dies die Folge, dass den Bundestagsausschüssen die Positionen des Bundesrates zu Beginn ihrer Beratungen noch nicht bekannt waren. Allerdings „holte" der Bundesrat den Bundestag vor Abschluss von dessen Ausschussberatungen ein, so dass die Bundesratspositionen, wie im Gesetzgebungsverfahren vorgesehen, in den Ausschüssen Berücksichtigung finden konnten.
Die Bedeutung der Beratungen in den Bundestagsausschüssen für die Verhandlungen unterscheiden sich, wie prognostiziert, entsprechend der Mehrheitsverhältnisse: sie haben ein deutlich höheres Gewicht, wenn es sich um Verhandlungen bei *gleichgerichteten* Mehrheiten handelt. So lässt sich zumindest für das

---

[616] Eine Ausnahme stellte hier das Gesundheits-Strukturgesetz 1993 dar, bei dem die Positionierung schon nach Veröffentlichung der Koalitionspläne begann.
[617] So beim Gesundheits-Reformgesetz 1988, bei der Steuerreform 1990, dem Steueränderungsgesetz 1992 und dem Rüstungsexportgesetz 1992.

Gesundheits-Reformgesetz 1988 und die Steuerreform 1990 feststellen, dass bei beiden Projekten wesentliche Kompromissvorschläge in den Bundestagsausschüssen erarbeitet wurden, die allerdings bei diesen bedeutsamen Gesetzen noch von der politischen Führung bestätigt werden mussten. Die „fertigen" Verhandlungsergebnisse wurden dann sukzessive in den Gesetzgebungsprozess „eingearbeitet", so dass eine Anrufung des VA seitens der R-Länder – bzw. in Kooperation mit den O-Ländern – vermieden werden konnte.

Dagegen wurden die Änderungswünsche der Opposition bzw. der O-Länder in den Ausschüssen selbst dann nicht aufgenommen, als diese eine negative Mehrheit im Bundesrat besaß (so beim Steueränderungsgesetz und beim Rüstungsexportgesetz 1992). Eine Ausnahme stellt nur das Gesundheits-Strukturgesetz 1993 dar, bei dem bereits vor den Ausschussberatungen im Bundestag eine grundsätzliche Einigung zwischen Opposition und Koalition erfolgt war. Insofern wurden in den Ausschussberatungen auch Anregungen zumindest der SPD-Opposition aufgenommen.

Bezogen auf die unterschiedlichen Mehrheitsverhältnisse wurde weiter vermutet, dass die Verhandlungspartner bei *gleichgerichteten* Mehrheiten ein geringeres Interesse an einer medienöffentlichen Wahrnehmung der Verhandlungen haben würden, als bei *divergierenden* Mehrheiten.

Soweit es die Positionierungsphase betrifft, lassen sich Unterschiede was die Nutzung der Medien zur Darstellung eigener Positionen betrifft nicht erkennen: in allen untersuchten Fällen versuchten die Akteure, ihre Positionen der Öffentlichkeit gegenüber deutlich zu machen, unabhängig von Konfliktart oder Mehrheitsverhältnissen. Ebenso war in beiden Mehrheitssituationen und konfliktartenübergreifend festzustellen, dass die Akteure während der Gesprächsphase vergleichsweise wenig daran interessiert waren, die Verhandlungsverläufe im Einzelnen öffentlich publik zu machen. Eine Ausnahme stellten hier die beiden Gesetze aus dem Bereich der Steuerpolitik dar: während es bei der Steuerreform 1990 Ernst *Albrecht* war, der seine Positionsveränderungen publik machte, waren beim Steueränderungsgesetz 1992 beide Seiten daran interessiert, ihre jeweiligen Verhandlungsschritte auch gegenüber der Öffentlichkeit deutlich zu machen. Allein hier lässt sich eine Motivation erkennen, Verhandlungserfolge, aber vor allem auch die Hintergründe eines möglichen Verhandlungsabbruchs, den eigenen Wählern in einem positiven Licht darzustellen.

Hinzu kommt, dass die öffentliche Positionierung als eine nicht unwesentliche Form der Positionsübermittlung gelten kann, die von allen Beteiligten bei beiden Mehrheitsverhältnissen zumindest zusätzlich zu internen Übermittlungen gern genutzt wird. Allerdings ist das Maß an Informationen, die die Öffentlichkeit über den Verlauf der Verhandlungsgespräche erhält, bei den drei Fällen der *gleichgerichteten* Mehrheiten tatsächlich vergleichsweise geringer, als in den Fällen divergierender Mehrheiten.

4.2.2 Verhandlungs- und Kompromisstechniken

Die in den Verhandlungen angewandten Verhandlungs- und Kompromissfindungstechniken lassen sich am besten nachvollziehen, wenn man sich die Vorgehensweise der Akteure in den einzelnen Konfliktfeldern vor Augen führt.
Auffällig ist in jedem Fall, dass es häufig nicht zu einer schrittweisen Annäherung der Positionen kam, sondern dass die jeweilige Lösung durch ein oder mehrere Angebote eines der Verhandlungspartner zustande kam. In der Regel war dies die Bundesregierung: sie machte mit der Vorlage des Referentenentwurfs den „ersten Schritt“. Dann folgten Änderungswünsche der Länder. Die Bundesregierung unterbreitete dann – nach Absprachen zwischen den Koalitionspartnern - so lange einseitige Verhandlungsangebote, bis die Länderseite schließlich zustimmte, ohne dass diese sich ihrerseits „bewegte“. Das war in folgenden Konfliktfeldern der Fall:

- Gesundheitsreform 1990: *Krankenhausplanung, Festbeträge/ Selbstbeteiligung,*
- Steuerreform 1990: Forderungen Lothar *Späths (Jahreswagenbesteuerung, Schichtarbeiterzuschläge*) und Bayerns (*Steuerfreiheit für gemeinnützige Wohnungsunternehmen, Quellensteuer, Investitionszulagengesetz, Landwirtschaft*)
- Kronzeugenregelung 1989

In diesen Fällen überwog also das „tacit bargaining“, das „Zug-um-Zug“-Agieren, ohne direkt miteinander zu sprechen, während das „explicit bargaining“ der letzten Verhandlungsphase vorbehalten blieb.
Die ursprünglich erwartete Variante des schrittweisen Annährens der Positionen, bei dem jede Seite ihre Ausgangsposition allmählich in Richtung auf die Position der Gegenseite verändert, ließ sich dagegen in folgenden Fällen erkennen:

- Steuerreform 1990: *Albrecht*-Initiative (Strukturhilfegesetz)
- Gesundheits-Strukturgesetz 1993
- Steueränderungsgesetz 1992
- Rüstungsexportgesetz 1992

Unabhängig davon, ob die Verhandlungslösung auf dem Weg des einseitigen Verzichts oder der gegenseitigen Annäherung zustande kam, lassen sich vom Ergebnis der Verhandlungen her gesehen eine Reihe von *Kompromissvarianten* ausmachen:

a) Änderung der ursprünglichen Entwurfsformulierung

Vor allem bei Streitfragen, die sich auf das jeweilige *Politikfeld* des Gesetzes bezogen (Gesundheits-, Steuer-, Justizpolitik), wurde der Kompromiss durch die Veränderung der ursprünglichen Gesetzesformulierung erzielt:

- *Steuerreform 1990*: *Späth* forderte, die eingeschränkte Aufhebung der Steuerfreiheit bei Schichtzuschlägen zu „überdenken". Die Lösung wurde zum einen in einer zeitlichen „Streckung", zum anderen in einer Erhöhung des steuerfrei verbleibenden Anteils gefunden.
- *Steueränderungsgesetz 1992*: Auch bei der Aufhebung des Strukturhilfegesetzes im Jahre 1992 sollte die Lösung nach den Vorstellungen der finanzschwachen Länder durch eine zeitliche „Streckung" erzielt werden: sie wollten der Einstellung der Strukturhilfe zustimmen, wenn dies nicht – wie von der Bundesregierung geplant – innerhalb eines Jahres, sondern über einen Zeitraum von drei Jahren mit degressiv fallenden Bundeszuweisungen erfolgen würde.
- *Gesundheitsreform 1992*: Im Konfliktfeld *Organisationsreform der Krankenkassen* wurde die Position der Ländermehrheit weitgehend übernommen und in den Gesetzentwurf eingefügt.

Überall dort, wo teilbare *Summen oder Differenzbeträge* im Spiel waren (Zeiträume, Geldmengen oder Prozentanteile), bot sich ein Kompromiss *innerhalb* der strittigen Regelung an. In den meisten Fällen einigten sich die Kontrahenten auf den *Mittelwert* der Summe:

- beim *Gesundheits-Reformgesetz 1988* in der Frage des Zeitpunkts der Einführung von Festbeträgen und Selbstbeteiligung (Forderung Länder: 1993, Position Bund: 1991; Lösung: 1992),
- *Steuerreform 1990*: bei der Festsetzung der Summe des Strukturhilfefonds (Forderung Länder: 5 Milliarden DM, Position Bund: keine Zahlungen; Einigung auf 2,45 Milliarden); bei der Frage der Steuerbefreiung von Jahreswagen (Forderung Länder: 5 %, Position Bund: 3%, Ergebnis: 4 %)
- beim *Steueränderungsgesetz 1992* kam es im Konfliktfeld „Familienlastenausgleich" zu einer – letztlich allerdings nicht realisierten – Übereinkunft zwischen O-Ländern und Bundesregierung: die O-Länder forderten eine Erhöhung des Kindergeldes auf 125 DM, die Bundesregierung war nur zu einer Erhöhung auf 70 DM bereit. Man einigte sich auf eine Erhöhung von 100 DM.
- Schließlich kam es auch bei der im Zusammenhang mit dem Steueränderungsgesetz 1992 geplanten Aufstockung des *Fonds „Deutsche Einheit"* zu einer ähnlichen Einigung auf eine Mittelposition: Die Bundesregierung wollte den Ländern ursprünglich 132,7 Mrd. DM gewähren, die Länder forderten 162 Mrd. DM. Man einigte sich schließlich auf rd. 150 Mrd. DM.

In einem Fall kam es nur zu einer *Abschwächung* der ursprünglichen Position, die dann mit stärkerem Entgegenkommen in anderen Bereichen kombiniert wurde:

- beim *Gesundheits-Strukturgesetz 1993*: hier waren die Länder zunächst nicht bereit, die Selbstbeteiligung zu erhöhen und die Kassenleistungen einzuschränken. Die Bundesregierung wollte eine Zuzahlung von zehn Prozent zwischen drei und zehn Mark. Im Ergebnis wurde der Höchstbetrag auf 7 DM gesenkt und die Kassenleistungen in geringerem Ausmaß eingeschränkt, als geplant. Letztlich wollte die Bundesregierung eine Zuzahlung für Krankenhausbehandlungen von pro Tag 11 bzw. 8 DM, die Länder lehnten dies ab. Als Kompromiss wurde die Zuzahlungs*dauer* auf 14 Tage befristet.

b) Einfügung von relativierenden Elementen

War die Bundesregierung zu einer Änderung der strittigen Entwurfsbestimmung nicht bereit, bot sie in manchen Fällen an, die von der Länderseite befürchtete *Folge* durch die Einfügung von neuen Bestimmungen zu *relativieren* oder ganz zu beseitigen.

- So wurde beispielsweise bei der *Steuerreform 1990* der bayerischen Befürchtung, die Aufhebung der Steuerbefreiung für Wohnungsbaugenossenschaften würde im Großraum München zu massiven Mieterhöhungen führen, dadurch entgegengetreten, dass die Länder das Recht bekamen, die Mietsteigerungen in Ballungsgebieten gesetzlich zu beschränken.
- Beim *Gesundheits-Reformgesetz 1988* wurden im Konfliktfeld „Krankenhaus“ die von der Bundesregierung geplanten Änderungen von den Ländern in toto abgelehnt. Sie befürchteten dadurch eine Einschränkung ihrer Kompetenzen (der Landesplanung). Mit der Einfügung weiterer Formulierungen sollten die Kompetenzen der Länder weniger stark eingeschränkt werden.
- Beim *Steueränderungsgesetz 1992* waren die Länder bereit, eine Senkung der Gewerbeertragsteuern und Erleichterungen bei der betrieblichen Vermögensteuer mitzutragen, wenn die Bundesregierung im Gegenzug für den Ersatz der kommunalen Einnahmeausfälle sorgen würde.
- Schließlich könnte man auch das Angebot der Bundesregierung, das *Rüstungsexportgesetz 1992 zeitlich* zu begrenzen, unter diese Kategorie fallen lassen.

c) Übernahme von Positionen

Auch die vollständige *Akzeptanz der Gegenposition* kam weitaus häufiger vor, als anzunehmen gewesen wäre:

- *Steuerreform 1990*: Übernahme der bayerischen Forderungen nach Befreiung der gemeinnützigen Körperschaften von der Quellensteuer sowie der Verlängerung des Investitionszulagengesetzes um ein Jahr
- *Kronzeugenregelung 1989*: Die von Rheinland-Pfalz geforderte Streichung des Paragrafen 130b wurde von der Bundesregierung durchgeführt
- Beim *Steueränderungsgesetz 1992* übernahm die Bundesregierung die von den Ländern geforderte Erhöhung des Länderanteils an der Umsatzsteuer von 35 auf 37 Prozent.

Auch wenn diese Einzelpunkte oft im Zusammenhang mit Entgegenkommen der anderen Seite in anderen Punkten des jeweiligen Gesetzes zu sehen sind, ist dies doch keineswegs immer der Fall gewesen. So ist beispielsweise ein Entgegenkommen der CSU bei ihren Forderungen zur Steuerreform 1990 im Ausgleich zur Übernahme einiger Positionen durch die Bundesregierung nicht zu erkennen.

d) Ausklammern/Verschieben

In drei Fällen wurde eine Lösung durch ***Ausklammern*** bzw. ***Verschieben*** des strittigen Punktes gefunden bzw. der Versuch dazu unternommen:
- Dies gilt für die *Organisationsreform der Krankenkassen*, die beim Gesundheitsreformgesetz 1988 zunächst verschoben und dann beim Gesundheitsstrukturgesetz 1993 gelöst wurde.
- Vergeblich schlug die SPD Vergleichbares beim *Steueränderungsgesetz 1992* vor: die Mehrwertsteuererhöhung sollte verschoben und das Gesetz ohne diese beschlossen werden
- Ebenso erfolglos war die SPD mit dieser Strategie beim *Rüstungsexportgesetz 1992*, bei dem sie die Verabschiedung des Gesetzes ohne den strittigen Punkt der Abhörmaßnahmen anbot.

Ein Vergleich beider Konstellationen lässt einen möglichen Grund für die Annahme bzw. Ablehnung dieser Lösungsvariante durch die Verhandlungspartner erkennen: sie wird dann gewählt, wenn sich die Akteure einer Seite selbst uneins sind. Dies war bei der Organisationsreform der Krankenkassen 1988 der Fall. Demgegenüber war sich die Bundesregierung in den beiden letztgenannten Fällen einig und lehnte das Angebot der Gegenseite ab.

e) Alternativlösungen

Eine weitere Kompromissvariante ist der komplette Verzicht auf einen ursprünglichen Gesetzesentwurf bzw. eines Entwurfsteils zugunsten einer *Alternativlösung*, bei der das mit dem Gesetz gewünschte Ergebnis ebenfalls erzielt werden sollte.

- Markantestes Beispiel dafür ist die *„Albrecht-Initiative"*: hier wurde das ursprünglich initiierte Gesetz völlig zurückgenommen zugunsten eines neuen Gesetzes (Strukturhilfe), bei dem das Ziel, den finanzschwachen Ländern Bundesmittel zukommen zu lassen, ebenfalls erreicht wurde.
- Als – letztlich gescheiterter – Versuch einer solchen Alternativlösung ist auch das Angebot der SPD beim *Steueränderungsgesetz 1992* zu werten, zur Erzielung von höheren Einnahmen statt der Mehrwertsteuer die Mineralölsteuer zu erhöhen, den Solidaritätszuschlag in modifizierter Form zu verlängern, und Kürzungen in den öffentlichen Haushalten vorzunehmen.

f) Koppelgeschäfte, Paketlösungen, Ausgleichszahlungen

Genaugenommen sind diejenigen der untersuchten Gesetze, bei denen mehr als ein Konfliktfeld zwischen den gleichen Akteuren vorlag, in jedem Fall als „Paketlösungen" zu betrachten: Auch wenn die Akteure dies nicht ausdrücklich erklärten, ist wohl davon auszugehen, dass sie ihre Zustimmung zu den insgesamt ausgehandelten Entwurfsänderungen immer unter Betrachtung aller erfolgten Änderungen erteilt haben. Gleichwohl bedeutet das nicht, dass es in jedem Fall zu einer „ausgeglichenen Verhandlungsbilanz" kommen muss: so konnte sich die Ländermehrheit bei den Verhandlungen zum Gesundheits-Reformgesetz 1988 in der Mehrzahl ihrer Verhandlungsziele nicht durchsetzen. Darunter fiel mit dem Konfliktfeld „Krankenhaus" ein ihnen besonders wichtiger Punkt. Dennoch stimmte sie dem Gesetz aufgrund ihres Interesses an der Reform zu.
Gleichwohl sind in einigen Fällen Koppelgeschäfte und Paketlösungen deutlich zu erkennen:

- Das Verhandlungsergebnis beim *Gesundheitsstrukturgesetz 1993* ist insgesamt als Paketlösung zu werten: die Akteure haben in den einzelnen Konfliktfeldern in jeweils unterschiedlich hohem Maße nachgegeben. So konnten sich die Länder und die SPD bei der Organisationsreform der Krankenkassen weitgehend durchsetzen. Dagegen mussten vor allem die SPD und die O-Länder entgegen ihrer Ausgangsforderung eine Erhöhung der Selbstbeteiligung hinnehmen, auch wenn diese nicht im von der Bundesregierung gewünschten Ausmaß erfolgte. Bei der Einschränkung der Kassenleistungen einigte man sich auf eine Mittelposition, ebenso bezüglich der Erstellung einer „Positivliste", die von den Ländern gefordert wurde. Das Nachgeben der SPD bei ihren Forderungen zur Begrenzung der Arztzahlen wurde durch ein Entgegenkommen der Bundesregierung bei der Krankenhausfinanzierung ausgeglichen.
- Am deutlichsten wird der Charakter des Verhandlungsergebnisses als Koppelgeschäft bzw. Paketlösung beim *Steueränderungsgesetz 1992.* Schon bei dem letztlich gescheiteten Versuch, bezüglich der von der Bundesregierung

als *essential* betrachteten Mehrwertsteuererhöhung mit der SPD und den O-Ländern zu einer Übereinkunft zu kommen, wurden Koppelgeschäfte angedacht: so bot die Bundesregierung an, der SPD in dem von ihr gewünschten Punkt Kindergelderhöhung entgegenzukommen, wenn sie dafür die Erhöhung der Mehrwertsteuer akzeptierte. Letztlich erfolgreich war sie aber damit, dem Land Brandenburg eine deutliche Aufstockung des Fonds „Deutsche Einheit", eine höhere Übergangszahlung für die finanzschwachen Länder als geplant und eine in Aussicht gestellte weitere Erhöhung des Kindergeldes anzubieten. Dafür stimmte Brandenburg der Mehrwertsteuererhöhung zu.

- Sowohl beim *Steueränderungsgesetz 1992* als auch bei der *Steuerreform 1990* sind gänzlich neue Konfliktfelder geschaffen worden, die mit dem eigentlich zu verhandelnden Gesetzentwurf inhaltlich keine Verbindung hatten: zum einen die Aufstockung des Fonds „Deutsche Einheit", zum anderen die Änderung des Sozialhilfegesetzes. Dies kann in formeller Weise erfolgen (so bei der Verbindung der Aufstockung des Fonds „Deutsche Einheit mit dem Steueränderungsgesetz 1992) oder informell deutlich gemacht werden (so durch das Junktim Ernst *Albrechts* zwischen der Zustimmung zur Steuerreform 1990 und der Änderung des Sozialhilfegesetzes). Auch die Verbindung der Bund-Länder-Finanzverteilung und der Konversionskosten mit dem Steueränderungsgesetz 1992 kann als die Kombination sachlich nicht direkt zusammenhängender Konfliktfelder betrachtet werden.

Diese zusätzlichen Konfliktfelder kamen zwar nicht immer aus identischen Politikfeldern. Da das Ziel ihrer Koppelung aber in jedem Fall die Ermöglichung von *Ausgleichszahlungen* war, bedurfte es hier nicht der Einbeziehung weiterer Akteure bzw. Akteursrepräsentanten (s.o. I 4.2.2.1): Zwar wurde der Kompromiss bei der Steuerreform 1990 unter Hinzuziehung des Bundeskanzlers als „übergeordneter Instanz" entschieden. Dies dürfte aber eher dem Umstand zu schulden sein, dass sich zwischen den Hauptrepräsentanten, dem Bundesfinanzminister auf der einen und dem niedersächsischen Ministerpräsidenten auf der andern Seite, keine Einigung erzielen ließ. Beim Steueränderungsgesetz 1992 konnte dagegen der Bundesfinanzminister allein auch die damit verbundenen Konfliktfelder „bearbeiten".

Keine eindeutigen Ergebnisse ließen sich bei der Frage nach dem Verhältnis von *arguing* und *bargaining* erzielen. Zum einen waren Wortprotokolle der Verhandlungsgespräche in der Regel nicht vorhanden, mit Ausnahme der Vermittlungsausschussprotokolle. Letztlich ließe sich aber wohl auch dann, wenn diese in größerem Maße vorlägen, nie eindeutig klären, ob eine Positionsänderung aufgrund der Überzeugung des Verhandlungspartners erfolgt ist, oder im Sinne eines reinen „Tausches". In jedem Fall zeigen die oben dargestellten Kompromisslösungen, dass die Verhandlungsergebnisse sich problemlos als „Tauschvorgänge" darstellen lassen.

In praktisch allen Fällen waren die oben beschriebenen (vgl. Kapitel 4.1.1) Verhaltensweisen des „Drohens“ erkennbar, die – ungeachtet der jeweiligen Konfliktkonstellation – von allen Akteuren zur Maximierung des eigenen Verhandlungserfolgs eingesetzt wurden. In der Regel war dies die Drohung mit einer Anrufung des Vermittlungsausschusses oder sogar mit der Zustimmungsverweigerung Das galt natürlich insbesondere für die *parteipolitischen Sachkonflikte* („Steueränderungsgesetz 1992“, „Gesundheitsreform 1993“, „Rüstungsexportgesetz“ 1992“). Dass die R-Länder davor aber auch bei *föderalen* und *partei-* bzw. *koalitionsinternen Sachkonflikten* in Zeiten gleichgerichteter Mehrheiten nicht „zurückschreckten“, zeigen die Verhaltensweisen von Lothar *Späth*, Ernst *Albrecht* und der bayerischen Staatsregierung bei der Steuerreform 1990.
Hinzu kommt, die Drohung mit einer Mobilisierung der Öffentlichkeit gegenüber dem Verhandlungspartner (siehe unten).

4.2.3 Verhandlungsmacht

Die Verhandlungsmacht der jeweiligen Akteure, so lautete die These, hänge

- von der Attraktivität/Unattraktivität der exit-Option,
- von der Größe der jeweiligen Bundesratsmehrheit, und
- von der Mobilisierung organisierter Interessen und der Massenmedien

ab.

- *exit*-Option

Die Einschätzung, wie „attraktiv“ die *exit*-Option für einen Akteur ist, ist natürlich höchst subjektiv. Sicherlich spricht vieles für die Annahme, dass der Gesetzesinitiator immer ein großes Interesse an der Umsetzung seiner Positionen hat und die *exit*-Option für ihn in der Regel eher unattraktiv ist. Relevant für das Machtverhältnis der Verhandlungsakteure wäre dies aber nur unter der Bedingung, dass sein Gegenüber ein geringeres Interesse am Zustandekommen des Gesetzes hat. Dies könnte man bei *parteipolitischen* Auseinandersetzungen zwar annehmen. Doch wie verhält es sich damit bei *partei-* bzw. *koalitionsinternen* und gegebenenfalls auch *föderalen* Konflikten? Hier lässt sich doch ein großes Interesse am Erfolg der eigenen Partei bzw. Regierungskoalition – und damit an der Realisierung des Gesetzes – voraussetzen. Unter diesen Umständen wäre zu folgern, dass dann ein Verhandlungsgleichgewicht vorliegt – es sei denn, man nimmt andere Quellen zur Ermittlung der Verhandlungsmacht hinzu.
Aber selbst bei *parteipolitischen* Konflikten und *divergierenden* Mehrheiten ist die Einschätzung der jeweiligen Verhandlungsmacht anhand der (Un-)Attraktivität der *exit*-Option selbst für die Akteure nicht einfach: ganz augenscheinlich hatte die SPD ihre eigene Verhandlungsmacht sowohl beim Steu-

eränderungsgesetz als auch beim Rüstungsexportgesetz 1992 überschätzt – denn letztendlich führte ihre kompromisslose Haltung nur dazu, dass die Bundesregierung ihrerseits die *exit*-Option wahrnahm und dennoch in beiden Fällen in der Lage war, ihr Gesetz zu realisieren.

Die Betrachtung gerade dieser beiden Fälle deutet an, welche Faktoren die Größe der Verhandlungsmacht auf Seiten der Bundesregierung offensichtlich noch bestimmen: sie richtet sich auch nach der Möglichkeit der Regierung

- nach einem ersten Verhandlungsabbruch die Gespräche mit einem andern Akteur bzw. – wie beim Steueränderungsgesetz 1992 geschehen – bei Akteursgruppen mit einem Teilakteur dieser Gruppe durchzuführen, oder
- dem Verhandlungspartner durch Veränderungen am Gesetzestext die Grundlage für seine Verhandlungsmacht zu entziehen – beim Rüstungsexportgesetz durch die Herauslösung des zustimmungsauslösenden Gesetzesteils, beim Gesundheits-Strukturgesetz 1993 durch Auftrennung des Paketes in eine zustimmungspflichtigen und einen einspruchsfähigen Teil.

Die sechs Fallstudien zeigen zumindest, dass die Gefahr eines Verhandlungsabbruchs bei *gleichgerichteten* Mehrheiten tatsächlich geringer ist, als bei *divergierenden* Mehrheiten: während in der 11. Wahlperiode alle Verhandlungen zu einem erfolgreichen Ergebnis führten, wurde die *exit*-Option in der 12. Wahlperiode gleich in zwei von drei Fällen wahrgenommen. Allerdings in anderer als der anzunehmenden Weise: nicht die Opposition brach die Gespräche in der Gewissheit ab, das von der Bundesregierung vorgelegte Gesetz damit zum Scheitern zu bringen. Vielmehr war es die Bundesregierung selbst, die beim Steueränderungsgesetz 1992 den Verhandlungspartner „wechselte“ und beim Rüstungsexportgesetz 1992 die Verhandlungen ergebnislos enden ließ, in der Gewissheit, ihr Gesetzesvorhaben auf anderem Wege realisieren zu können.

- Größe der Bundesratsmehrheit

Zunächst einmal werden Verhandlungen nur dann zwingend notwendig, wenn der Bundesregierung eine Ländergruppe gegenübersteht, die über eine *stabile* Stimmenmehrheit im Bundesrat verfügt. Ist dies nicht gegeben – wie beim Steueränderungsgesetz 1992 – wird die Verhandlungsposition der Ländergruppe schwächer.

Für die Verhandlungsposition der *einzelnen* Länder – unabhängig von der Konfliktkonstellation oder den Mehrheitsverhältnissen - ist ausschlaggebend, wie groß ihre *Blockademacht* ist: kann ein einzelnes Land mit seiner Enthaltung oder Nicht-Zustimmung das Zustandekommen des Gesetzes verhindern, ist seine Verhandlungsmacht per se groß.[618] Bei *gleichgerichteten* Mehrheiten gilt dies

[618] Zumindest bis zu dem Punkt, an dem die Bundesregierung ihr Gesetz lieber scheitern lässt, als die Forderungen des Landes anzunehmen. Letzteres war allerdings in keinem der unter-

zunächst einmal nur für R- bzw. M-Länder. So konnten Niedersachsen (Steuerreform 1990), Rheinland-Pfalz (Kronzeugenregelung), Baden-Württemberg und Bayern (Steuerreform 1990, Gesundheitsreform 1988) große Teile ihrer Positionen erfolgreich durchsetzen.
Aber selbst bei *divergierenden* Mehrheiten, bei denen es in jedem Fall auf mindestens ein oder zwei Länder der O- bzw. M-Gruppe ankommt, kann es sich die Bundesregierung nicht leisten, auf zentrale Forderungen eines R-Landes zu verzichten, wie die Einigung über das Gemeindeverkehrsfinanzierungsgesetz, eines besondern Anliegens Baden-Württembergs, beim Steueränderungsgesetz 1992 zeigte. Insofern ist die Vermutung, die Verhandlungsmacht der R-Länder sei bei *divergierenden* Mehrheiten geringer als bei *gleichgerichteten* Mehrheiten, so nicht zu bestätigen.

- *Mobilisierung von Massenmedien und organisierten Interessen*

Auch die Mobilisierung der Öffentlichkeit oder von Verbänden im eigenen Sinne wurde in einigen Fällen als taktisches Mittel eingesetzt:

- So nutzte Ministerpräsident *Albrecht* bei der *Steuerreform 1990* nach eigener Aussage bewusst den „Gang an die Öffentlichkeit“, um seinen Forderungen bezüglich finanzieller Hilfen für Niedersachsen Nachdruck zu verleihen, nachdem interne Vorgespräche innerhalb der Union offenbar ohne Ergebnis geblieben waren.
- Bundesgesundheitsminister *Seehofer* drohte bei der *Gesundheitsreform 1993*, die SPD bei einem Scheitern der Verhandlungen für Kostensteigerungen im Gesundheitswesen verantwortlich zu machen, was die SPD allerdings mit einer ebensolchen „Gegendrohung“ beantwortete.
- Die Mobilisierung von Verbänden – hier der Ersatzkassen - setzte *Seehofer* erfolgreich dabei ein, als es darum ging, der FDP die Zustimmung zur Organisationsreform der Krankenkassen abzuringen.
- Andererseits war der Versuch der SPD beim *Rüstungsexportgesetz 1992* mit der Einbringung einer eigenen Vorlagen ohne den umstrittenen Punkt die Bundesregierung dazu zu zwingen, öffentlich „Farbe zu bekennen“, ohne Erfolg geblieben.

Für die Bedeutung der Öffentlichen Meinung spricht auch die Analyse *Perschke-Hartmanns*, der Misserfolg der Länder im Konfliktfeld „Krankenhaus“/1988 sei nicht zuletzt darauf zurückzuführen gewesen, dass es den Ländern in dieser Frage nicht gelungen sei, organisierte Interessen bzw. die Öffentliche Meinung für ihre Anliegen zu mobilisieren (vgl. oben, S. 120).

Vor allem bei den Gesundheitsreformen von 1988 und 1993 hat sich gezeigt,

---

suchten Fälle so.

dass die Bildung von *Interessenkoalitionen* zwischen den Ländern oder einzelnen Ländern und einem oder mehreren Koalitionsparteien/-fraktionen ein wesentlicher Faktor zur Stärkung der Verhandlungsmacht sein kann. Dies gilt insbesondere bei *koalitions- oder parteiinternen Sachkonflikten.*
Die Position Bayerns, das sei nicht unterwähnt, wurde bei *gleichgerichteten* Mehrheiten insofern besonders gestärkt, als die dessen Landesregierung stellende Partei zugleich einer der Bonner Koalitionspartner war.

4.2.4 Interaktionsorientierungen

Bezüglich der *Interaktionsorientierungen* haben sich die Ausgangsannahmen im wesentlichen bestätigt: bei Verhandlungen, an denen ausschließlich R-Länder beteiligt waren, ließ sich ein höheres Maß an Kooperationsbereitschaft bis hin zum „problem solving" erkennen als bei Verhandlungen unter Einbeziehung der O-Länder. So ließ das Interesse an einer gemeinsamen Lösung vor allem bei der Gesundheitsreform 1988, zum Teil aber auch bei der Steuerreform 1990 die Länder an einer Reihe von Punkten ihre eigenen Interessen zurückstellen, um das Reformvorhaben als solches nicht zu gefährden. Insofern vertraten die R-Länder zwar zunächst ihre eigenen Interessen, waren also als egozentriert einzuordnen. Diese Orientierung wurde aber durch das Interesse an einer erfolgreichen Bundespolitik zugunsten des „problem solving" relativiert.
Auch die O- und – vor allem – die M-Länder legten in den Verhandlungen unter *divergierenden* Mehrheitsbedingungen ein ausgesprochen egozentriertes Verhalten an den Tag. Gleichwohl ließ sich die Mehrheit der O-Länder durchaus in die Strategie der Bundestagsopposition einbinden – was beim Steueränderungsgesetz und dem Rüstungsexportgesetz 1992 zu einer stark kompetitiven, bei der Gesundheitsreform 1993 hingegen zu einer eher egozentrierten, zum Teil sogar kooperativen Orientierung führte.
Die Orientierungen der Bundesregierung und ihrer Parlamentsmehrheit auf der anderen Seite entsprachen in beiden Verhandlungssituationen dem der jeweiligen Bundesratsmehrheit: bei *gleichgerichteten* Mehrheiten war sie zwar auf ihren eigenen Vorteil bedacht, zeigte aber durchaus Bereitschaft, die Kritikpunkte „ihrer" Länder aufzunehmen. Dagegen war sie in den Fällen der *divergierenden* Mehrheiten deutlich stärker kompetitiv orientiert und suchte den Einfluss der O-Länder nach Möglichkeit gering zu halten (beim Steueränderungsgesetz 1992) oder gar völlig auszuschalten (beim Rüstungsexportgesetz 1993).

5. Zusammenfassende Darstellung der Fallstudienergebnisse

In der Zusammenfassung werden in erster Linie die von den in Teil I Kapitel 6 aufgestellten Hypothesen abweichenden Fallstudienergebnisse dargestellt.

5.1 Konfliktstrukturen

- Die Fallstudien bestätigten die Annahme, dass *sachpolitische* Konflikte in der Realität häufig mit *föderale* Konflikten verbunden sind. Überdies zeigte sich, dass auch die anderen Konflikttypen selten in „Reinform" bzw. allein auftraten. Vielmehr waren nahezu alle untersuchten Gesetzgebungsprozesse von mindestens zwei, häufig sogar drei Konfliktlinien durchzogen.

- Es zeigte sich, dass der *parteipolitische Sachkonflikt* zwar tatsächlich nur in Zeiten *divergierender* Mehrheiten den Verhandlungsablauf dominierte. Gleichwohl trat auch hier in mehreren Fällen eine Verbindung aus *partei-* bzw. *koalitionsinternen* und *parteipolitischen Sachkonflikten* auf. Aus der Analyse der Fälle lässt sich die Vermutung ableiten, dass *koalitions-* bzw. *parteiinterne Sachkonflikte bei divergierenden Mehrheiten den Verhandlungsprozess vor allem dann beeinflussen können, wenn sie in der öffentlichen Wahrnehmung vom parteipolitischen Sachkonflikt „überschattet" werden.*

5.2 Verhandlungsakteure und –gremien

- Die Rolle der Parteien/Fraktionen war bei *föderalen* Konflikten größer, als angenommen. Sie nahmen hier häufig die Rolle von Vermittlern ein. Des weiteren trat zutage, dass sich bei *föderalen* Konflikten nicht immer die Bundesregierung einschließlich der Koalitionsparteien/-fraktionen und die Länder bzw. Teile der Länder als geschlossene Akteursgruppen gegenüberstehen. Vielmehr können auch bei dieser Konfliktart innerhalb der Koalitionspartner unterschiedliche Interessenlagen vorherrschen. Folge ist, dass den Ländern faktisch nur einer der Koalitionspartner als Kontrahent gegenübersteht.

- Bei den *parteipolitischen* Sachkonflikten ließ sich eine vergleichsweise geringe Aktivität der Fraktionen/Parteien feststellen. Dies galt verstärkt für die Koalitionsfraktionen im Bund. Auf der Seite der Opposition trat eher die Bundestagsfraktion als die Bundespartei in Erscheinung.

Zudem konnten neue Erkenntnisse gewonnen werden:

- Die R-Länderregierungen agierten bei *koalitions- oder parteiinternen Sachkonflikten*, auch dann geschlossen, wenn sie von beiden Kontrahenten des Konflikts gebildet werden. „Ländersolidarität" ging also auch dann vor „Parteisolidarität", wenn keine Landesinteressen betroffen waren.

- Beim *parteipolitisch/koalitionsinternen Mischkonflikt* traten die Koalitionsfraktionen stärker in Erscheinung als prognostiziert.
- Bei den *parteipolitisch/föderale* Mischkonflikten wirkte sich das parteipolitische Element dahin aus, dass keine „Interessenkoalitionen" zwischen R- und O-Ländern gebildet wurden.

- Bezüglich der Akteursrepräsentanten ließ sich die These, deren Position innerhalb der politischen Hierarchie hinge vom Zeitablauf des Verhandlungsprozesses ab, nicht völlig bestätigen. So wurden die wesentlichen Verhandlungsgespräche zwar in der Regel von den führenden Politikern in Bund und Ländern geführt. *Gleichwohl schalteten sich diese – in Abhängigkeit von der Bedeutung des Gesetzes – bereits frühzeitig in den Verhandlungsprozess ein. Bemerkenswert ist allerdings, dass sich die führenden Politiker auf Seiten der Bundesregierung bzw. der Koalitionsparteien nur bei gleichgerichteten Mehrheiten in den Verhandlungsprozess einschalteten.*

- Soweit es die Gremien betrifft, konnten die aufgestellten Hypothesen bestätigt werden: der Vermittlungsausschuss wurde nur in Zeiten *divergierender Mehrheiten* angerufen, während sich die Verhandlungsgespräche in Zeiten *gleichgerichteter* Mehrheiten vor allem in ad-hoc-Gremien und dem Parteipräsidium der im Bund dominierenden Partei abspielten

- Was die Position der M-Länder betraf, bestätigte sich die Annahme, dass deren Einflusspotential bei *divergierenden* Mehrheiten größer war, als bei *gleichgerichteten* Mehrheiten. Allerdings lässt die Analyse zugleich den Schluss zu, *dass die Bundesregierung nur dann auf eine Einigung mit Teilen der M-Länder hinarbeitet, wenn eine Einigung mit den O-Ländern gescheitert ist.*
Generell konnte festgestellt werden, dass sich die M-Länder im Verhandlungsprozess – ungeachtet ihres späteren Abstimmungsverhaltens – nicht „neutral" verhalten, sondern sich der Akteursseite zuordnen, deren parteipolitischer „Hauptakteur" dem größeren Koalitionspartner im Land entspricht.

- Die Bedeutung der Beratungen in den Bundestagsausschüssen unterschied sich erwartungsgemäß in Abhängigkeit von den Mehrheitsverhältnissen: während in ihnen bei *gleichgerichteten* Mehrheiten zum Teil wesentliche Änderungen am Gesetzentwurf vorgenommen wurden, war ihre Bedeutung bei *divergierenden* Mehrheiten vergleichsweise gering.

5.3 Verhandlungsverlauf, Verhandlungs- und Kompromisstechniken

- *Abweichend von den Annahmen stellte sich zunächst heraus, dass die Positionierungsphase in der Regel deutlich länger war, als die Gesprächsphase. Zugleich unterschieden sich Positionierungs- und Gesprächsphase in Abhängigkeit von den Mehrheitsverhältnissen: während bei divergierenden Mehrheiten die Positionen der Akteure in der Positionierungsphase weitgehend unverändert blieben, wurde bei gleichgerichteten Mehrheiten die Positionierungsphase bereits frühzeitig zu Positionsänderungen und Kompromissangeboten genutzt.*

- Bei den Verhandlungstechniken fiel zunächst auf, dass es *nicht immer zu einer schrittweisen, gegenseitigen Annäherung der gegenseitigen Positionen kam. Vielmehr wurden – vor allem bei gleichgerichteten Mehrheiten – häufig einseitige Angebote der Bundesregierung gemacht, die dann zu einem Kompromiss führten.*

- Folgende Kompromisstechniken ließen sich im Verhandlungsablauf erkennen:
  - *Änderungen der Entwurfsformulierung, wobei sich bei teilbaren Summen oder Differenzbeträgen in der Regel die Einigung auf einen Mittelbetrag anbot,*
  - *Einfügung von relativierenden Elementen, um die von den Ländern befürchteten negativen Gesetzesfolgen abzumildern oder aufzuheben,*
  - *Übernahme von Positionen der Gegenseite, häufig im Rahmen von Koppelgeschäften,*
  - *Ausklammern bzw. Verschieben von Positionen, in denen keine Einigung gefunden werden konnte,*
  - *Erstellen von „Alternativlösungen", bei denen auf die strittige Position zugunsten einer von beiden Seiten getragenen Lösung verzichtet wird, und schließlich die prognostizierten*
  - *Koppelgeschäfte, Paketlösungen und Ausgleichszahlungen. Hierbei war besonders die Eröffnung neuer „Verhandlungsfelder" bemerkenswert, um gewünschte Ziele – vor allem im Bereich von Finanztransfers – zu erzielen und so einer von der Sache her abgelehnten Position zustimmen zu können.*

- Die *exit*-Option wurde zwar tatsächlich eher bei *divergierenden* als bei *gleichgerichteten* Mehrheiten genutzt. *Allerdings war sie in den untersuchten Fällen eher eine Option zur Stärkung der Macht der Bundesregierung, wenn alternative Verhandlungspartner (M-Länder) zur Verfügung standen oder die Bundesregierung der Gegenseite die Vetoposition entziehen konnte.*

- Dass die Verhandlungsmacht der Länder ferner von der Größe der jeweiligen Bundesratsmehrheit abhing, konnte bestätigt werden. *Dass die R-Länder dahingehend eine schwächere Position bei divergierenden als bei gleichgerichteten Mehrheiten besaßen, ließ sich hingegen nicht erkennen: auch hier war die Bundesregierung an einer Einigung interessiert, um zumindest „ihre" Mehrheit zu sichern.*

- Auch die Mobilisierung der Medien bzw. von Verbänden spielte in einigen Fällen eine Rolle. *Allerdings wurde die Verhandlungsmacht der Akteure vor allem durch die Bildung von „Interessenkoalitionen" beeinflusst.*

- Schließlich zeigte sich, dass die Interaktionsorientierungen der Akteure bei *gleichgerichteten* Mehrheiten eher zur *Kooperation*, bei *divergierenden* Mehrheiten stärker zur *Konfrontation* tendierten. In beiden Fällen legten die Akteure Verhaltensweisen des „Drohens" an den Tag (vor allem mit der Anrufung des Vermittlungsausschusses).

- *Nicht bestätigen ließ sich die Annahme, der Bundesrat werde in Zeiten gleichgerichteter Mehrheiten weniger Änderungswünsche vortragen, als bei divergierenden Mehrheiten. Vielmehr unterschieden sich die Änderungswünsche hier in der Zielrichtung: während der Bundesrat bei gleichgerichteten Mehrheiten den Gesetzentwurf als solchen erhalten wollte, zielten die Änderungswünsche bei divergierenden Mehrheiten auf eine weitgehende Neuformulierung in zentralen Teilen des Entwurfs ab. Darüber hinaus hing die Zahl der Änderungswünsche vor allem von der Komplexität des Gesetzentwurfs ab.*

- *Unterschiede im Interesse der Akteure an einer medienöffentlichen Darstellung ihrer Positionen ließen sich bei divergierenden bzw. gleichgerichteten Mehrheiten nicht erkennen. In beiden Situationen wurden die Medien vor allem zur Positionierung genutzt, während die Medien in der Gesprächsphase bei divergierenden Mehrheiten etwas stärker eingesetzt wurden.*

III. Schlussbetrachtung: Interessenkonflikte, Parteien und Verhandlungsstrukturen im föderalen Gesetzgebungsprozess

„Die Strukturen föderaler Verhandlungen im Gesetzgebungsprozess hängen wesentlich von den parteipolitischen Mehrheitsverhältnissen in Bundesrat und Bundestag ab" – so lautete die zentrale These dieser Arbeit.
Das Ergebnis der Untersuchung lässt sich im wesentlichen als eine Bestätigung der Hypothese betrachten: die parteipolitischen Mehrheitsverhältnisse hatten in den untersuchten Fällen tatsächlich einen maßgeblichen Einfluss auf die Verhandlungsstrukturen:

- *Interessenkonflikte*: waren es bei *gleichgerichteten* Mehrheiten vor allem *koalitions-* bzw. *parteiinterne Sachkonflikte,* die unter weitgehendem Ausschluss der „oppositionellen" Länder ausgetragen wurden, dominierte bei *divergierenden* Mehrheiten der *parteipolitische Sachkonflikt. Föderale* Konflikte traten dagegen unter beiden Mehrheitsbedingungen auf.
- *Gremien:* soweit es die Nutzung formeller bzw. informeller *Gremien* betrifft, bestätigten die Fallstudien die Annahme, dass der Vermittlungsausschuss vor allem bei *divergierenden* Mehrheiten „zum Einsatz" kam, während bei *gleichgerichteten* Mehrheiten die Konsensfindung in den Präsidien der Regierungsparteien im Bund erfolgte.

Die Punkte, in denen die Ausgangsthesen nicht bestätigt werden konnten, waren eher marginaler Art: so richtete sich das Ausmaß der Änderungswünsche des Bundesrates weniger, wie angenommen, nach den Mehrheitsverhältnissen. Vielmehr hing deren Zahl von der Komplexität des Gesetzes ab. Überraschend war, dass die Medienöffentlichkeit auch bei *koalitions- oder parteiinternen Sachkonflikten* von allen Akteuren gesucht wurde und dass die *exit*-Option zwar tatsächlich vor allem bei *divergierenden* Mehrheiten Konjunktur hatte – dass sie hier allerdings eher von der Bundesregierung, statt der Opposition genutzt wurde.
Ferner erwies es sich, dass die Positionierungsphase bei *gleichgerichteten* Mehrheiten – anders als in Zeiten *divergierender* Mehrheiten – von den Akteuren bereits zur Positionsänderung bzw. zur Unterbreitung von Kompromissangeboten genutzt wurde, ohne dass es zu direkten Verhandlungsgesprächen untereinander kam. Ebenfalls zeigte sich, dass sich führende Koalitionspolitiker vor allem unter *gleichgerichteten* Mehrheiten aktiv in das Verhandlungsgeschehen einbrachten, während sie bei *divergierenden* Mehrheiten eher zurückhaltend agierten.
Welche Schlüsse lassen sich aus diesen Ergebnissen für die Bedeutung parteipolitischer Konflikte, die Rolle der Parteien im *föderale* Entscheidungsprozess und die generellen Verhandlungsstrukturen ziehen?

1. Überlagerung der Entscheidungsfindung durch den Parteienwettbewerb?

Die Ansicht, die *parteipolitischen* Interessenkonflikte würden den föderalen Gesetzgebungsprozess maßgeblich bestimmen und – unter bestimmten Umständen – zu Blockaden führen, war zunächst nach den Erfahrungen Mitte der 70er Jahre, dann erneut in den 90er Jahren geäußert worden. Anders als in den 70er Jahren sah *Lehmbruch* Deutschland dadurch am Ausgang der 90er Jahre weniger von einer „Legitimitätslücke bedroht", als vielmehr von einer „Effektivitätslücke".[619] Allerdings betonte er, dass es vor allem dann zu Krisen komme, wenn sich der Parteienkonflikt wie vor Bundestagswahlen verschärfe. Voraussetzung für eine solche parteipolitische Blockade seien in jedem Fall *divergierende* Mehrheiten in Bundestag und Bundesrat.

Auch *Scharpf* vertrat noch jüngst die Ansicht, dass die interinstitutionellen bzw. intergouvernementalen Verhandlungen im Gesetzgebungsverfahren unter den Bedingungen des „divided gouvernment" von den Orientierungen politischer Parteien dominiert würden.[620] Er geht davon aus, dass aufgrund der gegenseitigen Konkurrenz der Parteien ihre Wahrnehmungen und Präferenzen von kompetitiven Interaktionsformen bestimmt sind. Die kooperative Suche nach wechselseitig akzeptablen Lösungen werde blockiert durch das dominante Interesse der Opposition, der Regierung Unfähigkeit nachzuweisen. Selbst wenn die Verhandlungsführer einem Konsens über eine Frage mit hoher politischer Bedeutung nahe seien, würden sie wahrscheinlich von Konkurrenten aus den eigenen Reihen mit dem Vorwurf gestoppt, sie hätten vor dem politische Gegner kapituliert, was mit hoher Wahrscheinlichkeit zu Immobilismus führe.

Die Ergebnisse der Studie bestätigen diese Einschätzungen nur zum Teil.

Tatsächlich zeigte sich zwar, dass die „Logik des bundespolitischen Parteienwettbewerbs"[621] – verstanden im Sinne des Regierungs-/Oppositions-Dualismus – bei *divergierenden* Mehrheiten einen nicht zu übersehenden Einfluss auf den Verhandlungsverlauf hatte. Denn in zwei von drei Fällen – beim Rüstungsexportgesetz 1992 und dem Steueränderungsgesetz 1992 – führte die kompetitive Logik des Parteienwettbewerbs dazu, dass die Formulierung einer gemeinsamen, konsensualen Lösung der Interessenkonflikte verhindert wurde. In beiden Fällen dominierte der *parteipolitische* Sachkonflikt oder spielte zumindest eine maßgebliche Rolle. So unternahm die Bundesregierung beim Rüstungsexportgesetz den erfolgreichen Versuch, ihren Gesetzentwurf ohne Einflussnahme der O-Länder durch das Gesetzgebungsverfahren zu bringen. Ebenso verhinderte Os-

[619] *Lehmbruch*, Parteienwettbewerb, 1998, S.179.

[620] Vgl. zum folgenden: *Scharpf*, Interaktionsformen. Akteurszentrierter Institutionalismus in der Politikforschung, Opladen 2000, S.315ff.

[621] *Münch*, Kontext, S.155.

kar *Lafontaine* als Wortführer der O-Länder beim Steueränderungsgesetz 1992 einen Kompromiss zwischen der parteipolitischen Mehrheit des Bundesrates und der Bundesregierung.
Gleichwohl zeigte sich in beiden Fällen, dass dies nicht unbedingt zu einer Blockade oder Immobilismus führen muss, weil der Bundesregierung – auch bei einem Scheitern der Verhandlungen mit einer oppositionellen Bundesratsmehrheit – unter bestimmten Bedingungen andere Handlungsoptionen zur Umsetzung ihres Programms zur Verfügung stehen:
1. Die „Umwandlung“ eines Zustimmungsgesetzes in ein Einspruchsgesetz. Dies ist allerdings nur möglich, wenn die Zielsetzung des Gesetzes durch die Streichung des zustimmungsauslösenden Gesetzesteils nicht wesentlich verändert wird.
2. Die Option, sich mit einem Teil der M-Länder zu arrangieren. Dies ist dann möglich, wenn
a) die O-Länder nur über eine negative Mehrheit verfügen und mindestens ein M-Land vorhanden ist, das die Funktion des „Züngleins an der Waage“ wahrnehmen kann, und
b) wenn sich bei dem strittigen Gesetz *föderale* und *parteipolitische* Konfliktlinien überlagern: hier kann die Bundesregierung den Interessen der relevanten Länder entgegenkommen und damit ihre Zustimmung im parteipolitischen Konfliktfeld „erkaufen“, wie dies beim Steueränderungsgesetz 1992 erfolgte.
Inwieweit die M-Länder in Zukunft wieder die Bedeutung zurückgewinnen werden, die sie in den 90er Jahren besaßen, ist schwer abzuschätzen. Es spricht aber nichts dafür, dass sich die Koalitionsvarianten auf Länderebene langfristig wieder – wie zuletzt in den 80er Jahren – auf ein einfaches „Regierungs/Oppositions-Schema“ begrenzen lassen werden. Verliert die Bundestagsopposition also ihre gegenwärtige absolute Bundesratsmehrheit wieder zugunsten des M-Länderblocks steigen aller Voraussicht nach erneut die Chancen der Bundesregierung, ihre politischen Inhalte stärker durchzusetzen, als in der gegenwärtigen Situation.
Bei der Gesundheits-Strukturreform 1993 hingegen gelang der Kompromiss trotz einer erkennbaren parteipolitischen Konfliktkomponente. Dies dürfte an drei Faktoren gelegen haben:
1. Es lag ein hohes Einigungsinteresses vor: alle Akteure waren daran interessiert, die Probleme auf dem Gebiet der Gesundheitspolitik einer Lösung zuzuführen, um ihre jeweilige Problemlösungskapazität unter Beweis zu stellen.
2. Die Länder hatten eine Reihe föderaler Eigeninteressen, die quer zu den parteipolitischen Interessen lagen.
3. Die Führung der O-Länder oblag – anders als im Fall des Steueränderungsgesetzes 1992 - Fachpolitikern, deren Ressortinteressen sich schwerer im Sinne des parteipolitischen Wettbewerbs instrumentalisieren ließen.

Beim Gesundheits-Strukturgesetz 1993, aber ebenso im Fall des Steueränderungsgesetzes 1992 zeigte sich überdies, dass keineswegs von einer grundsätzlichen *Überlagerung* des Entscheidungsprozesses durch den Parteienwettbewerb auszugehen ist. Dort, wo es landesspezifische oder auch länder(gruppen)übergreifende Interessen gibt, werden diese von den Landespolitikern auch vorrangig beachtet. Schwierig wird eine konsensuale Lösung vor allem dann, wenn der relevante Interessenkonflikt ausschließlich *parteipolitischer* Natur ist und keine Möglichkeit besteht, den zustimmungsauslösenden Teil des Gesetzes abzukoppeln. Dies zeigte sich im Fall des Zuwanderungsgesetzes 2002: wenn kein landespolitischer „Gewinn" zu erzielen ist, kann eine solche Entscheidungssituation – gekoppelt mit der parteipolitischen „Aufladung" einer Vorwahlkampfphase – zum Scheitern des Gesetzes führen.
Zugleich belegten die Fälle bei *gleichgerichteten* Mehrheiten, dass nicht nur *föderale* sondern auch *partei- bzw. koalitionsintern* umstrittene Positionen von Landespolitikern zum Teil mit Veto-Drohungen durchgesetzt wurden. Wie das Verhalten der R-Länder bei der Gesundheitsreform 1988 zeigte, allerdings mit größerer Zurückhaltung und mehr Interesse am Zustandekommen des Gesetzes.
Föderale, landesspezifische Interessen, so lässt sich in jedem Fall festhalten, werden also keineswegs „ausgeblendet" – sofern sie vorhanden sind. Es bleibt die Frage, wie sich Landespolitiker in den Fällen, in denen sich solche spezifischen Interessen nicht ausmachen lassen, verhalten sollen – sprich, ob es legitim ist, in diesen Fällen „parteipolitische" Interessen zu vertreten.
Zweifellos ist es so, dass in vielen Fällen tatsächlich Interessen eines Landes betroffen sind, die aus seiner spezifischen Situation herrühren (Küstenländer, Bergbauländer, Stadtstaaten, Neue Bundesländer etc.). In diesen Fällen ist ein quasi „objektives" Landesinteresse bestimmbar.
Zugleich dürfte aber unbestritten sein, dass von der Mehrzahl der im Bundesrat zu beratenden Gesetzesvorschläge gar keine speziellen Auswirkungen auf eine klar abgrenzbare Gruppe von Ländern ausgehen. Vielmehr sind die Länder *in ihrer Gesamtheit* von diesen Gesetzen insoweit betroffen, als sie Auswirkungen auf ihre „Landesbürger" haben. Auch hier sind die Landesregierungen bzw. ihre Mitglieder im Bundesrat also verpflichtet, im Interesse der Bürger ihrer Länder zu entscheiden.
Wonach sollte eine Entscheidung, die jeden Landesbürger hauptsächlich in seiner Eigenschaft als *Bundes*bürger betrifft, dann aber anders als anhand *bundes*politischer Gesichtspunkte getroffen werden? Und dass die bundespolitische Sicht der die Landesregierungen stellenden Parteipolitiker mit der ihrer Parteifreunde im Bund sehr wahrscheinlich übereinstimmen wird, liegt nahe. Dass dies allerdings keine Selbstverständlichkeit ist, zeigen die Fälle, in denen Landesminister bzw. -regierungschefs einer Partei anderer Ansicht waren als die Bundesminister der gleichen Partei (*innerparteilicher Konflikt*, siehe zum Beispiel die

Fallstudien zur Gesundheitsreform 1988, zur Kronzeugenregelung bzw. zum Rüstungsexportgesetz).[622]
Insofern ist die Aussage, dass die Landesinteressen „von Parteien definiert“[623] werden, zwar richtig, darf aber nicht zu dem Fehlschluss führen, es gäbe neben diesen Parteiinteressen in jedem Fall auch „originäre“ Landesinteressen.

2. Parteien als „Scharniere zwischen Bund und Ländern“?

Nachdem die Fallstudien die These stützen, dass der Parteienwettbewerb – abgesehen von Vorwahlzeiten – weder zu Blockaden noch zu einer Verdrängung von Landesinteressen führen muss, stellt sich die Frage, ob – wie von *Renzsch* vertreten-, „die Verbindung von Parteienwettbewerb und Bundesstaat“ nicht im Gegenteil gerade „zur Problemverarbeitungsfähigkeit der Bundesrepublik“[624] beiträgt?
Renzsch nimmt an, dass Mehrebenenentscheidungsprozesse wie im föderalen Gesetzgebungsprozess in den 90er Jahren – also bei *divergierenden* Mehrheiten - gerade dadurch erfolgreich abgeschlossen werden konnten, „weil ebenenübergreifende politische Parteien die Verfahren auf der Grundlage innerparteilicher Verhandlungen steuerten.“[625]
Die Auswertung der hier untersuchten drei Fallstudien aus den frühen 90er Jahren ergibt allerdings keine Anhaltspunkte, die zwingend für diese Vermutung sprechen. Zentrales Argument von *Renzsch* ist, dass „Ebenen integrierende, diszipliniert (‚parlamentarisch’) handelnde Parteien“ wie die der Bundesrepublik „Ebenenkonflikte intern verarbeiten können“.[626] Dem ist zwar prinzipiell zuzustimmen, zumal *Renzsch* als Beispiele zunächst solche aus Zeiten *gleichlaufender* Mehrheiten (wie das auch hier untersuchte Strukturhilfegesetz 1988) angibt, in der föderale Konflikte innerhalb der CDU gelöst werden konnten. Auch ist die Prämisse, dass die „parteipolitisch verbündeten Regierungen von Bund und Ländern“[627] bzw. von Bundestagsopposition und O-Ländern aufgrund des gemeinsamen Interesses am Wahlerfolg auf ihren jeweiligen Ebenen gemeinsam agieren, unabhängig von den Mehrheitsbedingungen zutreffend. So gab es bei allen drei untersuchten Gesetzen unter *divergierenden* Mehrheiten eindeutig

---

[622] So auch die Einschätzung von *Münch*, Kontext, S.155.
[623] *Abromeit*, Mehrheitsdemokratische Elemente, S.175. *Jun* weist darauf hin, dass „die Mitglieder des Bundesrates politisch verantwortliche Kabinettsmitglieder der Länder sind, die für eine bestimmte parteipolitische Richtung stehen“. Daher verfolgten „sie weitgehend auch politische Partei- oder Länderinteressen, die sich im Bundesrat entfalten“, *Jun*, Bundesrat, S.346.
[624] *Renzsch*, Bundesstaat, S.54.
[625] Ebd.
[626] Ebd.
[627] Ebd.

Koordinationstreffen zwischen den parteipolitisch identischen Landesministern bzw. sachpolitischen Fachleuten und ihren jeweiligen Bundestagsfraktionen – wobei die Interessenkonflikte bei diesen Mehrheitsverhältnissen auch nicht mehr *allein* innerparteilich lösbar sind, wie auch *Renzsch* einräumt.
Gleichwohl zeigt zumindest der Verhandlungsverlauf beim Steueränderungsgesetz 1993, dass es nicht immer gelingt, das parteipolitische Interesse an einer Konfrontation seitens der Bundestagspartei mit dem föderalen Kompromissinteresse einzelner Länder in Einklang zu bringen. Aber auch beim Gesundheits-Strukturgesetz 1992 ist ein Interessenausgleich innerhalb der Parteien, die zu einer Minderung des Konfliktpotentials geführt hätte, aufgrund des zur Verfügung stehenden Materials nicht belegbar – wenngleich ein solcher Ausgleich nicht ausgeschlossen werden kann. Allerdings macht das bereits genannte gemeinsame Wahlinteresse der Parteivertreter einen solchen expliziten Ausgleich vielleicht auch nicht immer notwendig: um sich nicht dem Blockadevorwurf – an die Opposition – bzw. dem Vorwurf politischer Schwäche – gegenüber der Regierung – auszusetzen, und damit möglicherweise auch die Wahlchancen auf Länderebene zu mindern, könnten die jeweils „verbündeten" Landesregierungen auch ohne Durchsetzung eigener Positionen auf die Verweigerung der Zustimmung in diesem Fall verzichtet haben.
Andererseits zeigte das Steueränderungsgesetz 1992, dass das jeweilige Interesse von Bundes- und Landespartei an ihrem Wahlerfolg nicht immer „koordinierbar" ist: während die Bundes-SPD glaubte, nur mit einer konsequenten Verweigerungshaltung ihre Chancen bei den nächsten Wahlen zu sichern, schien die brandenburgische Landes-SPD der Meinung zu sein, eine solche Verweigerungshaltung vor ihren Wählern nicht verantworten zu können. Im Ergebnis führte diese missglückte innerparteiliche Koordination freilich nicht zum Scheitern des Gesetzes, sondern gerade zu dessen Realisierung!
Der Fall „Gesundheits-Strukturgesetz 1993" belegt zugleich, und darin ist *Renzsch* wiederum zuzustimmen, dass die Bundestagsopposition keineswegs immer die Absicht hat, die Regierung „schlecht aussehen" zu lassen, wie dies *Scharpf* postulierte. Ihr Hauptinteresse, das lässt sich sicherlich auch aus den beiden anderen Fällen schließen, liegt zunächst darin, soweit wie möglich eigene Positionen durchzusetzen. Auch aus Rücksicht auf die Interessen der Länder lautet die „Strategie der Wahl" also prinzipiell „Kooperation statt Konfrontation".[628] Erst wenn das nicht gelingt, wird ein Blockadeversuch unternommen – mit dem Risiko, die eigenen „Truppen" nicht geschossen hinter sich zu bekommen, wie beim Steueränderungsgesetz 1992.
Weiter ließ sich belegen, dass die Bundesregierung bei *divergierenden* Mehrheiten keine Versuche mehr unternommen hat, den Forderungen der R-Länder im Vorfeld von Verhandlungen entgegenzukommen. So wurde der Vermittlungs-

[628] Vgl. in diesem Sinne auch *Renzsch*, Bundesstaat, S.63, 65f.

ausschuss sowohl beim Gesundheits-Strukturgesetz als auch beim Steueränderungsgesetz mit Unterstützung mindestens der CDU-mitregierten M-Länder, zum Teil auch von R-Ländern angerufen.[629]

Schließlich zeigte sich, dass, wie von *Renzsch* postuliert, „ausschließlich parteipolitische Konflikte" sehr selten sind.[630] Im untersuchten Sample war es nur das Rüstungsexportgesetz 1992, das zudem eine koalitions- bzw. parteiinterne Komponente besaß, während beide anderen Gesetze unter *divergierenden* Mehrheiten von einem Konglomerat verschiedenster *föderaler* wie *sachpolitischer Konflikte* geprägt wurden.

Im Ergebnis ist somit *Renzsch'* Schlussfolgerung, parteipolitische Kontroversen seien für sich genommen im Regelfall kein Grund für das Scheitern einer Regierungsvorlage bei *divergierenden* Mehrheiten,[631] zwar zuzustimmen. Es dürfte aber fraglich bleiben, ob dies, wie seine Eingangsthese lautete, ein Beitrag der Verbindung von Parteien*wettbewerb* und Bundesstaat ist. Es scheint vielmehr so, dass die *föderale Struktur* der Parteien zur Problemlösungsfähigkeit des bundesrepublikanischen Systems beiträgt, während ihr *Wettbewerb* untereinander – wie anhand der Beispiele „Steueränderungsgesetz 1992" und „Rüstungsexportgesetz 1992" oben gezeigt - eine Einigung eher verhindert. Eine effiziente Konsensbildung zwischen Landes- und Bundesebene kann zwar auch zu einer Entschärfung der Parteienkonkurrenz führen, muss dies aber keineswegs. Im Gegenteil: eine erfolgreiche Koordinierung zwischen den Strategien auf Bundes- und Landesebene kann seitens der Opposition gerade zu einer Blockadegefahr werden, wie jüngst die Blockade des Zuwanderungsgesetzes durch die Unionsmehrheit im Bundesrat gezeigt hat.

Generell lässt sich also über das föderale Mehrebenensystem der Parteien das Problem der Konkurrenz zwischen ihnen und den – zum Teil, wenn auch nicht grundsätzlich – daraus resultierenden Folgen für die Politikgestaltung bei *divergierenden* Mehrheiten nicht lösen. Die Kompromissfindungen wird hier, wie auch *Renzsch* einräumt, zwar „nicht unmöglich" gemacht, aber zweifellos erschwert.[632]

Bei alldem ist natürlich immer zu beachten, dass die Ergebnisse dieser Studie aufgrund der geringen Fallzahl nur einige Anhaltspunkte zur Beantwortung der Frage nach dem Einfluss parteipolitischer Orientierungen auf den Entscheidungsfindungsprozess geben können. Um diese Frage annähernd adäquat zu beantworten sind weitaus umfangreichere Vergleichsstudien notwendig, bei denen die den jeweiligen Gesetzgebungsprozess dominierenden Konfliktstrukturen miteinander verglichen werden müssten. Eine rein statistische Auswertung der

---

[629] So auch *Renzsch*, ebd.
[630] Ebd.
[631] A.a.O., S.73.
[632] A.a.O., S.60.

Anzahl „gescheiterter" Gesetze gäbe über diese Frage keinerlei Auskunft: zum einen würde sie die zum Teil durchaus differenzierten Hintergründe dieses Scheiterns außer Acht lassen. Die geringe Zahl tatsächlich gescheiterter Gesetzesvorhaben zeigt dementsprechend zwar zu Recht auf, dass von einer „Blockade der Regierungspolitik seitens der Opposition auch in Zeiten *divergierender* Mehrheiten nicht die Rede sein kann. Sie lässt allerdings die Frage offen, wie viele Gesetze erst gar nicht über den Status der Initiative hinausgekommen sind oder bereits in dieser Phase angesichts einer „gegnerischen" Mehrheit im Bundesrat deren Vorstellungen angepasst wurden. Ebenso unklar bleibt dabei, wieweit die Veränderungen einer Initiative im Laufe des Gesetzgebungsprozesses landespolitisch oder parteipolitisch motiviert waren – sofern eine solche Differenzierung überhaupt analytisch wie realiter machbar ist (siehe oben).

3. Verhandlungsstrukturen im föderalen Gesetzgebungsprozess

Schließlich, und das ist sicherlich von nicht geringer Bedeutung, ergaben sich auch Hinweise auf *generelle Verhandlungsstrukturen* unabhängig vom Einfluss der Mehrheitsverhältnisse:
- *Interessenkonflikte*: es zeigte sich, dass föderale Verhandlungen im Gesetzgebungsprozess erwartungsgemäß von mehreren Konfliktlinien durchzogen sind. Das hat zunächst zur Folge, dass sich – abhängig von der jeweiligen Konfliktstruktur – innerhalb eines Verhandlungsprozesses nicht stets die gleichen Kontrahenten gegenüberstehen, sondern sich *variierende Interessenkoalitionen* bilden. *Koalitions-* bzw. *parteiinterne* Konflikte, die nicht bereits im Vorfeld des Gesetzgebungsprozesses bereinigt werden konnten, führen unter *divergierenden* Mehrheitsverhältnissen und einem dominierenden *parteipolitischen Sachkonflikt* zu einer Stärkung der „oppositionellen" Länder.
- *Akteurskonstellationen:* Es wurde deutlich, dass auch bei nicht *föderalen* Konflikten die Länderregierungen geschlossen agieren, selbst wenn die Konfliktlinie zwischen den sie bildenden Parteien verläuft. Das deutet darauf hin, dass die landesinterne „Solidarität" die parteiinterne in aller Regel überwiegt.
- *Verhandlungsverlauf:* Hier konnte ein Set von typischen Verhandlungs- und Kompromisstechniken erstellt und Aussagen über Länge und Art der Verhandlungsphasen getroffen werden.

Um diese Ergebnisse sowohl für den Bereich der vergleichenden Systemforschung als auch für die Verhandlungsforschung sinnvoll nutzbar zu machen, wäre es allerdings notwendig, weitere empirische Studien anzufertigen. Dies könnte sich zum einen auf einen Vergleich von Verhandlungsstrukturen in andern (föderalen) Zweikammersystemen beziehen. Denkbar wäre ebenso der Vergleich – insbesondere der Verhandlungstechniken – mit Verhandlungen im zwischenstaatlichen Bereich oder zwischen Staat und Verbänden.

Um den Rahmen der Arbeit nicht zu sprengen, konnten überdies viele Aspekte föderaler Verhandlungsprozesse nur „gestreift" werden: Wie verhält es sich beispielsweise mit dem Einfluss anderer Faktoren (Politikfeld, Repräsentanten etc.) auf den Entscheidungsprozess? Hier wären sicherlich Längsschnittstudien mit der Beschränkung auf ein Politikfeld über einen längeren Zeitraum hinweg denkbar (z.B. bezogen auf die Frage der Finanzverteilung zwischen Bund und Ländern). Auch stellt sich die Frage, ob die gefundenen Ergebnisse nicht nur für politisch so bedeutsame und medienöffentlich „präsente" Verhandlungssituationen, wie die hier untersuchten gelten können, sondern auch für solche föderalen Verhandlungen, die auf der mittleren Führungsebene verlaufen.[633]
Damit wird klar, dass diese Studie nur *einen* Beitrag zur notwendigen Grundlagenforschung über föderale Verhandlungsprozesse liefern konnte. Ihr Ziel war es, eine nicht nur in Politik und Gesellschaft, sondern ebenso in der Politischen Wissenschaft allgemein anerkannte, bislang jedoch empirisch noch kaum unterlegte These stärker zu fundieren – die der Abhängigkeit des politischen Entscheidungsprozesses in der Bundesrepublik Deutschland von den Mehrheiten im Bundesrat. Dies ist, so meine ich, gelungen.

---

[633] Die Prüfung dieser Frage dürfte allerdings insoweit schwierig werden, als nach den in Kapitel II 1 dargestellten Verifikationsproblemen nur eine begleitende Studie sinnvoll erscheint, deren Realisierung wiederum von der Auskunftsbereitschaft der beteiligten Akteursvertreter abhängt.

Literaturverzeichnis

Abromeit, Heidrun Die Funktion des Bundesrates und der Streit um seine Politisierung, in: ZParl 13/1982, S. 462–472.

Dies. Mehrheitsprinzip und Föderalismus, in: *Guggenberger, Bernd/Offe, Claus (Hrsg.),* An den Grenzen der Mehrheitsdemokratie, Opladen 1984, S. 131 – 147.

Dies. Korrektive parlamentarischer Mehrheitsherrschaft: ein Überblick, in: ZParl 18/1987, S. 420–435.

Dies. Mehrheitsdemokratische und konkordanzdemokratische Elemente im politischen System der Bundesrepublik Deutschland, in: Österreichische Zeitschrift für Politikwissenschaft, 1989/2, S. 165–180.

Dies. Interessenvermittlung zwischen Konkurrenz und Konkordanz. Studienbuch zur Vergleichenden Lehre politischer Systeme, Opladen 1993.

Alt, Franz Der Prozeß der ersten Regierungsbildung unter Konrad Adenauer, Bonn 1970.

Bachmann, Bernd Verhandlungen mit der Bauverwaltung. Aushandlungsprozesse im Grenzbereich von Planungs- und Ordnungsrecht, Opladen 1993.

Bardenhewer, Franz Die Entstehung und Auflösung von Meinungsverschiedenheiten zwischen den Gesetzgebungsorganen, Pfaffenweiler 1984.

Bauer, Thomas Der Vermittlungsausschuß. Politik zwischen Konkurrenz und Konsens, Diss. Bremen 1999.[634]

Benz, Arthur Umverteilung durch Verhandlungen? in: Staatswissenschaft und Staatspraxis 1991/2, S. 46–75.

Ders. Kooperative Verwaltung, Baden-Baden 1994.

Ders. Verhandlungssysteme und Mehrebenenverflechtung im kooperativen Staat, in: *Benz/Seibl (Hrsg.)*, a.a.O., 1995, S. 83–102.

Ders. Kooperativer Staat?, in: *Schmalz-Bruns, Rainer/Klein, Ansgar (Hrsg.),* Politische Beteiligung und Bürgerengagement in Deutschland, Baden-Baden 1997, S. 88-113.

Ders. Der Deutsche Bundestag im Spannungsfeld von EU, Bund und Ländern, unveröff. Manuskript.

Benz, Arthur/ Scharpf, Fritz W./ Zintl, Reinhard Horizontale Politikverflechtung. Zur Theorie der Verhandlungssysteme, Frankfurt/M.-New York 1992.

[634] Die Arbeit liegt als Mikrofiche-Edition bei der Staats- und Universitätsbibliothek Bremen vor. Die im Text angegebenen Seitenzahlen beziehen sich auf einen Ausdruck der Arbeit, die der Autor dem Verfasser freundlicherweise zur Verfügung gestellt hat.

Benz, Arthur/ Seibl, Wolfgang (Hrsg.) Theorieentwicklung in der Politikwissenschaft - eine Zwischenbilanz, Baden-Baden 1997.

Berridge, Geoffrey R. Diplomacy. Theory and Practice, London (u.a.) 1995.

von Beyme, Klaus Der Gesetzgeber. Der Bundestag als Entscheidungszentrum, Opladen 1997.

Bocker, Uwe Der Kronzeuge. Genesis und Funktion der Kronzeugenregelung in der politischen Auseinandersetzung mit dem Terrorismus in der Bundesrepublik Deutschland, Pfaffenweiler 1991.

Böhne, Henning Die blockierte Republik, Hamburg 1998.

Brand, Susan/Barthe, Karl-Werner Reflexive Verhandlungssysteme. Diskutiert am Beispiel der Energiekonsens-Gespräche, in: *v. Prittwitz (Hrsg.)*, a.a.O.,1996, S. 71–109.

Bundesrat (Hrsg.) Vierzig Jahre Bundesrat. Tagungsband zum wissenschaftlichen Symposion in der Evangelischen Akademie Tutzing vom 11. bis 14. April 1989, Baden-Baden 1989.

Czada, Roland Vertretung und Verhandlung. Aspekte politischer Konfliktregelung in Mehrebenensystemen, in: *Benz/Seibl*, a.a.O., 1997, S. 237-260.

Czada, Roland/Schmidt, Manfred G. (Hrsg.) Verhandlungsdemokratie, Interessenvermittlung, Regierbarkeit. Festschrift für Gerhard Lehmbruch, Opladen 1993.

Dästner, Christian Die Geschäftsordnung des Vermittlungsausschusses, Berlin 1995.

Ders. Der „unechte Einigungsvorschlag“ im Vermittlungsverfahren. Oder: Hat der Vermittlungsausschuß versagt? in: ZParl 1/99, S. 26-40.

Damascke, Kurt Der Einfluss der Verbände auf die Gesetzgebung. Am Beispiel des Gesetzes zum Schutz vor gefährlichen Stoffen (Chemikaliengesetz), München 1986.

Dexheimer, Wolfgang F. Koalitionsverhandlungen in Bonn 1961 - 1965 - 1969, Bonn 1970.

Dolzer, Rudolf Das parlamentarische Regierungssystem und der Bundesrat – Entwicklungsstand und Reformbedarf, in: VVDStRL, Bd. 58/1999, Berlin/New York, S. 7 – 35.

Fröchling, Helmut Der Bundesrat in der Koordinierungspraxis von Bund und Ländern, Freiburg 1972.

Fromme, Friedrich Karl Gesetzgebung im Widerstreit?, Stuttgart 1976.

Gehring, Thomas Regieren im internationalen System. Verhandlungen, Normen und internationale Regime, in: PVS 36/ 1995, S. 197–217.

Gehring, Thomas/Oberthür, Sebastian Internationale Umweltregime. Umweltschutz durch Verhandlungen und Verträge, Opladen 1997.

Glagow, Manfred/Schimank, Uwe Gesellschaftssteuerung durch korporatistische Verhandlungssysteme, in: *Falter/Fenner/Greven:* Politische Willensbildung und Interessenvermittlung, Opladen 1984, S.539 – 546.

Grande, Edgar Regieren in verflochtenen Verhandlungssystemen, in: *Mayntz/Scharpf (Hrsg.)*, Gesellschaftliche Selbstregelung und politische Steuerung, Frankfurt/M., New York 1995, S. 327-350.

Hasselsweiler, Ekkehart Der Vermittlungsausschuß. Verfassungsgrundlagen und Staatspraxis, Berlin 1981.

Haungs, Peter. Parteipräsidien als Entscheidungszentren der Regierungspolitik – das Beispiel der CDU, in: *Hartwich, Hans-Hermann/Wewer, Göttrik (Hrsg.)*, Regieren in der Bundesrepublik, Band II: Formale und informale Komponenten des Regierens in den Bereichen Führung, Entscheidung, Personal und Organisation, Opladen 1991, S.112 – 124.

Hesse, Joachim Jens/ Ellwein, Thomas Das Regierungssystem der Bundesrepublik Deutschland, Opladen 1992[7]

Heritier, Adrienne Die Koordination von Interessenvielfalt im Europäischen Entscheidungsprozeß, in: Benz/Seibl, a.a.O., S. 260-275.

Hirschman, Albert Exit, Voice and Loyality. Response to Decline in Firms, Organisations and States, Cambrigde/Mass. 1970.

Holtmann, Everhard/ Voelzkow, Helmut (Hrsg.) Zwischen Wettbewerbs- und Verhandlungsdemokratie. Analysen zum Regierungssystem der Bundesrepublik Deutschland, Wiesbaden, 2000.

Dies. Einführung, in: *Holtmann/Voelzkow,* a.a.O, S. 9–22.

Ikle, Fred Charles How nations negotiate, New York (u.a.) 1964.

Ismayr, Wolfgang Der Deutsche Bundestag. Funktionen - Willensbildung - Reformansätze, Opladen 1992.

Jäger, Bernd Gemeinwohl, Gruppen- und Eigeninteresse: Die gradualistische Ordnungspolitik in der deutschen Telekommunikation, Köln, Diss. 1993

Jefferey, Charlie (ed.) Recasting German Federalism, London/New York 1999.

Jun, Uwe Koalitionsbildung in den deutschen Bundesländern, Opladen 1994.

Ders. § 14: Der Bundesrat, in: *Graf von Westphalen (Hrsg.),* Deutsches Regierungssystem, a.a.O., S. 339–361.

Kast, Herbert Das neue Demonstrationsrecht. Das Gesetz zur Änderung des Strafgesetzbuches und des Versammlungsgesetzes vom 18. Juli 1985 und seine Vorgeschichte, Köln 1987

Klatt, Hartmut Parlamentarisches System und bundesstaatliche Ordnung, in: APuZ 1982/31, S. 3-24

König, Thomas/Bräuninger, Thomas A-, B- und C-Länder: Zur Verwendung des Arguments „Sprachgebrauch und benötigte Kategorie“, in: ZParl, 2/1998, S. 350-352

Kremenyuk, Victor A.(ed.) International negotiation, San Francisco, 1991.

Kilper, Heiderose/Lhotta, Roland Föderalismus in der Bundesrepublik Deutschland, Eine Einführung, Opladen 1996.

Laufer, Heinz Das föderative System der Bundesrepublik Deutschland, Bonn 1992

Laufer, Heinz/Münch, Ursula Das föderale System der Bundesrepublik Deutschland, Opladen 1998.

Lehmbruch, Gerhard Proporzdemokratie. Politisches System und politische Kultur in der Schweiz und Österreich, Tübingen 1967.

Ders. Parteienwettbewerb im Bundesstaat, Stuttgart 1976 und Opladen 1998[2].

Ders. A-Länder und B-Länder: Eine Anmerkung zum Sprachgebrauch, in: ZParl 2/98, S. 349-52.

Leonardy, Uwe Parteien im Föderalismus der Bundesrepublik Deutschland, ZParl 1/2002, S. 180-195.

Lerche, Peter Zustimmungsgesetze, in: *Bundesrat (Hrsg.),* a.a.O., S.183–202.

Leunig, Sven Verfassungsverhandlungen in Thüringen 1991 bis 1993. Ein Entscheidungsprozeß im Schatten des Mehrheitsbeschlusses, Frankfurt/Main (u.a.), 1996.

Lhotta, Roland Der Vermittlungsausschuß als Institution politischer Deliberation, in: *Holtmann/Voelzkow,*, a.a.O., S.79-103.

Lösche, Peter Der Bundestag – kein „trauriges“, kein „ohnmächtiges“ Parlament, in: ZParl 4/00, S.926 – 936.

Luhmann, Niklas Politikbegriffe und die „Politisierung“ der Verwaltung, Schriftenreihe der Hochschule Speyer, Bd. 50, Demokratie und Verwaltung, Berlin 1972.

Luthardt, Wolfgang Abschied vom deutschen Konsensmodell? Zur Reform des Föderalismus, in: APuZ 13/99, S.12-23.

Männle, Ursula Entwicklung und Perspektiven des deutschen Föderalismus, in: APuZ 13/99, S.3-11.

Maunz/Dürig/Herzog Grundgesetz. Kommentar, München, Stand: Februar 1999.

Münch, Ursula Der Bundesrat im Kontext neuer Regierungsprogramme, in: *Derlien, Hans-Ulrich Murswiek, Axel (Hrsg.),* Regieren nach Wahlen, Opladen 2001, , S. 133 – 166.

Nash, John F. The bargaining problem, in: Econometrica 1950, S. 155–162.

Oschatz, Georg-Berndt Der Bundesrat im Verfassungsgefüge der Bundesrepublik Deutschland, in: *Bundestag (Hrsg.),* a.a.O., S. 72-95.

Patzelt, Werner The Very Federal House: The German Bundesrat, in: *Patterson, Samuel C./Mughan, Anthony (Hrsg.),* Senats, Bicameralism in the Contemporary World, Columbus 1999, S. 59-92.

Perschke-Hartmann, Christiane Die doppelte Reform. Gesundheitspolitik von Blüm zu Seehofer, Opladen 1994.

Pfetsch, Frank R. Politische Theorie der Entscheidung in Gremien, in: Journal für Sozialforschung, 1987/3-4; S. 253-275.

Posser, Diether/Vogel, Friedrich Der Vermittlungsausschuß, in: *Bundesrat (Hrsg.),* a.a.O., S. 203–233.

Pötsch, Horst Die Deutsche Demokratie, Bonn 1997.

von Prittwitz, Volker Politikanalyse; Opladen 1994.

Ders. Verhandeln im Beziehungsspektrum eindimensionaler und mehrdimensionaler Kommunikation, in: *Ders. (Hrsg.),* Verhandeln und Argumentieren, a.a.O., S.41-68.

Ders. (Hrsg.) Verhandeln und Argumentieren. Dialog, Interessen und Macht in der Umweltpolitik, Opladen 1996.

Renzsch, Wolfgang Parteien im Bundesstaat: Sand oder Öl im Getriebe?, in: *Männle, Ursula (Hrsg.),* Föderalismus zwischen Konsens und Konkurrenz. Tagungs- und Materialienband zur Fortentwicklung des deutschen Föderalismus, Baden-Baden, 1998, S. 93–101.

Ders. Föderale Finanzbeziehungen im Parteienstaat. Eine Fallstudie zum Verlust politischer Handlungsmöglichkeiten, in: ZParl 20/1989, S. 331–345.

Ders. Bundesstaat oder Parteienstaat: Überlegungen zu Entscheidungsprozessen im Spannungsfeld von föderaler Konsensbildung und parlamentarischem Wettbewerb in Deutschland, in: *Holtmann, Everhard/Voelzkow,* Helmut, Zwischen Wettbewerbs- und Verhandlungsdemokratie. Analysen zum Regierungssystem der Bundesrepublik Deutschland, Wiesbaden 2000, S. 53-78

Rudzio, Wolfgang Das politische System der Bundesrepublik Deutschland, Opladen 1991.

Saretzki, Thomas Wie unterscheiden sich Argumentieren und Verhandeln? Definitionsprobleme, funktionale Bezüge und strukturelle Differenzen von zwei verschiedenen Kommunikationsmodi, in: *von Prittwitz, Volker (Hrsg.)*, Verhandeln und Argumentieren, a.a.O., 1996, S. 19-39.

Fritz W. Scharpf Die Politikverflechtungs-Falle. Europäische Integration und deutscher Föderalismus im Vergleich, in: PVS 26/1985, S.323-356.

Ders. Verhandlungssysteme, Verteilungskonflikte und Pathologien der politischen Steuerung, in: *Schmidt, Manfred G.*, Staatstätigkeit, PVS Sonderheft 19/1988, S. 60–83.

Ders. Einführung: Zur Theorie von Verhandlungssystemen, in: *Benz/Scharpf/Zintl*, a.a.O., 1992. S. 11-27.

Ders. Koordination durch Verhandlungssysteme. Analytische Konzepte und institutionelle Lösungen, in: *Benz/Scharpf/Zintl*, a.a.O.,1992, S.52-96.

Ders. Versuch über Demokratie im verhandelnden Staat, in: *Czada/Schmitt* (a.a.O.) 1993, S.25-50.

Ders. Legitimationsprobleme der Globalisierung - Regieren in Verhandlungssystemen, in: *Böhret, Carl/Wewer, Göttrik (Hrsg.)*, Regieren im 21. Jahrhundert - zwischen Globalisierung und Regionalisierung. Festgabe für Hans-Hermann Hartwich zum 65. Geburtstag, Opladen 1993, S. 165-186.

Ders. Positive und negative Koordination in Verhandlungssystemen, in: *A. Heritier (Hrsg.)*, Policy-Analyse, PVS Sonderheft 24/1993, S.57-83.

Ders. Optionen des Föderalismus in Deutschland und Europa, Frankfurt/M., 1994.

Ders. Interaktionsformen. Akteurszentrierter Institutionalismus in der Politikforschung, Opladen 2000.

Schmidt, Manfred G. Wörterbuch zur Politik, Stuttgart 1995.

Ders. Regieren in der Bundesrepublik, Opladen 1992.

Schmidt-Bleibtreu/Klein Kommentar zum Grundgesetz, Neuwied 1999[9]

Schindler, Peter Datenhandbuch zur Geschichte des Deutschen Bundestages 1983 - 1991, Baden-Baden 1991.

Steffani, Winfried Die Republik der Landesfürsten, in: Gerhard *Ritter (Hrsg.), Ritter, Gerhard A. (Hrsg.),* Regierung, Bürokratie und Parlament in Preußen und Deutschland von 1848 bis zur Gegenwart, Düsseldorf 1983.

Stegman, Helmut Die Gesetzgebungsverfahren im Bundesrat. Akteure und ihre Einflußnahme, in: *Postlep, Rolf-Dieter*: Aktuelle Fragen zum Föderalismus, Marburg 1996, S.141–166.

Stoltenberg, Gerhard Wendepunkte. Stationen deutscher Politik 1947 bis 1990, Berlin 1997.

Sturm, Roland Föderalismus in Deutschland, Opladen 2001.

Ders. Party Competition and the Federal System, in: *Jefferey (ed.),* a.a.O., S. 197 – 216.

Ders. Vorbilder für eine Bundesstaatsreform? Lehren aus den Erfahrungen der Verfassungspraxis Zweiter Kammern, in: ZParl 1/2002, S. 166 – 179.

Thaysen, Uwe Mehrheitsfindung im Föderalismus. Thesen zum Konsensualismus der westdeutschen Politik, in: APuZ 1985/B 35; S.3–17.

Völk, Josef Anton Regierungskoalitionen auf Bundesebene. Dokumentation und Analyse des Koalitionswesens von 1949 bis 1987, Regensburg 1989.

Ziller, Gebhard Zum Spannungsverhältnis von Bundestag und Bundesrat im Gesetzgebungsverfahren, in: *Busch, Eckhart* (Hrsg.), Parlamentarische Demokratie. Bewährung und Verteidigung. Festschrift für Helmut Schellknecht, Heidelberg 1984, S. 135–152.

Ziller, Gebhard/Oschatz, Georg-Berndt Der Bundesrat, Düsseldorf 1998[10]

Zohlnhöfer, Reimut Die große Steuerreform 1998/99: Eine Lehrstück für Politikentwicklung bei Parteienwettbewerb im Bundesstaat, in: ZParl 30/1999, S. 326-345.

Quellenverzeichnis

a) Beteiligteninterviews
(Texte liegen in teiltranskibierter Form zur Einsicht beim Verfasser vor)

in Klammern: Funktion zum Zeitpunkt der Fallstudie

Dr. Albrecht, Ernst, Ministerpräsident a.D., 22. November 2001, Hannover (Ministerpräsident des Landes Niedersachsen)
Bergmann-Pohl, Sabine, MdB, 12. Dezember 2001, Berlin (Staatssekretärin im Bundesgesundheitsministerium).
Dr. Dästner, Christian, 11. Februar 2000, Bonn, Staatssekretär beim Ministerium der Justiz des Landes Nordrhein-Westfalen (Geschäftsführer des Vermittlungsausschusses)
Diepgen, Eberhardt, Regierender Bürgermeister a.D., 30. Januar 2002, Berlin (Regierender Bürgermeister von Berlin)
Dr. Glück, Gebhard, Staatsminister a.D., 15. Januar 2002, (Bayerischer Staatsminister für Arbeit und Sozialordnung)
Krajewski, Senatorin a.D., 15. Februar 2002, (Saarländische Ministerin für Frauen, Arbeit, Gesundheit und Soziales)
Jagoda, Bernhard, Präsident der Bundesanstalt für Arbeit a.D., 9. Januar 2002, Nürnberg (MdB; Parlamentarischer Staatssekretär im Bundesministerium für Arbeit und Sozialordnung)
Dr. Waigel, Theodor, MdB, 1. Februar 2002, Berlin (Bundesminister der Finanzen)

b) Täglich und wöchentlich erscheinende Publikationen

Diverse Ausgaben aus den Jahrgängen 1988 – 1992 der folgenden Publikationen:

Das Parlament, Bonn; Der SPIEGEL, Hamburg; Der Tagesspiegel, Berlin; die tageszeitung, Berlin; Die WELT, Hamburg; Frankfurter Allgemeine Zeitung (FAZ), Frankfurt; Frankfurter Rundschau (FR), Frankfurt; Handelsblatt, Düsseldorf; Hannoversche Allgemeine Zeitung (HAZ), Hannover; Neue Züricher Zeitung (NZZ), Zürich; Süddeutsche Zeitung (SZ), München.

c) Parlamentaria, Gesetzestexte und Entscheidungen des BVerfG

Bundesrats-Drucksachen: Nrn. 200/1/88, 522/91, 523/91, 73/91.

Bundesrats-Plenarprotokolle: Nrn. 588, 590, 591, 596, 600, 626, 635, 637, 639, 646, 650, 626.
Bundestags-Drucksachen: Nrn. 6/37, 11/2493, 12/209, 12/218, 12/1108, 12/1466, 12/2309, 12/3210, 12/3364, 12/3365, 12/3608, 12/3930, 12/3937.
BT-Plenarprotokolle: Nrn. 13/39, 11/78, 11/95, 11/138, 12/105, 12/117, 12/127, 12/50, 12/52, 12/55, 12/41, 12/19.
BVerfGE 24, 187; 37, 379f.; 48, 178; 55, 274ff, 319; 84, 304;

Die folgenden Gesetzestexte bzw. Geschäftsordnungen wurden dem Handbuch des Bundesrates für das Geschäftsjahr 1999/2000, herausgegeben vom Bundesrat, entnommen:

- Grundgesetz für die Bundesrepublik Deutschland, zuletzt geändert durch das Gesetz vom 15. Juli 1999
- Geschäftsordnung des Bundesrates, zuletzt geändert durch Beschluss des Bundesrates vom 25. November 1994
- Gemeinsame Geschäftsordnung des Bundestages und des Bundesrates für den Ausschuss nach Art. 77 des Grundgesetzes (Vermittlungsausschuß), zuletzt geändert am 16. Mai 1995

Geschäftsordnung des Bundestages, zuletzt geändert am 30. September 1995, in: Bundeszentrale für politische Bildung (Hrsg.), Staatsrecht der Bundesrepublik Deutschland, Bonn 1995

Protokoll des Innenausschusses des Bundestages Nr. 4/12.
Protokolle der Plenarsitzung des niedersächsischen Landtags: 11/34
Protokoll des Rechtsausschuss des Bundesrats vom 8. März 1988, 18. Januar 1989, 26. April 1989
Protokoll des Unterausschusses des Rechtsausschusses des Bundesrates vom 4. April 1991
Protokoll des Wirtschaftsausschusses des Bundesrates vom 11. April 1991
Protokoll des Wirtschaftsausschusses des Bundestages Nr. 3/12.
Protokoll des Vermittlungsausschusses Nrn. 12/7, 12/2, 12/3

Anhang

Die parteipolitischen Kräfteverhältnisse im Bundesrat zwischen dem 1.1.1988 und dem 31.12.1989

WP	Datum	Bundesregierung	R-Länder			O-Länder			M-Länder			R	O	M	Σ
11.	01.01.	CDU/CSU+ FDP	SWH	CDU	4	BRE	SPD	3	HH	SPD/FDP	3	27	11	3	41
WP	1988		BER	CDU/FDP		NRW	SPD	5							
			NDS	CDU/FDP	5	SAA	SPD	3							
			RPF	CDU/FDP	4										
			BWÜ	CDU	5										
			BAY	CSU	5										
			HES	CDU/FDP	4										
11.	31.05.	CDU/CSU+ FDP	BER	CDU/FDP		BRE	SPD	3	HH	SPD/FDP	3	23	15	3	41
WP	1988		NDS	CDU/FDP	5	NRW	SPD	5							
			RPF	CDU/FDP	4	SAA	SPD	3							
			BWÜ	CDU	5	*SWH*	SPD	4							
			BAY	CSU	5										
			HES	CDU/FDP	4										
11.	16.03.	CDU/CSU+ FDP	NDS	CDU/FDP	5	BRE	SPD	3	HH	SPD/FDP	3	23	15	3	41
WP	1989		RPF	CDU/FDP	4	NRW	SPD	5							
			BWÜ	CDU	5	SAA	SPD	3							
			BAY	CSU	5	SWH	SPD	4							
			HES	CDU/FDP	4	*BER*	SPD/AL								
11.	31.12.	CDU/CSU+ FDP	RPF	CDU/FDP	4	BRE	SPD	3	HH	SPD/FDP	3	23	15	3	41
WP	1989		BWÜ	CDU	5	NRW	SPD	5							
			BAY	CSU	5	SAA	SPD	3							
			HES	CDU/FDP	4	SWH	SPD	4							
			NDS	CDU/FDP	5	BER	SPD/AL	4							

Die parteipolitischen Mehrheitsverhältnisse im Bundesrat zwischen dem 1.1.91 und dem 31.12.1993

WP	Datum	Bundesregierung	R-Länder			O-Länder			M-Länder			R	O	M	Σ
12.	01.01.	CDU/CSU+ FDP	RPF	CDU/FDP	4	BRE	SPD	3	HH	SPD/FDP	3	35	26	7	68
WP	1991	+ DSU	BWÜ	CDU	6	NRW	SPD	6	BRA	SPD/FDP/	4				
			BAY	CSU	6	SAA	SPD	3		GRÜNE					
			HES	CDU/FDP	4	SWH	SPD	4							
			SAC	CDU	4	BER	SPD/AL	4							
			SAN	CDU/FDP	4	NDS	SPD/GRÜNE	6							
			THÜ	CDU/FDP	4										
			MVP	CDU/FDP	3										
12.	24.01.	CDU/CSU+ FDP	RPF	CDU	4	BRE	SPD	3	HH	SPD/FDP	3	35	22	11	68
WP	1991		BWÜ	CDU	6	NRW	SPD	6	BRA	SPD/FDP/	4				
			BAY	CSU	6	SAA	SPD	3		GRÜNE					
			HES	CDU/FDP	4	SWH	SPD	4	*BER*	SPD/CDU	4				
			SAC	CDU	4	NDS	SPD/GRÜNE	6							
			SAN	CDU/FDP	4										
			THÜ	CDU/FDP	4										
			MVP	CDU/FDP	3										
12.	04.04.	CDU/CSU+ FDP	RPF	CDU/FDP	4	BRE	SPD	3	HH	SPD/FDP	3	31	26	11	68
WP	1991		BWÜ	CDU	6	NRW	SPD	6	BRA	SPD/FDP/	4				
			BAY	CSU	6	SAA	SPD	3		GRÜNE					
			SAC	CDU	4	SWH	SPD	4	BER	SPD/CDU	4				
			SAN	CDU/FDP	4	NDS	SPD/GRÜNE	6							
			THÜ	CDU/FDP	4	*HES*	SPD/GRÜNE	4							
			MVP	CDU/FDP	3										
12.	21.05.	CDU/CSU+ FDP	BWÜ	CDU	6	BRE	SPD	3	HH	SPD/FDP	3	27	26	15	68
WP	1991		BAY	CSU	6	NRW	SPD	6	BRA	SPD/FDP/	4				
			SAC	CDU	4	SAA	SPD	3		GRÜNE					
			SAN	CDU/FDP	4	SWH	SPD	4	BER	SPD/CDU	4				
			THÜ	CDU/FDP	4	NDS	SPD/GRÜNE	6	*RPF*	SPD/FDP	4				
			MVP	CDU/FDP	3	HES	SPD/GRÜNE	4							

WP	Datum	Bundesregierung	R-Länder			O-Länder			M-Länder			R	O	M	Σ
12. WP	26.06. 1991	CDU/CSU+ FDP	BWÜ	CDU	6	BRE	SPD	3	BRA	SPD/FDP/ GRÜNE	4	27	29	12	68
			BAY	CSU	6	NRW	SPD	6							
			SAC	CDU	4	SAA	SPD	3	BER	SPD/CDU	4				
			SAN	CDU/FDP	4	SWH	SPD	4	RPF	SPD/FDP	4				
			THÜ	CDU/FDP	4	NDS	SPD/GRÜNE	6							
			MVP	CDU/FDP	3	HES	SPD/GRÜNE	4							
						HH	SPD	3							
12. WP	11.12. 1991	CDU/CSU+ FDP	BWÜ	CDU	6	NRW	SPD	6	BRA	SPD/FDP/ GRÜNE	4	27	26	15	68
			BAY	CSU	6	SAA	SPD	3							
			SAC	CDU	4	SWH	SPD	4	BER	SPD/CDU	4				
			SAN	CDU/FDP	4	NDS	SPD/GRÜNE	6	RPF	SPD/FDP	4				
			THÜ	CDU/FDP	4	HES	SPD/GRÜNE	4	*BRE*	SPD/FDP/ GRÜNE	3				
			MVP	CDU/FDP	3	HH	SPD	3							
12. WP	11.06. 1992	CDU/CSU+ FDP	BAY	CSU	6	NRW	SPD	6	BRA	SPD/FDP/ GRÜNE	4	21	26	21	68
			SAC	CDU	4	SAA	SPD	3							
			SAN	CDU/FDP	4	SWH	SPD	4	BER	SPD/CDU	4				
			THÜ	CDU/FDP	4	NDS	SPD/GRÜNE	6	RPF	SPD/FDP	4				
			MVP	CDU/FDP	3	HES	SPD/GRÜNE	4	BRE	SPD/FDP/ GRÜNE	3				
						HH	SPD	3							
									BWÜ	CDU/SPD	6				
12. WP	31.12. 1993	CDU/CSU+ FDP	BAY	CSU	6	NRW	SPD	6	BRA	SPD/FDP/ GRÜNE	4	21	26	21	68
			SAC	CDU	4	SAA	SPD	3							
			SAN	CDU/FDP	4	SWH	SPD	4	BER	SPD/CDU	4				
			THÜ	CDU/FDP	4	NDS	SPD/GRÜNE	6	RPF	SPD/FDP	4				
			MVP	CDU/FDP	3	HES	SPD/GRÜNE	4	BRE	SPD/FDP/ GRÜNE	3				
						HH	SPD	3							
									BWÜ	CDU/SPD	6				

Quelle: nach *Bauer,* Der Vermittlungsausschuss, Anhang B, mit Veränderungen durch den Verfasser.

Kolibri 360 GmbH
Ferdinand-Jühlke-Straße 7
99095 Erfurt, Deutschland
produktsicherheit@kolibri360.de

Druck:
CPI Druckdienstleistungen GmbH
im Auftrag der
Kolibri 360 GmbH
Ferdinand-Jühlke-Str. 7
99095 Erfurt